琉球文獻史料彙編

方寶川　謝必震　主編

海洋出版社
二〇一四年·北京

圖書在版編目（CIP）數據

琉球文獻史料彙編/方寶川，謝必震主編. —北京：海洋出版社，2014. 12
ISBN 978-7-5027-9002-8

I. ①琉… II. ①方… ②謝… III. ①琉球-史料-彙編 IV. ①K928. 6

中國版本圖書館 CIP 數據核字（2014）第 276978 號

責任編輯：張 榮
責任印製：趙麟蘇
海洋出版社 出版发行
http：//www. oceanpress. com. cn
北京市海淀區大慧寺路 8 號 郵編：100081
北京旺都印務有限公司印刷
2014 年 12 月第 1 版 2014 年 12 月第 1 次印刷
開本：787 mm×1092 mm 1/16 總印張：92
字數：800 千字 定價：800. 00 元
發行部：62132549 郵購部：68038093 總編室：62114335

《琉球文獻史料彙編》編委會

主　編　方寶川　謝必震

副主編　賴正維　胡　新　吴永寧

編　輯（按姓氏筆畫排列）

方　挺　方　遥　陳碩炫　周銀華

徐　杰　徐　斌　謝　忱

本書的整理、編輯和出版，承蒙日本一般財團法人沖繩美ら島財團的資助，謹致感謝。

前言

琉球，在中國古代典籍中有『流求』、『琉虬』、『留仇』、『瑠求』、『琉球』等稱呼，即今沖繩島及其附近島嶼，地處於九州與臺灣島之間。據現存的文獻來看，最早出現琉球國記載的當為《隋書·流求傳》與《隋書·陳稜傳》。

《隋書·流求傳》曰：『(大業)三年(607)，煬帝令羽騎尉朱寬入海求訪異俗，何蠻言之，遂與蠻俱往。因到流求國，言不相通，掠一人而返。明年(608)，帝復令寬慰撫之，流求不從，寬取其布甲而還。』《隋書·陳稜傳》載：『大業三年(607)，陳稜拜武賁郎將。後三歲，與朝請大夫張鎮州發東陽兵萬餘人，自義安泛海，擊流求國，月餘而至。流求人初見船艦，以為商旅，往往詣軍中貿易。』此後，中國的其他史籍，基本上沿襲了《隋書》的記載，如《宋史·流求傳》等等。但是，《隋書》與《宋史》等古籍所載的『琉球』，究竟是指今日的臺灣，或指今日的琉球群島，還是泛指琉球群島以及臺灣等島嶼？學術界至今莫衷一是。

明洪武五年(1372)，明太祖朱元璋命行人楊載以即位建元詔諭琉球國，其中山王察度遣弟泰期等隨載入朝，貢方物，此為中琉兩國政府正式建立外交關係的嚆矢。因此，明初所纂修的《元史·瑠求傳》中的『瑠求』，應該就是指處於今沖繩島及其附近島嶼在內的與明政府開始有正式外交關係的古琉球王國。洪武二十八年(1395)，琉球中山王察度薨。永樂元年(1403)世子武寧遣使訃告中國。永樂二年(1404)，明成祖遣行人時中赴琉球弔祭察度，遂詔諭武寧襲爵，冊封為中山王。此後，一直到清朝同治五年(1866)的四百六十二年間，每當琉球國王薨，其世子必遣使報喪請封，而中國政府也都派冊封使赴琉球冊封琉球國王。

在明清時期中琉歷史關係中，有大量的文獻史料記載。經過數百年的歷史變遷，有關文獻雖散佚不少，然公私收藏，尚屬豐富。流傳至今的中琉關係文獻史料，從類型上看，大致可分為三個部分：一、冊封琉球使『使錄』的著述；二、歷史、地理、政書類的典籍；三、詩文別集、類書、雜著、筆記小說及其他文獻等。

二十世紀六十年代，臺灣銀行經濟研究室編輯的《臺灣文獻叢刊》第一次對中琉歷史關係的文獻史料作了整理匯刊。該《叢刊》收錄了明代陳侃、高澄的《使琉球錄》，蕭崇業、謝傑的《使琉球錄》，夏子陽、王士禎的《使琉球錄》；清代徐葆光的《中山傳信錄》，周煌的《琉球國志略》，以及《清代琉球紀錄集輯》與《清代琉球紀錄續輯》等重要資料，從而為學術界瞭解和研究中琉歷史關係及其各方面的情況，集中提供了十分珍貴的參考資料與便利途徑。但由於其當時條件的限制，所收錄的文獻範圍及其版本，均有待於進一步的補充與完善。

二十世紀八十年代開始直到2009年，福建師範大學歷史系的徐恭生、謝必震等教授與中國第一歷史檔案館合作，進行了清代中琉關係檔案的發掘、整理和選編工作，先後出版了《清代中琉關係檔案選編》一至七編、《清代琉球國王表奏文書選錄》等大型的檔案資料彙編。其内容主要涉及：清朝皇帝冊封琉球國王，琉球國王派遣使團朝貢、謝恩、慶賀，中國官員接待護送琉球使臣入京和回國，琉球國在華留學生學習和生活，中琉兩國海上貿易和文化交流活動，中琉兩國相互護送海上漂風難民，清廷懲治違法官員及打擊危害琉球貢使的海盜等方面。從而為清代中琉關係的研究，再次提供了十分珍稀而重要的第一手檔案資料，在學術界產生了深遠的重大影響。

近年來，北京圖書館出版社（現國家圖書館出版社），更依託於國家圖書館的文獻資源優勢，先後出版了黄潤華、薛英編《國家圖書館藏琉球資料彙編》，殷夢霞、賈貴榮、王冠編《國家圖書館藏琉球資料續編》，王菡選編《國家圖書館藏琉球資料三編》，最大規模地彙編了國家圖書館所藏的珍稀琉球資料，成就了一套至今系統最完整、版本最佳的中琉歷史關係文獻資料叢刊，在海内外引起了很大的關注與好評。雖如此，但所收之内容與版本，也還有不盡人意之處。

基於以上所述以及文獻史料的整理成果，我們在編輯本書之時，主要依託于福建師範大學圖書館的相關豐富館藏，並在海内外再次網羅叢殘。為了避免重複收錄，凡《臺灣文獻叢刊》、《國家圖書館藏琉球資料彙編》、《國家圖書館藏琉球資料續編》以及《國家圖書館藏琉球資料三編》已收錄的文獻史料，且版本完全相同者，不再重複收錄；已收錄的文獻史料，但版本不同，我們所知見更好、更完整的版本者，酌情補錄，且於『提要』中加以説明；凡未收錄的文獻史料，則力爭儘量收齊，尤其是對零星散見於大量明清詩文集中相關史料，就其所知見，作了最大努力的搜輯遺逸工作。

本書分為《明代卷》與《清代卷》兩大卷。《明代卷》包括：『明代詩文集琉球史料輯錄』、『陳侃《使琉球錄》』郭汝霖、李際春《使琉球錄》（節選）、『高岐《福建市舶提舉司志》』四個部分；《清代卷》包括：『清代詩文集琉球史料輯錄』、『陳元輔《枕山樓詩集》』、『陳元輔《枕山樓文集》』三個部分。其中『陳侃《使琉球錄》』，雖為《國家圖書館藏琉球資料彙編》收錄，但其所錄的版本為《紀錄彙編》所依據的明萬曆四十五年（1617）陳於廷刻本，本書所錄則為珍稀的明嘉靖年間原刊本。而『高岐《福建市舶提舉司志》』、『陳元輔《枕山樓詩集》』、『陳元輔《枕山樓文集》』均為《臺灣文獻叢刊》、《國家圖書館藏琉球資料彙編》、《國家圖書館藏琉球資料續編》以及《國家圖書館藏琉球資料三編》等未收錄的中琉歷史關係重要文獻史料。尤值一提的是，無論是《臺灣文獻叢刊》，還是《國家圖書館藏琉球資料彙編》、《國家圖書館藏琉球資料續編》以及《國家圖書館藏琉球資料三編》，其所收錄者，均為單獨成書的琉球資料專著，而本書所輯錄的『明代詩文集琉球史料』與『清代詩文集琉球史料』，則是從大量明清詩文集中網羅鉤稽而得的鮮為人知的零星史料。

衆所周知，明清兩朝冊封琉球使在往封琉球前後及其途中，均曾廣泛與各地同僚、同鄉、親友等相互交遊往來，留下了許多與冊封相關史事的詩文。而這些詩文多是作者思想感情的真實流露，因此相對于冊封使『使錄』類著述而言，既可彌補『使錄』類著述所載冊封史事之不足，又能更具體、更生動、更細緻地還原了中琉歷史關係的相關人物在冊封琉球這一過程中的生活起居以及琉球當地的風土人情等等，的確是對『使錄』類著述的重要補充。概而言之，主要如下：

首先，在明代的兩百餘年間，派遣使者前往琉球不只是單純的履行冊封使命，或為勸諭三山，或為開詔頒賞，或為賚賜王印，或為送人歸國，或為市馬易物。尤其是在明嘉靖之前，究竟有多少使者出使琉球？學術界一直還沒有一個準確統一的說法。例如：根據《明實錄》『洪武十八年正月丁卯條』記載，明太祖『及以駝紐鍍金銀印二賜山南王承察度、山北王帕尼芝。又賜中山王察度、山南王承察度度海舟各一』。此次奉命出使者為誰？《明實錄》與其他史籍缺載。而謝肅的《密庵稿》戊卷收錄了《送行人蔡英夫奉旨頒流求國王印寶就與國王之來亨者二人同駕海舟自福建起柁》一詩，可證此次奉命出使者當為行人蔡英夫。

其次，冊封琉球使在接受冊封任務後，也有部分或病逝、或因事罷免等原因而未能往封的。例如：明景泰六年（1455）四月，嚴誠受命為冊封琉球正使，由於途至南京發病去世，明廷改派李秉彝為正使往封，商輅《商文毅公集》卷四就有其送嚴誠使琉球的《青雲使節詩序》一篇；明成化七年（1471）三月，丘弘充冊封琉球正使往封琉球，因途經山東德州時突然病故，明廷又改派官榮為正使往封琉球，葉盛《涇東小稿》卷二收錄了《送丘戶科使流球》詩一首；明嘉靖三十七年（1558），吳時來（字惟修）受命為冊封琉球正使出使琉球，因彈劾嚴嵩，尚未成行，即被貶戍橫州，明廷遂改派郭汝霖為正使，徐學謨《徐氏海隅集》詩編卷十二收錄了《送吳惟修給事奉使流球》詩一首。諸此等等，其交遊的送行詩文，對往封前後的活動均有所記載，可補史闕。

再次，從明清兩代冊封琉球使與士大夫的交遊詩文類型主要有贈行詩、唱和詩、題詩序跋等，從多個側面反映了冊封琉球使臣的遴選、冊封使的榮耀、往封渡海的艱辛、順道回籍省親的心情等等。例如：陳廷敬《午亭文編》卷三十六《送汪悔齋使流求序》，即敘及康熙二十年（1681）琉球國請封之時，清廷選使的要求與經過，曰：『且宜得通經術、善辭命、可使遠方絕域者，下公卿台諫推舉。』姜晨英《湛園未定稿》卷三《贈汪檢討出使琉球》也提到此事云：『乃妙選臣僚，銜命往撫之。於是禮官同諸大臣及科道官，會推以翰林院檢討汪君充正使，名上依故事賜一品服，賚詔往』。事實上最讓這些冊封使倍感榮耀的卻是能身披一品服返鄉省親，光宗耀祖。在徐葆光、李鼎元、齊鯤等使臣的交遊詩文中，亦有很多友人在詩文中流露出豔羨之情。如李重華《貞一齋集》卷三《送徐編修澄齋冊使琉球》詩稱：『玉堂崇班一品服，顏如渥赬須髯虯』。湯右曾《懷清堂集》卷十九《送徐亮直編修奉使冊封琉球》詩贊：『一品錦衣歸獻壽，此行最喜是娛親』。徐元文《含經堂集》卷八《送汪舟次使琉球》所載的汪楫、林麟焻出使琉球時，北京的同僚紛紛為其送行的空前盛況：『華星動京邑，袞服炫都城。繁弦佐別觴，祖送傾公卿』。而毛際可《安序堂文鈔》卷八《送汪舟次使琉球序》則記錄了汪楫冊封前順道回鄉省親之幸事，曰：『癸亥春，王餘旅泊邦江，通檢討汪君奉璽書使琉球，道過里門。虎旌龍節照耀鷁首，父老鹹踴躍觀聚，以為盛事』。施閏章《學餘堂詩集》卷二十三《送林石來舍人冊封琉球》亦稱：『莫畏波濤苦離索，王程先喜到家鄉』。另外，徐葆光奉命冊封琉球的當年恰逢其母七十壽辰，故過家之際恰可身著一品服為母賀壽，朝中士大夫咸稱頌之，李紱《穆堂類稿初稿》卷一《徐編修奉使琉球過家賦》即頌：『太夫人今歲躋七十，適奉使驛路過裏門，將登堂為太夫人稱兕觥上壽。於是公卿以下，咸踴躍嘆羡，謂朝廷用得其人』。諸此，不僅可以説明在冊封使的交遊詩文中，對順道回籍省親之事大加讚賞及祝賀，甚至流露出非常羡慕的言辭。

第四，在冊封琉球過程中的許多趣聞逸事、冊封使在琉球的部分生活側面、冊封大典舉行時的盛況以及一些鮮為人知的琉球風俗習慣等，也都在相關詩文中得以描述。例如：陳廷敬《午亭文編》卷四《琉球刀歌為汪舟次作》，李調元《童山詩集》卷七《琉球刀歌（並序）》，孫衣言《遜學齋全集》中所録的《琉球入學見聞録序》、《學生作琉球食戲述》、《琉球門人阮宣詔東國興以土物見寄而不得其書即簡二首並問鄭生學楷癸丑》組詩等等，均有類似的記載，彌足珍貴。

當然，本書所録亦只是編者知見的部分，而非全部，存世定當尚有不少琉球文獻史料的遺逸叢殘。由於編者學識淺陋及時間所限，有待今後繼續爬梳抉剔，網羅鈎稽，彙為續篇。而部分史地、政書、類書、雜著、筆記小説及其他類型的典籍所載的琉球史料，亦擬另卷輯刊。疏漏和不妥之處，敬祈方家識者，不吝賜教，補益斧正。

方寶川

二〇一四年二月十九日于江南水都歸然書齋

目次

琉球文獻史料彙編（明代卷）

琉球文獻史料彙編

（明代卷）

（明）謝肅《送行人蔡英夫奉旨頒流求國王印寶就與國王之來享者二人同駕海舟自福建起柁》（《密庵稿》戊卷）

謝肅（1332—1385），字原功，號密庵。浙江上虞人。明洪武十九年（1386）舉明經，授福建按察司僉事，後以事下獄死。

所著《密庵稿》十卷，初刻於明洪武三十一年（1398），續刻于明隆慶三年（1596），三刻于明天啟五年（1625）；又有清代四庫館臣從《永樂大典》輯錄的八卷本。明天啟五年（1625）刻本。前五卷為詩，後五卷為文，以天干順序分卷。戊卷有《送行人蔡英夫奉旨頒流求國王印寶就與國王之來享者二人同駕海舟自福建起柁》一詩。該本目錄題為《送行人奉旨頒流求國印》；而四庫館臣輯錄本之卷三中，該詩則題為《送行人奉旨頒琉球國印》，而《四庫全書總目提要》中引用的詩名又作《送行人蔡天英頒琉球國王印寶》。

按：根據《明實錄》『洪武十八年正月丁卯條』記載，明太祖『及以駝紐鍍金銀印二賜山南王承察度、山北王帕尼芝。又賜中山王察度、山南王承察度度海舟各一』。此次奉命出使者為誰？《明實錄》與其他史籍缺載。從此詩可證，此次奉命出使者當為行人蔡英夫。而《四庫全書總目提要》所謂的『蔡天英』當為『蔡英夫』之誤抄。

茲據明天啟五年（1625）刊本影印。

一年三過東津橋千仞碧峯寒玉標古木影隨山轎落早
梅香拂使旌飄羣氓習俗敦昭代景佑神靈　紫霄此去
閬關懸鳥道長安雖遠日非遥　有張巡廟在山下

岳王墓和馬令

誰把長城自棄捐不能一馬涉中原三軍淚濕江南地二
帝竜飛漠北天幸淅翠華淹日月和戎綵幣轉車船幾時
消得英雄恨南拱枝頭呌杜鵑

送行人蔡英夫奉旨須流求國王印寶就與國王之

来享者二人同駕海肙自福建起柁

五虎門西疊鼓撾行人承詔自皇家刺金鳥篆頒王號建
節龍驤戛海霞兩國夷君歸絕島萬年天子御中華預知
奉使旋京日浩蕩秋濤湧月槎

（明）王恭《送人使琉球》（《草澤狂歌》卷四）

王恭（1343—？），字安中，號皆山，自稱皆山樵者。福建閩縣（今福州）人。明閩中十才子之一。明建文元年（1399），舉於鄉。永樂四年（1406），以儒士薦修《永樂大典》。書成，拜翰林院典籍。在南京時，著有《鳳台清嘯》一卷。歸鄉後又作《白雲樵唱》、《草澤狂歌》。《草澤狂歌》五卷，行世有《四庫全書》本，所據系秀水汪如藻家藏抄本。卷一、五言古，卷二、七言歌行，卷三、五言律詩，卷四、七言律詩，卷五、七言絕句。其卷四有《送人使琉球》詩一首。根據該詩的寫作時間和出使關係推考，當為明永樂五年（1407）送行人邵昇出使琉球冊封思紹之詩。

按：邵昇（生卒年不詳），字日升。明洪武二十九年（1396）舉於鄉。永樂元年（1403）授行人。五年（1407）使琉球。

茲據《（文淵閣）四庫全書》本影印。

送隣子為僧

朝捐初服製袈裟暮掃塵蹤便出家鉢洗維摩溪上月

心依支遁寺前霞林端引水時澆棗雨後燒山學種茶

待得蒲團成爛草少林枯樹也開花

送人使琉球

扶桑無路但行舟才子今持漢節遊自是皇威均雨露

故將冠冕化琉球風波浩蕩蠻天曉島嶼空濛瘴海秋

早晚星槎歸上國殊方休起見京樓

（明）吳節《送余結事使琉球國》（《吳竹坡先生詩集》卷二十六）

吳節（1397—1481），字與儉，號竹坡。江西安福人。明宣德四年（1429）鄉試第一。次年（1430）登進士，選翰林院庶起士，授編修，秩滿升侍讀。景泰初（1450），再升南京國子監祭酒。成化初（1465），又改太常少卿、兼侍讀學士。後遷本寺卿，兼官如故。

所著《吳竹坡先生詩集》二十八卷，行世有明師善堂刻本、清雍正三年（1725）吳琦重刻本。其卷二十六有《送余結事使琉球國》詩一首。『結事』當為『給事』字之誤。當為送明正統八年（1443）冊封琉球正使給事中余忭（字士悅）使琉球而作。

茲據清雍正三年（1725）吳琦重刻本影印。

路何必仍懷舊考槃

桃源圖

緋桃萬樹夾江濱漸入青山有四隣不是漁舟解深入只因貪看武陵春

戒岡寺

古寺重興幾百秋昔年曾向此中遊同行冠蓋題名處壁上虹光尚未收

送余結事使琉球國

海邦拜命請遐封帝遣詞臣出九重莫道滄波千萬
里張騫胥漢有遺蹤

送旌義張巨川還安成

去歲溪邊話舊遊今年天上復綢繆南還自有滄洲
趣正好忘機狎海鷗

寄修撰劉儼

績學文江三十年今朝平步上青天莫嫌梁灝成名
晚已作人間第一仙

（明）陳煒《送陳黃門奉使琉球》（曹學佺編《石倉歷代詩選》之『明詩初集』卷七十九）

陳煒（1430—1484），字文曜，或作文耀，號恥菴。福建閩縣（今福州）人。明正統十二年（1447）舉人。天順四年（1460）進士。成化初（1465），選為監察御史，奉命出按南畿。後改督學北畿，遷江西副使。歷按察使，升右布政。二十年（1484），調浙江左布政使，未上任而卒。

《（萬曆）福州府志》著錄『《恥菴集》六卷』。《四庫全書總目》著錄『《恥菴集》十卷』，所據為浙江汪汝瑮家藏本作十卷，並稱：『是集乃正德初，其從子墀為東莞知縣時所刊。嘉靖中，其孫全之複補輯之，而以贊挽諸詩附於其末。』此書今不見藏所，明人曹學佺編《石倉十二代詩選》之『明詩初集』有選錄部分詩作。

《石倉十二代詩選·明詩初集》八十六卷，明崇禎四年（1631）序刊本。其卷七十九有《送陳黃門奉使琉球》詩一首。根據陳煒生卒年判斷，該詩當為送明正統十三年（1448）冊封琉球正使陳傅（字岩說）使琉球而作。

茲據明崇禎四年（1631）序刊本影印。

辭三殿雲引孤帆入五湖荔酒醉眠花下榻茶
煙吹起竹邊厨白頭富貴人間少況復身閒一
事無

寓臨清寄余文勉主事

交游何處見情真岐路相逢即故人斗酒屢邀
花底醉東薪多濟客中貧陌頭蹤跡饒漂葉江
上江梅又放春秪恐天書易催發論心不及往
來頻

送陳黄門奉使琉球

使星宵傍斗南飛青鎖仙郎出禁闈雲染紫泥
須去詰獸蹯紅錦賜來衣海門風迅帆檣遠天
際煙消島嶼微蚤奉君恩之絕域台衡屬意望
君歸

送林季成司訓吉安

翛翛垂楊拂綠陰河流不似別情深故人欲發
西江棹雲樹應懸北客心荒草滿庭芹泮雨南
薰一曲杏壇琴他時若採明堂具自有長材出
鄧林

（明）商輅《青雲使節詩序》（《商文毅公集》卷四）

商輅（1414—1486），字弘載，號素庵。浙江淳安人。明宣德十年（1435）解元。正統十年會試、廷試俱第一，拜翰林院修撰。景泰初（1450），升兵部侍郎兼左春坊大學士。天順時，因受誣陷革職為民。成化初（1465）復起，後改戶部尚書、文淵閣大學士。官終吏部尚書兼謹身殿大學士。著有《蔗山筆麈》、《續資治通鑒綱目》、《續資治宋元通鑒綱目大全》、《商文毅公集》等。《商文毅公集》，行世有明隆慶六年（1572）刻本（十一卷本）、明萬曆三十年（1602）刻本（十卷本）等。其中『隆慶本』卷五、『萬曆本』卷四有送嚴誠使琉球的《青雲使節詩序》一篇。

按：嚴誠，京山人，字克誠。明景泰二年（1451）進士，授兵科給事中。六年（1455）四月受命為冊封琉球正使，同行人劉儉往封琉球，由於至南京發病去世，朝廷改派李秉彝為正使往封。

茲據明萬曆三十年（1602）刻本影印。

於學者凡所舉措皆達大體愜人心如此類者多矣

于故序以俟之

青雲使節詩序

聖朝誕受天命薄海內外罔不臣服而琉球居東南去中國爲近奉職尤謹比其君中山王薨無嗣國人推戴其弟因遣陪臣奉表請命事下有司議皆曰兄終弟立於法爲宜上許之於是

勑給事中嚴克誠充正使而以行人副之俾齎

詔往封故中山弟嗣爲中山王主其國人黃門諸君以克誠有命使之榮相與賦詩贈別題其首簡曰青

雲使節介予友方廷臣來屬序夫所謂青雲者悠揚
天際望之蒼然或從龍而行或捧日而出或彌綸乎
四海之大何與於使節也而諸公贈别之意有取于
此盖以克誠奉　天子命遠涉海道使節煌煌下於
日邊所謂乘雲氣而遊乎六合之外者也所謂乘虛
而墜觸石不礙狎虎兕貫金石而浮游乎玄間者也
藩夷君臣恭迓道左仰視克誠不啻從天而降盖不
知使節之為青雲冑雲之為使節者也予然後知
朝廷之主宰四海猶造化之主宰四時奉宣德意使
海陬之民咸鼓舞于景星慶雲之下在此行矣克誠

心術明正學問該博起家進士爲名近侍青雲萬里其功業固未可量是行也一言動之善足以爲中國榮一言動之失適以爲夷狄肆古之學者所以貴於不辱君命克誠必有以達此矣克誠近受　勅封及二親湖南便道也乘青雲而一往戲彩服而承歡此人子之至願也諸公贈別之意有及於此否耶予併爲序之若乃使回拜受　天寵或從龍或捧日或彌綸四海予尤有望於克誠其勉之哉

文毅公集卷之四終

（明）黎永明《送嚴給事出使琉球》（丁宿章編《湖北詩徵傳略》卷二十六）

黎永明（生卒年不詳），字光亨。湖北京山人。明景泰五年（1454）甲戌科進士。成化二年（1466），官順德知府，後謫夔州同知。

黎永明的詩文集未見傳世，清人丁宿章編《湖北詩徵傳略》有錄其詩作。《湖北詩徵傳略》四十卷，清光緒七年（1881）刻本。其卷二十六收錄黎永明詩兩首，第二首為《送嚴給事出使琉球》，為送嚴誠使琉球而作。

茲據清光緒七年（1881）刻本影印。

能如此佳相對兩忘情屋上青山色縂㳙流水聲江山秋晚圖云别來事事可名家獨我空添兩鬢華天際有山歸未得遠峰休着淡雲遮蚤行圖云萬山迴合路紆縈獨策羸驂欵欵行卻憶桃源三谷裡畫橋攜酒聽溪聲畫馬云耳峻蹄高目有隅肉鬉稜瑰大奚奴承平詎用千金買空使前人畫作圖晉江小景云翠柳紅桃皆滿天鴛鴦鸂鶒亂平川東風閒徧閒花艸唯有人無再少年

明

黎永明字先亨景泰進士官知府　子奭

永明守順德以清廉著聲以揵中貲人謫夔州同知

送蕭佐赴禮部試云鐵綱珊瑚碧海東鮫人持獻大明宮式圖

濕潤鍾元气五色文章炫彩虹客裏喜同聽雨杏園還待醉
背風明朝夢破江南月莫惜音書寄便鴻送嚴給事出使琉球
云馳驅萬里不辭難送出都門曉尚寒雲捧日華光使節柳拖
春色上銀鞍帶將雨露天邊去留得文章海外看媿我無才登
部署終朝碌碌事盤餐
爽字師召正惪進士官侍郎偶成云故里無消息空林對落暉
青霜侵客舍遊子未成衣
袁　佐寧國佐成化進士官僉事
萬山深處云除卻樵夫到者誰畫師詞客幾曾窺畧躡十步寬
平徑但訝千崖孔竅奇轉側豈惟騎馬滑岩莞祗覺過雲遲丹

（明）林文《送劉行人使琉球》（《淡軒稿》卷二）

林文（1389—1476），字恒簡，號澹軒。福建莆田人。明宣德五年（1430）探花，授翰林院編修。正統初，充經筵講官，轉翰林院修撰。景泰三年（1452）進左春坊左諭德兼修撰，又升左春坊左庶子兼侍講。英宗復位，改尚寶司卿，兼職如舊，後拜翰林院學士兼東宫講讀官。憲宗登極，進太常寺少卿兼侍讀學士，卒贈禮部左侍郎。

林文詩集生前無刻。至嘉靖中，其孫林希范收集祖父詩文，刻成《淡軒稿》一部，為林文詩文集首次付梓。但因初刻本後遭倭寇焚毁，版片無存。曾孫林炳章又於明嘉靖四十五年（1655）重刻此書，分正文十二卷附補遺一卷。

《淡軒稿》十二卷附《補遺》一卷，明嘉靖四十五年（1655）重刻本。其卷二下有詩《送劉行人使琉球》一首，為送景泰七年（1456）冊封琉球副使劉儉（字宗禹）往封琉球而作。

茲據明嘉靖四十五年（1655）重刻本影印。

送劉行人使琉球

皇華歌徹鳳池頭兩袖宸熏拜冕旒玉節躬持
天闕曉使星遙照海門秋風迎舟楫鯨波息霧
靛樓臺蜃氣收此去好宣仁義化須令外國齒
中州

送姪長清員外赴南京

宦途十載嘆參商邂逅相看鬢各蒼紫禁朝天
期接武清雲聽雨剪連床癸因向日丹心吐莉
為傲霜晚節香莫遣辭榮慚廣受相期早退八

（明）彭時《送劉行人僉使琉球國》（《彭文憲公集》卷八）

彭時（1416—1475），字純道，號可齋。江西安福人。明正統十三年（1448）進士第一，授翰林院修撰，尋升翰林侍讀。景泰三年（1452），遷左春坊大學士兼侍講。七年（1456），再遷太常寺少卿，兼職如舊。成化時，累官至吏部尚書。著有《彭文憲公集》、《彭文憲公筆記》、《可齋雜記》等。

《彭文憲公集》八卷，初刻于明成化十八年（1482）；再刻於清康熙五年（1666），厘為四卷本。明成化十八年（1482）刻本，卷一至卷三為序，卷四為記、傳，卷五為神道碑銘、墓表、墓碑銘、墓碣銘，卷六為墓誌銘，卷七為五言古詩、七言古詩、五言律詩、五言排律，卷八為七言律詩和七言絕句。其卷八收有《送劉行人僉使琉球國》詩一首，為送劉僉使琉球而作。

茲據明成化十八年（1482）刻本影印。

送劉行人儉使琉球國

金盛麒麟擁
賜袍馳驅萬里見賢勞海邊日月明樓艓水底魚龍
避節旄重譯俗同文化遠陪封禮肅使星高島夷一
一憑宣諭職貢時脩荷
寵褒

鶴溪書舍為梁郡博𥓰題

鶴溪幽勝占全吳溪上高堂萬卷書門對浮瀾春晝
永窓涵沉碧夜燈虛練囊明滅留螢火細紋高低走
蠧魚梁相家聲從此振追蹤慎勿棄三餘

（明）陳循《送行人劉宗禹奉使琉球國詩序》（《芳洲文集續編》卷二）

陳循（1385—1464），字德遵，號芳洲。江西泰和人。明永樂十三年（1415）進士第一，授翰林院修撰。洪熙改元，轉侍講。正統元年（1436），命兼經筵官。九年（1444），擢升戶部尚書。後英宗復辟，因石亨讒言謫戍鐵嶺衛。未幾，詔還鄉，以壽終。著有《東行百詠集句》、《芳洲集》等。《芳洲集》二十卷，其中《文集》十卷《詩集》四卷《續編》六卷，明萬曆二十一年（1593）合刻本。《續編》又有明萬曆四十六年（1618）單刻本。《續編》卷二中有《送行人劉宗禹奉使琉球國詩序》一文，為送劉儉（字宗禹）使琉球而作。

茲據明萬曆四十六年（1618）單刻本影印。

流何莫非其人耶而其胸次悠然者寡與譾之所慕者淵明其人使其胸次悠然一如淵明其人又豈非知道者惜予不及見也故為之序是詩庶有知與譾者為予道也

送行人劉宗禹奉使琉球國詩序

琉球國王之薨國人上請於 朝立其弟尚泰久嗣為國王以王人民 詔遣行人劉儉將命行事榮其行者作詩為贈以余與儉同出江右屬為之序仰惟 皇明奄有天下而凡四方海外舟車所至人力所通各君其國各子其民之邦以數計者何啻千萬而其長之建立

莫不待　命於朝而後得焉亦猶草木榮瘁開落無不
待於天之予奪而後能者使天不昇以春則生者何由
而能生不昇以夏則長者何由而能長不繼之以秋冬
則成者又何由而能成然則四時將命於天者也其將
命於　朝者獨非使於四方者乎四時將天之命以育
萬物使其生長成遂有一不備則失其為相天之職君
子奉君之命以詔四方使其丁寧告諭有一不至則失
其為人臣之忠琉球國在海外萬里　聖化所及雖無
不洽然其國王人民視中國終有間誠使所封國王能
以中國聖人所以化天下者化其人民則為不孤[illegible]天

子之命所主人民能以中國臣庶所以承朝廷者承其國王則為不淪夷狄之歸所謂用夏變夷是也儉誠務此而有得焉則能專對不辱　君命夫孰之能禦哉儉字宗禹世家饒之浮梁以明經舉景泰二年進士首擢今職所至得奉使體燁然著聲稱於四方其所以得受今　命者非有所試而簡畀歟抑聞劉氏世有顯仕唐為龍武統軍彭城郡開國公曰昌裔者其始祖也其後浮梁令曰仲昭朝奉郎福州判曰科暨登仕郎曰英皆其世祖則其所以致今日者其無所本也哉其於余前所謂殆至之不難也於是書於贈行詩序朔之

（明）蕭鎡《送劉行人宗禹使琉球序》（《尚約居士集》卷九）

蕭鎡（1393—1464），字孟勤，號尚約。江西泰和人。明宣德二年（1427）進士。正統元年（1436），授翰林院編修。三年（1438），升侍讀。十二年（1447），再升國子監祭酒。景泰元年（1450），命充經筵講官。二年（1451），進戶部右侍郎兼翰林院學士。七年（1461），命兼戶部尚書，仍兼翰林院學士。英宗復立，削鎡為民。成化年間，復官賜祭。

所著《尚約居士集》二十卷，明弘治七年（1494）刻本。卷一至卷三為記，卷四至卷十一為序，卷十二為題跋，卷十三至卷十六為志銘，卷十七為碑為墓表，卷十八為墓表，卷十九為傳，卷二十為箴、贊、哀、辭、賦。其卷九下有《送劉行人宗禹使琉球序》一文，為送劉儉（字宗禹）使琉球而作。

茲據明弘治七年（1494）刻本影印。

忘形燎黄朱人之墓暇日内外子姓尊酒相勞藹然一堂之
上其樂可勝道哉然則人皆知為君榮而不知君之樂如
此也予於是有慕焉特因序詩及之

、送劉行人宗禹使琉球序

皇明受
大命有天下凡天地之所覆載日月之所照臨風雨霜露之
所沾被蓋東極窮髮西暨流沙北踰荒漠南盡大海之[illegible]
蠻夷之國以萬數貢方物效臣順者相屬于道
列聖深仁厚澤涵煦覆育驩然接其來而厚其往然未嘗[illegible]
之以中國之禮也撫摩之而已獨朝鮮暹羅諸國不[illegible]
則慶喪則吊襲位來請者授
冊命而立之君若中國諸侯然夫豈為異哉覲享之也[illegible]

琉球國中山王薨其弟尚泰久嗣位以請
上命給事中嚴誠為正使行人劉儉宗禹為副使持
节之襲爵行慶弔之禮琉球在大海中視茲邑真臘毛[illegible][illegible]
泥[illegible]葛剌之屬雖為近國然自番禺望舟出海過以[illegible][illegible]
濤豁天不見涯際旦暮候潮汐伺便利颿風須數[illegible][illegible]
不及顏視而又往往有震撼之虞黿鼉蛟蜃之怪風雨[illegible]
露瘴毒之憂涉旬而後至亦未可以言易也向時為[illegible][illegible]
既受
命悽惻惻感悽有離別不忍之意宗禹獨不然問之曰
皇上之命敢知其難惟先生一言華其行撥賜多矣君[illegible][illegible]
禹之志也昔陸賈使南越是時尉佗方箕踞屈強負[illegible]
大義佗蹶然即起稱臣奉漢約今琉球汞秉臣節宗禹奉

上命往撫之當郊迎稽顙之恐後其事難易固與貫與也然
予於貫有識焉佗所與槖中裝千金它送亦千金固得、
自奉然未聞君子而可以黷貨也今宗禹畢使事凡有所
贈一卻之毋受以穢
明廷親畀琉球之意琉球君臣將相與歎羨曰
朝之使固非小邦之人可得窺測也其所得與貫之千金
孰輕重哉宗禹起謝曰敢不夙夜兢惕服先生教言于嘉
宗禹之有志也特次第其說送之

、寶遺集序

寶遺集者吳橋教諭蕭君惟畢錄其祖考遺詩爲集藏于
家者也祖考遺詩而謂之寶者以志己之不敢輕且詔其
子若孫必謹視之而亦不敢以輕也蕭氏吉水槎溪著姓

（明）黎淳《送潘榮給事使琉球》（《黎文僖公集》卷四）

黎淳（1423—1492），字太朴，號朴庵，學者稱為朴庵先生。湖廣華容（今湖南華容縣）人。明天順元年（1457）進士第一，授翰林院修撰。成化元年（1465），充經筵講官。二年（1466），遷左春坊左諭德。三年（1467），進左庶子。十三年（1477），遷詹事府少詹事，兼翰林院侍讀。十四年（1478），擢吏部右侍郎。二十二年（1486），改南京吏部右。二十三年（1487），再遷左侍郎。弘治元年（1488），升為南京工部尚書，尋改禮部。

黎淳博學多才，尤以經史著稱，除參與修撰《大明一統志》外，著有《龍峰集》、《明試錄》、《黎文僖公集》等。

《黎文僖公集》十七卷，明嘉靖三十五年（1556）陳甘雨刻本。其卷四中有《送潘榮給事使琉球》一詩。據《大明英宗睿皇帝實錄》卷三百三十九載：天順六年（1462）四月辛卯，『命吏科右給事中潘榮、行人司行人蔡哲充正副使，往琉球國祭故王尚泰久，並封其世子尚德為王。』故該詩當作於該年，為送冊封琉球正使潘榮（字尊用）使琉球而作。

茲據明嘉靖三十五年（1556）陳甘雨刻本影印。

珮玉鳴珈七十年曾分錦誥

玉皇前天庭寶婺中宵降雪澗貞松晚節堅白鹿自隨

雲洞女玄霜難老月宮仙從今食祿三千歲黃髮時歌

魯頌篇

洗馬圖

瀑雪天閑二十蹄玉河流水不聞嘶功成願洗沙場血

志遠嬀汭錦障泥鳳臆出花雲影濕龍鬃霏露柳陰低

江都造化誰傳得駿骨今来費品題

送潘榮給事使琉球

南風捲海送樓船使節来從日月邊水到盡頭還有地

人生化外本同天山河帶礪分新爵麟鳳文明降列仙

從此殊方世来享勳名不讓漢張騫

訓導陳孜母壽六十

兔杵扸成桂月圓姮娥仍是黑頭仙人間下壽繞今日天上元霄又一年瑶海穩驂鸞鶴馭閬宫高敞綺羅筵詩成乞與兒酬德慈歷從今更幾千

史官劉絡和安成人屢為予言其鄉元陽觀之勝作詩志之

水到金田去復迴名山别是小蓬莱丹砂伏火虚琳館瑶草開花上石臺雲外笙簫吹鶴降雨中符檄與龍来烟霞肯許閑人喫會着荷衣步紫苔

為龍溪王㝡賦霞城書屋京國觀光二首

（明）童軒《送吏科右給事中潘□奉使琉球》（《清風亭稿》卷六）

童軒（1425—1498），字士昂。江西鄱陽人。明景泰二年（1451）進士，拜南京吏科給事中。天順中，改戶科。成化初（1465），進都給事中，謫壽昌知縣，遷雲南僉事，歷副使參政。八年（1472），升太常寺少卿。十年（1474），命掌欽天監。弘治元年（1488），改太常寺卿。三年（1490），升都察院右副都御史。四年（1491），擢南京吏部右侍郎。七年（1494），升禮部尚書。十年（1497），進南京禮部尚書，不久致仕。

童軒精通天文、曆學，著有《清風亭稿》、《枕肱集》、《紀夢要覽》、《海嶽涓埃》、《籌邊錄》等。《清風亭稿》八卷，行世有明成化年間刻本、《四庫全書》本。卷一為騷、賦，卷二至卷八皆為詩。卷六中錄有《送吏科右給事中潘奉使琉球》詩，而《（文淵閣）四庫全書》本則題為《送吏科右給事中潘榮奉使琉球》。為送潘榮使琉球之作。

茲據《（文淵閣）四庫全書》本影印。

馮唐誰謂老猶閑好風細拂青油幕明月光搖寶劍環
應笑麒麟千載後幾人名姓畫圖間

次韻李商隱無題

飄飄身世一虛舟去住還應作遠猶事業有時能破蔡
功名無意顧封留半年落日三山路鴻雁西風二水秋
悵望不勝頻弔古故鄉何日大刀頭

送吏科右給事中潘闕　奉使琉球

列職黃門久著聲又看持節過東溟金函曉捧神竞勅

銀漢秋占使者星蜃氣結樓烟外出蛟涎觸棹雨餘腥
懸知到日夷人悅翹首紅雲拜帝廷

戲書一首柬陶松雲知已

到處看人白眼雙可能健筆巨如杠三千里外虛縻禄
二十年前學問邦吟聳肩山朝易倦愁翻心浪夜難降
令人羨殺陶元亮一枕清風卧北窻

寄賀友菊先生

窮巷蕭條坐掩關冠纓塵滿謾思彈半生杜甫空懸室

（明）柯潛《送黃門潘君使琉球詩序》（《竹巖先生文集》卷七）

柯潛（1423—1473），字孟時，號竹巖。福建莆田人。明景泰二年（1451）進士第一，任翰林院修撰。三年（1452），升右春坊右中允兼修撰。五年（1454），遷司經局洗馬，仍兼修撰。天順初（1457），改尚寶少卿，兼職如故。八年（1464），拜翰林院學士。成化三年（1467），再升詹事府少詹事，兼翰林院學士。後雙親相繼亡故，回鄉守喪。六年（1470），詔為國子監祭酒，力辭不受。

所著《竹巖先生文集》，行世一為光澤堂抄本《竹巖先生文集》十二卷，無涉及琉球內容；二為清雍正十一年（1733）《竹巖集》十八卷附補遺、續補遺、附錄各一卷本。清雍正十一年（1733）本卷七下錄有《送黃門潘君使琉球詩序》一文，為送潘榮使琉球而作。

茲據清雍正十一年（1733）刻本影印。

以其固守之志力行於其間將何所爲而不遂哉僉君往莅浙藩使糧儲之政無弊也但守成規無俾廢壞足矣否則必將有所施爲以拂逆夫貪黷者之意則讒謗之言其能免乎不以讒謗爲阻行之益力而委禍福成敗於天余將觀君之志大有成也於是乎言

送黄門潘君使琉球詩序

吏科右給事中吾閩漳南潘君遵用奉 天子命有海外萬里之行盖封故琉球國王某之子某爲嗣王使憑藉我威德以君長其民也朝之能言者相屬爲

詩遂之而以亨委于方嗣王遣陪臣來請命也　天
子洛在廷之大吏愼擇於庶僚之中而以君將命往
大封拜之使特以宣德意而已非若排難解紛有折
衝口舌之難也然必愼擇其人何哉盖海外負阻之
士島言卉服獷悍不常之人所以重譯通道臣順于
天朝者固謂畏威懷德而來亦謂我中華奇偉之才
爲可慕也潘君擧進士爲近侍臣駿乘英駿觀者爲
目對人爲淸遠之言亹亹不倦聽者解頥卑而節言
事無所顧而負寵懷奸者爲之慄慄而奪氣也若君
者所謂奇偉之才非耶茲而往也夷之人將曰當辭

頫鳳何幸而瑞我邦哉又將曰　天朝不惜奇偉人使之涉遠道以來何其不鄙我夷人之若是哉吾知由是而益有以起其向慕之心而臣順奉貢於億萬年且無窮也然則封拜之使不容輕畀而畀之必於君也宜矣雖然予嘗聞仲山甫之入齊築城其責也而贈詩者則曰邦國若否仲山甫明之意謂君子事君凡可以効勤者皆當爲之不嫌於出位也君出戴封歷徐淮吳浙以及於閩又浮大海以臨夷土凡民之情州縣之政薄海內外之風無不見其不能見者可咨度而知也使歸當疏其可張可弛可讓可慶者

懇懇焉爲　上陳之則視仲山甫誠無媿矣幸毋曰吾之責封拜也吾何暇及他事以涉出位之嫌夫以出位爲嫌在他司猶曰可耳君居言官有天下責也其可乎哉予忝與君同舉鄉試又官同朝而知之深也故詳言其宜於使命者終以期望之意爲送行詩序

贈戸部員外郎林公致仕序

莆自唐宋來以人物淵藪稱科名接踵貴仕盈朝天下之人咸曰莆一隅何其盛人物耶然潛聞先輩之訓學者以名節爲本科名貴仕其末也故吾莆人讀

（明）黄澤《聖母天妃靈應序》、《送通事梁應奉使還琉球序》（《旂山翁文集》卷二、卷三）

黄澤（生卒年不詳），字敷仲，閩縣（今福州）人。明永樂十年（1412）進士，拜河南左參政。宣德三年（1428），自山東右布政轉浙左布政使，因劾罷不職郡縣吏，奸黨騰謗，竟坐落職。正統六年（1441），黜為民。

所著《旂山翁文集》六卷，清抄本。首有景泰元年（1450）吴實序，卷二、卷三下分别有《聖母天妃靈應序》、《送通事梁應奉使還琉球序》二文。據《送通事梁應奉使還琉球序》可知：梁應，字克誠，父梁回，祖父因善測候而移居琉球，又：梁回官至正議大夫，梁應曾于成化元年（1465）前來朝貢。諸此，或可補史載之闕。

兹據清抄本影印。

政使自視篆來清明剛果政化大行間以詩序見屬嗚呼奉議之與宜人生名門襲世德又能積善致生賢子而位方岳之尊生榮死哀固無可恨然祿雖逮養而遽違恩宜加封而遽止此為其子孫者之心猶宜悵悵然而未以為足也洪惟聖朝任賢圖治以方伯德譽之隆榮升有日吾見旦夕九重龍誥之加贈也高堂五鼎之時饗也雄文發潛而墳上穹碑之再立也二親有靈盍不莞爾一笑於地下耶余因序時而及此公宜益思所以自勵永期用親答君親之恩於無替云

聖母天妃靈應序

成化二年春琉球國遣通事梁應祇修朝聘之禮於京公暇造

澤請曰應生長海邦叨食天祿自祖至今三世矣每歲奉命進
方物必載駕巨舶載其畨從以行先期應與一二僚屬各沐浴齋
戒具香幣冊祝以禱於聖母天妃之宮念慮精專無敢或怠發
碇至中流四顧茫然水天一色杳無畔岸仰瞻紫宸如在天上
可畏可懼之甚然衆心所恃以為安者二一荷聖母默相之靈
一賴朝廷洪福之庇晝則天宇晴明和風應候夜則星月皎潔
波濤不驚稍有憂疑天燈力現旬月之間凡有事於舟者皆心
暢力紓如涉蓬萊之境既入港謁上官受指導已遂由劍建而
錢塘由錢塘而江淮由江淮直沽以底於潞整衣冠奉表入金
門率衆鞠躬屏息以拜龍墀下皇情怡愉厚加宴賚以遣衆出
七十

都城各備牲醴以賽以飲笑談坐臥罔不稱愜凡此之類皆神賜也今將言旋寶殿巍巍祥光在目願斬一言以爲謝澤起答曰嘻聖母代天弘化普濟羣生之功固天下古今之人所共知亦天下古今之人所共戴者也易不云乎一陰一陽之謂道陰陽不測之謂神視弗見聽弗聞洋洋如在乎其上此聖母之德之盛所以體物而不可遺也與雖然書曰鬼神無常享享于克誠子能存誠以感神則當推誠以報國繼兹以往子其永懋此誠而勿替哉謹拜手稽首以獻序

西蜀牟氏族譜序

牟氏族譜者閫臬僉事重慶牟公爲譜其族而作也牟本祝融

公之退休達人大觀浮生若夢後之視今猶今之視昔爾吾想公歸之後親賓過從殆無虛席兒孫勸酒其樂陶陶暇則歌鳧鷖既醉之篇祝朝廷萬年之福因念曩在仕途倥偬之餘未審能有今日此樂否請以問公敬併述此意以為序云

送通事梁應奉使還琉球序

士生斯世孰無行道濟時之心哉顧吾與時之相遇者如何耳才與時會則其登庸也易時與才戾則其成功也難進止有宜顯晦有命然道行志遂於一時則又不如歷世趾美於悠久者為可尚若今琉球國通事梁應殆士所論所謂道行志遂於悠久而無忝者與梁本長樂之著姓應字克誠自幼好學涉獵羣書

其上世有諱某者居海濱善測候而熟利涉之術皇明受命天
下歸仁茲國乃在閩海外風帆之便歷七晝夜可至上有三山
極其廣遠俗視諸番為馴洪武初首稱（奉）正朔稱藩某為航海通
道以入貢朝廷嘉之錫以王爵而望祀其山川故某以功録為
其國之通事往來給驛例以為常乃子回善事父而達政理凡
歲聘跋涉之勞回與有力而同事者安之某老王請以回代永
樂中回亦以功累升為長史階正議大夫賜三品服後以壽終
正議四子而兄某與應皆襲蔭以宣力於外無替厥服鄉評歸
之成化乙酉春聖皇即位應奉王命率其元僚上表稱賀今年
春復率衆進方物上多其勤厚加賞賚以遣維夏之季凱風自

八五

南舟次江湄應辭以別時之致政閑居者若工部亞卿吳公山
西憲使林公雲南大叅王公廣西憲副張公曁親友葉思獻輩
謂宜徵言以贈余惟天性五仁義為先天倫五君親為大道莫
越乎此也應歸復命之後循循翼翼思益勉其所當勉則臣職
益修天恩益固太平之福被諸無窮豈特世祿世官而已衆曰
俞請書以為勗應起拜曰都謹受教

故衆隱郭翁墓誌銘

正統六年五月二十有六日錢塘處士郭翁卒於家越明年冬
其子祐被衰服來闕詣余拜且泣曰先君在日嘗囑皃輩云士
惡没齒而芳弗揚知我者惟方伯吾没後汝必乞公文以誌墓

（明）葉盛《送丘戶科使流球》（《涇東小稿》卷二）

葉盛（1420—1474），字與中，號蜕庵，自號白泉，又號涇東道人、澱東老漁，謚文莊。江蘇昆山人。明正統十年（1445）舉進士，授兵科給事中。十四年（1449）十一月，升都給事中。天順二年（1458），擢都察院右僉都御史，巡撫兩廣。七年（1463），被召回京，轉左僉都禦史，巡撫宣府鎮。成化三年（1467），遷禮部右侍郎。成化八年（1472 年），遷吏部左侍郎。

著有《葉文莊公奏議》、《兩廣奏草》、《菉竹堂稿》、《菉竹堂書目》、《水東詩文稿》、《水東日記》、《秋台詩話》、《衛族考》、《經史言天錄》、《文莊奏疏》、《宣鎮諸序》、《涇東小稿》等。

《涇東小稿》九卷，明弘治年間刻本。其卷二錄有《送丘戶科使流球》詩一首。

按：丘戶科即丘弘（生卒年不詳），字寬叔，號蘭齋，福建上杭人。明天順三年（1459）鄉試，以易經第二名中舉。八年（1464），廷試中進士，授戶科給事中。後升都給事中。成化七年（1471）三月，充冊封琉球正使往封琉球，因途經山東德州時突然病故。成化八年（1472），明廷改派官榮為正使往封琉球。

茲據明弘治年間刻本影印。

二十年前識面時紅蓮秋水是容儀如今白髮君兼我
不忍相逢又別離

河上冰消新水生扁舟指日到南京舊游曾在昆山下
想得題詩寄遠情

送丘戶科使流球

中山遙在海雲東此日勞君下 九重賜得麟衣天上
出擇將 龍敕御前封
皇仁曠蕩窮三島使節崢嶸擁萬峰盛禮告成歸及早
絲毫香案渥恩濃

退菴贈別

美人別我去矯首天之涯清風與明月物〻是相思

（明）李東陽《送董子仁給事使流求》、《送張思履司副使流求》、《送丘給事使流求序》（《懷麓堂稿・詩稿》卷十二、《懷麓堂稿・文稿》卷二）

李東陽（1447—1516），字賓之，號西涯，謚文正。湖南茶陵人，占籍北京。明天順八年（1464）進士，選庶起士，授編修。成化十年（1474），轉侍講。二十年（1484），充東宮講讀官。弘治二年（1489），遷左庶子兼侍講學士。四年（1491），擢為太常少卿，仍兼前職，並掌翰林院事，充日講官，後擢禮部侍郎兼侍讀學士、典誥敕。八年（1495），命兼文淵閣大學士。十一年（1498），升禮部尚書。武宗登極，兼太子太傅、戶部尚書，謹身殿大學士，尋加太子太師、吏部尚書，華蓋殿大學士。立朝五十年，柄國十八載，清節不渝。著有《懷麓堂稿》、《懷麓堂詩話》、《燕對錄》等，是茶陵詩派的核心人物。

《懷麓堂稿》一百二卷，明正德十三年（1518）熊桂刻本。包括詩稿二十卷、文稿三十卷、詩後稿十卷、文後稿三十卷，加上東祀錄、求退錄各三卷，講讀錄二卷，南行稿、北上錄、集句錄及集句後錄、哭子錄各一卷。又有清康熙二十一年（1682）方達刻本，改題《懷麓堂集》，《四庫全書》據此收入，著錄為一百卷。還有清嘉慶八年（1803）學易堂刻本，改名《懷麓堂全集》。其詩稿卷十二有《送董子仁給事使流求》和《送張思履司副使流求》詩兩首。其文稿卷二有《送丘給事使流求序》，此序又單獨收入《殊域周咨錄》卷四和《（乾隆）汀州府志》卷三十九（題目改作《送給諫邱君使琉球序》，開頭處作『國家統一區宇』）。諸詩文分別為送明成化十五年（1479）冊封琉球正使董旻（字子仁）、副使張祥（字思履）使琉球，以及成化七年（1471）中途病故的丘弘而作。

尤值一提的是，因清代統治者深惡華夷秩序之説，故清代刊刻詩文集的開頭處均將『我國家用夏變夷』改為『我國家正位凝命』；而一些字詞亦有變動，『流求』亦改為『琉球』。

茲據明正德十三年（1518）熊桂刻本影印。

徽官青氊舊是君家物又向王郎坐裏看

送董子仁給事使流求

流求東望海門開　聖代提封亦壯哉萬里風濤繞七日六年天使此重來麒麟有服真殊寵薏苡無車莫浪猜歸憶皂囊封事在　殿前風采尚崔嵬

、送張思履司副使流求

尚方新報賜衣成玉節金書萬里行嶺外方言通異俗島中烟火望孤城帘來使者觀風化親見　朝廷録姓名不用殷勤宣　聖德遠人先賀海波平

送王祭酒先生還南京

矣君守其志使不變雖用是名天下及後世何愧哉
君之考績而選也進士蕭君文明龍州與餞之而屬
予以辭或曰周君非好名者不宜以是告之予曰吾
所謂名非今之所謂名也

送丘給事使流求序

我 國家用夏變夷掃乾盪坤滌濯萬物逮于百年
治洽功成五服之內藩臬郡縣所治出賦稅共使令
者弗論以暨于海中外疆殊界別以國稱者萬數邇
者先沾遠者後被冠裳椎卉詩書甲胄梯髙航深四
面而至充中庭溢下節禮部繫于出納鴻臚勤于奉

引相胥疲于遞譯自有中國以來無若是盛者若流

求國在海東南諸國小大遠邇之間烟火相望順飇

利船七日而至然其始俗以盈虛為晦朔以草木為

冬夏粵自古昔未通于中國雖或窮征黷討而賓服

無聞及　國朝號令所及望風款附遂封為中山王

齒于載版圖奉職貢者日瀰月煦潛移暗華被服冠

帶陳奏章表著作篇什有華士之風焉成化庚寅其

王世子某當嗣封遣其長史某來請命

天子封為中山王賜璽書冠服遣正副使二人致命

中山户科都給事中丘君弘寔充正使賜朱衣一襲

以行六科諸給事相率爲行餞徵辭翰林京與給事
君同年言在不讓曰於戲給事大丈夫入居諫諍出
領使命真謫顯稱所願爲今
聖天子在上賢大臣在列嘉惠于彼外國中山王謹
畏孝順不墮臣節以俟我威命而給事身負荷之國
體之所繫小邦之所瞻後世之所傳示皆在給事給
事其克自重感厲精發山動海立以宣達
天子威命國家之典章式俾小國君長陪從宴及閭
巷明識逆順保其初心惟億萬世服事罔敢斁亦罔
負後於戲豈不真大丈夫哉給事君起謝曰使者職

也敢不勉於是諸給事驩曰使哉使哉乃遵上供張三爵而後別

送周揚州序

成化庚寅京師饑天子簡廷臣出領賑事命之曰用命且有賞不用命有罰監察御史周君本清亦在簡中分理順天數縣辛卯事畢告于朝旹擢爲揚州知府夫守令之職非直衣食乎民也而食與衣莫先焉凡守之責胥此焉出今有五尺之童號于道其倉皇焉之求食與衣者必其父母也平立睨視談笑而過之者必塗之人

（明）何喬新《送韓行人使琉球》（《椒丘文集》卷二十四）

何喬新（1427—1502），字廷秀，號椒丘，又號天苗。江西廣昌人。明景泰五年（1454）進士。七年（1457），擢南京禮部主客司主事。成化四年（1468），升福建按察司副使。十七年（1481），遷都察院右僉都御史，巡撫山西，兼督三關兵備。孝宗立，出為南京刑部尚書。後辭官杜門著述。著有《周禮集注》、《策府群玉》、《百將傳續編》、《椒丘文集》等。

《椒丘文集》四十四卷，明嘉靖元年（1522）刻本。明嘉靖本依次為：『策略、史論、雜文、詩，碑、誄、奏議』。其卷二十四下有《送韓行人使琉球》詩一首，為送明成化八年（1472）冊封琉球副使韓文（字貫道）使琉球而作。

茲據明嘉靖元年（1522）刻本影印。

戀洞房鴛夢好早歸鳳閣掌絲綸

元日藩省祝　壽謾成口號

銀河星淡漏聲遲盡省宵偏祝　壽儀庭燎春田紅霧合爐香風細翠烟垂輿圖萬里歸堯統曆數千年紀夏時最喜太平今有象新年民物共熙熙

送韓行人使琉球

星槎五月泛滄溟路指扶桑霽景清諭粵才華推陸賈乘風氣槩羨宗生彭湖浪靜牙檣穩高嶼烟消盡鶴明遙想番王承　寵命從迴膜拜望　神京

小軒夕坐歸思浩然

閒盡人間是與非鄉心戀戀北山薇坐憐黃菊霜前老矣

（明）程敏政《送董子仁給事出使琉球》（《篁墩程先生文集》卷六十六）

程敏政（1446—1499），字克勤，號篁墩，又號篁墩居士、篁墩老人、留暖道人。安徽休寧縣人。明成化二年（1466），中一甲第二，授翰林院編修。十一年（1475），升侍講，充經筵講官。尋遷左春坊左諭德，兼東宮講讀官。任《大明會典》副總裁，專掌內閣誥敕。孝宗立，進詹事府少詹事，兼翰林院侍講學士，侍文華殿日講官。不久被劾去任。弘治五年（1492）冬，昭雪復官。七年（1494），升太常寺卿兼侍講學士，掌院事。十一年（1498），擢禮部右侍郎，侍皇太子講讀，任《大明會典》副總裁，專掌內閣誥敕。十二年（1499）春，與李東陽主考禮部會試，涉徐經、唐寅科場案被誣鬻題而下獄。出獄後，憤恚發癰而卒，贈禮部尚書。

程敏政著述宏富，主要有《皇明文衡》、《篁墩程先生文集》、《堿賢奏對錄》、《新安文獻志》、《休寧志》、《詠史詩》、《宋遺民錄》、《唐氏三先生集》、《真西山先生心經附注》、《程氏統宗譜》、《儀禮逸經》、《大學重訂本》、《翦子知言》、《蘇氏檮機》等。

《篁墩程先生文集》九十三卷，行世有明正德二年（1507）刻本、《四庫全書》本。其卷六十六有《送董子仁給事出使琉球》詩一首，為送董旻（字子仁）使琉球而作。

茲據《（文淵閣）四庫全書》本影印。

上應郎官十五星黌舍秋風興士子畬田春雨勸租丁

政成他日蒙推薦尚及才人兩鬢青

送董子仁給事出使琉球

萬里乘槎羨董生手持龍節氣崢嶸遠憑主上班恩到

坐使陪臣謝禮成畨貨不收沙上市粤船長下水邊城

知君可副中朝望一寸心隨漢月明

清明謁西陵餞昌平劉奉祠家次韻李世賢太

史

（明）張泰《送張行人副使琉球》（《滄洲詩集》卷九）

張泰（1436—1480），本姓姚，字亨父。江蘇太倉人。明天順八年（1464）進士，選為翰林庶起士，服闋除檢討。後遷修撰，踰月得暴疾卒。

所著《滄洲詩集》十卷，行世有明弘治三年（1490）成桂刻本、明嘉靖十三年（1534）毛淵增修本兩種。其卷九收錄《送張行人副使琉球》一詩，為送張祥使琉球而作。

茲據明嘉靖十三年（1534）毛淵增修本影印。

有報書

為謝侍講故人題竹岡

太平新縣台州東，竹岡可與桃溪通。知賢近得謝康樂，好客今多陳孟公。苔徑常時聞佩玉，草堂無日不清風。何當醉躡石橋去，徑坐秋山曉翠中。

送張行人副使琉球

文星擁節到天涯，不忝家傳絕域槎。寶冊天光臨海嶠，繡袍春色動雲霞。鳳儀南極衆奔望，鼇抃中山王拜嘉。想見歸囊無異物，紙[illegible]

張 勳華

七月 日張通府用光招宴于徐氏雲峰樓賦得十韻紀良會耳

峻閣東華近來連汗漫教六賢初並榜用光與予元勳具癸酉貢并予皆己卯鄉試二妙復同曹鳳儀元勳再任秋官疊雪蒼藤扇涼
風白苧袍茗甌香試豆冰碗脆分桃屏雨急秋
霽城楼當座高載歌青玉案一曲紫檀槽流酌
故園水擘鮮何處濤芝蘭邀鳳集夔皐
吾則愧羅玉誰其嗟二毛頗言交合地隨意續
風騷

（明）張經《送陳給事奉使琉球》（《半洲稿》卷一）

張經（1492—1555），字廷彝，號半洲。福州侯官人。明正德十二年（1517）進士，授嘉興知縣。嘉靖四年（1525），召為吏科給事中，歷戶科都給事中、太僕少卿、右副都御史，協理院事。十六年（1537）進兵部右侍郎，總督兩廣軍務，遷兵部左。未幾，升右都御史，拜兵部尚書。後以憂歸，服闋，命為陝西三邊總督，後被罷官。三十二年（1553）起為南京戶部尚書，改兵部。後為嚴嵩構陷，坐以失律棄市。隆慶初（1567）復官，追謚襄敏。

所著《半洲稿》四卷，明嘉靖二十六年（1547）刻本。是集卷一為《北寓稿》，乃官御史時所著；卷二為《南行稿》，為知嘉興府時所著；卷三為《西徵稿》，為任大理寺卿奉命安輯關西時所著；卷四為《東巡稿》，巡撫山東時所著。其卷一下有《送陳給事奉使琉球》詩一首，為送明嘉靖十三年（1534）冊封琉球正使陳侃（字應和，別字仲和，號思齋，一作思菴）往封琉球而作。

茲據明嘉靖二十六年（1547）刻本影印。

政青山近知爾鳴琴白晝長千里仙舟横寶
劔萬峯秋月照錢塘他年奏蹟還京國蔽芾
春風咏野棠
送陳給事奉使琉球
乘槎南去渡銀河麟服光懸白玉珂到[illegible]島遥
瞻天使下殊邦欣沐
聖恩多兩階干羽誇方盛中夏威儀喜再過
重譯仰看來萬國只今東海不揚波
送李時言謫官寧國
東郊別騎嘆離群此日那知又送君十載交

（明）程文德《送陳應和同年使海外》、《送高肅卿大行使琉球》（《程文恭公遺稿》卷二十五、卷二十六）

程文德（1497—1559），字舜敷，號松溪。浙江永康人。明嘉靖八年（1529）榜眼，授翰林編修。遷兵部車駕司郎中，擢南京國子祭酒，起為禮部左侍郎，旋改吏部左侍郎，擢掌詹事府，教授庶起士。後因忤旨改南京工部右侍郎。未幾，削職為民。萬曆初年（1573），追贈禮部尚書，謚文恭。

所著《程文恭遺稿》三十二卷，明萬曆十二年（1584）程光裕刻本。其卷二十五、卷二十六下，分別收錄《送陳應和同年使海外》、《送高肅卿大行使琉球》詩各一首，為送明嘉靖十三年（1534）冊封琉球正使陳侃、副使高澄（字肅卿，號東玉）使琉球而作。

茲據明萬曆十二年（1584）程光裕刻本影印。

忽下奉天　誰非誰是析秋毫無辜有罪誰能
逃吁嗟聽者咸起舞　天王明聖超千古薛子薛
子今明農南歸草堂南海東秋高夜靜見明月思
爾獨坐清歌發

送陳應和同年使海外

君不見環海西極濛汜東扶桑南窮赤水北幽荒
渺瀰漫漶天同際十洲三島歷歷如錐鋌昔人從
徃思壯觀驂虬駕鶴窮詭幻我生亦有浮海心蛟
門獨坐窺昏旦縱遊遐騁未有期蹉跎恐負乾坤
奇羨君忽奉琉球使擂鼓樓船駕舸移朝辭青瑣

闔夕問滄溟津龍節朱干下絕[illegible]麟袍玉帶鷩天
人尋常漫說登瀛洲如今真與僊人儔芝草琪花
紛可擷桑田滄海迹堪求君當此時試登樓故鄉
如在樓下頭君當此時試一嘯長風吹入故園我
萬里共長天無遠亦無近達人恒大觀何喜復何
愠傾朝相送此都亭醉歌倚劍窺青冥歸來為我
談奇事燃藜細讀山海經

辛卯六月六日登五鳳樓

六月六日天晶明九重廣內最上旋金鎖共扉
開鳳閣禁籞低隨僊侶行復道岧嶤登且止俯視

塵往事俱堪憶離筵忽漫新相期天路遠勿負百
年身

送周子克果尹禹城

禹城傳禹蹟名地屬名賢為政即師禹牧民猶濬
川萬室秋懸磬孤城夜試絃漢庭循吏在遲爾續
遺編

送高肅卿大行使琉球

絳節冊宵下僊槎滄海遊自憐酬壯志那復有離
愁雲氣開蓬島天文近斗牛節旄須自愛慈母倚
高樓

（明）夏言《贈高大行肅卿使琉球》、《覆議給事陳侃等請特祭海神疏》、《覆議給事中陳侃等進呈〈使琉球錄〉疏》（《夏桂洲先生文集》卷四、卷十四）

夏言（1482—1548），字公謹，號桂州。江西貴溪人。明正德十二年（1517）進士，授行人，升兵科給事中。嘉靖七年（1528），調吏部。十年（1531），改少詹事，兼翰林學士掌院士。尋升禮部左侍郎，仍掌翰林院。旬月後，任禮部尚書。十五年（1536），擢為武英殿大學士，入參機務，為首輔。十八年（1539），加少師，特進光祿大夫、上柱國。後為嚴嵩構陷。二十七年（1548），再次上疏論冤。帝不聽，是年十月被斬。隆慶初（1567）追復官，謚文湣。

著有《聖駕重幸太學録》、《桂翁詞》、《應制集》、《賜閑堂稿》、《桂洲詩集》、《夏桂洲先生文集》等。《夏桂洲先生文集》十八卷，明崇禎十一年（1638）刻本。此集分賦詩詞八卷，文十卷，另首附年譜一卷。其卷四下有《贈高大行肅卿使琉球》詩一首，卷十四有《覆議給事陳侃等請特祭海神疏》及《覆議給事中陳侃等進呈〈使琉球録〉疏》兩篇，為陳侃、高澄使琉球事而作。

茲據明崇禎十一年（1638）刻本影印。

贈高大行肅卿使琉球

使節雲霄下炎邦島嶼通客心依斗柄波路任天風玉帶朝衣重金函 帝制雄歸來報 天子聲教百蠻同

送沈子原之霍州

把袂當春日驅車入晉陽青袍仍作客白首獨爲郎岐路驚心在風波入眼狂憐才逢 聖主歲晚見康莊

送龔敱撰鳴治使朝鮮

上國文章伯東夷山海寰 恩敷元子詔講輟侍

上事神之義可爲周矣但祠必有名舊曰西海之
名恐嫌於四海正號未協尊稱今祠宇既建所有
神位祠額伏乞　皇上特賜嘉名以恭神貺庶稱
祀典今將相度過北門口湧泉亭後隙地一區堪
以定建其規制丈尺畫圖謹貼說二本隨本進呈
伏乞　聖裁候命下之日行移內外各該衙門遵
奉施行嘉靖十四年八月二十一日題奉　聖旨
照有擬的圖撰蓋造名號待朕另　諭卿行
覆議給事陳侃等請將祭海神疏
該本部題祠祭清吏司案呈奉本部送禮科抄出

吏科等衙門左給事中等官陳侃等奏竊念臣等
奉命往琉球國封王琉球遠在海外無路可通往
來皆繇於海海中四望惟水茫無畔岸深無底極
大風一來即白浪如山舟飄忽震蕩人無所厝其
力斯時也非神明為之默祐鮮不覆矣臣往來于
海驚險數次皆賴神明之助得保生還是豈臣等
非德致此皆繇 皇上一念精誠感格天地以致
百神呵護非偶然者嘉靖十三年臣等初去時五
月初八日開洋至十二日將底其國忽逆風大作
舟拖撇不可當遂兩發漏數十人以轆轤引水水

止舟蕩甚足不能立衆欲塞漏而不可得於是呼求救於神剪髮以設誓俄而風遂息舟以執燭尋罅皆塞之固水不能入得保無虞使是風更移時不息舟之沉必矣此其功一也四時九月二十日在彼開洋二十一日夜即遇颶風將大桅吹折須臾舵葉又壞舟之所恃以爲命者桅與舵也當此時舟人哭聲震天大呼神明求救臣等亦知決無生理爲軍民請命叩首無已忽有紅光若燭籠然者自空來舟舟人驚報曰神已降矣吾輩可以生矣舟得無事當風雨晦冥之時紅光何

言發謂非神之精爽不可也此其功二也二十三日黑雲蔽天風又將作衆皆知舵當易不敢輕任益風濤中易舵一動幾覆矣於是請命於神得吉兆衆遂躍然起易舵柄甚重約有二千餘觔平時百人舉之而不足是時數十人舉之而有餘兼之風恬浪止倏忽而定定後風浪復厲神明[illegible]功不可誣也此其功三也二十六日忽有一蝶飛繞於舟僉曰蝶質甚微也神也或將有變遽令舟人備之復有一雀立於桅上雀亦蝶之類也令以米飼之馴馴啄盡而去是夜果疾風迅發白浪拍天巨

[illegible]盪儻如一葦風聲如雷而水聲助之真

[illegible]舟一斜則流汗如雨臣等懼甚衣服冠而

王相與歎曰　聖天子威德被海內外百神皆爲

之藉祇海神獨不救我輩乎當此風濤中而能保

我數百民命眞爲奇功矣當爲之立碑當俟之奏

還　上言說風若少緩舟行如飛徹曉已見閩

之山矣此其功四也有夷舟進表謝恩者與臣等

同行過二十一日之風漂回本國至今年三月方

到福建臣等之舟止行八日直抵不至漂流失所

真神之功也臣等感其功不敢不厚其報在福建

時已嘗致齋設醮修廟立碑条但奏聞之旨既出

乎口不敢有負于心謹撫顛末上瀆 聖聽詢若

涉于荒唐心實本于誠懇伏望 聖慈憫念下之

禮部詳議可否萬一其功可報令福建布政司與

祭一壇庶天恩浩蕩而幽冥有光矣臣等切思名

山大川之神有舜時已有望秩之祭我 太宗文

帝時遣太監鄭和下海嘗立祠於海濱時加致

禮云能禦大災則祀之能捍大患則祀之今

拔之功遂保數百人之命其爲大災大患莫

伏維 聖明詳察臣等無任戰慄恐懼之

臣等因奉　聖旨禮部看了來說欽此抄出送司
案呈到部看得左給事中陳侃等奏稱奉命琉球
往來海中時遭風險幾致顛覆多藉神功救援乞
要賜祭以報其應一節爲照國朝嶽鎮海瀆類皆
有祀祭法云能捍大患則祀之在典禮則固然矣
今左給事中陳侃等奉使海外屢遭風濤之險卒
獲保全實乃　皇上聖德默祐所致海神效職不
可爲無是亦捍災禦患之意也賜之以祭禮亦爲
有據合無候命下之日本部行文翰林院撰祭文
一通行令福建布政司備辦祭物香帛仍委本布

該司堂上官致祭以答神休不爲常例嘉靖十四
年七月二十二日題奉　聖旨是
覆議給事中陳侃等進呈使琉球錄疏
禮部為清吏司案呈奉本部送禮科抄出吏科等衙
門給事中等官陳侃等題切念臣等奉命往琉
球封王行禮既畢因待風半三閱月而後行無
事因得訪其山川風俗人物起居之詳杜撰
遂成一錄錄之意大畧有二一以臣等初被命時
訪琉球國舊案因回祿之變燒毀無
儀物等項請於內府各監局而後明

[illegible]布政司亦以年久卷案為颶雨毀傷其造船
[illegible]通洋事宜皆訪於耆民之家得之至於交際禮
[illegible]無從詢問特令人至前使臣家詢其所以亦各
[illegible]而不知後海道往來皆賴夷人為之用其禮
[illegible]擬臣等臨事斟酌期於不辱而已因恐後之
[illegible]使者亦如今日故著為此錄使之有徵又嘗念
[illegible]家之一統之治必有信史以載內外之事如大
一統誌者中所載琉球之事所云落漈者水移
[illegible]不回也舟漂落百無一回臣等嘗思乎此徑過
[illegible]不過是險自以為大幸至其國而詢之皆不知有

其水則是無落漈可知矣文云王所居壁下多聚髑髏以爲佳臣等嘗疑乎此意其國王兇悍而殺可與言也至王宮時遍觀壁下亦皆累石國王循循雅飭若儒生然在彼數月雖國人亦不見其相殺又何嘗以髑髏爲佳哉是誌之所載者皆訛也不特誌書爲然杜氏通典集事淵海嬴虫錄星槎勝覽等書凡載琉球事者詢之百無一實若此者何也蓋琉球不習漢字原無誌書華人未嘗親至其地胡自而得其真也以訛傳訛遂以爲誌何以信今而傳後故集羣書而訂正之兼以夷語夷字

次附于後實不足以上塵
睿覽但念海外之事
知之者寡一得之愚或可以備史館之採擇伏惟
陛下恕其狂僭下之禮部詳議施行臣等不勝幸
甚謹以使琉球錄繕寫一册隨本上進等因奉
聖旨禮部看了來說欽此抄出送司案呈到部看
得吏科等衙門左給事中等官陳侃等題稱奉命
往琉球國封王禮畢訪其山川風俗人物起居撰
使琉球錄一册上進乞要詳議備行史館採擇一
節爲照琉球國遠在海濱華人鮮至其地是故國
俗土風知之者寡今按一統誌等書所記事本傳

聞殊載未盡者據給事中陳侃等親歷其地目擊
其事山川風俗之殊往來聞見悉出實錄因採輯
事迹撰述成書既以正載籍之所未盡且俾後之
奉使者有所考見足見各官留心使職誠可嘉尚
似應俯從所請合無候
命下之日本部將所進
使琉球錄付之史館以備他日史館採集伏乞
聖裁嘉靖十四年七月二十五日題奉
聖旨是
詳議毀佛像并修齋疏
祠祭清吏司案呈奉本部送禮科抄出河南道監
察御史諸演題欽此抄出送司案呈到部看得御

（明）邵經濟《送思齋陳諫議封琉球》（《西浙泉厓邵先生詩集》卷二）

邵經濟（生卒年不詳），字仲才。杭州仁和人。明嘉靖五年（1526）進士，歷官知府。九年（1530），任工部都水司主事，分司清江船廠。著有《濟漕志補略》、《西浙泉厓邵先生文集》、《西浙泉厓邵先生詩集》等。《西浙泉厓邵先生詩集》十卷，明嘉靖四十一年（1562）刻本。其卷二下有《送思齋陳諫議封琉球》詩一首，為送陳侃使琉球而作。

茲據明嘉靖四十一年（1562）刻本影印。

中秋泛月限韻

翠色迴林薄瑶光燭海波委珠元不沒飛鏡未應過滌

瀁傳清籟曈曨見素娥蚌含千日淚兎老萬年柯坐見

參辰轉其如風露何此時占漢使直欲泛星河

送思齋陳諫議封琉球

聖皇威海宇萬國一車書重譯通　朝請分封貴徼居

綸言元鄭重簡使未應虛玉節煩新　命麟章出內儲

夕郎將大寵渤海控歸墟萬里天難渡孤帆鳥不如長

風噓借便積水眇愁予　帝德渾無際臣心亦已舒

恩光惟日月草木盡吹噓南越今何在東平樂有餘千

年看島嶼恩使幾躊躇

哭東岡李司馬兼慰白泉督府十六韻

北海文星落東岡靈氣徂　冕旒悲故老霄漢失通儒

憶昨司臺淅端居式範模作人先矩矱示我得樞趨半

席豈殊遇遠期終故吾二天方切感寸草未應孤建白

參　廷議還朝荷　帝俞中丞仍授簡司馬篆誰紆老

去林丘便春秉花鳥娛耆英方入洛矍鑠且吞胡望重

蒼生念名高安石俱黃扉剛賜履白首尚銘盂一夕忽

云沒九原安可蘇傷悲泉世隔潔淚海天枯門下非英

物天涯有鳳雛感知愁日暮相對更踟躕

（明）屠應埈《送陳給事使琉球三首》、《送給事陳君使琉球序》、《陳氏祀田記》（《蘭暉堂集》卷三、卷八、卷十）

屠應埈（生卒年不詳），字文升，號漸山。浙江平湖人。明嘉靖五年（1526）進士，由郎中改翰林，官至右春坊右諭德。嘗簡命校文江右，喜奇節偉行。

所著《蘭暉堂集》十二卷，明嘉靖三十一年（1552）屠仲律刻本。其卷三下有《送陳給事使琉球》、卷八下有《送給事陳君使琉球序》、卷十下有《陳氏祀田記》。為送陳侃使琉球而作。尤值一提的是，《陳氏祀田記》記錄了冊封琉球使陳侃用琉球國王尚清所贈禮金在家鄉購買陳氏祀田之事，彌足珍貴。

茲據明嘉靖三十一年（1552）屠仲律刻本影印。

胡騎窺秦塞宗臣出漢疆長驅龍廐馬百戰虎賁郎策授天人秘營連象緯光何當窮絕漠臨斬左賢王

萬里塞雲黄秋風胡馬强將軍屯細柳天子射長楊戈劍明朝日旌旗拂夜霜中興漢業盛麟閣有輝光

送陳給事使琉球三首

絕域天王使三年諫省郎星辰傳鳳詔冠冕授蠻王蜃氣鴻濛合潮聲日夜長錦帆滄

海上南望有輝光

南荒饒霧雨窮島接風濤下瀨樓船廻馳封使者勞夷官趨弁服海色照鱗袍君道唐虞際應瞻日月高

帝遣辭青瑣乾坤屬壯遊九霄持漢節萬里赴炎洲日抱蛟龍躍天函島嶼浮遥憐張博望銀渚問牽牛

寄題孫氏園亭次馬編修韻

地選三吳勝池通碧海波紫鸞棲澗竹黃鶴

漳浦教漳浦弟子其亦告以予言

送給事陳君使琉球序

琉球王世子清表曰臣世被中國厚恩樹之島夷以藩屏東海外先臣真憑 天子神靈獲終于位孤臣清議嗣惟是微寸元命弗敢寧居謹昧死介陪臣長史潮以請潮渡海至表 聞 制曰可禮部議冊典簡所宜使者具名上故事凡使二人而正使以給事中往時當往者率悒悒憂動色陳君應和爲吏科

左給事中有賢譽而君亦壯不憚往乃疏名
上　天子素知其賢報允　陛辭復　詔賜
玉帶麒麟服云屠應埈曰東南夷內屬者以
數十琉球蓋其一云　高皇帝放驅胡元撫
飭輿域諸海外夷狄君長振慴　威德交臂
頫膝以稱臣歸死而琉球始通貢獻中國
文皇帝時命使者就立其王　賜之冊命被
以印綬冠帶世爲外藩臣得遣子入就太學
於是琉球爲寵王駸駸向聲教矣　天子躬

至德中興諸國益効職無敢墮怠聖恩光施
存定荒裔而琉球之使也陳君實尸之行矣
壯哉予嘗讀太史書至相如之使邛筰也道
蜀蜀守令郊迎負矢以爲龍而相如亦卒能
其使事予未嘗不灑然心善之也至觀博望
侯騫傳則以一介之使凌絕海外結軼殊域
歷上古不王之國爲漢縶常向導隨流而撥
則又遼然喟慕雖其行不揆于古有壯志焉
今以行人往來之域通外邦之内臣而使者

言海外則悒悒動顏色奚古今人若是遠也
陳君建　盛明之節照耀燕趙齊魯之郊浮
江達河迴于淮沂錢塘之波騁于故里其守
令亦將北嚮先驅若相如然斯可謂寵矣而
又馳東冶沿漳水㳺無諸之域横海東下溪
彭湖指中山觀日月所出没俯視蛟龍巨鯨
諸怪之嬉游也若陸行牛馬然變夷之俗振
于　天使王侯以下羽冠螺飾盡喘息迎謁
而陳君執符被服拱揖于其上知不知望之

以爲從天而下斯天下之壯觀極寵而傳望
蠻所肆說而不得者也斯不亦壯哉抑君
天子之近侍臣也雖蠻夷亦將于君而觀式
焉夫言動與取身之經而使之節也宣昭皇
度茂貞使命以風示　天子之德于諸蠻不
在茲乎不在茲乎夫以陳君之賢而使事又
壯不憚往其于茲也吾有以測之矣

贈山西叅政趙君之任序

屠應埈曰予幼侍先大夫先大夫稱鄉之賢

而治世之人瑞也　上下詔褒之復其家終身月賜米石帛二匹乃周翁壽過之而行尤篤厚于有司未有聞者何也抑予從給諫君覩其家多君子長者如周翁亦宜如周翁壽顧不止父子代相繼已耳故予于斯堂也又皆知壽周氏者之歲無已也

陳氏祀田記

陳氏于鄞稱世族族凡二千餘人至光祿君爲恩和始置祀田奉先宗廟世祀初光祿君爲

給事中奉　詔持節册封琉球王清　國
家凡使琉球者念逈海外絶域令有司給供
具甚盛踰等君輙自抑損費減十二比至琉
球方産琛麗一無所問國人服其廉高事竣
歸王清奉黄金一鎰爲使者壽卻去不顧王
清具其狀上之朝詔使者受金再辭乃拜命
金如圭微圓色紫陳君旣受賜則以其金購
田十五畝稱祀田田在縣南某鄉畝入鍾足
供其春秋祀事于于是盖未嘗不咨嗟稱善

也夫琉球于東南夷最遠去京師三萬餘里
冠帶所鮮被教化殊略也顧能秉執禮義其
視天子之使也若尊威神焉無敢以其土地
之毛有所淆請也即所餽金固微裁足通禮
而已猶以使者故上之朝可不謂斤斤藩臣
之節哉政佚之國其臣必煩故雖宮市都邑
之吏官禁近者典憲在前刑法在後贓賕流
聞猶若無畏也而使者于海外恪忠無私交
抗節沉寘潔身無知之域足徵我中國風教

嫐甚　主上湛恩天霈涵遐沃邇奬共靖之
臣優守藩之國昭德布賚褒應如響情之所
通齊夷弗遏休哉君臣之際乎而君之懷
上之賜也無敢以爲私藏比義聯族追遠敦
孝樹之土田殷薦宗廟以昭事其先人錫厥
胤嗣所以示后世誼至休明也煌煌乎諸美
備矣往予觀太史公傳陸賈謂賈使南越卒
令王佗稱漢臣受其賜槖中千金裝歸具車
馬酒食歌舞愉樂以爲賈善夫南越悖慢易

漢其于琉球無足論較乃賈爲漢使多私受
金帛以聞徒持歸事產極欲爲樂此與陳君
處琉球令事相去殊絕而儒者論古人輙以
爲卓異不可及此與目聽何異哉予故併記
之以示來史陳君名侃字應和予同年進士
論篤有雅操今爲光祿少卿嘉靖戊戌夏六
月壬寅朔日

述諫贈給事前谿戴君

嘉靖己亥春二月　上將南巡楚服謁祀

（明）唐順之《送高行人使琉球》（《荆川先生文集》卷二）

唐順之（1507—1560），字應德，一字義修，號荆川。南直隸常州（今江蘇常州）人。明嘉靖八年（1529）進士，選庶起士，調兵部主事，後改官吏部。十二年（1533），官翰林編修。後因平倭有功，升右僉都御史，巡撫鳳陽，至通州去世。崇禎時追謚襄文。

唐順之著述宏富，因與歸有光、王慎中二人文筆相近，崇尚義豐文實的唐宋古文，故與之合稱『嘉靖三大家』。主要著有《文編》、《右編》、《史纂左編》、《兩漢解疑》、《武編》、《南北奉使集》、《荆川稗編》、《荆川先生文集》等。

《荆川先生文集》十七卷，明萬曆元年（1573）重刻本。其卷二下有《送高行人使琉球》詩一首，為送高澄使琉球而作。

兹據明萬曆元年（1573）重刻本影印。

春流瀰瀰碧波深送遠其如南浦心魏闕幾年叨結
綬江皐千里惜分襟君遊白下貪雲卧予滯金門笑
陸沉郎署故交如問訊邇來惟有越人吟

送高行人使琉球

天王玉冊頒三殿漢使星槎下百蠻鬼國至今通象
貢樓船何處度龍關海迷南北惟憑日雲起蓬壺忽
見山壯志不愁經歲去安流應是計程還

送王侍讀赴南都

玉堂學士賦南征躍馬鳴騶出上京奉詔明光新佩
印校書天禄早知名石頭城下春流滿白鷺洲邊芳

（明）皇甫汸《題高行人使琉球卷》（《皇甫司勳集》卷二十三）

皇甫汸（1497—1582），字子循，號百泉。南直隸長洲（今江蘇蘇州）人。明嘉靖八年（1529）進士，以吏部郎中左遷大名通判，官工部主事。因監運陵石遲緩，貶為黃州推官。又遷南京稽勳郎中，再貶開州同知，量移處州同知，擢雲南僉事，以計典論黜。

著有《長洲藝文志》、《百泉子緒論》、《解頤新語》、《皇甫司勳集》等；輯有《玉涵堂詩選》、《忠義拾遺》、《白洛原遺稿》等。

《皇甫司勳集》六十卷，包括賦一卷、詩三十二卷、雜文二十七卷，《（文淵閣）四庫全書》本。其卷二十三下有《題高行人使琉球卷》詩一首。由該詩名推知，陳侃與高澄使琉球時，應有大量文人雅士前來題詩送行。

茲據《（文淵閣）四庫全書》本影印。

雪寒能積巖泉淨不流虎將金界湧龍抱劒光浮客向

空門散僧開慧室留已堪招白社何必訪丹丘

題高行人使琉球卷

奉使彤庭上頒封碧海隅天池凌浩渺星漢挂虛無雲

日龍宮幻風霆蛟蜃呼扶桑標外域嘉樹在方壺緩化

遐難極論恩蕩不殊波臣承玉冊水伯護金符采秀三

山近乘槎萬里孤即思枚氏發因頌禹王圖

挽張兵憲父母

（明）崔涯《送陳高二公使琉球》（《筆山崔先生文集》卷八）

崔涯（生卒年不詳），字若濟，號筆山。南直隸寧國太平人。明嘉靖八年（1529）進士，擢任監察御史。為官清正廉明，遇事敢言，糾劾不避權貴，齊辦各類獄案，深得民心。明世宗視其為真御史。巡視福建，墨吏聞風解綬。陳山海十二策，皆切中利弊。因劾吏部尚書汪鋐，忤旨被斥。去職後，建書院講學，尊崇程朱理學。

所著《筆山先生文集》十卷，明萬曆三十六年（1608）刻本。是集卷一至卷七為奏疏及雜著，卷八為詩，卷九卷十為虎異和鵲異。其卷八下有《送陳、高二公使琉球》詩一首，為送陳侃、高澄使琉球而作。

茲據明萬曆三十六年（1608）刻本影印。

筆山崔先生文集卷之八

古風

送陳高二公使琉球

餞君三山道送君萬里行一帆輕颸滿五夜客星明曠望絶域所微茫天際程扁舟風日徂狐志月滄溟漸見青山好遥聞鷄犬聲傳喧走夷

蠻羅拜望下旌

五詔開金字中山王異人

皇恩如海闊島運自

天新禮樂来荒服慇懃謝使臣秋風應報
命来往恩波深

　春夜宿蓬陽院中

黄昏雨㪅細蕉梧墮寒滴孤夜發清吟院深春寂寂
分符両載歸行李紛圖籍明發問前程青天覆長陌

　同司校劉人峯張雲門王皐亭賞雪水冲庵

夜色何相饒曉見南山雪驅馬出郊原高懐慕前哲
山陰夜如何乘興還中歌霸陵春幾許幽尋轉奇絶
前村道人庵解榻供茗啜壓梅香暗起墜爐酒初埶

（明）陸釴《贈陳給事使琉球》（《少石集》卷五）

陸釴（1494—？），字舉之，號少石子。浙江寧波鄞縣人。明正德十六年（1521）榜眼，授翰林院編修。嘉靖初（1522），因大祧議之事受牽連，貶為湖廣按察僉事，遷江西參議，又轉山東提學副使。《武宗實録》預修完成，晉升修撰。主修《山東通志》，稿成，上疏告老還鄉。未獲答復，卒於官。

陸釴鋭志問學，盡覽經史百家，為文奥衍宏暢，詩則溫醇而典婉，有晉唐之風。著有《賢識録》、《病逸漫記》、《少石集》等。

《少石集》十三卷，包括詩五卷、文七卷、雜著一卷，明萬曆八年（1580）鄞縣陸氏家刻本。其卷五下有《贈陳給事使琉球》詩一首，為送陳侃、高澄使琉球而作。

茲據明萬曆八年（1580）鄞縣陸氏家刻本影印。

贈陳給事使琉球

周王錫券分重譯漢使乘槎壯遠遊翠翡白牛須自至碧雞金馬更何求蓬萊宮闕開三島司馬文章記十洲玉節春明回海角皂囊心事在螭頭

宿醴泉寺

寺門煙霧藤蘿障丞相祠堂松檜開地湧靈泉千澗落僧傳香火百年來埋金事往留卅穴洗墨池荒長碧苔夜靜孤峯明月上鐘聲偏到讀書臺

贈邵端峯陸太僕

楚甸同攀黃鶴樓濟川還共李膺舟江山文藻須吾輩騏驥風塵誰爾求南國棠陰思去召東方鴻

（明）姚淶《贈吏科左給事中思齋陳子應和出使琉球序》（《明山先生存集》卷三）

姚淶（1488—1538），字維東，號明山。浙江慈溪人。明嘉靖二年（1523），癸未科舉榜登進士第一人，世稱文狀元。授翰林院修撰，因議大儀，受廷杖，下詔獄。復官後，充經筵講官，遷左春坊左諭德，侍讀學士。

姚淶著作頗多，惜今僅存《明山先生存集》四卷，明嘉靖三十六年（1557）刻本。其卷三下有《贈吏科左給事中思齋陳子應和出使琉球序》一篇，為送陳侃使琉球而作。

茲據明嘉靖三十六年（1557）刻本影印。

若夫桑梓之所詔鞶帶之所佩朝夕之所徵几案之所咏皆取足於是而梅也無從不供亦惟求吾適焉矣既奚其主問者曰梅生數千年乃有國復數百年乃有主主是邦者非先生其誰天下不被梅之澤者久矣今世所賴於梅者微先生孰能盡其用乎幸矣先生之主斯國也且昔人有所謂烏衣槐安者徒託諸寓言皆齊諧之流非所以語於道也先生之國以實不以名以道不以物吾蓋嘉先生之善為斯國主也先生笑而不答因書以為記

贈吏科左給事中思齋陳子應和出使琉球序

使事有四而難易各存乎時有排難解紛之使有講信修睦之使有合縱連衡之使有布德宣譽之使春秋之世兵革歲興而諸侯之聘問不絕得使則國安主榮不得使則國危主辱故凡排難解紛講信修睦惟一介行人賴焉可不謂難乎縱橫者流乗王公之間而鬭其捷因其勢而道之術易售也君子詎焉若夫啣命徼外志存柔遠或南騁北馳或東薄西涉使風聲遐鬯志澤旁流以彰王者無外之化是故雖遠必入雖險必冒雖幽僻必達使者宜樂為之尚奚憚哉漢唐宋之有天下内憂而外患將以兼所有也凡威之所未諭化之所未革

輙以使先之而奉使者恒以為威我　國家以德綏

域風行裨海羽族卉儀款關來庭使譯四通百於前代

王會所書之琛蓋不獨肅慎貢楛越裳薦翬而已間有

邦賓畧而不治其萬里嚮風號為外臣如朝鮮安南琉

球諸國來王來享宅心益虔者則特優其禮以懷柔之

凡諸國有嗣君必請命于

天子

天子乃簡諫垣之有風儀才望著為正使往布命焉累

朝因之踵為故事而使軺所至殊邦快覩其視前代奉

使之難易何如也琉球國於海外自唐及宋未嘗一通

中國元薛禪完澤篤之世以驅山擣海之威伐之弗克諭之弗從至設福建省治於泉以圖之而竟無成功以夷抗夷其勢則然我

太祖皇帝用夏變夷文命四訖琉球知中國之有聖人而始通職貢與其翊戴本朝尤為忠懇非若朝鮮安南之世事中國者比也嘉靖丙戌中山世子尚清當嗣有王位以未得朝命未敢自王言于朝曰臣清願如臣父真臣祖闓之榮被 上國之寵命也又願如臣祖考之水為外臣以保有與疆宇也惟

天子矜之遠啟我海邦

天子若曰茲秉禮恭順可以土中山矣爰命有司敷厥世系備厥章服隆厥錫命戒厥使事亟往布朕意以慰遠人於是吏科左給事中陳子應和奉　詔戒道賜一品服以榮其行舉朝之士重其遠使咸曰陳子偘偘自將抗章論事有古諍臣風羽儀禁闥衆方冀其有為乃使之共事海外陳子得無懟乎陳子之意則不然入則補過拾遺出則布德宣譽何用而不可且夫避險而憚辭勞而逸身計得矣惡乎忠於是乎毅然請往擊鼓揚帆不懾不沮薄扶桑於滄津驅天吳於雲島漫汗泱漭莫知其遥陳子之行壯矣哉星槎倏臨綸章有煥幽崖

被日月之輝孤嶼霑雨露之潤中山君臣傾動鼓舞一方草木亦有榮耀矧其國人乎哉且陳子輩以天朝之英衣冠升降之間所以示法遠人出於使事之外者尚多也陳子一行而所繫之重若此竣事言還天子嘉其遠使賞賚優渥以償賢勞又孰有出於陳子之右乎古有北山之詩其無述焉可也

贈都閫孫君志健赴浙江序

天下之才弗相兼也於是鉛槧弧矢之業各以藝稱而文與武始為二途國家以兵羅士雋者咸奮若無遺材矣然一旦臨事猶有所弗任焉亦奚取乎二途之士

（明）龔用卿《送陳需齋給事高東玉大行使琉球》、《送郭一厓給事使琉球還朝兼柬李槐亭大行》、《送大行東玉高君奉使還朝序》（《雲崗選稿》卷一、卷五、卷十二）

龔用卿（1500—1563），字鳴治，號雲崗。福州懷安人。明嘉靖五年（1526）狀元，授翰林院修撰，歷左春坊左諭德、翰林院侍讀，直經筵。參預修撰《明倫大典》、《大明會典》。十五年（1536），奉詔出使朝鮮還，擢為南京國子監祭酒，未幾卒。著有《使朝鮮錄》、《雲崗選稿》等。

《雲崗選稿》二十卷，明萬曆三十五年（1607）刻本。是編首賦，次詞，再次詩，再次雜文。其卷一有《送陳需齋給事高東玉大行使琉球》詩一首，卷五又有《送郭一厓給事使琉球還朝兼柬李槐亭大行》詩一首，卷十二下還有《送大行東玉高君奉使還朝序》文一篇。分别為陳侃、高澄使琉球，以及明嘉靖四十年（1561）冊封琉球正使郭汝霖（字時望，號一厓）、副使李際春（字應元）往封琉球而作。

按：陳侃，字應和，别字仲和，號思齋，一作思菴。故『陳需齋』疑為『陳思齋』之誤。

兹據明萬曆三十五年（1607）刻本影印。

秘古洞㳂蒲昌清漪陽景澹澄霽孤煙匝逶迤
遠遊超神理浩歎發幽奇盤桓凌翠巘登覽寄
遐思願授還丹訣倏爾與世遺飄颻脫塵網安
薊相追隨

送陳嵩齋給事高東王大行使琉球

后德徧窮域島夷慕休聲梯航萬里至稽首會
廣廷丹墀獻國書重譯戴　聖明正位渙號汗
統部憑寵靈　帝謂王無外際海咸蒼生懋子
柔遠圖嘉此來賓誠　皇威振夷夏河海已晏

清蹕儀循舊典按圖閲所征　王命繋瞻仰
勑遣侍臣行龍文耀金冊玉符接羽旌麒麟章
服貴象簡閭里榮皇華駕四牡迢遞出神京樓
船牽錦纜佩劒動青萍海久不揚波利涉胡足
驚陟峯望巘崿入谷聞鼯鼪波光揺草樹岸色
浮鵁鶄儒服野烏窺漢節鮫人迎問俗九夷殊
望遠三山平常懷請纓志緬悟投筆情所貴丈
夫者四方皆經營此行期不辱炯炯垂令名

送林郎中督賦江南

袖懷唐舉術眼有呂公睛不待從徐庶居然識孔明風霜雙短鬢天地一浮萍去去雲中路斜陽送櫂聲

題明曜山房

愛此真如境蕭然一室朋捲簾低北斗開戶見春山錫杖凌風振禪房映水閑疎鐘將日暮杳靄出雲間

送郭一厓給事使琉球還朝兼柬李槐亭大行

上國頒恩命文光照海陬夷邦瞻使節李郭共
仙舟　詔下三台動波平百怪收釆風知獻納
端拱慰　宸旒

雲岡選稿卷之五畢

爲民望焉

送大行東王高君奉使還朝序

東王高君肅卿以行人得　賜一品服出使琉球琉球島夷介居海中至其國者必取道甌閩出没於煙雲波浪中值風風順景熙旬日間無晝夜可至否則風濤之險顛倒帆檣飄折桅柁以爲從者憂斯行也人甚危之而君辭色不少動飲食言笑倍加於昔其勇往之意不衰閩之上流溪水峻急石縱横如虎牙其廉利侔劒戟灘

聲與石勢爭雄凡道經此者必輿行以避其險君之來也舟人請陸行君奮然曰吾將涉萬里之鯨波以浮于海寧懼此泰山之拳石扒借有險於此者將若之何吾不知此之爲險也中流而下舟行甚安其任重致遠之意已畧見於此矣居數月竟往返無恙擬之殷大夫之使回鶻其難易可知也昌黎韓子謂其眞知輕重大丈夫則茲行之不易易也較然矣今　天子威信之被遠過有唐而琉球向化之誠雖非回鶻之

比至其道路之險則爲過之是君之難蓋加於
殷大夫矣夫其秉臣節恭　王命壯國體服夷
志吾知君之行必自得於言語容色之外而奚
待予之贅彼區區出一言爭決是非以爲國之
重輕者其事之難易又豈待論哉夫海邦水際
遠不可測今有人涉江湖之滓失其守者尚蕩
心易容戰栗不可止而况臨不測之淵周游於
滄海之上顧乃居之安而不震守之固而不惑
君何以得此哉無亦曰志定焉耳矣志定則受

之大而不驚納諸繁而不亂任極難而不憂享至樂而不蕩矣異日器量之所就可槩𠀤或曰君爲 國遠使海表今還 朝矣 天子嘉之將必有顯擢焉嗟夫吾知君之志不在是也夫仕途之險惡世路之艱虞孰有過於航海苟知此矣則榮辱得失利害變故彼瑣瑣之加於吾身動於吾前者真若浮雲之過太虛耳何足攖吾情介吾念𠀤況望此以爲榮進乎故曰輕天下則神無累矣細萬物則心不惑矣齊消息則

志不僢矣同變化則明不眩矣吾於高君之行
也云然

岷峨志序

岷峨蜀望山吾嘗見太白山月之歌巳知其勝
遊人宦客之至於斯也必襆被曳履不憚一登
則其勝也久矣舊未有特志之者志之自五山
張子始張子蜀産也家於夾江距岷峨甚近是
故志之者張子也夫志豈易爲哉以考故者審
其象以定形者察其理以辨異者别其區以觀

（明）崔桐《陳給事侃使琉球》（《崔東洲集》卷一）

崔桐（1479—？），字來鳳，號東州。南直隸通州海門（今江蘇海門）人。明正德十二年（1517）探花，授編修。諫明武宗南巡，詔跪午門外五日，並受廷杖奪俸。明世宗即位（1522），因議大儀，再予杖出，復逮入獄。降為湖廣參議，提調武當山。累提升為國子監祭酒，終禮部侍郎。

所著《崔東洲集》二十卷，包括詩九卷，詞一卷，文十卷，明嘉靖二十九年（1550）刻本。其卷一有《陳給事侃使琉球》詩一首，為送陳侃使琉球而作。

茲據明嘉靖二十九年（1550）刻本影印。

秋江寄別酒言念結良儔與子昔相於吾土共芳洲
光儀攀白下契托鳳臺遊雲泥忽異路未究宿心求
求之不可即傴僂心織織後帆近風雲前圖邈脩翼
世故莽相仍同車阻顏色云胡神物交乃協湘江側
側懷惝怳植誼倚瓊枝儕末僭道誼敦已促睽離燕
昔緒今復生今歡去仍戀願言予莫發輸前谷郊甸
郊甸變金素落木鳴迅商野日滯芳蕙自感集清觴
努力務明德高下各飛揚予有瑤華調能辭荊漢長

陳給事侃使琉球

雨結西湖陰木冷吳山煙歲已伏羣化旅抱當離筵

念予鯨海游　皇猷屬遐宣於予志四方萬里情豈
牽且共洲上酬復奏鷗絲絃緒言聆須臾紓襟暫周
旋　聖仁本無外中土餘頒連瑶囊有諫草道援志
所先言歸匆進遲翹首青雲軒

同淮甘泉步豐樂亭次韻

達人有冲抱雅好屬秋山偶此滁陽節儼我宿追攀
虛齋聆緒論相對欲忘言曠然恣幽討遺跡問先賢
高歌意不盡欲去且盤桓仰凌白雲嶠俯瞰玉泉蟠
驅車忽異路斜日濟江干

崇德樓八景爲馬同倅賦

（明）陳逅《詩賀高大行東玉使琉球事竣北還》（《省菴漫稿》卷一）

陳逅（1493—1557），字良會。蘇州常熟人。明正德十二年（1517）進士，任福清縣知縣，遷浙江道監察御史。嘉靖三年（1524），因論救朱淛、馬明衡兩人，貶為合浦縣主簿。後升任福建按察司僉事。十七年（1538），改河南按察司副使。後明世宗謁祖，因供具不辦連坐，逮捕入詔獄，貶為民。所著《省菴漫稿》四卷，行世有明萬曆年間海虞陳氏家刻本、崇禎十年（1637）陳星樞刻本。其卷一下有《詩賀高大行東玉使琉球事竣北還》詩一首，為送高澄使琉球而作。

茲據明崇禎十年（1637）陳星樞刻本影印。

御墨新

滿月

滿月澄輝爛九霄彩雲狼籍露痕飄蒼山影動潛鼉窟銀漢光回北斗杓便欲淩空飡沆瀣可憐飛輿失蕭條玉人應解頒灵藥碧海玄洲早建標

行役苦暑呈張東沙

學道多年只故蒙可憐覊跡復從公困人赤日山中路得泛扁舟江上風清夢何年窺進止前程隨處有窮通無端數息溪邊樹流汗沾塵看白虹

詩賀高大行東玉使琉球事竣北還

侍臣旌節光南極

聖主恩威殿百蠻萬頃波濤浮海外百年身世重生還

楓宸茂績宜殊寵壽毋歸途只笑顏古米山前舊時事知

君搔首語

朝班

黄田驛遇雨漫志

冰崖飛湍析津决急棹浮空櫓聲咽萬里橋侵楚嶺雲三

更月繞閩王穴山箐春深足幽草小隊青袍策睛島奇探

一夜蟄龍吟禹甸崇朝謝枯槁

春日學署覲緋桃酬江午坡督學韻

（明）楊育秀《司諫陳仲和使封琉球》（《玩易堂詩集》卷六）

楊育秀（生卒年不詳），江西貴溪人。明嘉靖五年（1526）進士。十六年（1537），因文選郎中黃禎先賄選案，楊育秀以罪謫三山，流寓閩關。

所著《玩易堂詩集》六卷，明嘉靖三十七年（1558）刻本。其卷六下有《司諫陳仲和使封琉球》四首，為送陳侃使琉球而作。

茲據明嘉靖三十七年（1558）刻本影印。

理冗和小人忌歆死。

司諫陳仲和使封琉球　高適王奐王昌齡

真傳海水不揚波雲日帆檣迓輿多共愛長安西
北望明朝星使度天河

盡舫朝飛護紫泥旌竿裊裊拂雲齊要令異域同
風教使與諸夷細品題

金符玉節鎮鯨波絕國承恩感激多海上槎歸傳
異俗人間世外有謳歌

天使樓船朝度海瀛寰異域暮承恩東風忽漫吹
飛旆別有昌言叩　帝閽

（明）湛若水《贈黄門陳應和侃奉詔使琉球國》（《甘泉先生文集》卷二十七）

湛若水（1466—1560），字元明，號甘泉。廣東增城人。明弘治十八年（1505）進士，選庶起士授編修。嘉靖初（1522），官南京祭酒、禮部侍郎。後歷南京禮、吏、兵三部尚書。少師事陳獻章，又與王守仁同時講學，各立門戶。三十九年（1560）卒。隆慶元年（1567年），追贈太子少保，謚文簡。

著有《湛甘泉集》、《泉翁大全集》、《心性圖說》、《真心圖說》、《新泉問辯録》、《非老子》、《聖學格物通》、《二禮經傳測》、《春秋正傳》、《甘泉先生文集》等。

《甘泉先生文集》，行世有：明嘉靖十五年（1536）刻本（四十卷本）、清康熙二十年（1681）刻本、清同治五年（1866）刻本（均三十二卷本）。明嘉靖十五年（1536）刻本，分内編二十八卷外編十二卷。其内編卷二十七下有《贈黄門陳應和侃奉詔使琉球國》詩一首，為送陳侃使琉球而作。

茲據明嘉靖十五年（1536）刻本影印。

友蘭爲張伯彦題

衆皆愛蘭名我獨愛蘭馨蘭名起人聽蘭馨養性靈
幽蘭倚孤石石邊有叢竹節礪馨愈幽君子當三益

贈黄門陳懋和侃奉　　詔使琉球國

平生遠遊志萬里乘長風飄飄臨倒影高舉凌蒼空
北至北溟北東至東海東何其形迹滯此顧將莫從
大鵬罹羅網戢翼居樊籠之子金閨彦錦繡羅心胷
文星見胷宇嘘氣如長虹又如插六翮翛然駕高穹
自言有遠役秉節飛六龍何以爲前驅雨師與豐隆
將命遣朱鳥呵護先祝融予聞爲起拜高歌壯其行

叶持被纓入直安足爲士雄丈夫志六合豈在寰堵中

題心漁爲錢洪甫乃尊

有心不在漁縱漁亦無心所以直鈎子心與寒潭深

無心亦無絃吾以忘吾琴

壽蘊齋翁陳君華誕詩有序

小司馬胡用甫大行人李子良爲予言泰和省元陳子昌積之賢且請賦詩壽其家君蘊齋翁焉予未識陳子之面因二子之言而知有陳氏子矣既而胡李二子以省元來謁予客邸道其家君之賢蓋古所謂壽者者也予雖未識翁面

（明）許讚《送陳黄門使琉球》（《松皋集》卷十三）

許讚（1473—1548），字廷美，號松皋。河南靈寶人。明弘治九年（1496）進士。歷官大名府推官、御史、編修。後調臨淄知縣，改浙江僉事，升光禄寺卿，進刑部侍郎。嘉靖八年（1529），擢為刑部尚書，又改户部尚書。十五年（1536），進吏部尚書，加少傅兼太子太傅。二十三年（1544）九月入閣，兼文淵閣大學士。二十四年（1545），引疾乞休。忤旨，落職閑住，三年後卒。贈少師，謚文簡。著有《松皋集》、《讀史詩論》、《五經臆説》、《諸苗奏議》等。

《松皋集》二十四卷，明嘉靖二十二年（1543）序刻本。卷一、卷二為賦，卷三為四言古詩，卷四古體，卷五至卷七古樂府，卷八、卷十為五言古詩，卷九、卷十一至卷十四為七言古詩，卷十五為七言絕句，卷十六絕句、長律，卷十七為講章記，卷十八至卷二十序，卷二十一、卷二十二墓誌銘、表，卷二十三、卷二十四雜著。其卷十三下有《送陳黄門使琉球》詩一首，為送陳侃使琉球而作。

茲據明嘉靖二十二年（1543）序刻本影印。

亭載酒望江雲嚴巖法署還相待他日重來樹

大動

送陳黃門使琉球

海邦驚見耀文星玉節麟袍下

鳳城日月容光戚

帝德齊車到處奉章程潞河長夏蟬聲亢越服

經秋蜃氣淸共道壯遊眞此去

金鑾獻節拜　殊榮

送朱南嵎司寇暫告

（明）袁褒《送人使琉球》（《袁永之集》卷六）

袁褒（1499—1577），字與之，江蘇吳縣人。明嘉靖十年（1531）冬雪後，曾拜訪文徵明，文徵明遂為之作《袁安臥雪圖》，後便被稱為臥雪先生、臥雪公等。好讀書，輕財好施。有兄弟六人，時稱『袁氏六俊』。晚年築室桃花塢。

所著《袁永之集》二十卷，明嘉靖二十六年（1547）姑蘇袁氏家刻本。卷一為四言，卷二、卷三為樂府，卷四為五言古體，卷五為七言古體，卷六為五言近體，卷七為七言近體，卷八為五言排律、七言排律、五言新體、六言，卷九為五言絕句，卷十為七言絕句，卷十一為賦頌，卷十二為七連珠，卷十三為論議，卷十四為序，卷十五為記，卷十六為碑誌銘墓表，卷十七為行狀、傳、誄、祭文，卷十八為箴、銘、疏、啟、贊、字說，卷十九為書，卷二十為雜文。其卷六下有《送人使琉球》詩一首，從其創作的時間來看，當為送陳侃、高澄使琉球而作。

兹據明嘉靖二十六年（1547）姑蘇袁氏家刻本影印。

送何給事善充守衡州

衡陽楚上流太守古諸侯五馬橫金去三湘露冕遊猿聽巫峽夜鴈數洞庭秋今日辭青瑣還將諫草留

送人之潮陽

一官新捧檄匹馬赴潮陽山瘴開南嶺江花近夜郎棄繻踰險隘投筆事戎行長揖轅門下龍韜出豹囊

送人使琉球

萬國朝宗會諸夷款塞同乘槎向海外授節送

閩中霧涌鰲身黑波翻魚目紅君才如陸賈

送鄧司諭宰政和

青衿敷敬典黄綬寵新封去以蘇湖教言追卓魯蹤菊金粧露綻楓血染霜濃相送空相憶知君何處逢

送湯廣文之安吉

青衫困場屋白首薦公車泮水歌干邁苕川夢卜居槐陰清夏好别恨故人㖞明發贍桑梓殷勤欲附書

（明）嚴嵩《琉球國解送通番人犯》（《南宫奏議》卷三十）

嚴嵩（1480—1567），字惟中，號勉庵、介溪。江西分宜人。明弘治十八年（1505年）進士，改翰林院庶起士，授翰林院編修。旋丁憂歸里。正德十一年（1516），還朝復官，任翰林院編修。次年（1517），受命講學於内館。十六年（1521），任南京翰林院侍讀。嘉靖四年（1525），升國子監祭酒。七年（1528），遷吏部左侍郎，進南京禮部尚書。九年（1530），改吏部尚書。二十一年（1542年），拜武英殿大學士，入值文淵閣，仍掌禮部事。後解部事，專值西苑。四十一年（1562），詔令致仕，子世蕃下獄。四十四年（1565），被貶官籍，子世蕃處斬，家產亦被抄沒。

嚴嵩生平著述甚豐，主要著作有《鈐山堂集》、《鈐山詩選》、《直盧稿》、《南宫奏議》、《曆官表奏》、《嘉靖奏對錄》、《南還稿》、《振秀集》、《山堂詩抄》，《（正德）袁州府志》等。

《南宫奏議》三十卷，明嘉靖二十四年（1545）刻本。卷三十下有《琉球國解送通番人犯》奏疏一篇，記載了嘉靖二十年（1541）陳貴自駕大船私下通商琉球貿易之事。

茲據明嘉靖二十四年（1545）刻本影印。

貪求不滿所欲適足啓釁前項綵段布疋似未可輕
議給發合無本部行移本官會同撫按官再行計議
將附近所屬動支無礙官銀從宜買辦綵段布疋以
爲軍門一時犒賞後不爲例如此則恩威並著而夷
虜益知感懼矣嘉靖二十年九月二十五日奉
聖旨是只着胡守中會同撫按等官置辦綵段布疋
以充軍門犒賞後不爲例

琉球國解送通番人犯

該巡按福建監察御史徐宗魯題稱犯人陳貴等節
年私駕大船下海通番夷人蔡廷美等招引入港曾

與貿易今因爭利彼此互相殺傷該國中山王將陳
貴等咨稱爲賊遣差蔡廷美解報賞本稱要起送赴
京奏聞及稱乞勑責中山王尚清禁緝夷衆毋得輕
與中國交通貿易以絶釁端各一節臣等看得奏内
陳貴等七名節年故違明禁下海通番貨賣得利今
次適遇潮陽海船二十一隻稍水一千三百名彼此
爭利互相殺傷蓋禍患所由起自陳貴厥罪實深重
矣但該國既知陳貴等違法私駕大貨船到國只合
違人送回　天朝自有昭然憲典卻乃縱令齎執牌
面招引入港接買貨物據陳貴等所供二十六船貨

物俱被彼國盤起顯是該國利其所有因議價不同
彼此互相攻殺遂從而誣之爲賊夫航海萬里深入
島夷衆寡之勢自不相敵而曰爲賊此事理之所必
無者也據陳貴等執稱攬載各主貨物俱有名籍姓
名通商來歷原非作賊入犯況國王咨内亦云連年
入境貿易與陳貴等供招相同今既經巡按御史徐
宗魯委官會議重復駁問明白除陳貴等違法通番
查照律例處治外所據該國巧捏虛詞冒瀆　天聽
事屬不恭情甚可惡參照琉球國中山王尚清世荷
聖朝素露　皇化恩賚特厚禮遇攸隆自合恪遵

典制永效恭慎却乃縱容夷人屢次交易不行禁緝
又復奪取貨物羈留人衆不行究治及至各犯亡命
四出方纔懼其歸怨　朝廷徐議遣使稱奉指以解
賊爲名既貪貨停之入已又揑虛詞以誣人伏望
皇上天語切責以戒欺慢候命下本部備行福建布
政司移咨戒諭着令中山王尚清自反已過嚴緝夷
衆以後不得輕與中國商民交通貿易致生亂釁其
夷使蔡廷美等原係招引通商人犯本當收留監禁
以候處分但念彼國王遣差及猶執詞互異姑從寬
宥所奏夷本不必更令賫進其無搭番貨於例有違

亦合着令帯回及查去歳該國進貢使臣啟達魯等
回還討抵柔遠驛即將所移咨文付彼齎達彼國并
蔡廷美等責付率領同回再照近來沿海巡視守備
等衙門防禁太踈以致奸商肆意出沒海島交通番
夷其弊固非一日若不重加禁治將來損威起釁又
不特如陳貴等而已所據各該守巡備禦等官通合
有罪除巡按御史徐宗魯題稱查明徑自參究外合
候命下本部移咨兵部轉行各該巡海衙門務要嚴
飭武備不時哨探以防後患庶法令修明而邊釁可
息矣嘉靖二十一年五月十八日奉

聖旨是陳貴等一干違法通番人犯着各該地方查
勘明白遵照國法從重處治琉球國既屢與交通今
次乃敢攘奪貨利擅自拘殺我人却又誣以爲賊好
生詭逆不恭夷使蔡廷美等本當拘囚重處姑念國
王且從寬放回今後毋似這等生事絶其朝貢便備
細行與該國知悉

（明）黄佐《送琉球官生歸國序》（《泰泉集》卷四十一）

黄佐（1490—1566），字才伯，號希齋，晚號泰泉。廣東香山人。明正德十五年（1521）進士，選庶起士。嘉靖初（1522），由庶起士授翰林院編修，歷江西僉事，廣西學政，後因母病辭官歸家。嘉靖十五年（1536），復翰林編修，兼左春坊左司諫，旋晉侍讀，掌南京翰林院，召為右諭德，擢南京國子祭酒。丁母憂。復官任少詹事，因論河套事與大學士夏言不合被罷免，棄官歸養。

黄佐著作甚多，主要有《廣州人物傳》、《廣東通志》、《羅浮山志》、《廣西通志》、《香山縣誌》、《瓊台外記》、《珠崖錄》、《泰泉集》、《樂典》、《詩經通解》、《明言類選》、《文藝流別》、《革除遺事》、《春秋傳意》、《庸言》、《翰林記》、《詩文集》、《泰泉鄉禮》、《小學古訓》等。

《泰泉集》行世有：明萬曆元年（1573）刻本（六十卷本）、清康熙二十一年（1682）（六十卷本）、《四庫全書》本（十卷本）。明萬曆本與清康熙本卷四十一下有《送琉球官生歸國序》一文。

兹據明萬曆元年（1573）刻本影印。

過曰可免而賢才日可興也嗟乎流風餘韻豈無守陽明子之前言者乎爲我告曰毋謂吾惟致吾良知也夫

送琉球官生歸國序

貢子數南雝琉球梁生炫鄭生憲蔡生朝器陳生繼成受業焉問何如斯可以謂之人矣曰樂問樂曰畏未達曰人惟無所樂則營營然而謀也戚戚然而憂也惴惴然與物讎也其視鳥獸有以異乎曰無以異也然則可以爲人乎曰否人惟無所畏則凡可以行而言者無不言也雖在而不顧凡可以恣而行者無

不行也雖悔而不顧既使其身儼然如不終日而其
心亦不能以終日安也如是則樂安從生曰然然則
人之所以為人者可知已守之一脩之吉動之無入
而不自得斯之謂樂心無所忌亦無所怨居其室與
昊天入居其位與昊天出斯之謂畏畏則反身而誠
而樂生焉樂則心與天地同流而人成焉世之談名
理者類言孔顏之所謂樂而不知其根諸畏也非畏
則心日放而無忌憚矣畏其聖功乎非畏則昊天明
命曷繇而存乎夫天非徒高高在上而已也氣以成
形而理賦焉吾之明德炯然在中者天也士庶人能

畏天命者斯能成其身侯王能畏天命者斯能保其國成其身者樂惟内馳保其國者樂與人同是故畏也者聖功之始也樂也者聖功之終也他日其國君歸俾國人式焉將行則又告之曰君子之事君也以人爲大其事親也以身爲大子之行兼有是責焉耳矣大古之學者始乎畏終乎樂今之學者始乎自用終乎乖戾子行乎哉畏之至是爲至樂樂之至是爲至人以此而成身而不能顯其親者未之有也其心畏者其言敬以謹其心樂者其言和以暢以此式其國人而不能媚于君者亦未之有也非惟是也畏也

若戒慎恐懼之謂也禮之基也樂也者歡欣交暢之謂也樂之經也大學之教立於禮成於樂而已矣禮樂之化達乎海外其自兹行乎國君有問其以予語告之

贈漕運龔中丞序

天下一身也聖王治之必常使血氣流通股肱相應然後元首安於上而無虞今夫東南財賦西北戎馬猶之血氣也宰部宣猷於内撫臣宣力於外猶之股肱也淮之肺徐之洪漕輓係焉其利咽與喉者邪我祖宗垂憲淮設運戎徐陳兵臬而總紀大臣得兼理

（明）徐學謨《送吳惟脩給事奉使流球》（《徐氏海隅集》詩編卷十二）

徐學謨（1521—1593），字叔明，一字子言，號太室山人。南直隸蘇州嘉定（今上海）人。明嘉靖二十九年（1550）進士，授職方主事。改稽勳司，入直内閣，選禮部主事，歷員外、郎中，出荆州知府。因獲罪景王，有詔逮問。御史按實情，減罪歸家。明穆宗即位（1567），起為南陽知府，升湖廣副使。後又罷官歸里。明神宗立（1573），再起，擢為湖廣按察使，升副都御史，歷刑部侍郎，官至禮部尚書，加太子少保銜。旋解職歸里。著有《世廟識餘録》、《（萬曆）湖廣總志》、《徐氏海隅集》等。

《徐氏海隅集》七十九卷，分為詩編二十二卷、文編四十三卷、外編十四卷，行世有明萬曆五年（1577）初刻本、明萬曆四十年（1612）重修本。其詩編卷十二下有《送吳惟脩給事奉使流求》詩一首，為送明嘉靖四十年（1561）冊封琉球原正使吳時來而作。

按：吳時來（1527—1590），字惟修，號悟齋。浙江台州府（今浙江仙居）人。嘉靖三十二年（1553）進士，授松江府推官，參與府事。升任刑科給事中。嘉靖三十七年（1558），受命為冊封琉球正使出使琉球。因彈劾嚴嵩，尚未成行，即被貶戍横州。隆慶元年（1567），才回京任工部給事中。二年（1568），受命巡撫廣東，又被劾罷官。萬曆十二年（1584），起任湖廣按察副使，旋升刑、吏二部侍郎。十五年（1587），官至左都御。十八年（1590），再遭劾病逝北京。贈太子太保，謚忠恪。不久被奪謚。

兹據明萬曆四十年（1612）重修本影印。

使逕瞻黼繡榮若過洞庭還禹穴山川應懷壯遊
情

送梁給諫冊封代藩　代作

三晉雄藩衛鎬京太行山下促王程風烟野戍迎
秋色弓箭行人擁使旌覽眺獨誇詞賦美歸來應
悉塞垣情只今　玉几頻西顧佇看封章達　聖
明

送吴惟脩給事奉使流球

本朝封域過扶桑使者乘槎泛淼茫瑣闥書傳虛
玉几丹墀袍錫映麟章蛟龍不擾瀧波靜星斗

遥瞻鳥道長自是羽儀傾海外旌旗火道拜夷王

送張子畏僞部僉憲川東

風捲晴沙拂馬鞭出門何處望三川江閻百轉蠶叢外嶺度千盤鳥道邊共喜巴人傳白雪休歌蜀道上青天從今坐鎮長無事此是孤臣報主年

春晚劉常侍庄水樓宴集是日東家以内道不出次孔吉夫膳部韻

高樓一望艷群芳直北雲山擁漢疆春至謁憑花作主狂來應遣醉爲鄉汀鷗不動珠簾外梁燕齊窺錦瑟旁沾醉歸來驅款段　帝城烟霧鬱蒼蒼

（明）曹大章《送給諫吴悟齋使琉球序》、《送郭一崖使琉球》（《曹太史含齋先生文集》卷一、卷十五）

曹大章（1521—1575），字一呈，號含齋。南直隸金壇（今江蘇金壇）人。明嘉靖三十二年（1553）榜眼，授翰林院編修。曾出任會試同考官三十八年（1559），與嚴嵩父子交惡，遂被勒令致仕歸鄉。主要著有《含齋集》、《燕都妓品》、《蓮台仙會品》、《秦淮女士表》、《廣陵女士殿最》、《曹太史含齋先生文集》、《雁書記》、《散曲》等。

《曹太史含齋先生文集》十五卷，明萬曆二十八年（1600）金壇曹氏家刻本。卷一有《送給諫吴悟齋使琉球序》詩一首，卷十五有《送郭一崖使琉球》詩一首，分別為送明嘉靖四十年（1561）冊封琉球原正使吴時來與後來實際成行的正使郭汝霖而作。

茲據明萬曆二十八年（1600）金壇曹氏家刻本影印。

其並垂於不朽矣乎若其履歷聲績公之餘山川之浮雲也學士張公已述其槩不復言

送給諫吳悟齋使琉球序　代存翁作

今天子神化威靈長駕而遠馭漸被既久際天所覆罔不職貢授命今年琉球請封詔以給舍吳君充正使

璽勅麟袍承命以行茲行也咸謂浮海者天下之至險也出入風濤萬里去國經年聊音問而爲之憂危焉乃吳子則固毅然愉然戒行李將

出都門其踈義益激發顔色益亢粹知其所養
者定所見者大矣夫人臣之義委身在公何敢
問夷險避逼丈夫意氣該括宇宙始生而有志
於四方復安得置嶺海於度外耶即有善爲身
圖者擇官而居擇地而蹈終其身無行役之跡
然其見利害愈大則局量愈隘遇小得失榮辱
心曰怦怦爲若危柱之絃神揺而魂驚則狂飄
怒濤雖謂之震蕩於方寸間可也烏可因其濊
室中而遂謂之安耶令自閩海揚舲也長風勁

頃可計日而往計日而還採日月之窟凌烟雲之區窮島夷之俗極魚龍之变娱耳目於昭曠寥廓之表而杳然失一世之混濁則固大觀勝遊也又烏得因其涉海外萬里而謂其安適不若一室耶夫

天朝之尊不輊鄰使而琉球者固荒阻之島裔也今嘉其服事之誠至於勤瑣闥之親臣錫以王爵册封之殊與其優榮之至矣

國家之待遠人也如此然蕞爾倭島復有豕突

准吴間以干師旅之怒膏血中土者使其疆域
聯絡聲氣相通誠見吾之威儀辭令氣節謨略
足以咢重國勢光揚王靈必其視華人也如天
神之降而其尊中華也如天敍順者堅忘纪順
者華心安知其不遂戢暴修職悉如琉球以自
徼福耶使果能戢暴而修職世如琉球也國家
之寛仁又安知其不待之以琉球之殊恩耶夫
若是其身邁於絶域而化行於異類也則卿
命者將不得為國之勞臣耶其倡義率先稱首

授命者又将不得為夷之望國耶壯哉茲行也不徒然矣相臣尚亦藉有得人之慶矣吴子子所録士而其初官復以仁明福澤予郡於茲别去情為獨深同年之在史館者凡八人咸歌詩以送之再拜請言予引之如此

送給舍李鳳岡使蜀榮省序

今上念天下財賦半耗邊境繕修芻糗召募制度賞賚之需動以億計盖事関機宜勢難中制請不敢悋而費無所稽惟取数於文移之開具

憐玉驄淮南建節賜金魚三千雲錦煩紆策六
一風才可並書青瑣舊臣懸斗望霓旌未許滯
江滁

又

海內文章瞻斗象禁中顏色散瓊珂邊戎太計
須才仗鄉曲高情柰別何瑣闥鳳鳴册扆重江
淮龍牧錦雲多瑯琊勝蹟追豐樂佇看台星轉
玉坡

送郭一巖使琉球

青瑣才名重帝京金符去簡獨南行彭羅氣壓
波光靜象魏心懸曙色明憂國諫書傳舊草觀
風詩句揰新聲九重龍衮憑誰補萬里瑆天一
佇旌

送疊峰劉年兄歸省

一封情疏别金鑾千里飛烏促去鞍畫戟行花
春賜告錦衣歸第晝承歡前傳寨漠烽猶急雲
卧湖湘夢未安願把册心酬白髮故人朝夕望
彈冠

（明）趙釴《諫議吳君悟齋使琉球贈言》（《無聞堂稿》卷二）

趙釴（1512—1569），字子舉，一字鼎卿。安徽桐城人。明嘉靖二十三年（1544）進士，授刑部主事，擢禮科給事中，轉吏科，遷南太僕寺少卿，再晉右僉都御史，巡撫貴州。博覽群書，與陸樹聲等號稱『嘉靖四傑』。晚年歸里，徜徉于龍眠山水間。著有《古今原始》、《無聞堂稿》、《鶡林子》、《梅影詞鈔》等。《無聞堂稿》十七卷，明隆慶六年（1572）刻本。卷二下有《諫議吳君悟齋使琉球贈言》一篇，為送明嘉靖四十年（1561）冊封琉球原正使吳時來使琉球而作。

茲據明隆慶六年（1572）刻本影印。

導定採捕之良法以收近海之民心使不陰助倭寇爲亂可並世無大故矣舄巴在桐山之外矣

、諫議吳君悟齋使琉球贈言

自古王天下者稱雄才大畧莫如漢武致其世平南粵平西羌平西南夷平東越平朔方逐單于萬里一時外臣幾盡薄海內外古今莫比焉非其智獨長亦其得人盛也即無論它如張博望者奎尃多解歷如大宛如大月氏如大夏康

居西域皆身所至焉故一時通道所獲皆出其
指示噫嘻奇哉我
皇上威臨萬國惟北虜不靖近倭亦憑海入寇
欲得一人驅逐之莫有石畫之臣挺身應命如
漢武時可役使者豈古今人真不相及耶大都
任事者難耳琉球在海外去中國近奉職最謹
世子尚元今年春遣使臣叩闕下曰臣當繼父
守土願得封賜如儀例當遣給事中一人爲正
使行人司一人爲副使往王之序及吳諫議悟

齋往時及者率陰相遜卻督來使不得行吳諫議獨慨然曰序及我我當往人皆曰吳諫議信奇異丈夫子哉視瀚海如陸視絕島如家其度量過人遠矣昔聞張愽望有異術故能出入方域不爲困余往見吳諫議慷慨好奇又愽學凡陰陽術數無不通曉若飄然出塵𡏖之外者茲固欲爲汗漫之游也因過邸第私論之曰子輕海乎曰吾親在不敢以浮海爲快也吾越人屢倭毒久矣嘗見古豪傑提空手入外漠說其名

王令以夷攻夷率收厚效有不煩兵而來者數國心竊慕之近見琉球世子俘倭人來獻歸我漢人意亦勤矣似可義屬者誠欲宣示德意令琉球轉相告誡使日本輯其島衆不爲寇不然則運兵討之其勢宜聽不聽則伺其入寇絶其歸道以所奪漢物予之且論功焉如其說行海波可靜矣又以外使在中多探聽不當示怯令朝乞封暮即遣使知中國不以海爲難也庶法令可行吾之意在是余曰諫議可謂知所重矣

懷此而使即古志士何以加焉今人喜佚惡勞
遇難則辭避以致寇亂連年不息誠得如諫議
者數人分置南北重地　國家可無夂患于是
同省者授簡于鈛使言鈛曰昔殷貞外使回鶻
承命即行韓昌黎以知輕重丈夫許之名流至
今史獨不載其使回鶻事其所爲可知已今諫
議蘊蓄若此而慷慨過之惜余之言不足重諫
議行但其所私語皆國計也故論列之抑自謂
語出遥度恐不當要領至外國身諮訪之必有

奇畫出於此語之外者諫議固當爲卿寺大夫

天子若詔而問之其直言以對

僕丞楊虹澗擢戶曹大夫贈言

今薦紳先生稱　國朝名臣功業文章咸謂三

楊學士云余慕之每問其鄉及其子孫以觀其

世澤久遠謂與刑猶有託焉後交文貞公孫給

舍事齋君吏部武岡君於都邸今來僕寺復得

與虹澗楊太夫遊大夫則文文敏公七世孫日

炙其德見其謙厚周慎內潤外朗則益喜爲得

（明）張天復《吴悟齋給諫使琉球》、《吴悟齋給諫使琉球》、《李大行使琉球》（《鳴玉堂稿》卷十一、卷十二）

張天復（1513—1573），字復亨，號内山，又號初陽。浙江山陰（今浙江紹興）人。明嘉靖二十六年（1547）進士，歷官雲南按察司副使、太僕寺卿。著有《皇輿考》、《鳴玉堂稿》、《博山居印譜》等。

《鳴玉堂稿》十二卷，明萬曆八年（1580）刻本。以類分卷。卷一至卷三為序，卷四記，卷五文，卷六狀，卷七銘、傳贊，卷八頌表、露布、帳詞、啟，卷九疏，卷十雜著，卷十一與卷十二均為詩。其卷十一有《吴悟齋給諫使琉球》一首，卷十二有《吴悟齋給諫使琉球》與《李大行使琉球》兩首，分別為送明嘉靖四十年（1561）冊封琉球原正使吴時來與後來實際成行的副使李際春而作。

茲據明萬曆八年（1580）刻本影印。

馬孟河檢討使東藩

彤闕頒封典。詞林簡俊流。宸章傳海岱。星使下瀛洲。寶玉遥分魯。屏藩永翊周。馬卿元歷覽。賦就嶽雲樓。

吳悟齋給諫使琉球

皇澤含無外。舟航萬里通。金函將漢詔。玉節拜夷封。雲盖長迎日。星帆但信風。海天波盡偃。利涉仰神功。

送李養虛明府二首

使傳臨江郭。丹楓引旆旌。樓臺千嶂合。鼓角四郊

典客遐方風采重臺官花迷錦里星旌麗月滿巴江繡斧寒自是王遵輕九坂誰言蜀道古来難

吳悟齋給諫使琉球

侍臣銜命下金門絶徼遥將雨露分日麗五雲騰鳳綵天開三島煥龍文夷王擁篲迎宸綍風伯驅塵淨海氛懸想星槎還魏闕百蠻通道奏奇勛

李大行使琉球

宫袍賜錦沐恩多紉珮新乗漢使槎雨露一函分玉節滄溟萬里接銀河雲開遠浪懸仙嶠日出群蛟淨海波遥想扶桑封石處蕃夷君長待鳴珂

（明）雷禮《贈右司諫郭時望使琉球序》（《鐔墟堂摘稿》卷五）

雷禮（1505—1581），字必進，號古和。祖籍江西豐城，出生于福建建安（今建甌）。明嘉靖十一年（1532）登進士，歷任福建興化府推官、吏部驗封司主事、考功司員外郎、南膳郎、太常提督、順天府尹、工部右侍郎、右都御史。三十七年（1558），升任工部尚書。四十一年（1562），晉太子太保，加太子太傅。四十五年（1566），晉升少保，既而晉太傅柱國。卒贈太保。著有《大政紀》、《國朝列卿表》、《南京太僕寺志》、《閣臣行實》、《國朝列卿紀》、《真定府志》、《鐔墟堂稿》等。

《鐔墟堂摘稿》二十卷，明末刻本。卷一卷二為表、奏，卷三至卷八為序，卷九為記，卷十為雜文，卷十一為策題，卷十二與卷十三為傳，卷十四為碑誌，卷十五為墓表，卷十六為行狀，卷十七為祭文，卷十八為七體賦辭，卷十九、卷二十為詩。其卷五下有《贈右司諫郭時望使琉球序》一篇，為送郭汝霖使琉球而作。

茲據明末刻本影印。

鍾墟堂摘稿卷之五

明光祿大夫太子太傅工部尚書豐城古和雷禮著

序三

贈右司諫郭時望使琉球序

嘉靖戊午春琉球國世子尚元遣陪臣請封爵

聖天子嘉其守禮詔禮部上侍從可使者於是刑科右

給事中郭君時望被

簡命仍賜一品服以行夫使於四方不辱君命孔子嘗

許其爲士矣是皆冠帶之國交聘而至固未有出

使於異域者惟漢文起自代邸欲鎮撫南粵舉可
使者得陸賈以往賈富詩書有口辯且嘗使其地
爲佗所敬禮卒能令去黄屋稱臣入貢而班史特
侈其事爲美談琉球居滄溟之中崇山爲國環海
爲固入我
明首來享
皇祖嘉其仰體天道好生興事大之禮
降諭褒奬命奉御路謙等齎符賜王鍍金銀印一顆凡
以制御島夷大無外之仁也延今二百餘年世脩

臣職入貢不絕遭逢
聖皇更化父子相繼請封號非南粵巫於鎮撫者比則
特望之下臨彼國思所以尊我
朝而堅其忠順之心爲何如哉夫忠信篤敬可行於
蠻貊而士不辱命必自行己有恥者甚之陸賈雖
有口辯爲他所悼然受鐀千金他物稱是非所以
貴名檢示儀刑於外夷故佗雖貌屈而詭竊如故
今琉球國王雖奔走効順而郡島倭奴實役焉弗
恭無偵中國之政爲向背則今日之命固島夷觀

屬所係寧夷買口辯已耶時望在諫垣忠厚正直素行可達於神明近疏西北邊務求所以飭武備者鑿鑿切事情不爲支詞曲論是其秉禮達節聲聞四著非必知買之嘗使其地而夷人已凜然知慕矣茲以文德來夷人又躬親其事誠恐

皇祖所以諭怕尼芝者宣布之諭王知前人敬事

天朝以致延封至今亦必祇奉

勅諭慎守封疆息征戰育下民毋自速戾庶有以讋服其心而奪之氣風及群邑畏威懷德則頑獷之習

可革中國有常尊之勢矣後世傳其事而後言之則賈之事不足慕也予知時望行已之素則必善於使命故於其行也借賈爲喻

贈侍讀胡翙西奉告歸省序

予嘗讀詩至四牡勞臣惓惓以不遑將父毋爲言於是見先王體悉臣工至誠懇惻其歸美報上願天保定者不一而足蓋求忠於孝有若此及觀南陔之篇說者曰孝子相戒以養也夫有周盛時猶待於戒而養况於後世之靡靡不溺仕妨孝者可

（明）查秉彝《贈悟齋吳諫議奉使琉球》（《覺庵存稿》卷三）

查秉彝（生卒年不詳），字性甫，號近川。浙江海寧人。明嘉靖十七年（1538）進士，授黄州推官，歷官戶科左給事中。二十六年（1547），戶部尚書王杲與艾樸被下鎮撫司獄追問。秉彝與厲汝進、徐養正、劉起宗、劉祿等則上言力救。結果被杖責四十。終官順天府尹。

所著《覺庵存稿》七卷，明萬曆年間海昌查氏刻本。其卷三下有《贈悟齋吳諫議奉使琉球》詩一首，為送明嘉靖四十年（1561）冊封琉球原正使吳時來使琉球而作。

茲據明萬曆年間海昌查氏刻本影印。

泊賊之東石泉子

霝鵲飛何處荒臺起暮愁擔虛聲欲墜月白影還浮知汝雲霄翮應同鸑鷟遊明朝好風日拂羽報樓頭

五言排律

贈悟齋吕諫議奉使琉球

玉冊傳殊域天朝簡近臣漢官陳法從周禮貴王人奇表仍尊對清氛信絶倫涵恩知蕩蕩祗役自骁骁瀨海樓船使明河博望津行行惟向

日戀戀獨瞻辰鳳節遵皇路麟袍爛帝春臣
浮遠樹疊浪浄秋旻馳傳祥飆護揚旌水怪馴
彭湖晴似練天界雪如銀雨過龍宮曉雲開口
闢真千年存故國八葉沛恩綸異俗敷文教涓
儒義席珍一新唐號令不數漢和親磊落凌霄
氣昂藏報主身槖金麾陸賈尺牘邁陳遵飛鵝
旋青瑣鳴珂覲紫宸夷情圖上見民瘼陛前陳
聖主嘉將命從知寵數頻

七言律詩

（明）馬自強《送郭時望諫議使琉球》（《馬文莊公集選》卷十四）

馬自強（1513—1578），字體乾，號乾庵，人稱乾庵先生。同州直隸（今陝西大荔縣）人。明嘉靖三十二年（1533）進士，歷任庶起士、授檢討。隆慶年間，先後任司經局洗馬、直經筵、國子監祭酒、詹事府少詹事、兼侍讀學士、掌翰林院。神宗即位，擢升為詹事，教習庶起士。調禮部左右侍郎、日講官，掌詹事府，吏部左侍郎，仍直經筵等。萬曆三年（1575），升禮部尚書，加封太子少保，知貢舉。六年（1578），又加封太子太保、兼文淵閣大學士。曾擔任《永樂大典》分校錄，又為副總裁纂修明世宗、穆宗兩朝實錄和《大明會典》。入閣數月，由於屢受張居正、馮保壓制，其改革朝政的主張，不得行，鬱鬱成疾而卒。詔贈太保，謚文莊。

所著《馬文莊公集選》二十卷，清同治九年（1870）敦倫堂刻本。其卷十四下有《送郭時望諫議使琉球》詩一首，為送郭汝霖使琉球而作。

茲據清同治九年（1870）敦倫堂刻本影印。

青春駟馬車綵服晝過徐孺里仙舟晴指李膺居此行又是

經年別遙憶惟應看斗墟

送郭時望諫議使琉球

萬里頒封下紫宸壯遊眞羨瑣闈臣虞廷舞羽元無外漢使

乘槎合有人綵鷁輝生聯帶玉滄溟浪靜映袍麟遙知極目

扶桑地聖澤汪洋賴爾新

送魏光祿給假歸省

幾年春草悵王孫此日高車慰倚門革履夙藏餘舊澤萱花

晚茂沐新恩暫從丙苑辭淸署遙向秋風醉別尊到里松楸

恭展罷頻將萊綵壽晨昏

（明）宋儀望《送內兄右司諫郭時望使琉球》（《華陽館詩集》卷八）

宋儀望（1514—1578），字望之，號陽山，更號華陽。江西吉安永豐人。明嘉靖二十六年（1547）進士，出知吳縣，惠政頗著。征授御史，劾大將軍仇鸞挾寇自重。巡鹽河東，請開桑乾河通宣、大餉道。因劾胡宗憲、阮鶚，忤嚴嵩，貶夷陵州判。嚴嵩敗，擢陵州兵備僉事。進大名兵備副使，改福建。與總兵官戚繼光合兵破倭，列海防善後事。詔從其請。後補四川僉事，遷大理少卿。萬曆二年（1574），張居正當國，擢右僉都御史，巡撫應天諸府，又進右副都御史。後漸失居正意。四年（1576），遷南京大理卿。逾年（1577），被劾罷歸。

所著《華陽館詩集》十四卷與《華陽館文集》十二卷合為一刻，明萬曆三年（1575）魏學禮刻本。其《詩集》卷八有《送內兄右司諫郭時望使琉球》一首，為送郭汝霖使琉球而作。由此考知，郭汝霖為宋儀望的姐夫。

茲據明萬曆三年（1575）魏學禮刻本影印。

西嶽

分躔值鶉首莫位配金方太華連天起元精亘地長抗衡四嶽並受祀百神相望祀因虞帝巡遊誦漢皇雲臺懸斷壁御道跨飛梁露滴仙人掌池迴玉女湯別宮開紫府深洞隱丹房仙籙金箱祕軒文石室藏削成按圖紀突兀俯穹蒼硼草留名藥巖泉吐異漿何當棄軒冕長此奉三光

送內兄右司諫郭時望使琉球

我后喜當陽車書統萬方須封臨絕域函詔下
明光萬里皇華節三年諫省郎禮加侯國上服
亞珥貂行望闕風煙迴連天海路長樓船雲裏
出旌羽日邊翔蜃氣應多豫鯨波自不揚威儀
瞻漢使冠冕拜夷王紀事傳新語宣恩率舊章
歸來報天子齊獻萬年觴

贈羅侍御謝病還蜀侍御本廬陵人故賦
及之

彈冠新執法聯署舊含香臥病辭丹陛幽思解

（明）張瀚《送使臣出海封琉球國王》（《溪囊蠹餘》卷七）

張瀚（1510—1593），字子文。浙江仁和人。明嘉靖十四年（1535）進士，授南京工部主事，歷任廬州、大名知府。以功遷陝西左布政使，擢右副御史，巡撫陝西。旋任大理寺卿，進刑部右侍郎，改兵部，總督漕運。隆慶元年（1567），改督兩廣軍務，後出撫陝西，遷南京右都御史，改工部尚書。萬曆元年（1573）升吏部尚書，加太子少保。後張居正唆使給事中王道成、御史謝思啟彈劾，辭歸故里。卒贈太子少保，謚恭懿。著有《松窗夢語》、《溪囊蠹餘》、《台省疏稿》、《明疏議輯略》等。

《溪囊蠹餘》二十卷，明隆慶六年（1572）刻本。厘為賦一卷，詩九卷，記一卷，雜著一卷，墓誌二卷，行狀行略一卷，祭文一卷，書二卷。其卷七下有《送使臣出海封琉球國王》詩一首，以其為官及刊刻本的年代推考，此詩當為送郭汝霖、李際春使琉球而作。

茲據明隆慶六年（1572）刻本影印。

平生冰玉誼臨別自酸辛共是天涯客翻爲岐路人經年思一見兩月到三秦躞徑憑榛莽關河惜滯淹日斜分袂處霜落授衣辰回首忽相失徵官恨此身

送使臣出海封琉球國王

夏至乘風候龍旂下海濱片帆纔出澳積水已無垠開國三山舊恩封詔使新中郎初建節南粵故稱臣去憶人瞻斗行逢日在鶉禮先夷族順厚往見情仁異域儀刑重遥天雨露均歸期小春月復此候通津

（明）胡直《送李行人使琉球十韻》（《衡廬精舍藏稿》卷七）

胡直（1517—1585），字正甫，號廬山。江西泰和人。明嘉靖三十五年（1556）進士，初授主事，出為湖廣僉事，領湖北道，晉四川參議。尋以副使督其學政，請告歸。詔起湖廣督學，移廣西參政、廣東按察使，起福建按察使。著有《翁子衡齊》，後人輯有《衡廬精舍藏稿》三十卷、《續稿》十一卷。《衡廬精舍藏稿》三十卷，行世有明萬曆十二年刻本、清《四庫全書》本。其卷七下有《送李行人使琉球十韻》詩一首，為送李際春使琉球而作。

茲據《（文淵閣）四庫全書》本影印。

事愜秋色共悠哉

送李行人使琉球十韻

漢節層霄下周官絶國通金書頒玉篋麟錦錫龍宫到

海天為幢乘潮夜易瞳吹鐃行碧落旌旆掛長虹兵謝

陳稜武辭看陸賈雄鮫綃原入貢楛矢不求供天地同

垂曜華夷並祝嵩少年臨異域别緒共飛蓬自是鼉鼉

國偏知造化功歸期麟閣畫名姓冠諸公

送樵員外請告還蜀

（明）徐芳《海舟記》（《懸榻編》卷四）

徐芳（1617—1670），字仲光，號拙庵，別號愚山子。江西南城人。明崇禎十三年（1640）進士，授山凱撒州知州。南明福王立，任驗封司，擢文林郎。後遭誣，改翰林編修。明亡，隱居廬山。清順治七年（1650），薦為翰林左春坊，不就。著有《懸榻編》、《諾皋廣志》、《松明閣詩選》等。

《懸榻編》六卷，清康熙年間刻本。卷一為論說，卷二為序、疏、引、雜說，卷三為傳，卷四為記，卷五為書、雜著、紀事、題跋、雜記，卷六為文銘、贊篇、荷山外紀、紀異、紀夢。其卷四有《海舟記》一篇，敘及李際春出使琉球之事。

茲據清康熙年間刻本影印。

海舟記

予覽海南雜志、載海中事、多怪誕若不可信、而近行脚過雍丘大佛寺、主僧爲述其鄉先輩李公海舟筆記數事、異甚、則近而可徵者、因識之、李公諱某、萬曆中以給諫奉命使琉球、未發、先造木牌數萬、上書欽差事竅日月、拋海中流去、俾得先事戒舟迎候、既開洋數日、遙見波中雙檣隱隱高可十餘丈、從者大喜、曰彼國舟來迓矣、有老柁工登高諦視曰非舟此海

蝦乘霽騣變騣也又騎月進見遠山漸近蒼翠可愛
給謙命艤而登舟子篩䑰又報日此處無山恭海魚
騎日驟趣耳疾避毋犯其愁又行過一島舟中人皆
登岸散足少須風發張帆去遠一僕舟發不可復返
僕臨暄大驚良久有女子近身樹日無苦此間有穴
可同居也僕黽勉隨去至一石巖甚深衆女進飾狀
如黄翠香美特異又時禄採山菓佐食宵則同寢一
如伉儷女子語言肌態盡類中土人但體上微有青

毛。因名毛女。歸年生一子、此島峭谷深沓、毛女日穿

林獨往、戒僕勿從、僕無事、亦時于島邊跂眺、與海舟

之復至、未幾、給諫遐過是島、念僕、命小泊遣人登岸

尋採、僕適于波間望見、歸呼使近、遂得返、但倉卒、不

及、挾、毛、女、并、避、其、子、給諫又于彼國中得古本大學。

所闕格致章。經。文。皆。在。因熟誦之、又携一冊寘篋中。

一日舟忽膠不動。波海驟湧。柁工進曰、此中必有海

外異珍。不肯入中國者。樓鄰姆綫。給諫懼、盡將彼國

所贈珍玩次第投棄海終不止最後得篋中古本大學曰豈此物乎自念已誦熟併投之其舟應手而穩逆夜給諫還憶所誦則已不能得一字矣藝僧所記如此語有之少所見多所怪西北人有官廣南守者朝出望有物鱗角霍霍以爲龍也拜之不知巨蛇方捕鹿食之狀若是也以理言蛇豈吞鹿之物哉物之輕莫如蝶海上人得之其大若蒲帆剝之得肉數十斤味極美使執經之士有不與數丈之蝦須如山之

焦趨同黨而議其說者鮮矣雖然此不足道也余
格物闕文一章世儒聚訟紛紛未已雖有紫陽補釋
而終未滿後人之意乃何以中國不傳而海外傳之
又何以竟為海物之所陵必援據之乃已雖黽勉記
憶亦竟憒然不能得耶豈紫陽之書其傳已久不欲
入而相軋又豈中國人之機械詭詐甚于海外子輿
氏所棄而不屑教也耶

齊諸志惟問所未同紫陽格致章可删也

（明）吕本《與琉球國官生》（《期齋吕先生集》卷十四）

吕本（1503—1587），字汝立，號南渠，又號期齋。浙江余姚人。明嘉靖十一年（1532）進士。十三年（1534），授檢討，充經筵展書官。二十七年（1548），任南京國子監祭酒。逾年（1549），遷少詹事兼翰林學士，授纂修《明倫大典》總裁官。後歷任禮部尚書、太子太保兼文淵閣大學士、吏部尚書、少保兼武英殿大學士、光禄大夫兼太子太傅。卒贈太傅，謚文安。著有《四明先賢記》、《期齋吕先生集》等。

《期齋吕先生集》十四卷，明萬曆三年（1575）刻本。其卷十四下有《與琉球國官生》一篇，為明嘉靖十七年（1538）琉球派遣官生歸國之送行詩文。

兹據明萬曆三年（1575）刻本影印。

期齋呂先生集卷之十四

提督學校浙江按察司副使門人閩　鄭雲鎣

紹興府知府後學合肥彭　富

同知後學晉江王同讚

餘姚縣知縣後學蘄水李時成校梓

雜文

與琉球國官生

我聖天子至德廣運統御萬方聲教訖於四海是以東鯷西傾荊南朔北獻狀鴻臚貢琛天府者殆無虛日惟琉球則承正受封慕義向化

獨過於諸國云曩戊戌之歲其國選髦士梁生
炫鄭生憲蔡生朝器陳生繼成來觀光焉　聖
天子嘉之俾肄業南雍翺然青衿之列六年于
茲矣比者國王疏乞梁生等歸　聖天子俞允
梁生等因請曰炫等沾濡教化久一旦遠違寔
深企戀願捐訓辭奉以終身予曰予何言哉夫
道若大路然子歸而求之有餘師予何言哉雖
然昔孔子有云吾無行而不與二三子者是丘
也蓋言道無往而不在耳愧予淺陋謬承簡命

來訓迪爾諸生惟無以發明聖道淑爾諸生是
懼然國家建學之制立教之規未有不出於孔
子者而予亦安敢一日不使孔子之道不見於
人人爾諸生第自聞且見者而省察焉則孔子
無行不與者又豈遠乎哉試以建學之制觀之
大司成與予坐者名曰彝倫堂其次爲率性爲
脩道爲誠心爲正義爲崇志爲廣業則爾諸生
羣聚而州處焉大司成與予日升彝倫之堂羣
爾諸生而出入之豈徒習揖遜之節侈衣冠之

盛而已蓋將使爾涵育薰陶觀感興起伏讀
聖訓仰止堂名曰何以爲彝倫也則思盈天地
之間者唯萬物萬物唯人最靈最貴人之所以
靈且貴者以其有彝倫也倫有五一曰君臣之
義二曰父子之親三曰夫婦之別四曰長幼之
序五曰朋友之信五者闕一焉非人也五者有
一之不盡其道焉非人也又曰何以爲率性爲
脩道爲誠心爲正義爲崇志爲廣業也則思毋
荒于嬉必廣業以崇志毋安于小必崇志以正

義毋狃于利必正義以誠心毋載爾僞必誠心
以修道毋壞以人必脩道以率性顧名而思義
隨寓而加勉交養互發不至於盡性不已也夫
然後彝倫攸叙而予之責可逭矣今爾炫諸生
藏脩於是游息於是挾冊而吟誦率禮而趨蹌
庶幾於習而安焉者予何言哉歸矣其無忘於
斯足矣雖然歸之日爾國王有問焉則曰炫所
聞如此而已矣國之人有問焉則曰炫等所聞
如此而已矣使爾國之教罔不若是使爾國之

俗罔不若是則不惟無負　聖天子作養之意

爾國王向慕之誠將見化隆俗美孔子之道無

一日而不在爾國此之謂不朽予之願也歸矣

其無忘於斯嘉靖癸卯作

葉柳亭毋還金傳跋

昔孟毋崇三徙之教陶毋著剪髮之功名垂竹

帛光照宇宙至於今歌其德而圖其事者不衰

說者謂毋誠賢亦幸有子乃輒侃也古今如二

毋者或有之然其名卒不傳豈不以子不二子

（明）黃廷用《贈諫議郭汝霖使流球還朝敘》（《少村漫稿》卷上）

黃廷用（1500—1566），字汝行，號少村，又號四素居士。福建莆田人。明嘉靖十四年（1535）進士，選庶起士，授翰林檢討。歷司經局洗馬兼翰林侍講，以言官論，出為衡州府通判。嘉靖三十八年（1559），官光祿寺卿。三十九年（1560），升工部右侍郎，被劾罷歸。倭寇陷莆田，被俘，歷五月乃得歸。

所著《少村漫稿》二卷，明萬曆十三年（1585）刻本。上卷為七言律、序、記，卷下為五言律、絕句、古風、續刻、書、雜文。其卷上有《贈諫議郭汝霖使流球還朝敘》一篇，為郭汝霖使琉球還朝而作。

茲據明萬曆十三年（1585）刻本影印。

贈諫議郭汝霖使流球還　朝叙

流球在東海島間舟行程途不能計自隋大業通道逮唐宋無間元令之致貢莫肯承曁我明握乾闢坤效順獻琛凡其國有大典禮來奏皇祖綏以文德嘉與使臣答之累　朝率為常嘉靖御極甲午嘗舉故事茲戊午正月國世子尚元航章句　封四月二日　詔給舍郭一厓君充正使持節行而介者大行李君槐亭八日陛辭九月抵吾省檄諸司劑木為舟舟成為鳥

蜍蠹加以頻歲倭奴侵犯海以外不靖尚元間
之碩領封疏其事於　朝下祠部議不允乃再
造舟遴回者四載辛酉五月二十有五日禱於
海之神放舟而東閏月九日達其國詹吉奉
冊行禮如　制尚元肅將祇歡饗使臣文與情
俱一厘君承朝箴甚謹私惠不歸德不留爲事
既竣十月九日登舟候風十八日行後二日雙
神雀宛宛廻翔騤長曰茲颶風徵也頃之颶風
果大作震撼播蕩舟傾立者覆在行者五百人

皆震驁鬮號二使諭之曰命也第困亦甚矣其去也順流以西南風其歸也遡流截海以東北風灝灝乎淙淙乎無東西南北風一不順則波浪滔天怒號四起中流而折柁斷綆將何恃乎所恃者神天相焉有善水者聯續其綆而新其柁五日底定縱其所如入温台望望然以閩山為歸及見定海舉欣欣然喜曰得生矣十一月二日抵三山二院諸監司郊迎相慰勞曰海上之歸樂乎夫坐井觀天以天小也今乃知大

為大矣浴日呑舟之魚背黑則映天眼赤則射
波蛟龍變化則雲霧陰翳風日晴朗則海波不
揚扶桑若木森然島外雲峰黑水上下東隅殊
方別種語言飮食槩得其狀中朝衣冠威儀為
遐陬欽矚起居尊榮茲行也不為樂乎使於四
方不辱君命夫子以為士今郭君使海外還
朝報使事誠大丈夫子矣得無紀乎明日授簡
於不敏乃膺命作而言曰燕禮工歌鹿鳴四牡
皇皇者華禮以食之樂以樂之誠以將之故有

以得人臣之歡心夷險不二生死不怵郭君使中山不為遥歷風濤不為艱其程途所經民情幽隱有司臧匿政事廢興皆在睹記之中書之奏牘所以通下情而達　宸聰是為能忠其職豈互宣德威使夷邦巳乎且聞太夫人垂白在堂倚門而望積憂而危若匪朝伊夕一旦見其子海外生還則母子天性悲喜交集更生之願誰能喻之詩曰每懷靡及諏謀度詢又曰用是作歌將母來諗謂作詩者為知道非乎

（明）魏裳《送人使琉球二首》（《雲山堂集》卷一）

魏裳（？—1574），字順甫。湖廣蒲圻（今湖北赤壁市）人。明嘉靖二十九年（1550）進士，授刑部侍郎，進山西副使。後罷歸。著有《湖廣通志草》、《楚史》、《雲山堂集》等。《雲山堂集》六卷，明萬曆七年（1579）序刻本。是集前三卷為詩，後三卷為雜文，卷一下有《送人使琉球》詩一首，以魏裳為官的年代推考，此詩當為送郭汝霖等使琉球而作。

茲據明萬曆七年（1579）序刻本影印。

主恩空柱雲霄上時難論兵天地間春到昆明
懷漢苑幾回鳴玉共朝班

送伯宗奔母喪還楚

文園多病轉相親搖落秋風白髮新寂寞潘輿
傷往賦凄涼郢調倦游人雨聲萬壑懸江樹暝
色孤帆落漢濱此去烽烟開北極側身天地更
沾巾

送人使琉球二首

鳳銜　仙詔下彤庭萬里仙槎自客星
漢主恩波春浩浩海天雨色晝冥冥匡衡心事
元焚草陸賈聲名獨汗青莫以路岐悲去住雙
龍南斗正光熒

其二

抗疏聲名在漢庭
主恩持節下高冥歌前把劍雲陰慘天畔題詩
海色青鳳詔春暉頒紫極麟袍曙日照滄溟仙

蓰萬里歸來日回首扶桑已勒銘
子與至京師得守汝南
薊門楊柳又同攀詔下移官汝水間傲吏風塵
常白眼哀時詞賦擲朱顏燕關夜色雙龍動梁
苑春暉五馬還回首莫論 天闕遠五雲長望
紫宸班
送陳郎中之隴右督學
清時草奏出明光春色銜 恩下建章此去蒼

（明）王祖嫡《送蕭乾養年兄奉使琉球》（《師竹堂集》卷五）

王祖嫡（1531—1592），字胤昌，號師竹。河南信陽人。明隆慶五年（1571）進士，授翰林院庶起士，參與纂修《大明會典》。升司經局洗馬、兼翰林院修撰。又因參與纂修玉蝶，遷右春坊右庶子、兼翰林院侍讀。所著《師竹堂集》三十七卷，明天啟二年（1622）徐輿參刻本。其卷五下有《送蕭乾養年兄奉使琉球》詩一首，為送明萬曆七年（1579）冊封琉球正使蕭崇業（字允修，號乾養）使琉球而作。

茲據明天啟二年（1622）徐輿參刻本影印。

險白粲千艘入閘多足餉漫思唐相晏轉漕今有漢

庭何　至尊旰食淺茲慰賑貸無劳議歲和

送蕭乾養年兄奉　使琉球

青瑣仙郎下絳霄麟袍龍節寵光遙月明孤嶼樓船

穩風静炎洲颶浪消　天子威靈馳日域蠻邦景物

攬星軺歸来應陋玄虛賦海晏雄篇頌　聖朝

夏日集丁園同李惟寅劉玄子劉仲修分韻得

章字

帝城臺榭鬱相望選勝偏宜白晝長泠浸清漪涵古

木翠流幽石媚新篁千秋俠氣空燕市一曲薰風散

（明）趙用賢《送蕭給事使封琉球》（《松石齋集》卷二）

趙用賢（1535—1596），字汝師，號定宇。江蘇常熟人。明隆慶五年（1571）進士，授檢討。萬曆五年（1577），因劾張居正，杖戍，奪官歸里。家多藏書，以『松石齋』名樓。居正沒，復官進右贊善，旋充經筵講官。再遷右庶子，改南京祭酒。又因言獲罪居三年。再擢南京禮部右侍郎，旋以本官兼教習庶起士。天啟初（1621），追贈太子少保、禮部尚書，謚文毅。著有《趙定宇書目》、《松石齋集》等。

《松石齋集》三十六卷，包括文集三十卷，詩集六卷，明萬曆年間刻本。其詩集卷二下有《送蕭給事使封琉球》一詩，為送蕭崇業使琉球而作。

茲據明萬曆年間刻本影印。

送蕭給事使封琉球

萬里故人別滄波杳莫期檣烏迎日舞水豹避風移玉帛通羣貢輶軒賁遠夷扶桑到應近爲爾桂弓時

送陳錫玄文學之南雍

裘馬金陵去翩翩入洛才摠緣悲鼠逐重念爾蒿萊早路侵星赴園橋應月開國工堪辨玉披偈不須哀

潞河留別張以孚張時左遷待補

（明）屠隆《讀蕭諫議使琉球録歌》（《白榆集》卷二）

屠隆（1543—1605），字長卿，一字緯真，號赤水、一衲道人、鴻苞居士，别號由拳山人等。浙江鄞縣人。明萬曆五年（1577）進士，授潁上知縣，轉青浦令。後遷禮部主事、郎中。十二年（1584），蒙受誣陷，削籍罷官回鄉。好遊歷，有博學之名，尤其精通音律曲藝。著有《鴻苞集》、《冥寥子》、《曇花記》、《修文記》、《彩毫記》、《由權集》、《娑羅館清言》、《安羅館清室》、《考盤餘事》、《茶説》、《白榆集》等。

《白榆集》二十八卷，明萬曆二十二年（1594）刻本。其卷二下有《讀蕭諫議使琉球録歌》一篇，為蕭崇業《使琉球録》而作。

兹據明萬曆二十二年（1594）刻本影印。

松子大西泠橋下荷花香萬里久淹仙署客一官長
治水雲鄉却憶青山長蘿薜蕭洒高齋可容膝香爐
茗椀宿有緣松桂獮猴無色在世常懷出世心夢
入煙霞尋不得

讀蕭諫議使琉球録歌

天王威德行荒服萬里遣使波臣國人生蹈海良歎
難行者惴惴填魚腹一出都門成永别反顧安得不
躑躅事不避難臣子情公也掀髯慷慨行十行雷電
銜天詔六傳風雲擁使旌親朋走送哭衢路道旁觀

者如堵城飄然乘舟泛溟渤長帆挿天雪色明駁龍拖珠海若臥金鰲不動水惟清遠山數點抹青黛萬里無波一鏡平須臾惡風捲地起濁浪拱濤急且駛二儀簸蕩日月昏萬怪千靈吼海底長年且老竟亦奪舟中之人慟不止公也蝘蜓視神龍冠服端坐蓬牕中逡生委命了不恐澄心定氣澹若空萬死間關逡海岸終成嘉禮宣皇風君不見韓嫣金丸行廣陌都尉新聲被恩澤子卿雪窖十九年持節歸來頭盡白又不見班生投筆何昂藏萬里遠使黃沙場輕擕

性命飼豺虎玉關人老悲星霜蕭公磊砢亦如此報
國孤忠久自矢艅艎遠涉鯨鯢鄉當時一身榆葉耳
烈士古來多苦心安能全軀保妻子

送趙燕父侍御請告還金華

石梁仙人桃花色酷好煙霞已成癖朝種河陽縣裏
花暮栽御史庭中栢乍可宮雲下珮環無端山月縈
蘿薜飄然便出春明門言借青絲煑白石誰道金華
牧羊兒却是長安驄馬客長松倒挂絕壁陰洞門雙
開張玉琴石牀蒼苔積來厚天寒黃葉飛滿林山人

（明）黄鳳翔《送大行謝君使琉球序》（《田亭草詩集》卷二）

黄鳳翔（1538—1614），少名鳳翥，字鳴周，號儀庭，晚號止庵，别號田亭山人。福建泉州人。明隆慶二年（1568）榜眼，授編修，命教習小内使讀書。明萬曆初（1573），參與編修《明世宗實錄》，調升為修撰。十年（1582），升右中允，管司業事。十二年（1584），升南京國子監祭酒。十六年（1588），調任北京國子監祭酒。十七年（1589），升任北京禮部右侍郎，兼翰林院侍讀學士，充經筵講官。二十年（1592），又被任命為禮部左侍郎。二十一年（1593），改任吏部官職，再升南京禮部尚書。以養母故，疏乞養親歸。二十二年（1594），復起任南京禮部尚書，以親老復疏力辭，以新銜在籍調用。卒於家。天啟初（1621），謚文簡。著有《嘉靖大政記》、《嘉靖大政編年錄》、《泉州府志》、《續小學》、《異夢記》、《田亭草詩集》等。

《田亭草詩集》二十卷，明萬曆三十九年（1611）刻本。卷二下有《送大行謝君使琉球序》一篇，為送明萬曆七年（1579）冊封琉球副使謝傑（字漢甫，號繹梅）出使琉球而作。

茲據明萬曆三十九年（1611）刻本影印。

送大行謝君使琉球序

萬曆四年琉球中山王世子尚永請襲厥父尚元爵福建撫臣覈其事以聞于朝　上俞禮官請遣使臣捧勑封之而大行長樂謝君副給諫滇南蕭君將命以往琉球國窮海中僻在東南隅是漢魏之所不能臣而勝國之所不能招者也其稽首奉琛乞封稱藩則自我朝始故事使臣受命者咸治裝䌽纜于閩海間而謝君又閩人也閩有黃生聞其當行乃策馬詣之抵掌而咲曰有是哉壯遊耶余生長海濵于海上事見聞最狎每躡屐縱步不數里而陟島嶼之巔時

睹輕航競逐巨舸縱橫儵忽往還于洪濤中若履康逵而驂熟路輒習習然兩腋風舉也辛酉登省試屬莆陽告警道梗弗達遂乃覓舟南日從海以歸蓋自莆抵吾郡其為程者以三日計余暮發海涯朝泊江臯假鵬翼之風僅一宿耳當其一葦凌空水月交映僕夫酣卧榜人喧呼余倚篷牕寓目焉傲然有蝘蜓蛟龍杯勺溟渤之氣自謂天下勝遊不壯於是矣矧君茲行也又以王事往也昔在周成王時越裳氏重九譯而獻白雉蓋曰中國有聖人焉海不揚波至今修之以為美談今　天子睿聖遠邁周成王湛恩還

洪威令烜赫自暘谷之宅訖于濛汜之津靡弗沾且
被也頃者憫兩淮生靈之困命官治河以紓民患則
海若効順二水安流擬諸越裳氏所稱不啻過矣君
今持旌函詔俯涖遠夷而以　天子之寵靈將之當
使風伯揚帆波臣鼓棹起蚌珠而夜爛驪鶴首以星
馳俾遐方絕域知我國家之威靈其四塞磅礴若是
畢事之日還報闕下籍其山川坦阻習俗異同與夫
耳目所覩聞者而鱗次之上昭無外之化下紀寥廓
之觀以永垂於不朽回視余所道其猶井蠡之見也
哉君之僚友相與重其別也徵余言為贈余謂君卓

十八

犖豪爽其氣邁而意閒不宜作兒女呫囁語重爲君所哂故直書前所云者以備其事使蕭給諫君見之亦當一莞爾也

（明）魏文焲《送謝大行繹梅奉使琉球還朝》、《送蕭給諫乾養奉使琉球還朝》（《石室私鈔》卷六）

魏文焲（生卒年不詳），字德章，號南台。福建侯官（今福州）人。明嘉靖二十三年（1544）進士，初為兵部郎，歷官四川參政，官至廣西按察使。所至俱有政聲，以母老乞終養歸，杜門屏跡，居於烏石山之鱗次台，專意著述。卒年八十餘。

所著《石室私鈔》九卷，初刻于明萬曆十四年（1586），明崇禎四年（1631）其孫魏汝為重刻。其卷六下有《送謝大行繹梅奉使琉球還朝》及《送蕭給諫乾養奉使琉球還朝》詩各一首，分別為送謝傑、蕭崇業使琉球而作。

茲據明崇禎四年（1631）刻本影印。

公昔爲青州太守盟洲渦鶴侶甥將伴棠林樾廢㞢
憲副復在邇量移至今官

清光天尺五遥望接台三

秋日陳嬰山劉少蘇葉芝山陳木巖枉顧道山

草亭奉和嬰山来韻

天末風吹雜樹鳴空山揺落送秋聲臺連古剎諸天

近地接隣霄太守清伐徑結茅宜小隱開樽投轄共

怡情登高作賦群公事媿我濡毫獨後成

七言律一首

送謝大行繹梅奉使琉球還朝

七言絶句五首

聖代分茅奠海疆使君啣

命耀遐荒金章鳳誥辭中禁玉帶麟袍出尚方校室

波臣迎遠節龍宮璽若護飛航夢㣲長樂鐘聲盼首

向扶桑捧日光

其一

節使宣綸寵命光錦衣猶帶御爐香爭看負弩前驅

擁好似相如諭莋邛

其二

天朝寶冊下重溟海嶽諸神盡効靈共覩雙龍朝使

節應如百獸舞虞廷

其三

赫赫綸音　君命臨殊方明月照丹心臣身似葉心

如水豈似當年陸賈金

其四

奉使遥凌窮髮田搜奇無得訪蓬萊壯懷擬似謝康

樂掛席親拾海月来

其五

遠遂浮槎問女郎天孫為報錦雲裳歸来大放玄虚

筆錯落昭回天漢章

送簫給諫乾養奉使琉球還朝

覲承寶册賜侯王劔佩晨趋出建章聲教遠須周正

朔威儀新覩漢冠裳橐空陸賈通南粤檄捧相如諭

旌功建節歸來報

明主早圖王會頌陶唐

題勞門朱氏貞烈卷并序

衛女嫁齊太子中道太子死問傅母曰且往當喪喪畢女不肯歸終之以死夫衛女行嫁者也中道聞喪傅母與俱孰教之使然哉非其天性耶朱氏女在閨閤中聞勞夫君死即謝鉛華不御往而即喪居數月不食死視衛女抑又難矣嗟夫世道日趨節義一事往往鍾於女流而在忠孝之家此其繫綱常關世教豈小哉可以風矣

（明）黃克晦《送琉球生還國》（《黃吾野先生詩集》卷三）

黃克晦（1524—1590），字孔昭，號吾野。福建惠安人。自幼家境貧寒，卻『好學善畫』，而且頗有成就。因見官場齷齪，無意功名，終生布衣。與名流士紳結社吟詩，遍游祖國名山大川，寫下大量歌詠山川風光和反映民間疾苦、熱愛鄉國的詩文，先後結集有《金陵稿》、《匡盧集》、《北遊草》、《薊州吟》、《宛城集》、《西山唱和集》、《觀風錄》、《五羊草》等等。其詩、書、畫在明代中葉被稱為『三絕』。晚年病隱泉州開元寺，卒葬東嶽山。由於歷經變亂，所作散失不少。清乾隆年間時，其後人收集其餘存，刻成《黃吾野先生詩集》。《黃吾野先生詩集》五卷，清乾隆二十五年（1760）刻本。其卷三有詩《送琉球生還國》一首，為送琉球來華官生回國而作。

茲據清乾隆二十五年（1760）刻本影印。

蒲士守周諸父門牆魯一儒寧知河水細晴見泰山孤弦誦章縫滿歌謳里巷俱遥知行縣處五馬正躊躕

聞安廟飛粟

志怪能無誕傳訛却有憑倉陳何歲食村積幾家登過眼飛飛去驚心處處騰和雲低欲散如獸止還馮善斂官應悔防貪買合懲杜陵僟一老聞此意難勝

送琉球生還國

聖教無天外華風自海中三臣辭卉服五載入愧
宮返國君恩重談經漢語通片帆看漸小萬里去
何窮托循憑鮫客傳書倚水童重來應有日臨別
此心同

瑤池新宴卷

阿母生西海夫人降上元黃麟乘翟茀青鳥導魚
軒洞府天應別陽春氣自暄桃開千歲樹酒熟百
花樽令子朝紳重元臣世德尊望雲承母志捧日
戀君恩想像鍾山石徘徊金馬門婺星輝夜色瑞

（明）彭輅《送監中門人琉球官生鄭氏兄弟還國》（《沖谿先生集》卷四）

彭輅（生卒年不詳），字子殷，號沖溪。浙江海鹽人。明嘉靖二十六年（1547）進士，授新淦縣知縣。又改應天府教授，轉南國子助教，遷南刑部江西司主事，累升南京刑部主事。以察典罷歸。著有《彭比部集》、《沖谿先生集》等。

《沖谿先生集》二十二卷，明萬曆三十九年（1611）刻本。其卷四有《送監中門人琉球官生鄭氏兄弟還國》詩一首，當為萬曆十一年（1583）送琉球來華官生鄭迵、鄭迪兄弟還國時所作。

茲據明萬曆三十九年（1611）刻本影印。

美人教梳頭

粧梳倩好手頓覺可憐春廣鬟飛蟬影低鬟墮馬人絲圍千縷潤翠疊九霞匀將容問女伴何似陽臺神

送監中門人琉球官生鄭氏兄弟還國

來識尊王路歸乘少女風鄉關日出處覲載帝圖中蜃閣淩波詭鰲脊棱地雄還如大小鄭禮樂歎俱東

其二

孤帆懸漲海萬里任歸潮能女時捐珮鮫人或賣綃烟氛混晴雨霞色變昏朝島嶼過蟠木尋春一繫橈

遣少姬賦別

春將春燕去猶記玳梁時蘼蕪上山採團扇問秋知不換千金駿因餐五色芝只留鸞鏡在長似見蛾眉

其二

春風楊子宅榹葉長初齊含意千輪轉縈愁雙

（明）袁表《登高丘望遠海送謝漢甫使琉球》、《贈蕭給舍使琉球》（《逋客集》卷二）

袁表（生卒年不詳），字景從。福建閩縣（今福州）人。明嘉靖三十七年（1558）舉人，授中書舍人。轉戶部郎，出為黎平太守，病免。

所著《逋客集》八卷，明萬曆十九年（1591）刻本。其卷二下有《登高丘望遠海送謝漢甫使琉球》、《贈蕭給舍使琉球》兩詩，為送謝傑、蕭崇業出使琉球而作。

茲據明萬曆十九年（1591）刻本影印。

登高丘望遠海送謝溪甫使琉球

登高丘望遠海白雲萬頃遙相待燭龍行天知幾時巨鼇卻駕三山在中山冊使九天來橫海樓船對日開何異乘槎問牛女何如驅石向蓬萊丈夫落地夸孤矢快意寧須論萬里重譯遙應獻越裳六條何必談箕子惜別鄉園荔子丹鰕鮔一曲為君彈亦知太傅曾航海天下蒼生憶謝安

緜芳歘歷循中外聯爛陊廟廊垂天幨巨翼壓
塊見騰驤寅亮周司直聲華漢侍郎下風紛側
聽壯斗爛光芒緬御龍門李羞稱狗監楊為君
歌此曲永矣遡周行

贈蕭給舍使琉球

漢廷侍從日華東冊使中山職事雄　天語還
教重譯授星槎不假片帆通雙懸日月鱗洲上
一望樓臺蜃氣中不羨窮源將石返須令遠海

獻琛同

溪行即事

僧房在望徹遥望白雲歸岸竹參差長江鷗讼
第飛天晴揺水鏡石淨挂苔衣何事韋行役都

令心賞違

鄱陽宵征

彭蠡望迢迢江風急夜潮片帆天上懸孤嶼月

中遥旅食傷遲暮鄉書慰寂寥即多山水適

（明）佘翔《送蕭給事奉使琉球》（《薛荔園詩集》卷四）

佘翔（生卒年不詳），字宗漢，號鳳台。福建莆田人。明嘉靖三十七年（1558）舉人，授全椒縣知縣。會議里甲，與巡按御史牴牾即拂衣去，放遊山水以終。著有《佘宗漢稿》、《游梁新編》、《金陵紀遊》、《薛荔園詩集》等。

《薛荔園詩集》四卷，行世有清《四庫全書》本。其卷四下有《送蕭給事奉使琉球》詩一首，為送蕭崇業使琉球而作。

茲據《（文淵閣）四庫全書》本影印。

贈居易叔

木蘭流水繞江村旭日東升望海門積氣有時餐沆瀣

通津何處涉崑崙一庭花萼春相媚四壁圖書細討論

最是承歡憑戲綵南溟初化北溟鯤

送蕭給事奉使琉球

使者才名青瑣聞島彝五月信南薰舟中玉節鯨鯢避

海上金函雨露分萬里波濤澄漢月九重宫闕渺燕雲

彭湖一夜秋風起草奏還朝謁聖君

（明）陳益祥《贈蕭給事崇業使琉球》（《陳履吉采芝堂文集》卷十）

陳益祥（1549—1609），字履吉，號懷月，又號心陽生。福建侯官（今福州）人。明萬曆中監生，補懷安博士。後棄舉子業，耽於山水，工詩文。著有《潛穎錄》、《鹿草集》、《摭星集》、《陳履吉采芝堂文集》等。《采芝堂集》十六卷，行世有明萬曆四十一年（1562）刻本、清順治間重刊本。其卷十下有《贈蕭給事崇業使琉球》詩一首，為送蕭崇業使琉球而作。。

茲據明萬曆四十一年（1613）刻本影印。

閨怨

月落荼蘼花正香鐘聲過過斷人腸博山煙滅

琹書冷暗數歸期憶玉郎

其二

石欄斜立五更天楊柳風吹拂斷絃寂寞羅幃

心欲折淚痕何處泣嬋娟

贈蕭給事崇業使琉球

乘槎此日使琉球霞作飛帆天際浮太史只占

牛斗犯豈知蕭史是仙儔

（明）李廷機《乞罷使琉球疏》（《李文節集》卷二）

李廷機（1542—1616），字爾張，號九我。福建晉江人。明萬曆十一年（1583）榜眼，授編修，遷祭酒。歷任南京吏部右侍郎、禮部右侍郎，累官禮部尚書兼東閣大學士。三十五年（1607）年，因屢遭權奸攻擊，杜門數月不出，內閣事務都由當時新入閣的葉向高處理。四十年（1611），晉太子太保，致仕歸里，身無長物。卒贈少保，謚文節。

李廷機著述宏富，主要有《四書臆説》、《四書口義》、《易經纂注》、《易答問》、《春秋講章》、《通鑒節要》、《性理大方》、《性理刪》、《性理綜要》、《在官録》、《燕居録》、《秦漢殊言》、《李文節文集》等。《李文節集》二十八卷，明崇禎年間刻本。卷一至八為奏疏；卷之九為應制、誥勑；卷十、卷十一為館課；卷十二至卷十四為書牘；卷十九為行狀；卷二十至卷二十二為墓誌銘；卷二十三為墓表；卷二十四為神道碑；卷二十五為祭文；卷二十六為傳記，卷二十七、卷二十八為雜著。其卷二下有《乞罷使琉球疏》一文，内容為對萬曆二十八年（1600）派遣出使琉球等問題的討論。

兹據明崇禎年間刻本影印。

于神明而不在乎以此爲敬也臣愚見如此伏惟
聖裁奉
聖旨是

乞罷使琉球疏

奏爲航海封夷艱危煩擾懇乞 聖明斷行初旨以尊安中國事臣切惟琉球繼襲必請冊封宣德間遣內監其遣正使給事中副使行人定于正統之年近查得萬曆二十三年五月內該福建撫臣許孚遠題據琉球使者于灞等呈琉球中山王世子尚寧父王殁因關白擾害以世子當國乞奏請

封該撫臣爭遠議遣使臣一員賫　勅到福建省城聽其差官面領或遣慣經海濤武職一員同彼差官前去該部覆從　頒領爲便等因奉　聖旨琉球襲封待其世子具表申請你部裏具題遣官頒封福建省城聽彼國使臣面領欽此又查得萬曆二十八年正月內尚寧具表請封隨據差來長史鄭道等稟稱乞照舊遣官該部覆仍頒領爲便等因奉　聖旨琉球世子尚寧請封具見恭順但該有通國印結及世子特具表文方見敬順天朝行與他知其差官一節陪臣既來敦請著選慣海

應勇武臣一員同他請封使臣前往行禮不必採
木造船以滋煩費亦不許多帶人役騷擾彼國有
失朝廷柔遠至意餘依擬欽此又查得萬曆二十
九年九月內尚寧進貢乞差文臣等因該部覆奉
聖旨尚寧准襲封琉球國中山王既遣官懇請照
舊差文官去欽此臣切惟琉球一封　明旨三易
而領封則初旨也繼因其懇而遣武臣繼又因其
懇而仍遣文臣於是遣給事中洪瞻祖行人王士
楨令待海寇寧息渡海行禮及瞻祖丁憂改遣右
給事中夏子陽二使銜　命至閩伺警待渡二年

餘矣今年三月內該福建按臣方元彦會同撫臣
徐學聚疏爲海氛未息國體當重乞愼封使之役
以隆君命以綏遠夷事揭到臣部大畧言倭奴出
沒不常薩摩紅番叵測而閩去琉球萬里匝月始
通以一舟而數百命之安危隨之以二使而中國
之體統繫之請遣武臣令次暫駕成舟或附彼舟
以往免採造之役疏上月餘未奉　旨下部蓋撫
按目擊甚眞而所爲　君命國體外夷內地計者
甚周悉矣而臣愚見切以爲莫若初旨之直截須
領之省便何者海與江河不同外海與內海不同

浪大如山波迅如矢風濤洶湧極目連天無處可
泊數百人以一舟爲命至危也琉球東隔葉壁山
卽爲倭國天使館去倭使館不二里而近况海外
諸島不知若干國率浮游海中剽刼殺戮至不測
也使臣之舟木必合抱造必數年及舟成定穩猶
有壞裂重造如丁丑之事卽昨撫臣移臣書言舟
成矣獨一桅無處可覓盖採造一節至不易也舟
設桴翼造水帶至載棺而鉤銀牌於棺首書云某
使臣棺令見者收而瘞之至不祥也如此而使給
事行人 天子之近臣冒萬死一生以榮海外之

裔夷不亦可已乎即武臣亦臣也若不採造而與
之一葦分明棄之魚腹中矣況且欲擇廉勇者有
此武臣不以干城禦侮而使冒萬死一生以榮海
外之裔夷又不亦可已乎夫尚寧以戊子嗣位雖
未請封號而王其國者若而年矣國體使臣關繫
匪輕非萬不可已不必行非萬無一失不宜遣萬
一海若爲難有問諸水濱者萬一或敢傷予有委
嘉貺於草莽者萬一彼國將迎稍有不虞何以處
之其爲國體之傷　君命之辱亦不小矣豈獨有
司採造之累彼國供億之難也先臣刑部尚書鄭

曉吾學編有云海島之夷勤我封使往來禮數四
夷來王八蠻通道未聞有報使焉然則領封可乎
奚爲而不可也夷官請命于　京師使臣致命于
海上兩得之矣鄭曉此言良獨有見藉令當年建
白在　先朝亦必變通臣伏誦　初旨善繼善述
所惜者　成命中移而所幸者使航未發也臣今
請斷行初旨一舉文武臣之遣而罷之自古明王
以無事治天下計中國便否耳於外夷何有哉伏
惟　聖明省覽按臣之疏裁察愚臣之言臣不勝
云奉

聖旨冊命已頒使臣久出無中止之理禮部便行該省撫按作速完造海艘令差去二員渡海竣事以昭大信仍傳諭彼國以後令其領封海上著為定規

催補卿貳疏

奏為宜講署禮獨力難勝懇乞　聖明亟補缺官以共綜理事臣自前年七月伏蒙　聖恩用臣署部至今將及二年自去年二月復蒙　聖恩用臣宜講至今已踰一年臣才本迂鈍體尤孱弱自來掌印之官亦不兼講筵之役迺望外之恩不及豫

（明）沈一貫《琉球冊封遣使揭帖》（《敬事草》卷十七）

沈一貫（1531—1615）字肩吾，又字不疑、子唯，號龍江，又號蛟門。浙江鄞縣人。明隆慶二年（1568）進士，選庶起士，旋授職檢討。後歷任翰林院編修、日講官兼經筵講官、左春坊左中允兼翰林院編修、侍讀學士、右春坊右諭德、吏部左侍郎兼侍讀學士，加太子賓客。萬曆十二年（1584），升詹事府少詹事、兼翰林院侍讀學士，教習庶起士。二十二年（1594），擢為南京禮部尚書，又協理詹事府，但未赴任。二十三年（1595），入內閣，參與機務，後經廷臣舉薦，升東閣大學士。三十二年（1605），因引公憤，告病請退。不久，又召啟用，晉太子太保兼少師。旋再次受到彈劾，遂託病辭官。卒賜太傅，謚文恭。著有《啄鳴集》、《易學》、《敬事草》等。

《敬事草》十九卷，明萬曆年間刻本。其卷十七有《琉球冊封遣使揭帖》一文，亦為討論遣使冊封琉球之事。

茲據明萬曆年間刻本影印。

琉球冊封遣使揭帖

題竊惟琉球冊封在福建撫按請以武臣往在
奉使給事夏子陽等請以身往在禮部則請弁
罷文臣武臣俱弗往但令彼差官前来福建恭
領三議不同臣等籌之竊謂禮部議宜從也謹
按　皇明祖訓限山隔海之國禁不許無故興
兵夫旣不加兵矣豈得加禮若遣使行禮而萬
一彼有侮慢不恭之罪以加于我不為無故矣
将置之弗問乎抑舉兵征之乎置之則損天威

征之則悖祖訓當如之何故宜預爲節制而絕啟寵納侮之端但與封而不遣官可也況今海上多警不獨憂在琉球而倭奴之跳梁諸酋之出沒波濤之叵測誰保其必無倘有差跌罪將安歸彼必有詞于我而我則空損國威耳尚寧之自立在戊子年不戴天朝累代之恩而懾于關白一時之威陰持兩端覸望逡巡經十餘載不來請封特未告絕耳惟是王靈赫昭關白震死海外悚慄而始修故事豈真能恭順如朝

鮮者乎是以二十三年　聖旨遣官須封福建
省誠聽彼國使臣面領正為此發古之王者不
治夷狄来不拒去不追朝廷赦而不誅付之不
較德已弘甚何必奉如驕子求冊封即予冊封
求文官即予文官惟其意而莫之違乎天下事
不可知倘倭使在其國而彼之所以待吾使者
不及待倭使之厚禮意頓衰變起倉卒當此時
也將如之何此謀國者不審于今而貽患于後
臣等不敢不慮至于舟資裝送為閩人費者不

下數萬金造舟數年尚欠一桅則費未能半當
玆財匱帑乏之時騷動地方徵發旁午敝所恃
以奉夷狄甚可以已彼不能為吾海外長城亦
無能為吾海上螢蟄無毫釐輕重于我而于典
制于時宜于邊防于財計種種妨礙乞垂覽而
明斷之

二

題琉球冊封一事前日臣等據所見聞直攄胸
臆而未暇想時事之宜也因奉　諭旨靜夜三

思有踧踖不寧者敢再一言以備採擇按先臣
尚書鄭曉吾學編云陪臣請命于京師王人致
命于海上乃至當之論斷在可行但以今日言
之照舊遣官久奉　明旨差去文臣業抵閩境
使舟亦將具備使臣又請必行彼國來迎亦復
兩次勢難中止　聖慮高明非臣等所及遲久
不決益致擔閣此番宜照前遣行使彼國君臣
知感特恩即令差去使臣宣諭以後朝使往來
彼此俱免煩擾著為定制嗣有乞封許陪臣于

福建領封照北虜安南事例而行如此則朝命不致輕褻而中國懷柔之體常尊封典刊有定儀而彼國供億之煩亦省臣等一得之愚敢冒布聞謹將北虜安南請封事略并呈　聖覽見聖朝之封外夷在境受命原係典故用待琉球非為簡也原本發臣等票或特諭禮部施行

三

北虜請封事略隆慶五年五月二十一日該宣大軍門遣原任副總兵趙伯勳田世威原任叅

將方琦張威原任遊擊康綸聽用叅將鄒沂同
禮部題遣署丞王勳與通事鮑崇德李寧等赴
大同北東路得勝堡外于近邊去處搭葺蘆蓆
棚廠一所陳設黃幃香案至日俺荅率領見在
部落恭迎勅賞入棚先行謝恩禮畢分班俯伏
隨將勅諭開讀各酋咸呼萬歲本日晚趙伯勳
等回還報稱齎捧勅賞出邊俺荅亦于棚廠率
衆照前行禮仍行夷禮卸帽叩拜分受勅賞訖
具進貢表文馬匹擇日互市其後嗣封興克都

隆哈黃台吉三封扯力良行禮同

四

安南請封事略宣德二年詔棄交阯封黎利之孫太陽為安南國王給以金牌印信所有賫勅遣官一節舊本未經詳載至嘉靖十九年遣兵部尚書毛伯溫等征剿安南先從諭焉已而削去藩封王號降莫登庸為都統于十一月納降鎖南關至期築壇具儀獻表伏罪未見遣官至萬曆二十五年黎維潭請封係本道副使楊寅

秋宣諭行事于賓州南關昭德臺陳設龍幄令

維潭皂帽縞衣率通國臣耆北面叩頭行禮進

金人代身進具疏乞恩錫以　勅印未見還官

四月二十四日上

（明）朱賡《合陳遣使琉球並令宣諭照例領封揭》（《朱文懿公奏疏》卷五）

朱賡（1535—1609），字少欽，號金庭。浙江山陰（今紹興）人。明嘉靖四十年（1561），舉於鄉。隆慶二年（1568）進士，改庶起士，授編修。萬曆六年（1578），以侍讀為日講官，歷禮部左、右侍郎。繼母喪歸。二十九年（1601），復起。三十四年（1606），位列首輔。累官禮部尚書，兼東閣大學士參預機務，極言礦稅之害。三十六年（1608），被御史宋燾等相繼彈劾，以疾乞休，卒於官。贈太保，謚文懿。

所著《朱文懿公奏疏》十二卷，明萬曆年間刻本。其卷五下有《合陳遣使琉球並令宣諭照例領封揭》，為萬曆三十三年（1605）討論出使琉球冊封方式之奏疏。

茲據明萬曆年間刻本影印。

合陳遣使琉球并令

宣諭照例領封揭

琉球

册封一事前日臣等據所見聞直攄胷臆而未暇

想及時事之宜也因奉

諭旨靜夜三思有踧踖不寧者敢再一言以備

採擇按先臣尚書鄭曉吾學編所云陪臣請

命於

京師王人致

命於海上乃至當之論斷在可行但以今日言之照
舊遣官久奉
明旨差去文臣業抵閩境使册亦將具備使臣又請
必行彼國來迎亦復兩次勢難中止
聖慮高明非臣等所及僉謂遲久不決益致擔閣此
眷宜恭奉
明諭照前遣行使彼國君臣知感
特恩益加忻戴即令差去使臣宣
諭以後朝使往來彼此俱免煩擾著爲定制嗣有乞

封許陪臣於福建領封照北虜安南事例而行

如此則

朝命不敢輕褻而

中國懷柔之體常尊

封典刊有定儀而彼國供億之煩亦省臣等一得之

愚自知無當敢再布

聞謹將北虜安南請封事略并呈

聖覽可見

聖朝之封外夷在境受命原係典故用待琉球非爲

簡也伏乞

聖裁將原本發臣等票擬或

特諭禮部施行謹題請

旨

萬曆三十三年四月二十四日

（明）熊明遇《送人使琉球》（《文直行書·詩集》卷十）

熊明遇（1580—1650），字良孺，號壇石。江西南昌人。明萬曆二十九年（1601）進士，授長興知縣。歷任兵科給事中、福建僉事、寧夏參議。天啟元年（1621）以尚寶少卿進太僕少卿，旋擢南京右僉都御史。因接近東林黨人，與魏忠賢不合，天啟五年（1625）被魏忠賢革職。崇禎元年（1628），起兵部右侍郎。二年（1629），進為左侍郎，遷南京刑部尚書。四年（1631），任兵部尚書，五年（1632），以兵部尚書銜致仕。致仕多年後，又被人推薦復為南京兵部尚書，改工部尚書。崇禎末年（1644），因病歸家，明朝滅亡後為遺民。著有《南樞集》、《青玉集》、《格致草》、《綠雲樓集》、《文直行書》等。

《文直行書》三十卷，包括詩十三卷文十七卷，清順治十七年（1660）刻本。其詩集卷十下有《送人使琉球》詩一首，為送明萬曆三十四年（1604）冊封琉球正使夏子陽（字君甫，一作元甫，號鶴田）、副使王士楨（一作士禎、士正，號旭陽）使琉球而作。

茲據清順治十七年（1660）刻本影印。

疑就日親承　金語似聞韶宮花影轉千門鶯蠟燭光傳乙夜迢不是威嚴先喜起直將兢業學唐堯

送人使琉球

彤庭分遣節旄新萬里長風送使臣詔捧金函搖海嶽槎浮銀漢犯星辰攜將雨露天邊灑記取詩書域外陳切莫臨岐嗟路遠請看正朔共王春

以上采菽草

（明）謝廷諒《送夏黄門元甫之流虬序》（《薄遊草》卷十七）

謝廷諒（1551—？），字友可，又稱謝大，號九紫、九紫山人。江西金溪人。明萬曆二十三年（1595）進士，授南京刑部主事。後調南京刑曹，改順慶知府。敢於言事，不畏權貴。因彈劾李廷機、王錫爵未果，棄官回鄉。

謝廷諒工詩擅文，精通戲曲，著述頗多。主要有《清暉館集》、《薄遊草》、《帶櫑編》、《起東草》、《縫掖集》、《曲晶》、《紈扇記》、《詩囊記》、《離魂記》等；又有《薄游草》文集等。

《薄遊草》二十四卷，明萬曆年間刻本。清乾隆纂修《四庫全書》時，該集被列為抽毀之書。其卷十七下有《送夏黄門元甫之流虬序》一篇，為送夏子陽使琉球而作。

茲據明萬曆年間刻本影印。

以登習其身教督其子孫或曳裾太學或侍詔公車百年中所爲娛樂又有進於是者余亦宦意蕭疎十年間嘗與兄爲別業林泉之盟逍遙愉懌看兩家子姓致青雲謝玉韋珠相暉映耳

送夏黃門元甫之流虬序

本朝度越千古臣所未臣澤南洽而威北訖矣頃以北虜之黠詘體受封散縑帛塞下商

負而去一二邊圉之臣申約束嚴斥堠歲以
爲常　朝廷晏然不知盖未有邀寵沐恩命
金閨之彦動樓船之衆如此其隆重者夫流
虬顓顓在海外東南一隅不足以當漢一大
縣非利其貢賦之饒也又非慮其擾邊境爲
中國憂而始用羈縻之聽其請也特憐其一
念嚮風慕義之誠恪守臣節盖二百五十餘
年于兹矣一旦絶勿與逼弛天綂悖　祖德

失遠人心殆將不可於是玅選一二端亮周
慎骨骾不二心之臣以往當是時同年友夏
公元甫適珥筆侍　皇闈忠存軌迹義形風
色人皆爲日爲危從元甫赴公車察其襟宇
踈亮神情玄定有過人者理會稽探禹穴所
造詣日深恢淵博量騰嶮峻卲善其持冲以
守盈蓋才雄九輿而德鍾三懿矣直禁以來
日習國家故事獻納當上意此即出入禁闥

淮南憯伏寢邪謀婉婉幰中折衝尊俎奈何以干城重寄經途溭潰萬餘里哉柄國者念海上久無使臣必以公之重儼而臨之乃足以壯皇威宣德意於是　天子特賜玉帶麟袍勅大行王君與俱往往之日祖帳東都門者車數百輛二三兄弟幸相從而聽鹿鳴之歌又幸相祖而賦皇華之什攬袂執爵有餘榮焉或謂使臣之職安國家利社稷可也西

域諸夷勞費中國最多然以其斷匈奴右臂耳流虬叢爾何能爲余曰唯唯否否諸君計利害耶王者無外亦無私蔀屋之下一隙可通曜靈望舒却而不内普照之謂何諸夷在海島隔萬里而遙石爲橋而不足車同軌而有餘當其無有車之用此之謂也居東之想登薄中華中華之教行矣施及蠻貊殊徼恩焉君等亦知使臣之亶乎宣尼論士以使節

爲稱首耆弟通于神明猶以爲次盖延陵之
風槩可睹巳涉歷彊宇芳韻彌鮮彼固由夷
入夏耳況用夏變夷者乎是役也夷夏之胍
絡于是乎聯合　列祖之精神於是乎渙揚
應乾象最著關國體最大繫四夷之觀望最
多　高皇帝武節猋逝所在獻琛獨以倭夷
之反覆不情也却其來計以爲倭介在海東
左流虬而右朝鮮利船一帶聲息相聞是故

帶礪兩國以掎㩻其山川褒寵二王以歆動其天性二百餘年海內安瀾鯨波不興孰非帝力耶自東南之海防加密睥睨者不得生心遂竭力而困朝鮮朝鮮之告急也　天子爲遣大將發軍興費不貲海內騷動倭故與流虬通以我行人覘彼虛實老成謀國意深遠矣夫古之倜儻非常之士願立功異域以自効者不可勝數樓蘭月支斬首獻[illegible]代不

乏人我輩遨天幸生盛明之世雖欲請纓亡
繇路今以中山之役泛愽望之槎布司馬之
檄可不謂非壯遊哉　都門叱馭海嶠揚帆
汫瀜流瀁之觀所以發皇耳目暢達機神者
不可勝原蕩精舉於玄區之表攄妙節於九
垓之外宣皇慈於遐澗之津而使春回落漈
膏潤彭湖黿鼉之與闓澤昆蟲有不回首面
內者乎晻眛昭晰得燿乎恩暉侏僞効華語

嵩呼徹天中山王叩擊洪響聞所未聞驚以爲河漢而無極巳黑齒文身仰視天使却步而不敢前真大臣威重哉昔洪恩宣之使還也外國爭梓其文太后垂簾欲識其面其後使臣之來中國者必詢其起居官爵官爵之貴不足爲使臣榮而實繫四夷之瞻仰子卿歸漢朔望優寵圖畫麒麟閣列於方叔召虎仲山甫間其重如此夫以元甫之才即優游

都城以登台鼎何難涉歷遐陬瀠洄島嶼勞苦而功高若此其壯也天之所以降大任國之所爲需異才豈筐篚簿書是役倫黨帷房是適耶有包括華夏之氣象而後有挽回天日之精神元甫行哉彼旦夕引領望君而相與清敝皇衢者滿巖廊也二三兄弟什伯恒情計日以竢

廣西癸卯鄉試録序

（明）郭正域《送夏掌科冊琉球》（《合併黃離草》卷十二）

郭正域（1554—1612），字美命。湖北江夏人。明萬曆十一年（1583）進士，選庶起士，授編修，為皇長子講官。歷禮部侍郎、南京祭酒、詹事府詹事。三十一年（1603）三月，禮部尚書馮琦病故，由其代理尚書。因遭污蔑被劾，罷職回籍聽勘，未及出都，因妖書案發而系獄。次年（1604），始釋歸。遂不復起，家居十年卒。光宗遺詔，加恩舊學，贈太子少保，謚文毅。著有《批點考工記》、《明典禮志》、《韓文杜律》、《合併黃離草》等。

《合併黃離草》三十卷，明萬曆四十年（1612）刻本。其卷十二下有詩《送夏掌科冊琉球》一首，為送夏子陽使琉球而作。

茲據明萬曆四十年（1612）刻本影印。

滉茫宇宙揷芙蓉不信森羅又幾重日月中天環舜
廟風雷下嶺劈泰松分明奉石表東海多少窮碑在
半峰七十二君俱寂莫亭亭白日又高春

送夏掌科冊琉球

朝辭瑣闥暮閶闔天末東夷聆琊環海若望風朝宗
下女君計日舞庭間揚帆萬里憑針路迈棹移時見
鼓山共美題名歡會府波臣早報使臣還

陽村五十初度

五十浮生度客邊天涯意味總蕭然曾將虎鬚能不

（明）費元祿《送夏給事使琉球》（《甲秀園集》卷十五）

費元祿（生卒年不詳），字無學，一字學卿。江西鉛山人。曾構館於鼂采湖上，交遊賢士，詩文俱佳。著有《轉晴集》、《鼂采館清課》、《甲秀園集》等。《甲秀園集》四十七卷，明萬曆三十六年（1608）刻本。其卷十五有詩《送夏給事使琉球》一首，為送夏子陽使琉球而作。

茲據明萬曆三十六年（1608）刻本影印。

送夏給事使琉球

帝寵樓船出海方龍袍玉帶御爐香碧雞使節開西蜀白雉夷歌起越裳日出東南知地少潮生晝夜覺天長雕題遣子知文學宴坐從容咏隰桑

唁查虞皋先生二首

冥冥天道總難知朝士吁嗟事可疑黄土纔封嬴博墓青編又廢蓼莪詩堂中零露萎萱草階下愁霖折桂枝千載白鳩空引淚斷腸楚些淅江湄

百粤河山瘴癘生何堪二感使人驚魂隨楚旐寒無影掌失秦珠夜不明總爲傳經能繼相豈令批頰愧

（明）鄭以偉《送夏兵垣使琉球》（《靈山藏》卷十）

鄭以偉（1570—1633），字子器，號方水。江西上饒人。明萬曆二十九年（1601）進士，改庶起士，授檢討，累遷少詹事。泰昌元年（1620），升禮部右侍郎。天啟間，授禮部左侍郎、協理詹事府。與魏忠賢相忤，上疏告歸。崇禎二年（1629），召拜禮部尚書。五年（1632），兼東閣大學士，與徐光啟並相。後累乞休不允。卒於官，贈太子太保，謚文恪。著有《互泥集》、《靈山藏》等。

《靈山藏》二十二卷，明崇禎年間刻本。其卷十中有《送夏兵垣使琉球》一詩，為送夏子陽使琉球而作。茲據明崇禎年間刻本影印。

東家交文蛇千西家交白壁聯文蛇齊斗壁塡
截赤手搏沙沙不配交亦不在濃結亦不在新
請看刎頸夷門者另是當年作客人採葵採葵
莫傷根男兒結交豈論貧男兒交交寸心區區
管鮑分黃金

送夏兵垣使琉球

劒掛扶桑日查浮博望年波臣方月候瀛海正
波平上策夷爲守中山節頗堅皇風披穆穆湛
露滴涓涓國是波羅舊名因隋使傳[illegible]表來獻

輦女奏蹋蹄篇氣候如江表君臣長浚涎羅縊
知異俗鬭縷織花絟浪說枯髏聚空聞布甲旋
何如舞干羽白可拾絃埏既見梯山至時聞貢
船遶玉關塵絕游金葉表纏綿帝撫要荒地新
煩侍從儤羽服生懷玉風雲起月川霜飛青瑣
闥花重紫薇纏焚草扃幽室披麻歷御筵孤鳴
如鸑鷟逐惡似鷹鸇守禮嘉箕服華風入舜絃
海邦用龍節夙駕涉鼉淵縹眇星爲客滄茫水
是天麟衣明烏月羽騎擁樓船昏曉分潮汐滄

桑問海田進檣看鍼路作賦夌木玄一開唐主
詔永淨日南烟花洞蠻歌響螺衣膜拜虔蕉陰
結鳳尾蔗酒釀春前聞笛關河淚看山眉髮妍
出門無難色報國有天全每憶蓬懸矢長思水
墮鳶安能破巨浪相共弄潺湲祖帳梅花發驪
歌柳葉圓漫悲易水曲相贈繞朝鞭見說長鯨
齒時吹白浪顛知君奮雄劍功就斗問還海中看山
如眉髮又夏奉使時有倭警

（明）顧起元《大行王君冊封琉球序》、《夏黃門奉使琉球四首》（《嬾真草堂集》文部卷九、詩部卷二十）

顧起元（1565—1628），字太初，一作璘初，瞞初，號遁園居士。南直隸江寧（今江蘇南京）人。明萬曆二十六年（1598）進士。三十八年（1610），升南京國子監司業。四十三年（1615），改為祭酒。官至吏部左侍郎、兼翰林院侍讀學。乞退後，築遁園，閉門潛心著述。朝廷曾七次詔命為相，均婉辭之。崇禎元年（1628）卒，謚文莊。

主要著作有：《金陵古金石考》、《客座贅語》、《說略》、《顧氏小史》、《遁園漫稿》、《中庸外傳》、《四書私箋》、《雪堂隨筆》、《嬾真草堂集》等。

《嬾真草堂集》五十卷，包括文三十卷，詩二十卷，明萬曆四十六年（1618）刻本。其文部卷九有《大行王君冊封琉球序》文一篇，詩部卷二十有《夏黃門奉使琉球》詩一首，分別為送王士禎、夏子陽使琉球而作。

茲據明萬曆四十六年（1618）刻本影印。

不敢爲先生多也

大行王君冊封琉球序

歲在壬寅琉球世子尚某以嗣封請　上詔循故事命使者渡海冊某爲中山王于是旭陽王君以行人副給事中夏君往夫海王之國絜贄獻琛受封號者衆矣　朝不爲命專使也琉球遠在海東南萬里外國又最小自上世不隷象胥乃入　明而賓禮有加焉命使冊封遂軼諸蠻夷歸義者而出其上何也豈非以其學于中

國爲能用夏變夷習禮義奉上法哉夫古者四
夷咸賓八蠻通道來享來王未嘗有爲之報使
者也琉球之事陪臣請命于京師王人致命于
海上領封亦奚爲不可而迺勤封使于影沙蕩
颶之間此豈徒以外夷勞　中國哉鄭端簡公
固言之矣辨華夷者王道也均覆載者天德也
不如是不足以風遐圻使胥閘與漢得燿于光
明而吾如天之度猶爲有所閡焉爾且夫異日
者倭奴之不度而與朝鮮構也海南諸島夷有

不爲其恫喝者幾希而區區琉球獨堅守臣節
罔有貳志以　陛下之神聖倭奴之首旋竿槀
街而琉球始得秉介圭以請命夫爲不善者訖
天誅而爲善者蒙上賞則又威懷之略所以風
示四夷非獨爲一琉球也使者雖勞固不可以
已矣于是王君戒行有日諸同年友之官京師
者壯君之遊而思擇言以誦也乃辱而使不佞
夫不佞則何以爲君贈哉蓋嘗習君之爲人而
知其長于使矣其神靜以恬其思愼以密其識

練以敏夫恬則大浸稽天而不驚也慎則忠敬可以行蠻貊而不窕也練則周旋登降辭受進反之節彬彬乎質有其文一出而可爲國體重也操是三者與夏君左右而行之夫亦何難之有焉而不佞猶願竊有請也今　上之丙子琉球嘗請封矣時大司徒謝公實以行人副給事中蕭公往其歸也遂踐卿寺歷開府登八座至今爲　國家所倚重乃君子則謂公之可大受者實于奉使時徵之今君之使實繼謝公其器

識閎遠可以大受又甚類謝公然則　上所爲
推擇而使者亦豈獨爲一琉球哉不佞生而兩
見　朝廷絶域之使乃既幸以年家丈行事謝
公而又幸以同年兄弟友君不可不謂遭之奇
也故論次使指與所爲望君者附焉而序之如
此

大京兆徐公入　覲序

國家並建兩都大京兆對綰京輦綱紀而彈壓
之至崇鉅也應天匹姬豐鎬　高皇帝之鼎湖

嬾眞草堂集卷二十

江寧顧起元太初著
同邑王履泰不驕校

七言絕句二

夏黃門奉使琉球四首

九天王節下琳琅東泛鯨波萬里長縱使輶軒通絕域也思羽獵諫長楊

其二

南溟渺渺接天河鷁首乘風汗漫過自是川秖

爭嚮化年來滄海不揚波

其三

使者雙旌日下來樓船東去海雲開已畢博望乘查事更小玄虛作賦才

其四

共看青瑣侍臣親手捧　龍章下紫宸借問漢廷諸屬國幾人橫玉繡麒麟

送顧孝敷南還八首

與君相見倍相親忽漫分携更愴神此夜高歌

（明）鮑應鼇《送夏給事出使琉球》、《送王大行出使琉球》（《瑞芝山房集》卷十三）

鮑應鼇（生卒年不詳），字山父，一作山甫，號中素。南直隸歙縣（今安徽歙縣）人。明萬曆二十三年（1595）進士，授戶部主事。後教習駙馬，升尚寶卿，改太僕。官至禮部祠祭司郎中。議事持正不阿，群小忌之，謝病歸。著有《明臣謚匯考》、《詩經同門稿》、《瑞芝山房集》等。《瑞芝山房集》十四卷，明崇禎三年（1630）刻本。其卷十三中有《送夏給事出使琉球》、《送王大行出使琉球》詩二首，分別為送夏子陽、王士楨使琉球而作。

茲據明崇禎三年（1630）刻本影印。

習習春風送曉寒霏霏雨雪點征鞍一枝暫向南州借雙舃還依列宿看凍柳未舒行積裏晴花漸放到江干開衙松籟供新韻彩筆應知屬和難

十六夜同葉春卿張岷持徐羅玉鄭心葵集沈太玄宅看燈得星字

九衢鳳蠟吐烟青處處花燈春欲停桂影尚留螢滿蘭釭偏助火珠熒芳樽卜夜殘瓊漏綺席談天聚列星共道元亭猶未勝瑯玕此夕照玄亭

送夏給事出使琉球

瑞節雙懸出海東紫泥宮錦耀春風名高瑣闥批鱗

壯地盡炎荒歷覽雄縹緲扶桑看日浴蒼茫大聲與天通封珪萬里宣　皇澤不數乘槎博望功

送王大行出使琉球

冠蓋聯翩赴異方共持圭策錫名王斗邊星使乘槎出日下天書渡海將萬里一航空宇宙　九重雙節照炎荒人推典客山東妙譯得風謠奏建章

題耿侍御卷

澄清當日惠文冠攬轡其如直道難共說蘭絲成貝錦誰知世俗有波瀾臺烏已去三山遠霜隼空飛六月寒一疏司農堪涕淚石城風雨聽汀干時以關稅事生崇坎

（明）陶望齡《送夏鶴田諫議使琉球序》（《歇庵集》卷五）

陶望齡（1562—1609），字周望，號石簣。浙江會稽人。明萬曆十七年（1589）探花，授翰林院編修。二十一年（1593），會試第一，殿試第三，與董其昌、袁可立同年，授翰林編修。二十三年（1595），被内閣提名充任正史纂修官。三十三年（1605），升國子監祭酒。後歸鄉，卒謚文簡。著有《制草》、《解莊》、《天水閣集》、《歇庵集》等。

《歇庵集》二十卷，明萬曆年間刻本。其卷五下有《送夏鶴田諫議使琉球序》詩一首，為送夏子陽使琉球而作。

茲據明萬曆年間刻本影印。

然之契也尚書郎劇選無其中兵中兵無要於職方自茲所柄且日重公孫僑曰爲善者不改其度故能有濟侯度在會稽矣侯之行其鄉士大夫既合詞以贈予宗人僉謀曰侯庇我厚不可以從衆遂屬予言而予言其大者

送夏鴻用謙使琉球序

萬曆辛丑中山世子尚寧上書言臣惟懦怵於疆事阻阻幽遐靡告於有司旦夕怦怦焉若流梗罔屆屏處側聽不敢見先臣之廟者十有餘禩伏惟

鱗介雕族並並被冠冕幸　天子哀憐使使者封植之禮官議定如故事於是大諫議鶴田夏公以其副將命往其同年友四十四人醵而觴之有執爵而言者曰昔者先王之於荒服其君並而一覲象胥傳王言諭說而已未聞有行李之勤至漢五棄鶩於遼畧使者四出通道博望之倫鑿空釣奇而所適多大國壤地接比又善馬奇物足以春人主豐大之好然聖並猶紬而不餘今琉球島嶼孤懸道路絕險地不當中國有事之鄉物產境薄無

齒角之貢國家幸奬誠順存掌故昭示無外第如
爨者所畫因乃還舶授命於海濵以無廢舊章足
矣廼傾侍從涉海波勤於蕞爾之國而無賑强大
受珙獻琛之名與寔焉雖累朝所常行殆其可巳
夏公曰如子所云是功利之規而豈王者覆載之
宏略哉夫王者之於遠人固不當算名寔商險夷
差擇於巨細强弱之數也葢受之也如海臨之也
如神故一蹄之流有滈然而東者海必仰而茹之
藴藻蘋蘩而薦於明神夫非以誠信𦊓明與威𡨥

於海内外靡不臣服然日本擯而中山封則誠從
異焉夫琉球之爲國也歷世弗賓隋元之威敝兵
海上而弗能服至於聖人作玄化翔於是稟朔效
物越世彌謹其明信著矣是故列聖寵而懷之英
蕩之使圭弁之賚相踵弗絶所以褒賞誠節採掇
細微而無所利焉且王者固非獨兼容並納而已
也且將録善而討奸撫順而鋤逆故西伯至仁也
遏密存阮詩人歌之天子方興六師援三韓驅掃
蛟鱷復其封之舊域强鰲既誅宜宣布大公明至

信令鞮譯所隸較然知順逆倆衡之效夫中山者
順等於檖貊而義同於羌阮且故府之命在焉固
不可一旦廢也於是望齡甫拜而言曰大哉鶴田
子之言揚盛明之洪業擴當代之遠策仁以綏遠
信以守官是行也四善具焉爵者句奴嘗為漢患
矣於是不憚重使訪通西域務斷其右臂終漢世
戍屯弗輟誠謂其遜胡也今中國盛大北狄解辮
受號遠邁漢氏日本小夷跂踵思附攸關伏闕請
命者首尾數歲終見殄絕而中山壤域邇倭積其

信順雖天威燀震無所藉助焉顧用以風動海外
命惛族嚚黨睊目而相尤日爲祟於其易狩於兇
中山獨蕺天哉而吾烏用自絕於是悔往罪效新
悃豚魚輸其中乎虵虺歛其餘螫益將濯腎膓革
志慮寧直斷厥右臂而已哉詩曰剛亦不吐柔亦
不茹仲山甫所以將明德音光昭於使命也惟鶴
田子明允而誠篤外則而中勁理於會稽百吏得
職羣黎大和挖強淳澆靡者植幽者宣所謂不侮
矜寡不畏強禦鶴田子有焉既入爲諫議則竭忠

而不阿獨立而靡偃與難犯之鋒鍔抉宵小之邪謀所謂忝職有缺仲山甫補之鶴田子有焉率是義也將之明之以懷弱國讋强寇建安攘之上略籍銷萌費於永永直須瑞握節修故事云爾哉鶴田子行矣式遄其歸以止佐天子升於大猷憲萬邦也哉

中丞濟寰楊公恩命序

濟寰楊公節塡桂林之三年會天子方建樹東朝覃敷大慶於寓內若曰麾節大臣朕所託專制一

（明）謝肇淛《送夏黃門使琉球還朝》、《送王大行使琉球還朝》、《贈歐全叔山人（曾使琉球）》（《小草齋集》卷二十一、卷二十二）

謝肇淛（1567—1624）字在杭，號武林、小草齋主人，晚號山水勞人。福建長樂人。出生於浙江錢塘。明萬曆二十年（1592）進士，授湖州推官，調東昌司理。三十七年（1609年）拜南京刑部主事，升兵部郎中，改工部屯田司員外郎。歷雲南參政，廣西按察使。天啟元年（1621年）擢為廣西右布政使。

謝肇淛一生著述甚富，主要有《五雜俎》、《塵史》、《塵餘》、《居東雜纂》、《文海披沙》、《百粵風土記》、《北河紀略》、《紀餘》、《謝在杭文集》、《詩集》、《郡國考》、《紅雲續約》、《吳興友乘》、《滇略》、《泊堂台墨》、《長溪瑣語》、《小草齋詩話》、《小草齋集》、《方廣岩志》、《晉安藝文志》、《太姥山志》、《鼓山志》、《支提山志》、《（萬曆）永福縣誌》、《八閩鹺政志》等。

《小草齋集》三十卷，明末刻本。其卷二十一有詩《送夏黃門使琉球還朝》、《送王大行使琉球還朝》二首、卷二十二有詩、《贈歐全叔山人》一首，為送夏子陽、王士楨及其從客歐全叔等使琉球還朝而作。

茲據明末刻本影印。

北陸光芒玄圃姿清心一片影淋漓月明秋水初凝夜雪滿寒窗獨坐時雲母屏空看不定水精宮冷夢還疑何人風骨能相似石室峰前玉樹枝

送夏黄門使琉球還朝

金函寶冊出蓬萊滄海茫茫一鏡開使節疑從天上下仙槎應拂斗間迴射空鼇眼看如日薄浪鯨鬐聽若雷萬里風波君莫歎清時須爾濟川才

送王大行使琉球還朝

袞衣攄傳古皇華萬里扶桑浪作花詔遣儒臣王天外露裝輕使者海中霞龍迎王節衝波沱鷹引牙檣帶雨斜自有越裳隨獻雉豈同博望遠乘槎

題徐惟和幔亭圖

雲樹蒼茫濕翠微山川滿目淚沾衣虹橋宴後人何在華表歸來事已非詞客有靈遺蛻冷曾孫無主落花飛可哀一曲滄桑改霜月淒涼照

李將軍招飲籌海樓作同喬卿崔徵仲歐

全叔

百尺高臺臺上樓鼓聲烽火似邊州鯨波已定

降王檄雉堞猶傳控海籌平楚風烟臨水盡亂

峰雲氣抱城浮時平無事將軍醉笑倚紅粧卜

夜遊

贈歐全叔山人曾使琉球

瘴雨蠻烟冷不勝逢君如對玉壺氷身騎南霍

峰頭鶴跡寄中山海外僧十二闌干春半臂三

千雲水夜孤燈酒酣擊劍談詩罷白馬翩翩向五陵

別崔徵仲

山城花發早鶯聞無柰逢君又送君孤舘一尊聽夜雨摩霄半榻共春雲燃犀已探驪龍穴掃石曾窺玉簡文此去霍林知不遠未應閒却白鷗羣

贈歐全叔從林將軍出汛

少年彩筆氣如虹身逐輕車瘴海東石堡孤懸

（明）黃克纘《哭謝繹梅司徒一首》、《柬夏鶴田省垣》、《柬王旭陽行人》、《柬夏給事諱子陽》（《數馬集》卷十五、卷三十三、卷三十八）

黃克纘（1550—1634），字紹夫，號鐘梅。福建晉江人。曾五任尚書銜，人稱『黃五部』。明萬曆四年八年（1580），成進士。初任壽州知州，愛民禮士，不避權貴。後擢刑部員外郎。十四年至十五年間（1586—1587），奉使三晉。又出知贛州府。二十六年（1598），累官山東左布政使。二十九年（1601），升任右副都御史，巡撫山東。在山東仕宦前後共十五年，治理河患，關心民瘼，清正廉明，惠民甚著，且多次平盜，遂功擢兵部尚書。四十年（1612），詔以故官參贊南京機務。因遭御史李若星、魏雲中無端彈劾，遂歸家候命。居三年，始履任。四十七年（1619），召理京營戎政，後改刑部尚書。次年（1620），受神宗、光宗兩朝顧命。天啟元年（1621）冬，加太子太保。二年（1622），再次出任兵部尚書。四年（1624）十二月，召為工部尚書。其時宦官魏忠賢權傾朝野，遂引疾歸。崇禎元年（1628），魏黨垮臺後，起南京吏部尚書，有劾之者，不就，辭職回家，復遣官存問。七年（1634）於家中去世，謚襄惠。

黃克纘在四十餘年的仕宦生活中，勤於著述。主要有《數馬集》、《杞憂疏稿》、《性理集解》、《百氏繩愆》、《春秋輯要》、《古今疏治黃河全書》、《全唐風雅》等。

《數馬集》五十一卷，明天啟年間家刻本。前有門生楊景辰序，卷首題『溫陵黃克纘紹夫著』。卷一至卷九，奏疏；卷十，賦、騷；卷十一至卷十八，詩；卷十九至卷二十四，序；卷二十五，碑記；卷二十六，記；卷二十七，論、策、傳、贊、跋、文；卷二十八至卷三十，啟；卷三十一至卷四十五，書；卷四十六，行狀；卷四十七至四十八，志銘；卷四十九，墓誌；卷五十至五十一，祭文。其中卷十五收錄了《哭謝繹梅司徒一首》，卷三十三收錄了《東夏鶴田省垣》，卷三十八收錄了《東王旭陽行人》、《東夏給事諱子陽》二文，分別為謝傑、夏子陽、王士楨所作。

茲據明天啟年間家刻本影印。

一著戎衣似武王長陵佳氣鬱蔥蔥卜年已定
燕山鼎傳世何須大內藏天遣雷霆頻震怒帝
如日月本輝光金臺極目浮雲滿想像龍髯去
渺茫

哭謝繹梅司徒一首

天地東南一宿儒憂時何意遽忘軀文章名播
雞林賈勳業形存麟閣圖萬里扶桑誇典客九
州財賦窘司徒傷心欲下羊曇淚從此蒼生屬
望孤

也必能善處于此夫鞭朴刑罰莫非教也刑罰不可弛于家又豈可廢于國但欲隆一本而敦孝道則宜棄小嫌而崇大德斯盡善耳惟公等轉啟焉

東夏鶴田省垣

門下正直忠厚當任　朝廷以維持　國是區區中山島嶼間〻侏僞耳何足動　天子耳目之臣涉萬里波濤而寵異之誠知門下事不避難使不辱命如敝鄉謝常伯能將雨露而灑扶

桑然區區私心以爲此何時也中國腹心之地百孔千瘡當與賢人君子挽回氣運何必以彼鱗介而勞我冠裳哉使節宜撥敝省造舟爲梁倘未卽行于 宗社隱憂生民禍亂且目覩之此非直某一人過慮已也不腆程儀聊以餼客仰惟炤存幸甚

賀尹春霙中丞

兩越首藩人物財賦甲于天下 聖明特起臺下田間授之節鉞益兩越重則東南半壁恃以

氣稍稍欲以去就死生諍之庶幾感悟　人主卽未知將來何如而于用人一事亦微有轉動者其機已漸萌芽矣仁人之言其利溥哉此疏當與諍臣論並傳匪諛匪諛欲馳一介候起居恐旌節廵行南北靡定謹寓尺素于譯府俟有入京回使代爲轉寄惟祈台鑒炤原幸甚

柬王旭陽行人

側聞使節渡海而歸業已抵家夫涉萬里之波濤揚中國之恩信舟楫不驚冊函無恙此雖仗

天子威霧海若効順而忠信涉川孚及豚魚
使臣之勞不可泯也異時敝鄉謝司徒曾覆此
險歸來卽躋九列登八座今日之事可謂後先
媲美矣不知往來海外次止閩中山川風俗民
生利病形之歌咏者亦鐫爲奉使錄使朝士得
聞之否不佞久叨大邦澤則不究而繭益增今
且倦飛思返故林矣然讀史見張騫遍歷外國
時復思慕昔人乘槎得織女支機石以問嚴君
平者決非虛語于使節歸不覺踴躍而顒有聞

也

答浙江楊總戎

嵎夷三載海波不揚青齊晏然便是德威所被何必擒生折馘乃爲功也榮擢兩越爲海內冣重鎭且居閩海上流若讋服島夷不敢竊發則東甌以南陰受其賜奚論吳山浙水恃以爲重巳哉閱報知視師有日轅門旌旗一旦變色諸裨將俯伏聽命不敢仰視丈夫得志非肘係大將兵符曷稱愉快浙固戚少保立功之地東陽

見報而門下儼然及第自　先朝以來四十年間吾邑及第者五人其發之也盛則其收功也必宏無論卿貳輩出枚卜當及而稷契夔龍事業亦從此出矣羡羡不佞俗吏也自州郡以上無所不試獨絕意于内翰之一途已不能爲而令枌榆親戚中爲之豈不爲吾邑之光山川之榮哉

東夏給諫諱子陽

往言奉使外國者如徐福入海訪三神山將至

郎爲風引去其難如此以台臺使琉球觀之夏
去秋還如履平地無亦　國家威靈所暢海若
潛踪風伯効順而使者精誠可格豚魚利涉大
川海不揚波耶夫萬里巨浸渤澥自異數月往
返變態靡常夜望星斗晝看雲山神龍巨魚鼓
舞出没世外奇觀必有可喜可駭可賦可傳者
非使臣彩筆鋪張其盛孰能摛之來襈哉竊願
有聞也報　命後八座開府次第陞遷然皆合
臺分内物未足侈爲盛事惟陳旅殁之章申越

裳之戒以輔佐　聖天子盛治是所望於諫諍之臣者耳

東溫用廷按臺

論相之典吾鄉與推者三人然次日即有四疏攻九老而制老亦爲宋掌科波及吾閩人何負天下而攻之若此即今與推者七人除趙南老清品無議其餘數人欲如九老之一介不取能之乎彼羣攻者亦有良心獨不試思彼之立身行已可與之論清濁否不佞見此益增感慨已

（明）徐𤊹《送夏給諫王大行冊封琉球還朝》、《送夏給事冊封琉球還朝》、《送王行人冊封琉球還朝》、《酬歐世叔見訪次韻》（《鼇峰集》卷十一、卷十二、卷十六、卷十九）

徐𤊹（1563—1639），字惟起，一字興公，别號三山老叟、天竿山人、竹窗病叟、筆耕惰農、筠雪道人、綠玉齋主人、讀易園主人、鼇峰居士等。福建侯官（今福州）人。未舉仕途，然博覽群書。一生搜奇訪古，遊歷名山勝景，致力詩歌創作，藏書七萬餘卷。與葉向高、翁正春、曹學佺、謝肇淛、陳价夫、陳薦夫等人在福州結『芝山詩社』，人稱『興公詩派』。

徐一生著述宏富，主要有《紅雨樓文集》、《閩畫記》、《閩中海錯疏》、《荔枝譜》、《榕陰新檢》、《筆精》、《閩南唐雅》、《鼇峰集》、《徐氏家藏書目》、《雪峰志》、《鼓山志》、《武夷志》、《榕城三山志》等五十餘種。《鼇峰集》二十八卷，明天啟五年（1625）刻本。其卷十一、卷十二、卷十六、卷十九有《送夏給諫王大行冊封琉球還朝》、《送夏給諫冊使琉球》、《送夏給事冊封琉球還朝》、《送王行人冊封琉球還朝》、《酬歐世叔見訪次韻》等詩五首，分别為送夏子陽、王士楨及其從客歐全叔等使琉球及還朝等而作。

茲據明天啟五年（1625）刻本影印。

相慕十年餘今朝識面回初交情盟水石風采見之
璠璵紅粉調新媛黃山夢舊廬清時正招隱未
許賦閒居

送夏給諫王大行册封琉球還朝

李郭乘舟去風帆入島夷俗知周典禮民識漢
官儀使命榮朝野皇恩遍海涯艱危赴王事歸
不過瓜期

仙槎乘漲海絕域到中山王貢通窮髮皇風被
百蠻午臨鮫蜃室久別鷺鴛班近見星文動雙

雙使節還

送曾用晦北上兼寄王永啓陳伯全

待詔上公車惟君多讀書榮哉此行役去矣莫躊躇馬踏霜花早帆飛雪片初賦才元自美計日召相如

陳子巳金馬王生新擢科憐君當此去帝里共鳴珂知巳風塵隔故人霄漢多紅亭一分手對酒不成歌

送鄭汝潤入洛丁未

急漁翁撒網忙溺人洪水漲摧屋颶風徂永日
愁難遣清宵病莫當羈懷寫不盡期爾早還鄉

送夏給諫册使琉球

啣命趨王事暫辭供奉班孤帆浮巨浸萬里到
中山漢詔殊方下皇恩異域頒鯤溟寰宇外鰲
極海門灣北斗低堪摘東暘近可攀洪波掀雪
色遠嶼抹烟鬟威震華夷表名齊李郭間官儀
宣上國文教格南蠻服賜蒼麟去航通白雉還
歸朝仍晉秩咫尺近天顏

吳地草萬山紅雨秣陵花香薰綺閣烟初歛月照羅帷影易斜獨對鏡臺愁欲絶消魂長自憶秦嘉

訪黄黄叔尊生館

閒閑長日懶逢迎芳草翛人客舊京四壁畫圖高梡卧千秋鉛槧著書名幽懷江夏推黄憲多病文園類馬卿姓字相聞逾十載莫言新訂雉壇盟

送夏給事冊封琉球還朝

絕島曾乘貫月槎歸帆咫尺到中華諫垣復命方焚草王事如期正及瓜使節近沾天上露朝衣新染海東霞萬方禹服咸修貢白雉爭飛入漢家

送王行人冊封琉球還朝

使臣元不畏馳驅溟海風帆一片孤萬里雲山窮地軸半空烟浪見天吳槎中帶得葡萄實橐裏裝無薏苡珠帝問蠻荒風俗異歸來王會有新圖

酬歐世叔見訪次韻 時自琉球歸

祗爲如蘭臭味深每勞鸃履遠相尋茶林此日

閑初響卉服當年寄短吟十五懷中藏趙璧三

千市上碎胡琴致身欲向青霄去莫漫人間笑

陸沉

送吴仲聲孝廉五上春官

詩詞制業兩能兼猶作青衫老孝廉客路純鈎

三尺佩舉場文筆五回拈鐘聞長樂眠難穩宴

錫慈恩醉自霑得意春風金勒馬御堤芳草踏

（明）葉向高《琉球人貢揭》（《綸扉奏草》卷十七）

葉向高（1559—1627），字進卿，號臺山，晚年自號福廬山人。福建福清人。明萬曆十一年（1583）進士，選翰林院庶起士，授編修。二十二年（1594）授南京國子監司業。後被召為左庶子，充皇長子侍班官。旋升南京禮部右侍郎，改吏部右侍郎。三十五年（1607），晉禮部尚書兼東閣大學士。四十二年（1614），再晉少師兼太子太師。以時事不可為，致仕歸里。光宗即位，泰昌元年（1620），特詔還朝。起於家，未至，熹宗立。再遣行人促之。天啟元年（1621）十月，還朝，復入閣，命為首輔。是時，魏閹專政，國事瘡痍，閣權旁落，政局黑暗。葉向高無法作為，遂絕意政治。天啟四年（1624）秋，再次致仕歸里。崇禎元年（1628），贈太師，謚文忠。

葉向高著述甚多，主要有《蒼霞草全集》一百十八卷，包括：《蒼霞草》二十卷、《蒼霞續草》二十二卷、《蒼霞餘草》十四卷、《蒼霞詩草》八卷、《綸扉奏草》三十卷、《續綸扉奏草》十四卷、《後綸扉奏草》十卷。另有《光宗實錄》、《遽編》、《說類》、《參補古今大方詩經大全》、《玉堂綱鑒》、《宮詞》、《四夷考》等。

《綸扉奏草》三十卷，明天啟年間刻本。其卷十七下有《琉球人貢揭》，內容為懇請明神宗儘快批發福建巡撫丁繼嗣為琉球封貢事奏本。

茲據明天啟年間刻本影印。

琉球入貢揭

蒙

發福建巡撫丁繼嗣一本爲琉球封貢事此本曾於夏間來奏已經部覆催請兩次擬上俱未

蒙

發今又來催前疏臣聞琉球已爲倭奴所倂其來貢者半係倭人其所貢盔甲等亦係倭物蓋欲假此爲窺伺中國之謀心甚叵測茲巡撫疏中言倭將明檄琉球挾其代請互市又閩浙亡命郭安國亦寄書其家暗指入犯之期

其檄與書語多狂悖巡撫不敢上聞而抄以
寄臣東南之事甚爲可憂乃夷使又未奉
明旨地方官無憑發遣覊留日久非但窺見內地
之虛實且將謂
朝廷百事遲延奏請不報益長其驕慢之心而
速其猖狂之舉矣今北虜未寧四川又在告
急加以東南再有倭警轉餉募兵將大騷動
而又在在空虛束手無措其將何以應之臣
謹將此疏即據日前部覆擬上伏望
聖明即賜批發使地方官得以奉行事於銷萌弭

變所關非淺鮮矣

萬曆四十年十一月十二日

（明）黄承玄《題琉球咨報倭情疏》（《盟鷗堂集》卷一）

黄承玄（生卒年不詳），字履常。浙江秀水人。明萬曆十四年（1586 年）進士，授工部主事，進副都御史，巡撫福建。基於當時倭寇侵擾中國東南沿海，提出要加強澎湖防衛，並隨時察視臺灣。著有《北河紀略》、《河槽通考》、《盟鷗堂集》等。

《盟鷗堂集》三十卷，明天啟四年（1624）刻本。是書卷一至三為奏疏，卷四、卷五為議，卷六、卷七為序、跋，卷八、卷九為考，卷十為碑記、墓表、贊、行實、行狀，卷十一、卷十二為祭文，卷十三為詩，卷十四至十九為啟，卷二十至二十七為書柬，卷二十八為諳文、揭，卷二十九至卷三十位為公移。其卷一中有《題琉球咨報倭情疏》一篇，為題報琉球中山王尚寧遣使報告日本動向之奏疏。

茲據明天啟四年（1624）刻本影印。

以地非甲科地卽成坑此亦時爲之耳既經該司議
詳前來相應具題伏乞 勑下吏部再加覆議上
請行臣等遵奉施行

題琉球咨報倭情疏

題爲飛報琉球船隻事據福建按察司巡視海道副
使韓仲雍呈本年四月二十七日本臣令牌據北路
參將劉思祖稟報琉球國通事官蔡廛稱彼國有日
本七島夷人來說各島見在造船欲收小琉球彼國
王慮風色不常流突中國令其先行馳報亟請按畢

咨文領有回照趂風極早歸國等情據此合行查審
備牌仰道即便差官速取通事蔡壓及有職役夷人
一名件送前來面審緣由速報奉此案查先據小埕
寨把總劉承慶報稱本月二十三日據捕盜周龍報
稱本日寅時瞭見進與外洋有異船一隻駕使查係
琉球人衆齎懸報倭二字攔在長澳外海拋泊飛報
到職該職親自駕船到彼據通事蔡壓手執執照一
張咨文一角吐報在船人衆止十七名隨蒙北路劉
叅將巡汛到寨令職督兵日夜防範不許夷人登岸

等情備報到道隨行福州府海防官督行水陸官兵
及沿海衛縣印官各加謹防範毋令擅入內地及潛
自登岸外今差把總龔默齋文着落小埕寨該總將
通事官蔡壓并隨帶夷伴來福他魯共三員名差哨
官護送前來轉送本院譯審及將咨文執照令赴布
政司拆驗去後又奉臣批據布政司呈爲馳報倭情
以防中外事本年五月初一日准琉球國中山王尚
寧咨稱今特遣通事蔡壓捧咨文一通前赴貴司告
投切以蕞爾藩邦自　太祖高皇帝准貢以來二百

餘年仁恩極天之大故父子之國情同一體脣齒之
地勢實相聯痛昔倭寇肆毒侵害舉國君臣素蒙
天朝卵翼之恩銘心感記邇聞倭寇造戰船五百餘
隻本年三月內恊取雞籠山等處竊思雞籠山雖是
外島野夷其咽喉門戶有關閩海居地藉令肆虐雞
籠則福省之濱海居民焉能安堵如故寧忝藩臣屢
蒙
君父聖恩宜先移咨火速奏報以憑裁取雖
天朝備禦之有方亦防微杜漸之長策等因准此看
係緊急夷情合就呈報等緣由奉批屬夷告警飭備

宜嚴仰巡海道速行查議報又奉臣令牌仰道速行
沿海各道路將海防備總等官嚴督哨兵遠出偵探
分布要害加謹隄備等因奉此案查先奉臣批據泉
州府海防官呈報紅毛番有大船六隻小船十隻于
正月十六等日來到呂宋攔把港口候打洋船貨物
幸呂宋國王討船與洋商林懷貴等先回報知各商
不得再往等情又據銅山寨把總汪伯泓報稱三月
十七日督兵于廣東赤澳遇三賊船攻沉斬級獲賊
擄盧十二等合夥往販日本啣野沙機長旗港等處

又稱琉球降伏日本倭王造船二十餘隻挑選倭衆
奪占東番山意在互市等情批道巳經差官前往偵
探及通行加謹防範隄備各去後今奉前因看得倭
虓鷙黠而其洲嶼地脉陰相聯亘于鯨波鮫宫之中
北則借徑對馬島可窺朝鮮是向來平酋所經營也
南則歷薩摩博多度大琉球國是國乃　天朝素所
親厚寵禮欲以斷日本右一臂者而近年巳折入于
倭疆理其畝使吏治之矣稍南則鷄籠淡水俗呼小
琉球焉去我臺礵東湧等地不過數更水程又南爲

東番諸山益與我彭湖相望此其人皆盛聚落而無
君長習鏢弩而少舟楫儻令倭奴遂得裝艦率徒以
下琉球之餘勁撫而有之借我有備則謂市爭利乘
我偶瑕則闌入攻剽閩及浙廣之交終一歲中得暫
假其枹鼓乎本道治兵泉州曾結正秋度東番捕採
葉德等一獄而因知倭有烏尾䑸船時時收買鹿獐
錦紡等皮于番中及領海道又斥絕姦援三十八九
年例請添給淡水洋引之陳文陽輩而益疑閩有奸
民必將勾引倭奴接濟貿易于此港今果見萌兆矣

或謂琉球警報徒借倭事以相恐嚇且溫貢道以示
欵誠而不必有是情實然未雨綢繆乃完不虞預備
何害儻匪茹之謀果眞則必勝之畫宜定先之文告
令彼夷衆自堅繼以濟師使我聲靈遠暢籬落故難
置諸度外飛走正自羅在目中其原來通事夷伴似
應一面具題以伸屬國效順之義一面犒賚發回以
示　天朝軫恤之意仍請咨會浙直廣東軍門戒嚴
隄備恐有風勢衝突并各計會資糧整搠船兵以備
臨期掎角共收掃蕩膚功等因具呈到臣該臣會同

巡按福建監察御史李覆看得倭酋狡謀非一日矣服中山以爲役餌吾民以爲用市吾舟以爲賚包藏禍心由來有漸而薦食上國羽翼旣成故臣自入閩受事以來夙夜拮据無日不討軍實而申儆之蓋逆知豺狼之不可邇而宴安之不可懷也今果以協取鷄籠見告矣夫倭豈眞有利於鷄籠哉其地荒落其人鹿豕夫寧有子女玉帛可中倭之欲也者而顧眈眈伺之也蓋往者倭雖深入然主客勞逸之勢與我不敵也今鷄籠實逼我東鄙距汛地僅數更水程倭

若得此而益旁收東番諸山以固其巢穴然後踞㟴
伺間惟所欲爲指臺礵以犯福寧則閩之上游危越
東湧以趨五虎則閩之門戶危薄彭湖以瞷泉漳則
閩之右臂危卽吾幸有備無可乘也彼且挾互市以
要我或介吾瀕海奸民以耳目我彼爲主而我爲客
彼反逸而我反勞彼進可以攻退可以守而我無處
非受敵之地無日非防汛之時此豈惟八閩患之兩
浙之間恐未得安枕而臥也及查倭之入閩必借徑
取水於南麂而後分䑸南發西北風則徑指鷄籠諸

島東北風則慮右突福寧故南麂實上游之要衝前
撫臣金學曾曾 請改設副總兵於此如南澳故事
誠見及此也若過南麂直下獵外洋以趨鷄籠則我
臺礵東湧之哨或遠不及偵即偵及之而一哨舟兵
勢難望番遠躡又不敢輕撤烽火崙埕諸哨舍門戶
而預逆之籓籬也聞警之後臣業檄南中二路各借
調十舟協防北路而復移咨浙撫亟督溫處將領設
備南麂但隔省望援一時未能使臂而千里徵發往
返未必如期容再伺其緩急以爲之備耳若夫琉球

之告有謂借以相恐喝者有謂假以遛貢道者又有謂中山不能自專直狡倭遣以窺我虛實者臣不能逆覩抑不必深求總之倭必不能一日忘我毋問屬夷之告不告也我必不可一日忘備毋問倭夷之來不來也今日備倭之策凡臣所得爲者容臣次第條畫 上請仍乞 明旨通行申飭浙直廣東等處督撫諸臣一體嚴行沿海將吏務各加謹偵探修備卽倭夷卒至在我已得勝筭可收掃蕩之功矣

升祔禮成恭慰疏 未上

（明）石文器《送楊青六同年冊封琉球》、《聞楊青六冊封琉球還朝》（《翠筠亭集》卷五）

石文器（生卒年不詳），字伯重，又字玉完。江西資溪人。明萬曆四十一年（1613）進士，歷任廣東曲江縣令、安慶經歷攝太湖縣令、永平司理、建寧縣令。因其斷案出色，進大理左寺副、右寺正。崇禎中，京畿南重鎮河間府缺守，遷石文器為知府。後因得罪巡撫罷官，並罰戍邊。事終，得還故里。明朝覆亡，文器聞變，素服哀號，以示忠誠。著有《易經臆闡》、《翠筠亭集》等。

《翠筠亭集》十三卷補遺一卷，清順治三年（1646）石珂補修本。其卷五有《送楊青六同年冊封琉球》和《聞楊青六冊封琉球還朝》兩詩，為送明崇禎六年（1633）冊封琉球副使楊掄（字青六）使琉球和還朝時而作。

茲據清順治三年（1646）石珂補修本影印。

亥拜宸綸蒼生霖雨須臾待會看丹楓啓事新

送楊青六同年冊封琉球

口邊誰肯冊名封白蒲浮槎壯國容忠信矢心凌海若冠裳龔我効璜琮皇靈濯洗鮫宮靖天語宣揚鷁首從轉盼歸來刖異寵崇博望擬勛庸

送劉秉初擢中州大叅同歸詩句

二十年來老制科翀鶚開霄竟如何不數世味移薑桂肯把貞心託湯蔡恬任質清光法憲月從歸

峨石一水流來左右環携手出門將遠發詣餞移
吹更安開機祥占得其文炳虎變何時倍解顔
開楊青六册封琉球還朝
捧册中山五載旋逍遥漢槎斗牛邉蛟蜃皷奏霻
鼉鼓文斷欣瞻寶曆天飲餞青門雙策馬拜恩丹
陛特登仙玆回莫道風波險平地風波更凛然
九日有懷黄菊弁佛手柑感懐
平林簌簌動秋風露艸珠垂日漸凋籬菊咲酣陶

（明）陳一元《送杜毅齋給諫使琉球》、《送楊六青大行使琉球》、《送王大行使琉球序（代）》（《漱石山房集》卷六、卷十）

陳一元（1573—1624），字泰始，又字四遊。福建侯官（今福州市）人。明萬曆二十九年（1601）進士，知四會縣，擢御史，巡按江右。以忤時宰移疾去。天啟初（1621），起應天府丞，遭御史佘文縉劾，遂落職歸。崇禎初（1628），復官，不出，于烏石山南營漱石山房習靜終其身。

所著《漱石山房集》十六卷，明崇禎年間刊本。其卷六下有《送杜毅齋給諫使琉球》、《送楊六青大行使琉球》二首詩，卷十有《送王大行使琉球序（代）》一文，分別為送明崇禎六年（1633）冊封琉球正使杜三策（字毅齋）、副使楊掄使琉球，以及明萬曆三十四年（1604）冊封琉球副使王士楨（一作士禎、士正，號旭陽）使琉球而作。

茲據明崇禎年間刊本影印。

上魚軒駐彩雲笑我野陂橫小艇三杯亦自傾徵醺

舟中憶洪汝含

若爲初度每悽然却憶端陽共泛船一自重泉扃白日空令半嶺鎖寒烟題詩釃酒傷心地選舞徵歌引興年老去可堪懷往事愁聽隣笛咽江天

送杜毅齋給諫使琉球

風清烟淨海如池彩鷁中流自在移鮫室喜聞

天子詔鑾方欣睹漢官儀津連析木登天問山出蓬萊向日窺𨽍得孤忠　明主眷旋看勳烈震華夷

送楊六青大行使琉球

梅花城出郎滄溟絶島夷王待使星御冊捧來天語重仙槎泛去海神靈黄龍復見扶周舫白雉重看入漢庭更喜關西清節遠還朝應構郤金亭

釣龍臺懷古

漱石山房集卷之十

三山陳一元泰始著

男	𨳡

孫男亨全輯

雲間門下晚學徐致遠較

序

送夏給諫使琉球序代

我國家再闢混元威德震耀於東南海外諸部落交臂稽首請臣亡慮十數琉球其一云

文皇帝嘉厥葵忱至厘使臣頒之　冊命章服于是龍編甹壤之長裒然爲漢寵王矣　今上絣序三十二載孤臣尚其請　封如　令甲制下秩宗簡優皇華任者二人都諫夏公以正使往治艘于閩歲餘予適承乏得朝夕焉頃且解纜祖餞江滸則見文鷁凌波旌柵抗霄佽飛駛駛鉦音轟轟耶許訇磕之聲與江流交沸予擊節起曰壯哉使君茲行也嘗讀史至司馬長卿建節西南夷道蜀守令郊迎負弩矢先驅乃朝

冉從驪定笮存卭然後結軌還轅使事榮矣博

望候騫以一介使通大夏抵烏孫凌絕島航殊

域歷古未譯之國抑又有星槎牛渚肆說何其

奇也當其時人王方嘉意邊功遂令牂牁沫若

之區與中國並故蒲萄天馬卭竹枸醬皆得中

其欲而恣侈心爲之臣子其所景嚮又可知已

明興二百餘禩脩文德如一日來享來王之休

亘陋漢而比商湯夏使君以青瑣侍臣特膺封

屬鉅典瑞節所臨從都下曁里門及閩土縉墨

綬者莫不委蛇周道實輿負弩先驅爭榮今者發無諸渡金鏁橫海而下望彭湖指中山仰觀扶桑所自出俯瞷鼉鼇鮫人諸怪窟宅艤舟而登彼羽冠螺餙帊首冠韠之種羅列悚息忙舞踴躍僉謂我天使從天而下斯不亦奇男子擅六合之壯游哉若古所稱探勝尋源開疆拓土方斯蔑矣長卿有言曰天下有非常之人而後有非常之士非常之原黎民懼焉及臻厥成天下晏如也先是使君司理子會稽全活人無筭

繼晉台垣建白多軍國生民大計昂霄聳壑之
度望之知非常人茲揚帆天際人怔怔似似使
君油油于于從茲而賦觀海賦日升奇詞瑋藻
與雲濮相晧回　皇靈宣𢀖環瀕海諸酋屬承
沫仰流晏如之業直拱揖樹之歸紓　聖天子
宸慮必陳四牡賜勞問三事九列之寵命穰穰
至矣夏使君起謝曰抑予陽𣵀躬何敢居惟是
國家之神靈是憑是依此即徽下執事之賜
于是予請酹爵浮白歌采菽之五章以侑

送王大行使琉球序代

國家威德覃播自日域月嵎以及雕題辮髮悉主盖二百餘年如一日琉球介海島東國屬中山向脩職貢率道闔即易世嗣封亦附封疆吏以請著爲當有詔曰俞則簡廷臣二人使瑞節航海臨之異時數還往安恬亦如一日頃中山復當請封大行旭翁王公用譽望貳都諫夏公往不佞濫竽疆吏獲聆謦咳茲發艦有期禮應脩酌者詞竊惟眢稱灝瀁淼渫莫如海故元

命包有海王之說粤稽玄虚所賦天輪地軸前
使君所録蜃作霧鰍呼風種種諸靈奇恠異今
人飂然欲舉第恨無繇乘長風破萬里浪一窮
覽爲快耳公胸吞雲夢八九度又汪汪千頃也
先時中山數譯逆千旄于境者望風羅拜咸啞
然驚漢官威儀相率舞忭以去即海上馮夷早
已戢狂飂瀕海諸名王部落又靡不先乘亭幢
以望先聲所至業燀赫盛哉是行也浮文鷁駕
巨柮以徘徊于天輪地軸蜃霧鰍風之中波濤

萬頃揺擺一葉正襟賦詩聲琅琅與雲漢相上
下奇矣奇矣中山雖黜結殊俗然屈指四藩自
箕子舊壖外懷好音而向王化無先之者邇奸
人煽利磯易之山有金穴焉遂令海波沸騰
聖天子灼見域外不難付于理外臣尙某越伏
黿鼉　天子嘉念爾世世效誠用釐一介以先
昭遐裔亦唯是爾藩爾屛是賴其環向則象永
率王休此用夏變夷大概也公不吐不茹則有
文告之詞其閩土數世寔加賴之用以上紓南

顧功烈且與海天共永矣按史紀博望侯使月
氏富鄭公使契丹二事迄今豔談不傳謂泛渚
取石亭出附會若弼之煉金煆鐵言傾人聽第
名爲交媒不名爲熖臨方之茲役不懸霄壤哉
乃或者又云涉海蹈險人多危色先生獨于于
油油養可知矣不佞唯唯更端進曰聞諸說命
若濟巨川用汝作舟楫其航海之昉歟公與夏
都諫皆作楫異材茲特試利濟之一筏行者汎
驚濤如安流駛長年三老輩如陸軒輶也功成

報　闕下將卽鉉立躋丕顯趨蘖盐梅之業寧
論涵養此第一班耳王公聞言避席曰抑士楨
何險之敢避亦何功之敢徼惟是上之有　聖
天子之寵靈在勉竣使事幸矣于是次第不佞
言以質于夏先生

送藩伯靑門申公入　賀序

今上嗣服之四載涂月念後之四日爲流虹慶
節在外候甸惟藩臬大臣得以職序入　賀此
彝典也乃吾閩則推靑門申公行宇下紳弁髦

（明）邵捷春《送杜給諫冊封琉球》、《送楊大行》（《劍津集》卷六）

邵捷春（約1565—1641），字肇複，又字見心。福建侯官（今福州市）人。明萬曆四十七年（1619）進士。崇禎二年（1629），出為四川右參政，分守川南，遷浙江按察使。因故貶官，後起為四川副使，功升巡撫，進右僉都御史。十二年（1639），以圍剿張獻忠、羅汝才失敗，懷宗敕巡按御史派官押解捷春至京師，下獄論死。捷春知不可脫，十四年（1641）八月，仰藥死獄中。福王時，追復官，贈兵部右侍郎。著有《閩省賢書》、《入蜀吟》、《劍津集》等。

《劍津集》十卷，明崇禎年間刊本。其卷六下有《送杜給諫冊封琉球》、《送楊大行》詩二首，為送杜三策、楊掄使琉球而作。

茲據明崇禎年間刊本影印。

動寒林謡鷲峰刻燭未成詩思遲不知明月掛高松

送杜給諫冊封琉球

丹詔銜將渡海東襲封夷服典偏隆帆飛鼇背通華使帶束麟袍寵上公孤島秋雲連漢碧殘更曉日漾波紅殊方景物收詩史入告　君王備采風

送楊大行

聖代聲靈闡八荒錫圭珍重到夷王樓臺蜃氣
通天闕島嶼入烟簇水鄉曆朔尚循唐位號威
儀重覩漢冠裳土風瀕海猶相習九譯還看貢
上方

林謹任先生以納言　贈御史大夫賜祭
葬有述

建儲抗疏勁高旻曾是　先朝勁節臣秩晉內
臺官贊懋壇司太祝　帝恩新紫泥忽起泉臺

（明）曹學佺《送胡獻卿之金陵》、《送杜給諫冊封琉球》、《送楊大行》、《贈杜拾遺》、《楊青六冊使招飲即席賦》、《送胡獻卿陪冊使之琉球》（《石倉詩稿》卷三十二《西峰集》）

曹學佺（1574—1646），字能始，一字尊生，號雁澤，又號石倉居士、別號雁澤、雁澤居士、西峰居士等。福建侯官（今福州市）人。明萬曆二十三年（1595）進士，任四川右參政、按察使、廣西參議。以撰《野史紀略》得罪魏忠賢，被劾去職，家居二十年。唐王在閩中稱帝，授禮部尚書。清兵入閩，最終以民族大義，在福州寓所自縊殉節，垂名青史。

曹學佺癡心藏書，肆力於學，著述幾倍於身。為學以博洽聞，研究涉及文學、經學、文獻學、史地、文字、天文、宗教等。主要著有《周易可說》、《書傳會衷》、《詩經質疑》、《春秋闡義》、《春秋義略》、《蜀中人物記》、《一統名勝志》、《蜀漢地理補》、《蜀郡縣古今通釋》、《蜀中風土記》、《方物記》、《蜀畫記》、《蜀中神仙記》、《蜀中高僧記》、《蜀中詩話》、《石倉詩稿》、《曹能始先生石倉全集》等。另輯有《石倉十二代詩選》。

《石倉詩稿》三十三卷，清乾隆十九年（1754）曹岱華刻本。其卷三十二《西峰集》收錄了《送胡獻卿之金陵》、《送杜給諫冊封琉球》、《送楊大行》、《贈杜拾遺》、《楊青六冊使招飲即席賦》、《送胡獻卿陪冊使之琉球》等詩六首，分別為題贈杜三策、楊掄及其從客胡靖等而作。

茲據清乾隆十九年（1754）曹岱華刻本影印。

送忘機道人

三山城中人來往逐聲利添一道士行如入華陰市施藥與孤貧持卷索文字我疾在煙霞日深不能治安得更隨君閒遊無所事武夷九曲中扁舟弄雲水

送胡獻卿之金陵

久雨坐幽鬱初晴動遊想金陵佳麗鄉玉樹參差狀果擲潘車中書題練裙上知君獻氣遊深情在一往

送杜給諫册封琉球

草奏曾如杜拾遺濟蹌猶是報君時星經候得東西景風信便於潮汐逃禹貢原包荒服制夷人重覩漢官儀直聲海外相傳久不用通名譯使知

送楊大行

主恩爲重此身輕慷慨聞君一請行漢使却金亭尚在人生腰玉遇殊榮家居滇服原稱海島近蓬萊似到瀛漫道無期嗟此別長風應即是

歸程

荅陳叔度見詠草堂著述

自哂藏書在石倉移舟夜半壑中藏崇禎巳後編圖史新署西峯舊草堂

四庫菁華不易窺欲將哀選盡災棃休言點綴憑君手鶴短鳧長各自宜

老去分陰惜漫過祇應躭奕稍蹉跎較讐半晌雙眸倦轉借楸枰警睡魔

兒孫私塾暫相移聲有吾依出小池秋菊春花

公賦就赤城霞最憐三五元宵過待得蟾生影早斜

林守易園館社集

連日杯盤覺泥人招携同調豈辭頻微寒尚帶前宵雨雅謔應添滿座春栁線毿毿垂雀頸松枝隱隱學龍鱗退居更有禪龕好經卷初翻不染塵

贈杜拾遺

風傳樂善自東平閩嶠欣瞻漢節榮壽日正當

春日永台星遥傍使星明祗憂時事丹衷切漸
覺霜華兩鬓生今歲封藩應報 命廟謨虛席
待持衡

余里洪江以廿四日謝燈因開社招張玄
逸叅戎共用洪字

談兵原與說詩通席上雄生八面風老去不知
文字力春來尤藉發舒功尊開良會頻浮白燈
謝殘宵趂落紅閩地桃李此開落相半漫道洪江暫棲止
君家故郡亦名洪

光慰寂寥　右韵牌得一二蕭

蝶菴爲爰裳題

莊周名偶仝君姓郎以菴名化蝶身栩栩來時

猶似刻悠悠夢去果誰眞家園久别魂應戀花

柳雖過思出塵故有鯤鵬齊物論奚云斥鷃擬

非倫

楊青六冊使招飲郎席賦

古驛皇華傷使星開尊與客對芳亭石間綴艸

參差碧竹裏看山遠近青繞座薰風鶯度曲揮

臺明月鶴梳翎仙槎指日凌牛斗還似酣歌過
洞庭

題海國長城贈于温麻

百里花封作綰符那堪寇至在須臾指揮左右
鋏如意命中先聲金僕姑海島氛開看去淨民
巖日照望來蘇公侯自有干城畧糾糾寧勞詵
武夫

申維烈憲使招集烏石山園同文啓羨徐

典公賦

燕市駿十年重覩鳳池毛延津劒氣衝南斗淮
浦舟帆尾北漕　聖主臨軒清問及爲言巢許
也心勞

送胡獻卿陪冊使之琉球

日出扶桑迥在東樓船高駕侍名公觀于海者
難爲水囑彼蒼兮送好風重譯車書王制外遠
遊人物畫圖中知君韋布存清尚應與胡威問
絹同

送趙餘不給諫還松江

（明）陳侃《使琉球録》一卷

陳侃（1507—1538），字應和，別字仲和，號思齋，一作思菴。浙江宁波府鄞縣（今宁波鄞州区）人。明嘉靖五年（1526）進士，授行人司行人，刑科給事中。十三年（1534）四月，以吏科左給事中充冊封琉球王國正使，奉命與副使高澄往封琉球。同年十月，自琉球回到福州。十四年（1535）五月，返京復命。擢光祿寺少卿，又遷南京太僕少卿。

高澄（1494—1552），字肅卿，號東玉。順天府固安縣（今河北省廊坊市）人。明嘉靖八年（1529）進士。十三年（1534）四月，以行人司行人充冊封琉球王國副使，奉命隨陳侃往封琉球。

明代此前冊封琉球使臣，均未留下『使録』之類的著述，故是書為現存第一部冊封琉球使的『使録』類著述，其後的『使録』類著述多沿襲該書之體例。全書首列：自序、詔敕、諭祭文；次分：使事紀略、群書質異；末附：天妃靈應記、夷語、夷字、題奏，後序。

題為陳侃所著《使琉球録》一卷，實與副使高澄同纂而成。行世主要有明嘉靖年間原刻本、明萬曆四十五年（1617）陳於廷刻本、景印元明善本叢書十種之《紀録彙編》、《國立北平圖書館善本叢書》、《叢書集成初編》、《臺灣文獻叢刊》本等。另有《說郛》和《五朝小說大觀》本的《使琉球略》一卷，則系節刊本。

北京圖書館出版社（今國家圖書館出版社）2000 年出版的《國家圖書館藏琉球資料彙編》收錄的陳侃《使琉球錄》一卷，所錄版本為《紀錄彙編》所依據的明萬曆四十五年（1617）陳於廷刻本。

茲據《國立北平圖書館善本叢書》影印明嘉靖年間原刊本影印。

使琉球録

夷語夷字附

據明嘉靖刻本影印

國立北平圖書館
善本叢書第一集

使琉球録序

皇明德化誕敷際天所覆聲教咸曁琉球越在海表

世奉正朔唯謹毎易代航章乞封則遣近臣將

事嘉靖壬辰世子尚清以嗣國請

皇上仁覆無外聿脩舊章時侃待罪左省俾充正使

往而以行人高君副之銜

命南下歴詢往迹則自成化已亥清父真龍求封時距

今五十餘禩獻亡文逸倀倀莫知所之攷一統

志星槎勝覽等書登載互異罔可據依廼甲午

仲夏鮮纜閩江賴

天子威靈海若效順冊旬達其國宣

詔勅錫章服如儀尚清率國人稽首踊躍歡呼稱職

貢匪懈已事遄返十月朔還閩可以卜日齋沐

而見

上矣惟前輩使外國率有紀録或賦咏非以炫詞華

也窮荒絕裔亦造物者之所陶鎔而風聲曠邈

品藻弗及若道途之險易山川之恠奇風俗之

媺惡人物之醜好以至昆虫草木之變安居和

味宜服利用備器之不齊非特探奇好事者所

欲知而使事之周爰咨諏自不可少也因與高

君日紀聞見凡道途山川風俗人物之實起居

日用飲食之細皆得諸耳目之所親究乃知舊

存紀載殆郢書燕說之類志其略辨其異此録

之所以不容已也君子之飽道腴者或寓目焉

其大烹之筵薦以海錯庋幾一下筋乎不然言之無文行之不遠覆瓿之具尒若纍今使者取以爲擿埴索塗之助容可乎

嘉靖甲午陽月望日四明陳侃書于閩之長春堂

奉
天承運
皇帝詔曰朕恭膺
天命爲天下君凡推行乎庶政必斟
酌夫古禮其於錫爵之典未嘗以
海内外而有間焉爾琉球國遠在
海濱久被聲教故國王尚真夙紹

顯封已踰四紀茲聞薨逝屬國請
封世子清德惟克類衆心所歸宜
承國統朕篤念懷柔之義用嘉敬
順之誠特遣正使吏科左給事中
陳侃副使行人司行人高澄齎詔
往封爾爲琉球國中山王仍賜以
皮弁冠服等物王宜愼乃初服益

篤忠勤有光前烈凢國中耆俊臣
僚其同寅翼賛協力匡扶尚殫事
上之心恪盡臣藩之節保守海邦
永底寧謐用弘我同仁之化共享
太平之休故茲詔示俾咸知悉

皇帝

嘉靖十一年八月　　日

之寶

皇帝勅諭琉球國故中山王尚真世
子尚清惟爾世守海邦繼膺王爵
敬順
天道臣事
皇明爾父尚真自襲封以來恭勤匪
懈比者薨逝良用悼傷爾以冢嗣
國人歸心理宜承襲兹特遣正使

吏科左給事中陳侃副使行人司
行人高澄齎詔封爾爲琉球國中
山王并賜爾及妃冠服綵幣等物
爾宜祗承君命克紹先業修職承
化保境安土以稱朕柔遠之意欽
哉故諭
頒賜

國王

紗帽一頂 展角全

金廂犀束帶一條

常服羅一套

大紅織金胸背麒麟圓領一件

青褡褸一件

綠貼裏一件

皮弁冠服一副
七旒皂縐紗皮弁冠一頂 旒珠金事件全
玉圭一枝 袋全
五章絹地紗皮弁服一套
大紅素皮弁服一件
素白中單一件
纁色素前後裳一件

纁色素蔽膝一件 玉鈎全

纁色粧花錦綬一件 金鈎玉玎璫全

紅白素大帶一條

大紅素紵絲舄一雙 襪全

丹礬紅平羅銷金夾包袱四條

紵絲二疋

黑緑花一疋

深青素一疋

羅二疋

黒緑一疋

青素一疋

白氎絲布十疋

妃

紵絲二疋

黑綠花一疋

深青素一疋

羅二疋

黑綠一疋

青素一疋

白氁絲布十疋

廣運

嘉靖十一年八月十七日

之寶

諭祭文

維嘉靖十一年歲次壬辰　月

朔　日

皇帝遣正使吏科左給事中陳侃副

使行人司行人高澄

諭祭琉球國中山王尚真曰惟王嗣

守海邦四十餘載敬

天事上誠恪不渝宜永壽年爲朕藩

屏胡爲遘疾遽爾告終訃音來聞

良用悼惜遣官

諭祭特示殊恩靈其有知尚克歆服

祭品

牛一隻　豬一口

羊一羫　饅頭五分

粉湯五分　蜂糖糕一盤
象眼糕一盤　高頂茶食一盤
饗糖五箇　酥餅酥錠各四箇
纏碗五箇　降真香一炷
燭一對重一斤　焚祝紙一百張
酒二瓶

使事紀畧

嘉靖丙戌冬琉球國中山王尚真薨越戊子世

子尚清表

請襲封下禮部議禮部恐其以奚齊奪申生也又

恐其以牛易馬也令琉球長史司復覈其實戒

毋誑越辛卯長史蔡瀚等覈諸輿民達于勳戚

同然一辭僉曰尚清乃先王真之冢嗣宜爲世

子有年昔先王辱徼福於

天朝願終惠於義嗣者具文申部宗伯𧼈之越壬辰

春禮部肇上其議

請差二使往封給事中爲正行人爲副侃與澄適
承乏焉爲
命下之日時夏五望也有爲予等深憂者曰海外之
行險可知也
天朝之使遠冒乎險而小國之王坐享其封恐非以
華馭夷之道盍辭之以需其領予等曰
君父之命無所逃於天地之間況我生各有命在天
豈必海外能死人哉領封之說出於他人之口
則爲公議出於予等之口則爲私情何以辭爲
勿聽六月各

賜一品服一襲侃以麒麟潑以白澤俱大紅織金
羅爲表絹爲裏綠羅褡䕶青羅摺子裏亦用絹
使外國必加服者欲其稱國王位賓主也帶以
玉則舊制又各
賜家人口粮四名憫茲遐役優以緝御
恩至渥也八月侃等始治裝戒行行之若是徐徐者
因封琉球舊案禮部失於回禄
請查須賜儀物於
内府各監局彌月而后克明復分造於所司亦難卒
製故弗克行其敢久稽

君命越癸巳五月偑至三山澄亦以六月至閩之三
司諸君承禮部咨文已將過海事宜會裁已定
造船之制訪於耆民得之大小廣狹惟其制價
計二千五百兩有奇予等初欲各具一艘見其
費之廣也而遂不敢無益於國而侈其費財之
蠹也惟舊制以鐵梨木爲舵桿取其堅固厚重
今以輕價索之而艱於得易以他木予等必欲
倍價以購后果得之財固當惜舵乃一船司命
其輕重有不難辨者七月二日定艤艤即船之
底木福州府備祭豕二羊二予等主祭三司諸

君率府縣官亦與陪焉重

王事也定艤之後方鳩舟人僝功矣侃等與衆官時

巡督之十一日遣承差齎本赴京謹

題爲求封事切照嘉靖十一年琉球國世子尚清

奏

表請封

欽蒙差臣等充正副使齎捧

詔勅前往琉球封尚清爲中山王臣等隨即辭

朝前來福建造船船完之日過海行禮所有齎去

詔勅聞弘治正德年間脩撰倫文叙編脩沈壽等曾

差往安南國因彼國欲留
詔勑爲鎮國之寶俱曾題奏
欽依聽其請留臣等思得琉球國襲封事例遠年無
從查考萬一尚清亦如彼國請留
詔勑臣等堅執不從恐拂彼敬奉之心聽其請留又
非臣等所敢專擅如蒙乞
勑禮部查議應否聽其請留庶臣等有所遵守而臨
期不至錯誤矣爲此具本專差承差鄭珂齎捧
謹題請
旨九月承差至京赴通政司投進奉

聖旨禮部看了來說欽此隨該禮部覆題云看得
欽差吏科等衙門左給事中等官陳侃等題稱齎捧
詔勑前往琉球國封世子尚清爲中山王惟恐請留
詔勑乞要查議一節既查有倫文叙等事例合無准
其所奏本部行令各官臨時斟酌如彼國王請
留之意果出誠懇亦宜俯順夷情聽其請留等
因奉
聖旨是欽此十一月承差齎儀制司手本至闕侃等
伏覩
睿旨馭夷以誠敢不祗若

明命是月琉球國進貢船至予等聞之喜閩人不諳
海道方切憂之喜其來得詢其詳翼日又報琉
球國船至乃世子遣長史蔡廷美來迓予等則
又喜其不必詢諸貢者而有爲之前驅者矣長
史進見道世子遣問外又道世子亦慮閩人不
善操舟遣看針通事一員率夷梢善駕舟者三
十人代爲之役則又喜其不必藉諸前驅而有
同舟共濟者矣大賽朋來憂用以懌即此而觀
世子其賢矣乎敬使所以敬
君也敬

君所以保國也懷德畏威邦其求孚于休越甲午三
月舟始畢工其舟之形制與江河間座船不同
座船上下適均出入甚便坐其中者八窓玲瓏
開爽明霽真若浮屋然不覺其爲舟也此則艙
口與船面平官艙亦止高二尺深入其中上下
以梯艱於出入面雖啓牖亦若穴之隙所以然
者海中風濤甚巨高則衝低則避也故前後艙
外猶護以遮波板高四尺許雖不雅於觀美而
實可以濟險因地異制造作之巧也長一十五
丈濶二丈六尺深一丈三尺分爲二十三艙前

後竪以五桅大桅長七丈二尺圍六尺五寸餘
者以次而短舟後作黄屋二層上安
詔勑尊君命也中供天妃順民心也舟之器具舵用
四副用其一置其三防不虞也櫓用三十六枝
風微逆或求以人力勝備急用也大鐵猫四約
重五千斤大棕繚八每條圍尺許長百丈惟舟
大故運舟者不可得而小也小艓船二不用則
載以行用則藉以登岸也水十四櫃海中惟艹
泉爲難得勺水不以惠人多備以防久泊也通
船以紅布爲圍幔五色旗大小三十餘面刀鎗

弓箭之類多多益辦佛郎機亦設二架凡可以
資戎事者靡不周具所以壯國威而寒外醜之
膽也二十五日出塢塢即造舟之所亦設祭如
定艤之時其間若竪桅若浮水若治繚皆有祭
行祭禮皆如初靡神不舉靡愛斯牲者
王事孔艱利涉大川祈也四月十八日舟先發於南
臺南臺距海百餘里大舟畏淺必潮平而后行
日行數里故先之駕舟民稍用一百四十人有
奇護送軍用一百人通事引禮醫生識字各色
匠役亦一百餘人官三員千戶一員百戶二員

官各給銀十二两爲衣裝費餘各給工食銀五
两三錢五分舊時用四百餘人今革其十分之
一從約也舊例猶有金銀九十餘器金廂帶四
條備二使過海之用福州府造冊開報回文與
之云職等素守清約無事華侈茶鍾酒盞用銀
飾者相應備辦銀酒素銀撒盞銀節盂金廂帶
皆不必用錐舊有成案似宜遵奉但裁而行之
存乎其人毋得妄歛妄費以汚職等名節造完
之日令首領官一員齎領前去回還之日照數
給領若此者貞行也非以要譽也二十六日予

等啓行三司諸君送至南臺𩿇肉于几釃酒于
尊爵三行予等起謝曰曩時海國之役必數年
而始克竣事聞之舟不易成也今未及朞月而
有航海之期誰之功也敢不再拜諸君皆歌烝
民之詩以贈亦再拜遂别是晚宿于舟中翼日
至長樂長史舟亦隨行中途爲淺所傷臭厥載
具狀伏於堦下求爲之援予等欲藉其爲前驅
即日將行事已亟不可辭判詞於提舉司令中
海道假環海衛所禦寇之舟暫遣其歸此固爲
趙亦爲楚意也適分守海道都閫諸君繼至海

道亦以
王事爲亟遂遣之五月朔予等至广石大舟亦始至
二日祭海登舟守巡諸君設宴爲餞是日北風
大作晝昏如夕舟人皆疑予等亦有懼心有愛
之者勸遲遲其行遲而得已於行姑少待焉可
也終不能已遲之何益今人既集矣渙之恐難
卒萃舟不速行器具易窳有司費已侈緩則更
倍之遂別諸君慨然登舟連日風逆五日始發
舟不越數舍而止海角尚淺至八日出海口方
一望汪洋矣風順而微波濤亦不洶湧舟不動

而移與夷舟相為先後出艙觀之四顧廓然茫
無山際惟天光與水光相接耳雲物變幻無窮
日月出沒可駭誠一奇觀也雖若可樂終不能
釋然於懷九日隱隱見一小山乃小琉球也十
日南風甚迅舟行如飛然順流而下亦不甚動
過平嘉山過釣魚嶼過黃毛嶼過赤嶼目不暇
接一晝夜兼三日之程夷舟帆小不能及相失
在後十一日夕見古米山乃屬琉球者夷人鼓
舞于舟喜達于家夜行徹曉風轉而東進寸退
尺失其故處又竟一日始至其山有夷人駕小

舠來問夷通事與之語而去十三日風少助順
即抵其國奈何又轉而北逆不可行欲泊於山
麓險石亂伏於下謹避之遠不敢近舟蕩不寧
長年執舵甚堅與風爲敵不能進不能遂上下
於此山之側然風不甚厲浪亦未及於舟人尚
未懼相持至十四日夕舟剌剌有聲若有分崩
之勢大桅原非一木以五小木攢之束以鐵環
孤高衝風搖撼不可當環斷其一衆恐其遂折
也驚駭叫囂亟以釘鉗之聲少息原舟用釘不
足艌麻不密板聯不固罅縫皆開以數十人轆

轤引水水不能止衆曰不可支矣齊呼天妃而
號翦髮以設誓予等不能禁徹夜不寐坐以待
旦忽一家人匍匐入艙抱予足口噤不能言良
久方云速求神佑船已壞矣予等聞此心戰神
怖無可柰何嘆曰各抱

詔勑以終吾事餘非所計也於此將焉求之而又將
焉逃之是時惟長年數人色不少動但云風不
足懼速求鋛縫而塞之可保無虞衆亦知其然
舟蕩甚足不能立心悸目眩何鋛之求於是有
倡議者曰風逆則蕩順則安盍回以從順人心

必寧衣袽有備尚可圖也有一人執舵而云海以山爲路一失此山將無所歸漂於他國未可知也漂於落漈未可知也守此尚可以生失此恐無以救夷通事從旁贊之予等亦知其言有據但衆股慄啼號不止姑從衆以紓其懼彼亦勉強從之旋轉之后舟果不蕩執燭尋鍼皆塞之固水不能入衆心遂定覔午風自南來舟不可往又從而北始悔不必待也計十六日旦當見古米山至期四望惟水杳無所見執舵者曰今將何歸衆始服其先見徬徨躑躅無如之何

予等亦憂之亟令人上桅以覘云遠見一山巔

微露若有小山伏於其旁詢之夷人乃曰此熟

壁山也亦本國所屬但過本國三百里至此可

以無憂若更從而東即日本矣申刻果至其地

泊焉十八日世子遣法司官一員來具牛羊酒

米瓜菜之物爲從者犒亦有酒菓奉予等通事

致詞曰

天使遠臨世子不勝訢踊聞風伯爲從者驚世子益

不自安欲躬自遠迓國事不能暫離謹遣小臣

具菜菓將問安之敬予等愛其詞雅受之時予

之舟已過王所之東欲得東風爲順夏月誠不
易得世子復遣夷衆四千人駕小舟四十艘欲
以大纜引予之舟通事乃曰海中變出不測豈
宜久淹從者世子不遑寢食謹遣衆役挽舟以
行敢告船分左右各維一纜逶邐而行若常山
蛇勢亦一奇觀也一晝夜亦行百餘里十九日
風逆甚不可以人力勝遂泊於移山之奥法司
官率夷衆環舟而宿未嘗敢離左右泊至五日
予衆苦之在舟日久欝隆成疾求登岸以避之
而不可得泣訴於予予曰乗桴浮海子路喜之

未知浮海之險若此也人至四千力亦衆矣不能挽一舟以行虎賁三千猶足以成武功孰謂浮海爲易耶二十三日世子復遣王親一員盖以數舟而來風亦微息始克行法司官左右巡督鼓以作氣自夕達旦衆亦勇於用力無少懈至二十四日猶未克到世子復遣長史來曰世子聞至移山刻期拱俟六日不啻中心孔棘恐爲從者憂謹遣小臣奉慰予等謝之二十五日方達泊舟之所名曰那覇港計六石登舟至此幾一月矣予二人局於一艙不便出入暑氣

薰蒸脾胃受疾寢食弗安兼以風濤之險日驚
于心得保殘喘以終
王事嗚呼艱哉是日登岸岸上翼然有亭扁曰迎恩
世子遣衆官大小百餘員隨
龍亭候於亭下予等捧
詔勑安於龍亭衆官行五拜三叩頭禮前行導引至
天使舘舘距港約五里不移時而至
龍亭安於中堂衆官復行禮如初進見予等亦行禮
而退予等呼長史問曰世子不迎
詔勑何也對曰洪武禮制凡

詔勅至國世子候於國門之外數代相承不敢違制

以行予等曰守制國之經也臣之良也大以字

小惟信之懷敢惟一已是使而裂信毀制乎聽

之然世子雖不至館館中皆官正蒞事禮無不

肅用無不周下逮從人各有寢舍時給廩餼亦

使之安每三日遣大臣一員問安具酒二壺菓

合二架酌酒於斗跪而言曰世子念

天使舍崇麗而卑痺是就恐不能安朝夕令小臣問

候起居予受其酒乃曰賓至如歸不惟其物惟

其誠世子誠矣胡弗安之有飲畢復獻牛羊菜

菓初皆麾之后見其意勤懇間亦或受每一饋予等亦遍及於從人無弗均六月哉生明報長史舟至北山又越五日始抵國較之予舟浹旬之隔詢之乃知桅折帆傾非夷衆之熟於操舟幾何而不飫魚腹也越既望行祭王禮王墓不知所在有寢廟一所在國門外即於廟祭焉封其生者而又祭其薨者厚也所以勸天下之忠也祭先於封者尊也所以勸天下之孝也忠孝之道行於四夷胡越其一家矣祭品皆

欽定之數牲牷維腯酒醴維醹罔敢弗潔先迎至廟

侯設定启用

龍亭迎

諭祭文𠂤等隨行將至廟世子素衣黑帶候於門外

感乎其容儼然若在憂服之中𠂤等拱而入至

寢廟神主居東西向𠂤等居西東向

龍亭居中南向世子居南北向宣

諭祭文畢世子出露臺北面謝

恩進與𠂤等交拜揖至中堂𠂤等南向坐定世子令

長史致詞曰清蜗處海角辱玉趾遠臨當匍匐

奔迓有制不敢違越徒懷慚竦今又辱貴及先

人幽明倍感敬具清酤二卣以獻左右聊用合
歡其敢曰休享于等曰
朝廷之制臣子所當共守而弗斁焉者也人敬爲善
誰不如我敢奪人之守乎賓主初覿良用合歡
玄堂在邇恐非其時敢辭世子又曰我有嘉賓
鼓瑟吹笙吹笙鼓簧承筐是將禮也斯可以燕
樂嘉賓之心今皆無之正以此耳幸毋辭于等
愛其言敬不踰制忠也樂不忘親孝也忠孝之
人可以言禮諾之酒數行皆親獻禮儀卒度罔
弗恭坐少頃別隨遣法司官同長史至館致世

子詞曰今日勞從者爲先人寵光小國無以爲

獻㦲具黃金拾两爲壽于等評曰世子知道而

亦以此况我乎令持去不從作書與之曰君子

交際之間有禮焉有義焉禮以將敬義以揆物

賔主各欵自盡而已今日之舉

君命是將敬共

王事乃其職也欵我以華筵亦云厚矣而又惠我以

褢蹄不已過乎在賢世子行之固爲盡禮在侃

等受之則爲非義授受之間天理人欲判焉辨

之明而守之固敢自欺乎辭不更贅惠無再貽

世子果知禮義者得是書不復冊饋祀事畢越

七月二日封王是日黎明世子令衆官候於館

門之外導引

詔勑之國國門距館路三十里介在山海之間險側

高卑不齊不能如詆如矢將至國五里外有牌

坊一座扁曰中山自此以往路皆平坦可容九

軌旁壘石墻亦若百雉之制世子候於此

龍亭至行五拜三叩頭禮導之國門門曰歡會門內

逶迤數步即王之宮宮門三層層有數級之堦

至正殿巍然在山之巔設

龍亭于正中行大
封拜禮國王升降進退舞蹈祝呼肅然如式先期五
日長史已請儀注習之孰矣禮畢揖予等至別
殿復行見禮衆官亦拜見如初王暫退出臨群
臣是日維艮受
天子新命與一國正始群臣但四拜爲賀臣之尊者
親者捧觴爲壽夷俗以此爲敬君臣之間亦行
之朝罷別殿設宴金鼓笙簫之樂翕然齊鳴王
奉酒勸坐酒清而烈來自暹羅者比之麯米春
醲人更不須一盞予等但嘗之而已籩豆之實

備水陸之珍膷臐膮炙之膳既旨且多然不能
自製也皆假予等所帶庖人爲之蓋夷俗篩地
而坐無燕享醵會之事不知烹調和劑之味故
假以文其陋耳獻酬交錯至晡而止予等令儀
從迎
詔勑至館王再拜曰小國無以爲寶璽書以爲寶
先朝詔勑藏之金匱已入葉于茲矣今辱賁臨幸留
鎮國不爾予小子自底不類爲先人羞予等見
其詞意雖誠猶未信也令啓其金匱之藏以驗
其留否之實長史數臣各捧一道而來

奎壁輝映絢彩一堂遂許留之王喜甚重拜而别予

等至館王親一員同長史來饋禮物厲色麾之

長跪不起不得已姑取扇布二物以荅其誠餘

不之受復與一書曰士君子立身大節不過禮

義二者前書備布想已知之賢王亦知

朝廷之大法乎今

聖天子御極議禮制度萬物維新群工濟濟皆秉羔

羊之節晋如鼫鼠者愁如摧如而已侃等叨居

近侍萬里啣

命正欲播

君德於無疆守臣節於不辱爲
天朝增重乃敢自冐非義以貽淵㝠之譏耶與者受
者其戾一也欲罄清議其罪不恭王見書令長
史來言曰
聖天子威德被海外清聞之常覰覰不自安唯恐不
道爲
聖朝棄況
天使之陟降
左右者乎敬君之心華夷無二昨聞高論敢犯
朝箴廿二日復設宴名曰拂塵使琉球與使他國不

同安南朝鮮之使開讀

詔勑之後使事畢矣陸路可行已事遄返不過信宿

琉球在海外候北風而後可歸非可以人力勝

者日久不免會多會多不無情褻勢所必至也

踽踽凉凉豈能一日安耶是宴之設籩豆尚楚

而方物不復陳矣但令四夷童歌夷曲為夷舞

以侑其觴傴僂曲折亦足以觀舞罷令世子介

子執弟子禮奉酒三舉將行復躬捧玉盃乃

武宗所賜者引滿勸白辭以不善飲一酌而止越二

十五日之夕颶風暴雨倏忽而至茅舍皆席捲

予館亦兀兀不安寢不能寐起坐中堂門牖四
壁蕩然無存因念港口之舟恐不及繫遣人視
之僉曰昏黑不辨牛馬而岐路安可分盍待之
風雨果惡亦不可強質明而往王巳差法司官
率夷人數百守於舟側矣詢之舟人乃夜半時
至也法司亦夷官之尊者路且遥不避而來予
因嘆曰華夏之人風雨晦冥之夕塞向閉戶以
避之猶恐未安衝風冒雨而行者必其骨肉顛
沛而不容巳孰能視他事如家事而艱險不辭
者乎夷之君臣其亦可感也夫八月中秋節夷

俗亦知爲美請賞之因得徧遊諸寺寺在王宮
左右不得輕易往來有曰天界寺有曰圓覺寺
此最鉅者餘小寺不暇記二寺山門殿宇弘敞
壯麗亞於王宮正殿五間中供佛像一座左右
皆藏經數千卷夷俗尚佛故致之多上覆以板
繪以五彩下用席數重清潔不可容履殿外亦
鑿小池甃以帷石池上雜植花卉有鳳尾蕉一
本樹似棕而葉似鳳尾四時不改柯易葉此諸
夏所無者徜徉良久塵慮豁然但僧皆鄙俗不
可與語亦不敢見然亦知烹茶之法設古鼎於

几上煎水将沸用茶末一匙於鍾以湯沃之以
竹刷瀹之少頃奉飲其味甚清是日王因神降
送迎無暇遣王親侍遊至未刻邀坐宴不甚豐
而情意則欵洽矣諸從人皆召至堦下令通事
勸飲旅進旅退各以班序至醉而止向夕回館
月明如晝海光映白松影篩青令輿人緩步徐
行縱目所適心曠神怡樂兹良遇忘其身之在
海外也二十三日王始至館相訪令長史致詞
曰清欲謁左右久矣因日本人寓兹狡焉不可
測其衷俟其出境而後行非敢慢也予等但應

曰已知之矣海外之國唯彼獨尊深居簡出乃
其習也井底之蛙豈可與語天日之高明哉亦
具殽核留坐移時別去二十九日請餞行陳席
於水亭中觀龍舟之戲舟之制與運舟之法皆
效華人亦知奪標以爲樂但運舟者俱小吏與
大臣子弟也各簪金花具彩服雖濡於水而不
顧以示誇耀之意越九月七日復請餞予等訏
其煩也深拒之懇之再三而後行至則見其席
之所列皆非昔比山蔬海錯糗餌粉飿雜陳於
前者製造精潔味甚芳旨但止數品不能如昔

之豐詢之左右乃知前此之設皆假諸閭人此
則宮中妃嬪親製以表獻芹之敬耳臨行長史
捧黃金四十兩王乃言曰送贐之禮振古有之
非清敢自褻其母辭予等曰於義可受軻氏受
薛之餽不以爲嫌但予等以
君命來受此而歸是以
君命貨之也惡乎敢王愕然曰
天使言必稱
君動必比義清知過矣遂不敢强復手持泥金倭扇
二柄乃曰

天使遠來賜請以弁服即清之師也此別不復再會
揮此或可以繫一念耳予等憫其情受之各荅
以所持川扇彼喜不自勝再拜而別十二日登
舟官民送者如蟻皆以漢官威儀不可復覩至
有泣下而不忍去者亦足以見夷人天性之良
莫不羨衣冠文物之美拘于法而不得入是可
哀也泊舟之港出海僅一里中有九曲夾岸皆
石惟滅風而後可行坐守六日王日使人侍於
其側且致慰詞仍遣看針通事一員夷稍數人
護送又遣王親長史等官駕昔日所假之舟進

表謝
恩十八日風少息挽舟而出亦斜倚於岸衆恐其傷
于石大驚幸前月親督脩艌不爲所傷復止二
十日始克開洋夷舟同行二十一日夜颶風陡
作舟蕩不息大桅原以五木攢者竟折去須臾
舵葉亦壞幸以鐵梨木爲柄得獨存舟之所恃
以爲命者桅與舵也當此時舟人哭聲震天予
輩亦自知决無生理相顧嘆曰天命果如此以
計免者得之矣孤死尚正首丘嗚呼孤之不能
君也舟人無所庸力但大呼天妃求救予等爲

軍民請命亦叩首無巳果有紅光燭舟舟人相
報曰天妃至矣吾輩可以生矣舟果少寧翼日
風如故尚不敢易舵衆皆廢寢食以待斃不復
肯入艙上水同行夷舟遂相失不知所往二十
三日黑雲蔽天風又將作有欲易舵者曰舵無
尾不能運舟風弱猶可以持烈則不可救有不
欲易者曰當此風濤去其舊而不得安其新將
奈何衆不能决請命於予等予等曰風濤中易
舵静則可以生動則可以死中心惶惑亦不能
决令其請珓於天妃乃得吉兆衆遂躍然起舵

舵柄甚重約有二千餘斤平時百人舉之而不
足是時數十人舉之而有餘兼之風恬浪止倏
忽而定定後風浪復厲神明之助不可誣也舵
既易衆始有喜色二十六日忽有一蝶飛繞於
舟僉曰山將近矣有疑者曰蝶質甚微在樊圃
中飛不過百步安能遠涉滄溟此殆非蝶也神
也或將有變速令舟人備之復有一黃雀立於
桅上雀亦蝶之類也令以米飼之馴馴啄盡而
去是夕果疾風迅發白浪拍天巨艦如山漂蕩
僅如一葉稍後距水不下數丈而水竟過之長

年持舵者衣盡濕則艙中受水又可知也風聲
如雷而水聲助之真不忍聞舟一斜側流汗如
雨予等懼甚衣服冠而坐欲求速溺以紓其懼
又相與歎曰
聖天子威德被海内外百神皆爲之效職天妃獨不
救我輩乎當此風濤中而能保我數百民命真
爲奇功矣當爲之立碑當爲之奏聞于
上言訖風若少緩舟行如飛徹曉已見閩之山矣舟
人皆踊躍鼓舞以爲再生稽首於天妃之前者
若崩厥角也二十八日至定海所十月初二日

入城痛定思痛不覺傷感凡接士大夫叙其所
以無不為之慶幸區區二人何德獲此實荷
聖天子威福以致神明之佑不偶然也今越旬日同
行之舟尚未至或不免漂溺之患焉嗚呼危哉
嗚呼危哉予因是而有所感浮海以舟駕舟以
人二者濟險之要務也今官府造作什器官之
尊者視為末務而不屑於查理官之卑者視為
奇貨而惟巧於侵欺以故種種皆不如法不久
即壞房舍器用之物壞則可脩猶未甚害惟舟
之壞即有覆溺之患雖有般師在舟亦無及矣

前之所云古米山之險其明效也后之使海外者軍官不必三員隨行先擇有司賢者二員委其造舟舟完令其同行彼軀命所關督造必不苟且萬一藩臬不從以之請於

上命可也從予駕舟者閩縣河口之民約十之八因夷人駐泊於其地相與情稔欲往爲貿易耳然皆不知操舟之術上文所云長年數人乃漳州人也漳人以海爲生童而習之至老不休風濤之驚見慣渾閑事耳其次如福清如長樂如鎮東如定海如梅花所者亦皆可用人各有能有

不能唯用人者擇之果得其人猶可必省一二
此貴精不貴多之意也一則可以節
國之費一則可以衛衆之生故不惜辭之煩爲右
使者忠告

群書質異

大明一統志

琉球國在福建泉州之東海島中其

朝貢由福建以達于

京師國之沿革未詳漢魏以來不通中華隋大業

中令羽騎尉朱寬訪求異俗始至其國語言不

通掠一人以返後遣武賁郎將陳稜率兵至其

國虜男女五百人還唐宋時未嘗朝貢元遣使

招諭之不從

本朝洪武中其國分為三曰中山王山南王山北

王皆遣使

朝貢嗣是惟中山王來朝其二山盖爲所併矣

風俗男子去髭鬚婦人以墨黥手爲龍虎文皆

紵繩纏髮從頂後盤至額男以鳥羽爲冠裝以

珠玉赤毛婦以羅紋白布爲帽織闘鏤皮幷雜

毛爲衣以螺爲飾而下垂小貝其聲如佩無君

臣上下之節拜伏之禮父子同床而寢婦人産

乳必食子衣食用手無匙筯得異物先進尊者

死者浴其屍以布帛纏之裹以葦草上不起墳

無他奇貨尤好摽掠故商賈不通不駕舟楫惟

縛竹爲筏急則群舁之泅水而逃偕事山海之
神祭以殺酒戰鬭殺人即以所殺人祭其神王
所居壁下多聚髑髏以爲佳所居曰波羅檀洞
塹柵三重環以流水樹棘爲藩殿宇多刻禽獸
無賦斂有事則均稅無文字不知節朔視月盈
虧以知時視草榮枯以計歲
山川黿鼊嶼在國西水行一日高華嶼在國西
水行三日彭湖島在國西水行五日落漈水至
彭湖漸低近琉球謂之落漈漈者水趨下不回
也九兩岸漁舟至彭湖遇颶風作漂流落漈回

者百無一二

土產閗鏤樹硫黃胡椒熊羆豺狼

按琉球國在泉州之東自福州視之則在東北

是以去必孟夏而來必季秋乘風便也國無典

籍其沿革不能詳然隋兵刼之而不服元使招

之而不從我

太祖之有天下也不加兵不遣使首効歸附其忠順

之心無以異於越裳氏矣故特

賜以閩人之善操舟者三十有六姓焉使之便往

來時朝貢亦作指南車之意焉耳在昔其國三

分今中山併而爲一者得非沃强晋弱之故歟

風俗男子不去髭亦不羽冠但結髻於首之右

凡有職者簪一金簪漢人之裔髻則結於首之

中俱以色布纏其首黄者貴紅者次之青緑者

又次之白斯下矣王首亦纏錦帕衣則大袖寬

博製如道服然腰束大帶亦各如纏首之布之

色辨貴賤也足則無貴賤皆着草履入室宇則

脱之一則籍地而坐恐塵污一則以跣足爲敬

故王見神臣見王及賓主相見皆若是也唯接

見余等則加冠具服履揖遜之間每見其疾首

蹙額盖帶勝其束縛之勞矣婦人真以墨點手
爲花草鳥獸之形而首足亙無飾髻如童子之
角總於後而簪珥不加不知足而爲之屨男女
皆可用也第富室則以蘇蓆藉屨底必加皮縁
即爲美觀上衣之外更用幅如帷蒙之背上見
人則以手下之而蔽其面下裳如裙而倍其幅
稍細而制長覆其足也其貴家大族之妻出入
則戴簦笠坐於馬上女僕三四從之俱無布帽
毛衣螺佩之飾亦無産乳必食子衣之事也其
君臣之分雖非華夏之嚴而上下之節亦有等

糾之辦王之下則王親尊而不與政也次法司官次察度官司刑名也次那覇港官司錢穀也次耳目之官司訪問也此皆士官而爲武職者也若大夫長史通事等官則專司朝貢之事設有定員而爲文職者也王弁日而視朝自朝至於日中昃凡三次陪臣見之皆搓手膜拜尊者親者則延至殿内賜坐賜酒其卑疏者則移時長跪于階下焉凡遇元旦

聖節長至日王率衆官具冠服設

龍亭行拜

祝禮蓋久漸文教非復曩者之陋矣父之於子少
雖同寢及長而有室則異居食亦用匙筯得異
味先進尊者及子爲親喪數月不肉食亦其俗
之可嘉死者以中元前後日溪水浴其屍去其
腐肉收其骸骨以布帛纏之裹以藁草襯土而
殯上不起墳若王及陪臣之家則以骸匣藏於
山穴中仍以木板爲小牖戶歲時祭掃則啓鑰
視之蓋恐木朽而骨暴露也地無貨殖是以商
賈不通若以爲防摽掠則其國小法嚴凡有竊
物者即加以劓刵之刑人誰敢犯朝貢往來俱

乘大航海邉漁塩亦泛小艇未嘗不駕舟楫而
縛竹爲筏也俗畏神神皆以婦人爲尸凡經二
夫者則不之尸矣王府有事則哨聚而來王率
世子及陪臣皆頓首百拜所以然者以國人凡
欲謀爲不善神即夜以告王王就擒之聞昔倭
寇有欲謀害中山王者神即禁錮其舟易而水
爲塩易而米爲沙尋就戮矣惟其守護斯土是
以國王敬之而國人畏之也尸婦名女君首從
動經三五百人各戴草圈攜樹枝有乘騎者有
徒行者入王宫中以遊戯一唱百和聲音哀慘

來去不時唯那霸港等處不至以此多不良者
家蕪有漢人故也閩人爲王倩作宴者身親見
之且傳聞封王日必見天使是日不來此則真
有而殺人祭神則非也王之宮室建於山巔國
門扁曰歡會府門扁曰漏刻殿門扁曰奉神四
圍皆石壁無有波羅檀洞之名亦無聚髏爲隹
之說也門外有石砌砌下有小池泉自石龍口
中噴出名曰瑞泉王府汲之供飲食取其甘潔
也道路坦夷曾不設塹樹棘以爲險殿宇朴素
亦不雕禽刻獸以爲奇至於賦斂則寓古人井

田之遺法但名義未詳備王及臣民各分土以
爲祿食上下不交征有事如昨封王所用布帛
粟米力役之征則暫取諸民而不常也雖無經
生卜士之流然亦諳漢字奉正朔豈至視月盈
虧以知時視草榮枯以計歲哉
山川則南有太平山西有古米山馬齒山北有
硫黄山熱壁山灰堆山移山七島山葢不止黿
鼊等嶼彭湖等島而已落漈不知所在殆遠去
琉球而非經過之處也昨見古米山水急礁多
聞舟有至此而敗者亦不亞於落漈之險矣

土產無鬭鏤樹亦無胡椒硫黃雖產自北山而
取之亦甚艱無熊羆豺狼虎豹等猛獸是以多
野馬牛豕價廉甚每一值銀二三錢而已牲雖
賤人有終歲不獲食者貧約故也凡殺牲不血
刃但以水溺之而火其毛不畜犬亦鮮鵞鴨鶯
燕鸛鶻之族俱無鳥唯烏鴉麻雀而已有蛇蝎
蝎亦螫人蛇則不為害閩前使遭蛇恠之驚無
是事也穀則有稻秫稷麥菽蔬則有瓜茄薑蒜
葱韭等品果則有芭蕉甘蔗石榴橘柿之類人
言冬瓜可以解渴其蔗巨如盌形皆非也至於

壁間有虫形如中國之蝎虎者聲噪如雀則𡧍
異焉

贏虫録

琉球當建安之東水行五百里土多山峒峒有
小王各爲部隊而不相救援

國朝進貢不時王子及陪臣之子皆入太學讀書
禮待甚厚

按福州梅花所開洋順風七晝夜始可至琉球
以水程計之殆將萬里矣若夫建安則建寧屬
邑也又在福州之西北而云水行五百里不知

自何洋以發舟而若是乎其近易耶琉球固多
山而崆峒則必王之子弟雖出分各山而未嘗
不聽徵調如叅王封王等日則各率所部戎服
而列伍以防衛則其有事而相爲救援可知矣

歸附

國家之初朝貢固無定期今毎二年而一舉至於
令子姪入太學僅於洪武二十二年而創見之
嗣是唯遣陪臣之子進監讀書大司成教以誦
詩學禮處以觀光之館夏葛而冬裘朝饔而夕
飧禮待不亦厚乎邇如蔡廷美鄭賦梁梓蔡瀚

等皆俊秀可教曾北學中國授業名儒今皆補為長史都通事等官進見之時儀不忒而言有章未必不自讀書中來也其他則苦禮法之拘衣冠之縛矣

星槎勝覽

琉球國山形抱合而生一曰翠麗一曰大崎一曰斧頭一曰重曼高聳叢林田沃穀盛氣候常熱酋長遵理不科民下釀甘蔗為酒煮海為塩能習讀中國書好古畫銅器作詩效唐體地產

沙金黃蠟

按琉球國之山形雖南北一帶而生不甚抱合亦無峯麗等四山之名且形勢卑小不高聳林木樸樕不茂密厥田沙礫不肥饒是以五穀雖生而不見其繁碩也氣候不常熱雨過即涼秋冬亦雨霜雪其地近北故也政令簡便各食分土故曰酋長遵理不科民下造酒則以水漬米越宿令婦人口嚼手槎取汁爲之名曰米奇非甘蔗所釀亦非美姬含米所製其南番酒則出自暹羅釀如中國之露酒也陪臣子弟與凡民之俊秀者則令習讀中國書以儲他日長史通

事之用其餘但從倭僧學書番字而已古畫銅器
非其所好其所好者唯鐵器綿布焉盖其地不産
鐵土不植綿故民間炊爨多用螺殼紅女織絍惟
事麻縷如欲以釜甑爨以鐵耕者必易自王府
而後敢用之否則犯禁而有罪焉至於作詩則
弄文墨參禪乗者間亦能之而未必唐體之效
矣地不産金亦無黄蠟及玻璃等物通國貿易
惟用日本所鑄銅錢薄小無文每十折一每貫
折百殆如宋季之鵝眼綖貫錢也曾聞其國用
海巴今弗用矣然與其用是錢孰若用海巴之

猶泧於貝哉

集事淵海

琉球與泉州之島曰彭湖者煙火相望其人驍
健以刀稍矢劍鼓爲兵器旁有毗舍那國語言
不通袒裸盱雎殆非人類

按地之相去近則可望遠則視之而弗見也琉
球去彭湖不下數千里山川出雲蜃氣作霧則
光景且伏矣煙火可得而相望乎閩中士夫常
曰霽日登鼓山可望琉球蓋所望者小琉球也
若大琉球則雖離婁之目亦豈能明見萬里之

遠哉若曰其人驍健則誠是也蓋生有膂力耐飢渴勞苦熱壁撓舟之時雖終日不食終夜不寢而亦未嘗告病匪直賤者若是雖酋長之貴亦慣勤動大風暴雨雖夜必興相與徒行露立於港邊以防舟之漂蕩焉而寒濕不能使之疾也國無醫藥民亦不夭札或壯或老始生痘瘮地雖卑濕而不見有疲癃殘疾之人是豈盡出於稟賦哉亦由其薄滋味寡嗜慾元氣固而腠理密也第人尚忿爭有不平即以刃殺人度不免亦剖腹自斃所用兵器如刀劍弓矢之類亦

嚴利勁直弓稍長如握櫓射則樹於地而兩手
彎之矢可至二百步許盔甲製以皮革進退節
以金鼓鄰國目爲勍敵焉其國西南則暹羅東
北則日本閩東隅有人鳥語鬼形不相往來豈
即所謂毗舍那國耶

杜氏通典

琉球國王姓歡斯氏名渴剌兜土人呼之爲可
老羊妻曰多抜茶居舍大十有六間王乗木獸
令左右輿之凡宴會執酒者必得呼名而後飲
上王酒者亦呼王名然後啣杯共酌歌呼蹋蹄

音頗哀怨扶女子上膊摇手而舞又曰民間門
户必安獸頭
按琉球國嗣王姓尚氏名清父名眞祖名圓自
上世以來皆命名以漢字妃皆選自民間女子
充之土人稱王曰敖那稱妃曰札喇無可老羊
弁多按茶之稱也至於陪臣則無姓氏但以先
世及已所轄之地爲姓名如王親孔加迷益器
法司官寧佑安册也皆地名也若大夫金良長
史蔡瀚蔡廷美都通事鄭賦梁梓林盛等凡有
姓者皆出自

欽賜三十六姓者之後裔焉王之居舍向南者七間
向西者七間以南者舊制不利於風水反以西
者爲正殿閣二層上爲寢室中爲朝堂未與臣
下坐立凡閣門俱五色土珠爲簾櫳中三間畧
加金碧傍有側樓亦有平屋皆以板代瓦廡不
遠地而階亦近除僅如中國公侯之宅無越制
也王出入乘肩輿非木獸以十六人扛之傘盖
用五色從者數百人鼓吹導前戈矛擁後仍以
土珠小團扇四柄貼金葫蘆一對爲儀衛不知
何所取義焉宴會不時禮亦簡朴陪臣遇吉每

稱觴以壽王王亦與之坐而共飲但不至於呼名也樂用絃歌音頗哀怨嘗譯其曲有人老不少年之句亦及時爲樂之意如唐風之山有樞也更以童子四人手擊柝而足婆娑以爲舞焉所謂蹋蹄之歌女子之戲皆非也大抵琉球俗朴而忠民貧而儉富室貴家僅有瓦屋二三間其餘則茅茨土堦不勝風雨飄揺之患人不善陶雖王屋亦無獸頭况民間乎傳者訛矣

使職要務

洪武永樂時出使琉球等國者給事中行人各

一員假以王帶蟒衣極品服色預於臨海之處
經年造二鉅舟中有艙數區貯以器用若干又
藏棺二副棺前刻天朝使臣之柩上釘銀牌若
干兩倘有風波之惡知其不免則請使臣仰臥
其中以鐵釘錮之舟覆而任其漂泊也庶人見
之取其銀物而棄其柩于山崖俟後使者因便
載歸迺著鑒泊沒之禍奏
准待藩王繼立遣陪臣入貢丐封乃
命使臣齎
詔勑駐海濱以賜之此得華夷安危之道雖萬世守

之可也

按我

朝封錫藩王之制如安南朝鮮則遣編脩給事中

等官爲使占城琉球則遣給事中行人等官爲

使各給以麒麟白澤公侯伯駙馬之服

恩榮極矣故感激圖報之下往往有人且安南朝鮮

固陸路可通矣若占城及琉球則海邦也必於

廣東福建臨海之處經年造二鉅舟以涉大川

余等以一舟所費已及二千五百兩有奇若人

各一舟非唯倍其費抑亦不克共濟矣故止造

一舟至於藏棺釘牌之事原無此例縱有之亦
無益也故令有司不設備焉大抵航海之行亦
危矣凡親愛者爲之慮靡不周有教之以舟傍
設桴如羽翼者有教之以造水帶者有教之以
多備小舠者殊不知滄溟萬里風波莫測凡此
舉不足恃也所恃者唯

朝廷之威福與鬼神之陰騭焉耳乃若領封之說
則肇自前使占城者正副畏難不肯航海以畢
事曠日持久渠國不獲已而領自海濱非
俞旨也嘗稽古諸侯凡嗣立俱以士服入見

天子而後受封今之四夷即古荒服諸侯也雖不克

入覲

天王俾其於海濵領封亦無不可蓋中國尊而當安

外夷賤而當危也豈直省不貲之費而已哉經

國者爲之建白可也

大明會典

琉球自洪武年間其中山王山南王山北王皆

遣使奉

表箋貢馬及方物洪武十六年

賜國王鍍金銀印并文綺等物山南王亦如之後

賜中山王山南王山北王紵絲紗羅冠服王妃紵絲

紗羅王姪王相寨官絹公服永樂以來國王嗣

立皆請

命冊封自是惟中山王來每二年

朝貢一次每船一百人多不過百五十人

貢物

馬　硫黄　蘇木　胡椒　螺殼

海巴　生紅銅　牛皮　櫂子扇　刀

錫　瑪瑙　磨刀石　烏木　降香

木香

按琉球貢物唯馬及硫黃螺殼海巴牛皮磨刀

石乃其土產至於蘇木胡椒等物皆經歲易自

暹羅日本者所謂櫂子扇即倭扇也蓋任土作

貢宜其惟正之供而遠取諸物亦其獻琛之敬

則夫

符璽之

賜章服之

頒得非顯忠嘉善之典歟

天妃靈應記

神怪之事聖賢不語非忽之也懼民之惑於神而遺人道也侃自蚤歲承父師之傳佩敬而遠之之戒凡禱祠齋醮飛符噀水誦經禮佛之類閭黨有從事者禁之不可則出避之或過其宮則致恭效程子焉廼者琉球國請封

上命侃暨行人高君澄往將事飛航萬里風濤叵測

璽書鄭重一行數百人之生厥繫匪輕爰順輿情用

閩人故事禱于

天妃之神且官舫上方爲祠事之舟中人朝夕拜

禮必虔真若懸命於神者靈貺果昭將至其國逆風蕩舟漏不可禦群譟乞神風定塞袽乃得達及成禮還解纜越一日中夜風大作檣折舵毁群譟如初須臾紅光若燭籠自空來舟皆喜曰神降矣無恐顧風未已又明日黑雲四起議易舵未決卜珓於神許之易之時風恬浪靜若在沼沚舵舉甚便若掮籌然人心舉安允荷神助俄有蝶戲舟及黃雀止檣或曰山近矣或曰蝶與雀飛不百步山何在其神使報我以風乎予以其近於載鳴鳶之義頷之曰謹備諸已而

颶夜作人力罔攸施衆謂胥及溺矣予二人朝
服正冠坐祝曰我等貞臣恪共
朝命神亦聰明正直而一者庶幾顯其靈語畢風漸
柔黎明達閩神之精爽烜赫能捍大患如此謂
非
皇上懷柔百神致兹效職哉然非身遇之安敢誣也
揆之祭法廟而事之允宜在宋元時已有封號
廟額
國朝洪武永樂中屢加崇焉予二人緇廩附造舟
餘直新之广石望崎行祠則從行者歛錢以脩

行當聞之
朝用彰神貺因紀其槩高君讓侃援筆㦸以告巡
按侍御方君涯躔之又命福郡倅姚一和靦勒
諸石

夷語附

天文門

天 甸尼　日 非禄　月 都急

風 盬济　雲 姑木　雷 刋眉

雨 嗑也　雪 由其　星 波世

霜 失母　雹 科立　霧 氣力

露 秃有　電 波得那　霞 嘈嗑尼

起風 嗑濟福禄姑　天陰 甸尼奴姑木的　天晴 甸尼奴法立的

下雨 嗑也福禄　下雪 由其福禄　明日 阿若

昨日 乞奴　風雹 嗑濟科立

地理門

地 只尼　土 足只　江 密乃度

河 嗑哇　海 吾也　山 牙馬奴

水 民足　水 谷亦里　路 密集

石 依石　井 依嗑喇　墻 拿別

城 迭　泥 乜禄　沙 是那

灰 活各力　橋 松只　磚 牙及亦石

尾 嗑哇喇　岸 倭嗑　遠 它加撒

近 即加撒　長 拿嗑失　短 密失拿失

前 馬也　後 吾失禄　左 分達里

右 民急里　上 吾乜　下 世莫

東 加失　西 尼失　南 米南米

北 乞大

時令門

春 法禄　夏 拿都　秋 阿及

冬 由福　冷 辟牙撒　熱 嗑子撒

寒 辟角禄撒　暑 奴禄撒　陰 姑木的

陽 法立的　晝 皮禄　夜 由禄

早 速多　晚 約姑里的　時 吐急

氣 亦急　年 多失　節 些谷尼即

正月 燒哇的　二月 寧哇的　三月 撒哇的

四月 升哇的　五月 惡哇的　六月 禄谷哇的

七月 式的哇的　八月 法只哇的　九月 谷哇的

十月 柔哇的　十一月 失木都及　十二月 失哇恩

花木門

茶 扎　花 法拿　米 谷米

樹 拿急　果 吾也　松 馬足

栢 馬足那急　竹 達急　笋 達急

棗 那都也　草 谷撒　底 吾利

菜 萊　梅 吾也　葉 尼

香 搞　蓮花 花拿孫奴法　龍眼 龍暗

荔枝 利是　甘蔗 翁急　椒 谷毙

蘇木 司哇

鳥獸門

龍 達都　虎 它喇　鹿 加目

馬 吾馬　獅 失失　牛 吾失

兎 吾撒急　熊 谷馬　象 糟

鵝 它立　鵞 沓嗑　猪 吾哇

驢 仝　騾 仝　狗 亦奴

皮 嗑哇　鼠 聶　鶯 打沓嘪

魚 亦窩　羊 非都知　蛇 察察

猴 撒禄　龜 嗑乜　雀 孫思乜

鳳凰 失窩　麒麟 其粦　孔雀 公火

獅子 失失　獬豸 害宅　仙鶴 司禄

象牙 杳香華　玳瑁 嗑乜那各　牛角 吾失祖奴

喜雀 孔加杳思　鶴頂 它立奴谷只

宫室門

門 動那　窓 慢多　房 亦兼

樓 塔嗑牙　井 依嗑喇　河 嗑哇

御路 察集　册墀 察集　御橋 扒只

皇城 谷倍谷　館驛 館牙　兎房 嚕喇亦業

器用門

盔 不力千　甲 約羅衣　刀 荅知

箭 牙　弓 由迷　弦 禿奴

鎗 牙立　卓 代　盤 朳只

盆 大葪　瓶 飄　床 墮各

船 福尼　棉 花時　舵 看失

櫓 羅　篷 賀　筯 朳只

帶 文必　畫 槳　書 福蜜

筆 分粘　字 開的　墨 思墨

紙 嗑乜　硯 孫思利　鎖 沙舍奴
碗 麻佳里　屏峯 飄布　香爐 福炉
花瓶 法拿飄　香盒 福法各　倭扇 昂季
箱子 凱　酒鍾 撒嗑子急　茶鍾 溥嗑子急
棊子 乞是　玉帶 衣石乞各必　金鍾 孔加尼麻加里

人物門

皇帝 倭的每　王妃 扎喇　國王 敖那
王子 敖那吾哇　朝廷 倭每奴　大夫 大福
長史 丈思　使者 使臣　通事 度日
正使 申司　副使 付司　唐人 獃大刀那必

師父 失農包 和尚 鮑子 父親 阿舍都

母親 阿乜 琉球人 倭急拿必周 日本人 亞馬奴必周

大明帝王 大苗倭的毎 朝貢使臣 嗑得那使者

兄 先扎 非都只 妻 眠多木

子 吾哇 琉球國王 倭急拿敖那

人事門

跪 非撒慢都急 說 嗑達里 拜 排是

興 吾達里咬亦 走 乜姑 去 亦急

來 外亦利 你 吾喇哇 我 昂哇

有 阿力 無 乃 好 約達撒

歹 哇禄撒	買 烏利	賣 高業
睡 眠不里	請來 子盖失	見朝 大立業亦急
入朝 大立業家達	鞠恭 烏遜皮	底頭 烏其利
立住 谷只歪立	叩頭 嗑藍子	謝恩 蜜温普古里
朝貢 嗑得那	平身 各失吾必約	慶賀 蜜由歪利
表章 虎鳥	賞賜 非進的	起來 揭知
進貢 嗑得那	進表 溧那阿傑約	進本 盆那阿傑的
報名 包名	辭朝 慢多羅	回去 慢多羅
早起 速多蜜的	下程 林斤	筵宴 扎半失
粉書 着谷少	拿來 莫只个	好看 約達撒

不好 哇裓撒　放下 吾着刻　作揖 撒哇利是 礼

給賞 非近的　方物 木朋哇　多少 亦如撒

言語 谷只　曉的 失達哇　不曉的 民納失達哇

聖旨 由奴奴失　御前謝恩 惡牙蜜温普谷里

且慢走 烏其利 耐　上緊走 排姑亦 急　上御路 惡牙蜜即約里

再叩頭 麻達嗑藍子其馬

衣服門

段 恕司　紗 檄　羅 羅

紬 柔　絹 活見　布 木綿

靴 谷足　韈 都谷乜　鞋 三扒

帽 帽　紗帽 紗帽　帶 丈必

綢巾 綢巾　員領 急那　衣服 急那

彩段 法拿那恕司　綿布 奴奴木綿　夏布 拿都木綿

竹布 達急木綿　葛布 嗑布　官絹 活見

改機 盖乞　倭絹 活見　西洋布 尼失木綿

飲食門

酒 撒急　肉 失失　茶 扎

飯 翁班尼　麵 以利蒙巳　菓 吾乜

菜 菜　水 民足　酒飯 撒急翁班尼

鮮魚 必沙莫知　喫茶 昂乞利扎　喫飯 昂乞利翁班尼

喫肉 昂乞利失失

身體門

頭 嗑藍子　耳 眉　眉 馬由

目 乜　口 谷之　牙 華

鼻 花那　手 帖　脚 悪失

心 各各羅　身 度　髮 加藍

眉毛 不潔　鬍子 品其

珍寶門

金 孔加尼　銀 南者　銅 嗑加加尼

鐵 谷禄嗑尼　錫 失禄加尼　錢 熱尼

鈥 支尼　玉 衣石　珠 達馬

石 衣石　瑪瑙 吾馬那達馬　珊瑚 牙馬那達馬

珍珠 達馬　水晶 民足達馬　玉石 達馬衣石

琥珀 它喇　犀角 吾失祖奴　倭刀 荅知

硫黃 魚敖

數目門

壹 的子　貳 荅子　叁 蜜子

肆 由子　伍 亦子亦子　陸 木子

柒 拿拿子　捌 甲子　玖 姑姑奴子

拾 吐　拾壹 吐的子　拾貳 吐荅子

拾叁 吐蜜子　拾肆 吐由子　拾伍 吐亦子子

拾陸 吐木子　拾柒 吐拿拿子　拾捌 吐甲子

拾玖 吐姑奴子　貳拾 荅子吐　壹錢 亦止買每

貳錢 尼買每　叁錢 衫買每　肆錢 深買每

伍錢 吾買每　陸錢 禄谷買每　柒錢 式止買每

捌錢 法只買每　玖錢 姑買每　壹兩 兢買每

拾兩 辟牙谷兢每　壹百兩 辟牙姑　壹千箇 森森那

壹萬箇 麻柔吐失　千歲 森森那　萬萬歲 麻油吐失

通用門

買 吾利　賣 高藥　來 外亦利

去 亦急　說 嗑達力　看 蜜只八

求討 荅毛里　起身 捐知亦急　起去 捐知亦急

起來 捐知　回去 慢多羅　說話 嗑達立

不敢 揚蜜撒　曉的 失達哇　知道 失知

付荅 仝　回賜 仝　好看 約達撒

不好 哇祿撒　買賣 亞及耐　有無 阿力乃

東西 加乜乜失　不知道 失監子　明早起身 阿者

速多蜜的捐知

夷字附

い以　ろ路　は罷　に尼　ほ布

へ比　と度　ち知　り利　ぬ奴

る而　を倭　わ哇　か加　よ有

た他　れ呂　そ甦　つ了　ね尼

な那　ら刺　む武　う烏　ゐ倚

の怒　お窩　く古　や牙　ま末

け去　ふ不　こ孤　え依　て的

あ亞　さ沙　き其　ゆ又　め未

み美　し實　ゑ泄　ひ庇　も母

𠀠世　亇是　亲敲

夷國上下文移往來書札止寫此數字凡音韻畧
相類者即通用也

欽差吏科等衙門左給事中等官臣陳侃等謹

題為出使海外事切照嘉靖十一年五月內琉球

國世子尚清上

表請封

欽蒙差臣侃為正使臣澄為副使各

賜一品服一襲齎捧

詔書一道

勑書一道

諭祭文一道并

頒賜儀物等項前往琉球國祭中山王尚真封尚真

子尚清為中山王臣等隨即

陛辭先至福建造舡船大而費亦巨經始於嘉靖十
二年五月至嘉靖十三年四月始克造完舡完
之日遂至長樂縣广石地方登舡先期尚清已
遣長史蔡廷美等過海迎接令通事林盛帶夷
稍三十人為臣等駕舡在五月初八日解纜開
洋洋中偶值逆風舡不可往放回數百里后遇
順風復往因失針路漂過琉球國交界地方名
曰熱壁山遂泊于此尚清聞之差大臣一員帶
夫四千餘名駕小舡四十餘隻至熱壁將舡挽

回五月二十五日方到彼國尚清即遣儀從及
文武陪臣隨
龍亭迎
詔勅諭祭文至
天使館奉安擇日行禮六月十六日行祭
王禮七月初二日行封王禮是日尚清皆迎至
國門外一見
龍亭先行五拜三叩頭禮步行前導迎至正殿一如
儀注行禮
開讀已畢設宴欵留禮意懇至臣等令儀從迎

詔勑回館尚清令通事致詞欲留爲鎮國之寳臣等

猶未允復令長史捧

先朝詔勑來看臣等始知留

詔勑爲

先朝故事况已奉有

明旨始許其留行禮既畢似應即回因海中風浪不

測惟順風而后可行非可以人力勝者琉球在

福建之北去以南風回以北風故至九月二十

日方可開舡計在彼國停泊一百十五日日有

廩餼之供旬有問安之禮月有筵宴之設隨行

人役皆給口糧使之安飽行時復具黄金四十
兩為贐臣等在福建時例有金帶銀器等物送
用尚不敢妄受况外國之物乎故責以大義陳
以
國法彼亦知敬而不敢強仍遣通事林盛帶夷稍
十人為臣等駕舡又遣王親寧古長史蔡瀚通
事梁梓等另駕一舡進
表謝
恩開船之後二十一日晚颶風陡作將臣等舡中大
桅吹折舵亦損壞舟人皆震恐無措荷

皇上威福以致神明默佑得保生還在十月初二日
入福建省城同行夷舡今尚不到或未免漂溺
之患矣除彼自行補謝外臣等切思自三代以
降聖王不作治化陵夷以文德被海内者尚不
多見况覃敷海外者乎若越裳氏之重譯而来
以中國之有聖人耳琉球國在海外無慮數千
里漢唐宋時皆未嘗内附至元時遣将伐之而
亦不從至我
太祖登極首先臣附率子弟来
朝此豈區區勢力所能服哉要必有所以感之者

耳我
太祖悦其至誠待亦甚厚
賜以符印寵以章服遣閩人三十六姓爲彼之役又
許其遣子弟入
國學讀書習禮彼亦感激久而匪懈迨今
皇上御極以来
制禮作樂聲教四敷彼知中國之
聖人復生故欲竊餘光以誇耀他國是以不避風濤
之險貢獻益勤
請封益篤今日之舉尤出誠懇聞

欽命奔迎於海曲見
龍亭匍匐於道周非但不敢如緬甸之倨傲無禮而
亦不敢如尉佗之較量勝負也臣等忝與使事
亦竊尊榮無任感荷慶幸之至緣係出使海外
事理備將使事顛末謹具題
知

琉球國中山尚清奏爲謝勞事伏念臣清僻居

海邦荷蒙

聖育封臣爲中山王不勝感戴除具

表謝

恩外今有差來使臣二員正使吏科左給事中陳侃

副使行人司行人高澄冒五月之炎暑衝萬里

之波濤艱險驚惶莫勞於此臣等小國荒野無

以爲禮薄具黄金四十兩奉將謝意此敬

主及使乃分之宜酬德報功亦理之常二使懼

聖明在上堅不敢受微臣情不能盡無以自安今陪

臣順賫

貢奉伏乞

天語叮嚀

賜彼二使庶下情盡而遠敬伸無任激切感仰之至

等因奉

聖旨覽奏謝足見敬慎金着陳侃等收了禮部知道

光禄寺等衙門少卿等官臣陳侃等謹

題爲謝勞事侃原任吏科左給事中高澄原任行

人司行人於嘉靖十一年蒙

欽命差往琉球國封世子尚清爲中山王往返三年

已於今年五月二十四日復

命訖近中山王尚清差陪臣謝

恩順齎臣等所卻黃金四十兩具本

進呈欲

天語叮嚀下賜臣等節奉

聖旨金着陳侃等收了欽此欽遵切念臣等奉

皇上之命遠使琉球琉球乃素知禮義之國臣等至
彼正欲敷揚
聖德恪守臣節為中華增重安敢受彼非禮之餽故
筵宴之設必陳方物具書囬卻至再至三書備
於使琉球錄中已塵
御覽矣臨行以金四十兩為贐堅不肯受彼心不自
安冒瀆
天聽蒙
皇上鑒彼敬慎之心特下收受之
命臣等聞

命自天措躬無地敢不拜受以爲家寶但奉使奔走

乃臣等職分之常自揣無功曷敢受兼金之惠

伏乞

皇上將此金收儲

内帑或

命彼帶回蕉遂臣等之初心而於

君命斯不辱矣無任感激敬懇之至等因奉

聖旨已有旨了不准辭該衙門知道

吏科等衙門左給事中等官臣陳侃等謹

奏為乞祠典以報神功事竊念臣等奉

命往琉球國封王琉球遠在海外無路可通往來皆由於海海中四望惟水茫無畔岸深無底極大風一來即白浪如山舟𩙪忽震蕩人無以庸其力斯時也非神明為之黙祐幾何而不顛覆也耶臣等往來于海驚險數次皆藉神明之助得保生還是豈臣等菲德致此皆由

皇上一念精誠感格

天地以致百神呵護非偶然者臣等不敢隱其功謹

歷數為

陛下陳之嘉靖十三年臣等初去時五月初八日開

洋至十二日將底其國忽逆風大作舟搖撼不

可當遂尒發漏數十人以轆轤引水不能止舟

蕩甚足不能立衆欲塞漏而不可淂於是群呼

求救於神剪髪以設誓俄而風遂息舟少寧執

燭尋罅皆塞之固水不能入淂保無虞使是風

更移時不息舟之沉必矣此其功一也回時九

月二十日在彼開洋二十一日夜即遇颶風將

大桅吹析須史舵葉又壞舟之所恃以為命者

桅與舵也當此時舟人哭聲震天大呼神明求
救臣等亦知決無生理爲軍民請命叩首無已
忽有紅光若燭籠然者自空來舟舟人驚報曰
神已降矣吾輩可以生矣舟得無事當風雨晦
冥之時紅光何自而發謂非神之精靈不可也
此其功二也二十三日黒雲蔽天風又將作衆
皆知舵當易而不敢任葢風濤中易舵一動即
覆矣於是請命於神得吉兆衆遂躍然起易舵柄
甚重約有二千餘斤平時百人舉之而不足是時
數十人舉之而有餘蕪之風恬浪止倏忽而定定之

後風浪復厲神明之助不可誣也此其功三也
二十六日忽有一蝶飛繞於舟僉曰蝶質甚微
在樊圃中飛不百步安能遠涉滄溟此殆非蝶
也神也或將有變速令舟人備之復有一雀立
於桅上雀亦蝶之類也令以米飼之馴馴啄盡
而去是夜果疾風迅發白浪拍天巨艦如山飄
蕩僅如一葦風聲如雷而水聲助之真不忍聞
舟一斜側流汗如雨臣等懼甚衣服冠而坐相
與嘆曰
聖天子威德被海内外百神皆為之效職海神獨不

救我輩乎當此風濤中而能保我數百民命真

為奇功矣當為之立碑當為之奏

聞于

上言訖風若少緩舟行如飛徹曉已見閩之山矣此

其功四也有夷舟進

表謝

恩者與臣等同行遇二十一日之風漂回本國至今

年三月方到福建臣等之舟止行八日直底閩

江不至漂流失所者皆神之功也臣等感其功

不敢不厚其報在福建時已嘗致齋設醮脩廟

立碑矣但奏

聞之言既出于口不敢有負于心謹摭顛末上瀆

聖聽詞若涉于荒唐心實本于誠懇伏望

聖慈憫念下之禮部詳議可否萬一其功當報令福

建布政司與祭一壇庶

天恩浩蕩而幽冥有光矣臣等切思名山大川之神

在舜特已有望秩之祭我

太宗文皇帝時遣太監鄭和下海嘗立祠於海濱時

加致祭況禮云能禦大災則祀之能捍大患則

祀之今一救援之功遂保數百人之命其為大

災大患莫此是過伏惟
聖明詳察臣等無任戰慄恐懼之至爲此具本親齎
謹具奏
聞伏候
勅旨

禮部爲乞祠典以報神功事祠祭清吏司案呈

奉本部送禮科抄出吏科等衙門左給事中等

官陳侃等題云云等因奉

聖旨禮部看了來說欽此欽遵抄出送司案呈到部

看得左給事中陳侃等奏稱奉

命琉球往來海中時遭風險幾致顛覆多藉神功救

援乞要

賜祭以報其應一節爲照

國家嶽鎮海瀆類皆有祭祀法云能捍大患則祀

之在典禮則固然矣今左給事中陳侃等奏使

海外屢遭風濤之險卒獲保全實乃
皇上聖德默祐所致海神效職不可謂無是亦捍灾
禦患之意也
賜之以祭禮亦有據合無俟
命下之日本部行移翰林院撰祭文一通行令福建
布政司備辦祭物香帛仍委本布政司堂上官
致祭一次以答神休不為常例緣係乞祠典以
報神功及奉
欽依禮部看了来說事理未敢擅便謹題請
旨奉

聖旨是欽此

嘉靖十四年七月二十五日

吏科等衙門左給事中等官臣陳侃等謹

題爲周咨訪以備採擇事切念臣等奉

命往琉球國封王行禮旣畢因待風坐三閱月而後

行無所事事因得訪其山川風俗人物起居之

詳杜撰數言遂成一錄錄之意大畧有二臣等

初被

命時禮部查封琉球國舊案因曾遭回祿之變燒毀

無存其

頒賜儀物等項請查於

內府各監局而後明福建布政司亦有年久卷案

為風雨毀傷其造船并過海事宜臣皆訪於耆民
之家得之至於往来之海道交祭之禮儀皆無
從詢問特令人至前使臣家詢其所以亦各凋
喪而不之知后海道往来皆賴夷人為之用其
禮儀曲拆臣等臨事斟酌期於不辱而已因恐
后之奉使者亦如今日著為此録使之有所徵
而無懼此紀畧所以作也又嘗念
國家大一統之治必有信史以載内外之事如
大明一統誌者是已誌中所載琉球之事所云落漈
者水趍下不回也舟漂落漈百無一回臣等嘗

懼乎此經過不遇是險自以為大幸至其國而詢之皆不知有其水則是無落漈可知矣又云王所居壁下多聚髑髏以為佳臣等嘗疑乎此意其國王兇悍而不可與言也至王宮時遍觀壁下亦皆累石國王則循循雅飭若儒生然在彼數月雖國人亦不見其相殺又何嘗以髑髏為佳哉是誌之所載者皆訛也不特誌書為然杜氏通典集事淵海蠃虫錄星槎勝覽等書凡載琉球事者詢之百無一實若此者何也蓋琉球不習漢字原無誌書華人未嘗親至其地胡

自而得其真也以訛傳訛遂以為誌何以信今
而傳後故集群書而訂正之此質異之所以作
也兼以夷語夷字恐人不知并附于後臣等學
問麤疏言詞鄙俚勉成此録實不足以上塵
睿覽但念海外之事知之者寡一得之愚或可以備
史館之採擇是以不避譴責陡膽
進呈伏惟
陛下恕其狂僭下之禮部詳議施行臣等不勝幸甚
緣係周咨訪以備採擇事理謹以使琉球録繕
寫一冊隨本上

進以
聞伏候
勅旨

十四

禮部一本為周咨訪以備採擇事該吏科等衙

門左給事中等官陳侃等題前事等因奉

聖旨禮部看了來說欽此欽遵抄出到部看得吏科

左給事中陳侃行人司行人高澄等題稱奉

命往琉球國封王禮畢訪其山川風俗人物起居撰

使琉球錄一冊上

進乞要詳議備行史館採擇一節為照琉球國遠在

海濱華人鮮至其地是故國俗風土知之者寡

今按一統誌等書所記事本傳聞殊有談載未

盡看據左給事中等官陳侃等親歷其地目繫

其事山川風俗之殊往来聞見悉出實錄因採
擇事蹟撰述成書既以正載籍之所未盡且俾
後之奉使者有所考足見各官留心使職誠可
嘉尚似應
俯從合候
命下之日本部將所進使琉球錄付之史館以備他
日史館採集伏乞
聖裁等因奉
聖旨是

使琉球錄後序

天下事履之而後知及之而後喻未有不身試之而知其然者壬辰歲陳給舍暨余被使琉球

命人皆曰航海之役危矣哉盍訪諸前使而稽其所錄耶越旬獲覩

詔勑琉球舊草始知前為給舍董君旻

司副張君祥于時二君已不禄矣
而鋟諸梓者復遺失而莫之可稽
良用憂懼乃取載琉球諸書而參
考之見其爲說頗異臆純夷或有
是也及今夏五月至其國立冬風
便始歸其間得於見聞之久詢訪
之真者似與諸所載少不同是非

獨疑訛之故或者風以化移俗因
時易月異而歲不同耳故因紀使
事而復質之諸書以見
今日聲教之大同而蠻夷之丕變也雖
不足續王會之圖成風土之記然
於後之奉使者則未必無小補云
嘉靖甲午十月乙亥古燕髙澄序

跋

右明嘉靖刊本使琉球錄。每半葉十行。每行二十字。千頃堂書目著錄於史部地理類。四庫未見著錄。明刊紀載彙編。及明抄本秘册叢說。僅採其使事紀略一卷。凡是書所缺略。皆據秘册叢說補入。所附夷語。模糊之字尤多。以無書可校。姑亦仍之。明史外國傳四琉球云。「嘉靖五年尚眞卒。其世子尚淸以六年來貢。因報訃。使者還至海溺死。九年遣他使來貢。並請封命。福建守臣勘報。十一年世子以國中臣民狀來。上乃命給事中陳侃行人高澄持節往封。及還。却其贈。十四年貢使至。仍以所贈黃金四十兩進於朝。乃敕侃等受之。」按琉球自古不通中國。

元世祖遣官招諭不能達。洪武初。其國有三王。曰中山。曰山南。曰山北。皆以尙爲姓。而中山爲強。山南山北皆爲中山所倂。成祖以還。習向華風。朝貢不絕。侃等以嘉靖十二年五月奉命使節琉球。先赴福建。造舡船。翌年四月舡成。五月初八日解纜放洋。五月二十五日。到達彼國。七月初二日行封王禮。凡停泊一百五十日。九月二十日開舡返國。十月初二抵福州。飄泊半歲。屢經風濤。備嘗艱辛。始克返國。歸乃述其途中所遇山川風景。民物土俗。撰爲使事紀略。又輯大明一統志。嬴虫錄。星槎勝覽。集事淵海。使職要務等書。凡關於琉球事者。輯爲羣書質異。中多未見之本。凡前書所記之妄。皆爲辨證。如琉球本無落漈之

水趨下不回。前人謂中山王所居壁下。多聚髑髏。侃遍觀王宮

壁下皆累以石。國王循循雅飭。貌若儒生。實未有壁積髑髏之

事。足以匡大明一統志之謬。至侃持節反璧。不失大國使臣之

風。梯航浮海。於怒浪驚濤之中。心神俱怖。既其歸也。乃有得慶

生還之感。蓋怵於琉球使臣漂溺之覆轍也。琉球介於中華日

本兩國之間。事秦事楚。極感舉趾之艱。侃之使彼邦也。初則禮

貌甚隆。中忽冷落。其行也。則又款接愈殷。如是記所云。「二十

三日。王始至館相訪。令長史致詞曰。清欲謁左右久矣。因日本

人寓茲。狡焉不可測其衷。俟其出境而後行。非敢慢也。」蓋當

嘉靖時。琉球已存兩屬之心。明史所稱外禦強鄰。內修貢不絕。

此亦小國事大之一道也。安陽謝國楨

（明）郭汝霖編、李際春同編《使琉球錄》二卷（節選）

郭汝霖（1510—1580），字時望，號一崖。江西吉安永豐人。明嘉靖三十二年（1553）進士，授行人司行人，轉吏科給事中。四十年（1561）五月，以刑科給事中充冊封琉球王國正使，奉命出使琉球。同年十一月，自琉球回到福州。四十一年（1562），擢光祿寺少卿。四十二年（1563），改任順天府丞。四十三年（1564），又改順天府知府、大理寺少卿。四十五年（1566），再升南京太常寺卿。隆慶元年（1567），致仕返鄉。

李際春（約1536—1583），字應元。河南杞縣人。嘉靖三十四年（1555）進士。以行人司行人充冊封琉球王國副使，奉命隨郭汝霖同使琉球。

該書首列：重刻使琉球錄敘、使琉球錄序、詔敕、諭祭文等，卷上：乞留詔敕、使事記、夷語附、夷字附、題奏、使琉球錄後序、重刻使琉球錄後序，卷下：群書質異、禮儀、造舟、用人、敬神、天妃靈應記、廣石廟碑文。

該書行世主要有明嘉靖年間原刻本和明抄本兩種。明人嚴從簡的《殊域周咨錄》和蕭崇業的《使琉球錄》中均轉錄有郭汝霖的《使事紀》，『蕭錄』還轉載了郭汝霖《（重刻）使琉球錄敘》一文。北京圖書館出版社（今國家圖書館出版社）2006年出版的《國家圖書館藏琉球資料續編》所收錄的版本題爲『清抄本』，而明嘉靖年間原刻本之全本，現僅收藏於美國國會圖書館。由於種種原因，惜無法全帙影印，只能節選其最重要的『使事記』等部分影印。

茲據明嘉靖年間原刻本節選影印。

使琉球錄

郭汝霖著

重刻使琉球錄叙

使琉球錄者陳高二公使琉球錄也琉球

歸化

聖朝前此嘗有使矣而弗錄焉遺也遺則後

將何述滄溟萬里不無望洋之歎焉此錄

之所以作也二公之心仁哉嘉靖戊午世

子尚元乞

封

上命汝霖與李君際春往首訪是錄如復梯航解舟潞河漳人鄭教授者來語余渡海事余出錄詢之曰得矣而未盡也曁入福城造船用人惟錄是據間詢舊行故老一二弗恊當時變不相沿乎將作之竣事之餘二公前所行者或未逮也且事屬渾論要實未覈余是年值海警淹遲船更新造人亦數新視之前役頗詳然其發端則于今

資益弘多而又懼其久且湮或遂遺也後

之使者將傷今而罪我矣册旋之日因類

編之首以

詔勑等

君命也次以使事禮儀述宏綱也次以造船用

人敬神見緊要也次以群書質異則山川

風俗夷語貢物併前使姓名詩文而

題奏終焉具始末備稽考也原錄云云者列

于前而是歲所行者附于後嗚呼後之使

者一舉目而星槎海濤爍然指諸掌矣若

夫登之

天府備史苑稽查則二公先之愚何敢再

瀆

嘉靖辛酉十月　日

欽差吏科左給事中吉郡永豐郭汝霖書

使琉球錄序

皇明德化誕敷際天所覆聲教咸暨琉球越在

海表世奉正朔唯謹每易代航章乞封則

遣近臣將事嘉靖壬辰世子尚清以嗣國請

皇上仁覆無外聿修舊章時侃待罪左省俾充

正使往而以行人高君副之銜

命南下歷詢往迹則自成化己亥清父眞襲封

時距今五十餘祀獻亡文逸倀倀莫知所

之攷一統志星槎勝覽等書登載互異罔

可據依廼甲午仲夏解纜閩江賴

天子威靈海若效順再旬達其國宣

詔勑錫章服如儀尚清率國人稽首踊躍歡呼

稱職貢匪懈已事遄返十月朔還閩可以

卜日齋沐而見

上矣惟前輩使外國率有紀錄或賦咏非以炫

詞華也窮荒絶裔亦造物者之所陶鎔而

風土嶢邈品藻弗及若道途之險易山川
之怪奇風俗之爔惡人物之醜好以至昆
蟲草木之變安居和味宜服利用備器之
不齊非特探奇好事者所欲知而使事之
周爰咨諏自不可少也因與高君日紀聞
見凡道途山川風俗人物之實起居日用
飲食之細皆得諸耳目之所親究乃知舊
存紀載殆逞書燕說之類志其略辨其異

此錄之所以不容已也君子之飽道腴者
或寓目焉其大烹之筵薦以海錯庶幾一
下筯乎不然言之無文行之不遠覆瓿之
具爾若繼今使者取以爲擿埴索塗之助
容可乎
嘉靖甲午陽月望日四明陳侃書于閩之長春堂

奉

天承運

皇帝詔曰朕恭膺

天命爲天下君凡推行乎庶政必斟酌夫

古禮其於錫爵之典未嘗以海內外而

有間焉爾琉球國遠在海濱久被聲教

故國王尚真夙紹顯封已踰四紀茲聞

薨逝屬國請封世子清德惟克類衆心

所歸宜承國統朕篤念懷柔之義用嘉
敬順之誠特遣正使吏科左給事中陳
侃副使行人司行人高澄齎詔往封爾
爲琉球國中山王仍賜以皮弁冠服等
物王宜慎乃初服益篤忠勤有光前烈
凡國中耆俊臣僚其同寅翼賛協力匡
扶尚殫事上之心恪盡臣藩之節保乂
海邦永底寧謐用弘我同仁之化共享

太平之休故茲詔示俾咸知悉

皇帝

嘉靖十一年八月　　日

之寶

皇帝勑諭琉球國故中山王尚真世子尚

清惟爾世守海邦繼膺王爵敬順

天道臣事

皇明爾父尚真自襲封以來恭勤匪懈比

者薨逝良用悼傷爾以冢嗣國人歸心

理宜承襲茲特遣正使吏科左給事中

陳侃副使行人司行人高澄齎詔封爾

爲琉球國中山王并賜爾及妃冠服綵

幣等物爾宜祗承君命克紹先業修職
承化保境安土以稱朕柔遠之意欽哉
故諭
頒賜
國王
紗帽一頂展角全
金廂犀束帶一條
常服羅一套

大紅織金胷背麒麟圓領一件

青褡䕶一件

綠貼裏一件

皮弁冠服一副

七旒皁縐紗皮弁冠一頂旒珠金事件全

玉圭一枝袋全

五章絹地紗皮弁服一套

大紅素皮弁服一件

素白中单一件

纁色素前後裳一件

纁色粧花錦綬一件金鈎玉玎璫全

紅白素大帶一條

大紅素紵絲舄一雙襪全

丹礬紅平羅銷金夾包袱四條

紵絲二疋

黑綠花一疋

深青䋫一疋
羅二疋
黑綠一疋
青䋫一疋
白毯絲布十疋
妣
紵絲二疋
黑綠花一疋

深青素一疋
羅二疋
黑綠一疋
青素一疋
白氁絲布十疋
廣運
嘉靖十一年八月十七日
之寶

諭祭文

維嘉靖十一年歲次壬辰　月

朔　日

皇帝遣正使吏科左給事中陳侃副使行人司行人高澄

諭制琉球國中山王尚真曰惟王嗣守海邦四十餘載敬

天事上誠恪不渝宜享壽年為朕藩屏胡

為講疾遽爾告終訃音來聞良用悼惜

遣官

諭祭特示殊恩靈其有知尚克歆服

祭品

牛一隻　猪一口

羊一羫　饅頭五分

粉湯五分　蜂糖糕一盤

象眼糕一盤　高頂茶食一盤

響糖五箇　酥餅酥饊各四箇

纏碗五箇　降真香一炷

燭一對重一斤　焚祝紙一百張

酒二瓶

奉

天承運

皇帝詔曰朕受

天明命主宰寰宇凡政令之宣布惟成憲

之是循其於錫封之典遐邇均焉邇琉

球國遠處海陬聲敎漸被修職效義閱

世已久故國王尚清纘荷爵封䘮踰二

紀兹者薨逝厥國請封世子元朕念其

象賢衆心歸附是宜承紹國統特遣正
使刑科右給事中郭汝霖副使行人司
行人李際春齎詔往封爲琉球國中山
王仍賜以皮弁冠服等物王宜謹守禮
度益篤忠勤凡國中官僚耆舊尚當同
心翼賛以佐王飭躬勵行用保藩邦庶
幾無疆惟休故玆詔示咸俾悉知

皇帝勅諭琉球國故中山王尚清世子尚
元惟爾先世享有爵封恪守海邦職貢
罔缺爾父尚清事上益恭茲者薨逝訃
聞良用嗟悼爾爲冢嗣國人歸心宜令
掌乃國土特遣正使刑科右給事中
郭汝霖副使行人司行人李際春齎詔
封爾爲琉球國中山王幷賜爾及妃冠
服綵幣等物爾宜服膺君命圖紹先業

秉禮循義奠境保民以副朕懷柔之意

欽哉故諭

頒賜同前

廣運

嘉靖三十七年　月　日

之寶

諭祭文祭品同前

重編使琉球錄卷上

吏科左給事中吉郡郭汝霖編

行人司行人杞邑李際春同編

乞留

詔勅

原錄云越癸巳五月侃等至三山七月二日興

工修船十一日遣承差齎本赴京謹

題爲求封事切照嘉靖十一年琉球國世子尚清

奉

表請封

欽蒙差臣等充正副使齎捧
詔勑前往琉球封尚清爲中山王臣等隨即辭
朝前來福建造船船完之日過海行禮所有齎去
詔勑聞弘治正德年間修撰倫文叙編修沈燾等曾
差往安南國因彼國欲留
詔勑爲鎮國之寶俱曾題奉
欽依聽其請留臣等思得琉球國襲封事例遠年無
從查考萬一尚清亦如彼國請留
詔勑臣等堅執不從恐拂彼敬奉之心聽其請留又
非臣等所敢專擅如蒙乞

勅禮部查議應否聽其請留庶臣等有所遵守而臨
期不至錯誤矣爲此具本專差承差鄭珂齎捧
謹題請
旨九月承差至京赴通政司投進奉
聖旨禮部看了來說欽此隨該禮部覆題云看得
欽差吏科等衙門左給事中等官陳侃等題稱齎捧
詔勅前往琉球國封世子尚清爲中山王惟恐請留
詔勅乞要查議一節既查有倫文叙等事例合無准
其所奏本部行令各官臨時斟酌如彼國王請
留之意果出誠懇亦宜俯順其情聽其請留等

因奉

聖旨是欽此十一月承差齋儀制司手本至閩俍等

伏覩

睿旨馭夷以誠敢不祗若

明命

霖按嘉靖三十七年　　冊封

命下時科中條陳請留

詔勑一節禮部覆議

旨意與前同

使事紀

原錄云嘉靖丙戌冬琉球國中山王尚真薨越

戊子世子尚清表

請襲封下禮部議禮部恐其以奚齊奪申生也又恐

其以牛易馬也令琉球長史司復覈其實戒毋

詭越辛卯長史蔡瀚等覈諸輿民達于勳戚同

然一辭僉曰尚清乃先王真之冢嗣立爲世子

有年昔先王辱徼福於

天朝願終惠於義嗣者具文申部宗伯韙之越壬

辰春禮部肇上其議

請差二使往封給事中爲正行人爲副偘與澄適承

乏焉

命丁之日時夏五望也有爲予等不平者曰海外之

行險可知也智者計免而愚者罹之如公論何

不然同寅以序而差一言可决自春徂夏何其

久也曷辯諸予等曰

君父之命無所逃况我生各有命在天豈必海外能

死人哉寅㝂有兄弟之義弱者當代其勞何以

辯爲亦聽諸天而已矣不平者唯唯而退六月

各

賜一品服一襲俔以麒麟澄以白澤俱大紅織金

羅爲表絹爲裏綠羅裰䄇青羅搭子裏亦用絹

使外國必加服者欲其稱國王位賓主也帶以

王則自備又各

賜家人口糧四名憫茲遐役優以緝御

恩至渥也八月俔等始治裝戒行行之若是徐徐者

因封琉球舊案禮部失於回稼

請查頒賜儀物於

内府各監局彌月而后克明復分造於所司亦難

卒製故弗克行其敢久稽

君命越癸巳五月侃至三山澄亦以六月至閩之三
司諸君𢴀禮部咨文已將過海事宜會裁已定
七月二日定艤修船
十一月琉球國進貢船至予等聞之喜閩人不
諳海道方切憂之喜其來得詢其詳翼日又報
琉球國船至乃世子遣長史蔡廷美來迓予等
則又喜其不必詢諸貢者而有爲之前驅者矣
長史進見道世子遣問外又道世子亦慮閩人
不善操舟遣看針通事一員率夷稍善駕舟者
三十人代爲之役則人喜其不必藉諳前驅而

有同舟共濟者矣大蹇朋來憂用以懌即此而

觀世子其賢矣乎敬使所以敬

君也敬

客所以保國也懷德畏威邦其永孚于休

越甲午三月舟始畢工四月十八日舟先發於

南臺二十六日予等啓行三司諸君送至南臺

包肉于几醲酒于尊爵三行予等起謝曰曩時

海國之役必數年而始克竣事聞之舟不易成

也今未及朞月而有航海之期誰之功也敢不

再拜諸君皆歌烝民之詩以贈亦再拜遂別是

晚宿于舟中翼日至長樂長史舟亦隨行中途爲淺所傷臬廠載其狀伏於堦下求爲之援予等欲藉其爲前驅即日將行事已亟不可辭判詞於提舉司令中海道假環海衛所禦寇之舟暫遣其歸此固爲趙亦爲楚也適分守海道都閫諸君繼至海道亦以

王事爲亟遂遣之五月朔予等至广石大舟亦始至二日祭海登舟守巡諸居設宴爲餞是日北風大作晝昏如夕舟人皆疑予等亦有懼心有愛之者勸遲遲其行進而得已於行姑少待焉可

也終不能已進之何益今人既集矣渙之恐難
卒萃舟不速行器具易窳有司費已侈緩則更
倍之遂别諸君慨然登舟連日風逆五日始發
舟不濺數舍而止海角尚淺至八日出海口方
一望汪洋矣風順而微波濤亦不洶湧舟不動
而移與夷舟相爲先後出艙觀之四顧廓然茫
無山際惟天光與水光相接耳雲物變幻無窮
日月出沒可駭誠一奇觀也雖若可樂終不能
釋然於懷九日隱隱見一小山乃小琉球也十
日南風甚迅舟行如飛然順流而下亦不甚動

過平嘉山釣魚嶼過黄毛嶼過赤嶼目不暇接
一晝夜兼三日之程夷舟帆小不能及相失在
後十一日夕見古米山乃屬琉球者夷人鼓舞
于舟喜達于家夜行徹曉風轉而東進寸退尺
失其故處又竟一日始至其山有夷人駕小舠
來問夷通事與之語而去十三日風少助順即
抵其國奈何又轉而北逆不可行欲泊於山麓
險石亂伏於下謹避之遠不敢近舟蕩不寧長
年執舵甚堅與風爲敵不能進不能退上下於
此山之側然風不甚厲浪亦未及[illegible]舟人尚未

懼相持至十四日夕舟剌剌有聲若有分崩之勢大桅原非一木以五小木攢之束以鐵環孤高銜風摇撼不可當環斷其一衆恐其遂折也驚駭叫囂亟以釘鉗之聲少息原舟用釘不足艌麻不密板聯不固罅縫皆開以數十人轆轤引水水不能止衆曰不可支矣是時惟長年數人色不少動但云風不足懼速求罅縫而塞之可保無虞衆亦知其然舟蕩甚足不能立心悸目眩何罅之求於是有倡議者曰風逆則蕩順則安曷回以從順人心少寧衣

枷有備尚可圖也有一人執舵而云海以山爲路一失此山將無所歸漂於他國未可知也漂於落漈未可知也守此尚可以生矣此恐無以救矣通事從旁贊之予等亦知其言有據但衆股慄啼號不止姑從衆以紓其懼彼亦勉强從之旋轉之后舟果不薄執燭尋鍼皆塞之固水不能入衆心遂定巽午風自南來舟不可往又從而北始悔不少待也計十六日旦當見古米山至期四望惟水杳無所見執舵者曰今將何歸衆始服其先見徬徨躑躅無如之何予等亦

處之亟令人上桅以覘云遠見一山微微露若有小山伏於其旁詢之夷人乃曰此熱壁山也亦本國所屬但過本國三百里至此可以無憂若更從而東即日本矣申刻果至其地泊焉十八日世子遣法司官一員來具牛羊酒米瓜菜之物為從者犒亦有酒菓奉予等通事致詞曰

天使遠臨世子不勝訢誦聞風伯為從者驚世子益不自安欲躬自遠迓國事不能暫離謹遣小臣具菜菓將問安之敬予等受其詞雅受之時予之舟已過王所之東欲得西風為順夏月誠不

易得世子復遣𨗴衆四千人駕小舟四十艘欲
以大纜引余之舟𨗴事乃曰海中變出不測豈
宜久淹從者世子不遑寢食譴遣衆役挽舟以
行敢告船分左右各維一纜迤邐而行若常山
蛇勢亦一奇觀也一晝夜亦行百餘里十九日
風逆甚不可以人力勝遂泊於移山之畨法司
官率𨗴衆環舟而宿未嘗跬離左右泊至五日
予衆苦之在舟日久鬱隆成疾求從岸以避之
而不可得泣訴於予予曰吾乘桴浮海予[illegible]志
不知浮海之險若此也人至四千力亦衆矣不

能挽一舟以行虎賁三千猶足以成武功孰謂浮海為易耶二十三日世子復遣王親一員益以數舟而來風亦微息始克行法司官左右巡督鼓以作氣自夕達旦衆亦勇於用力無少懈至二十四日猶未克到世子復遣長史來曰世子聞至移山刻期拱候六口不詹中心孔棘恐為從者憂謹遣小臣奉慰予等謝之二十五日方達泊舟之所名曰那霸港計广石登舟至此幾一月矣予二人同於一艙不便出入暑氣薰蒸脾胃受疾寢食弗安兼以風濤之險日驚

于心得保殘喘以終

王事嗚呼殆哉是日登岸六月哉生明報長史舟至

北山又越五日始抵國較之予舟浹旬之隔詢

之乃知桅折帆傾非夷衆熟於操舟幾何而不

飫魚腹也越既望行祭王禮

七月二日封王九月十二日登舟而回泊舟之

港出海僅一里中有九曲夾岸皆石惟滅風而

後可行坐守六日王日使人侍於側至十八日

風少息挽舟而出亦斜倚於岸衆恐其傷于石

大驚幸前月親督修艌不爲所傷後十二十日

始克開洋夷舟同行二十一日夜颶風陡作舟
蕩不息桅舵俱折其語具載敬神類中

二十三日黑雲蔽天風又將作卜珓易舵二十
六日風大作柳與叩神風若少緩舟行如飛徹
曉已見閩之山矣二十八日至定海所十月初
二日入城痛定思痛不覺傷感凡按士大夫叙
其所以無不爲之慶幸

謹按嘉靖三十四年六月琉球國中山王尚清
薨三十七年正月世子尚元差正議大夫長史
等官到京

請乞襲封王爵禮部以請勘俱係彼國官民乃不從
行勘奏
請如故事差正副使二員齎
詔勑皮弁冠服等往時科中應行者吳君時來行人
司則李君際春也
命下二月十六日矣部咨翰林院撰文各衙門造該
用儀物延之三月終未行而吳君有戍事次霖
乃同李君承乏焉四月初二日也部中監前畏
避之嫌促日起程霖等亦以
生命不可冊緩遂請

書易名改

賜品服初八日槧然解册南下七月初抵江西地
方霖意海警連年事須巧速因一面差人至福
建布政司令作速委官伐木造船九月中親至
閩坐督刻次年春汛必行奈地方多事賊報交
馳當事者已疑不能必往又皇皇剝膚之災而
視外及爲稍緩管工官亦泄泄於是船自十一
月起工至次年四月僅完其半賊報緊急不俟
工完四月初四日出鵰卢叅將令百戶嚴繼先
等接至鎮鷹守十一日午刻方至鎮未刻賊已

接踵相望數里不爲所奪倖也亦尹之力也是
年倭奴犇集福州城外稱數萬城門閉者三月
余等亦日日上城同有司巡守先是戊午冬琉
球世子差來迎送長史梁炫等住柔遠驛盡爲
所掠六月始得脫逃七月終各役奔命者漸復
欲召之行而風汛過矣聲息轉聞琉球三十九
年正月蔡廷會等來修
貢傳其國有領
封之情呈文該司該司以時事艱難國體所係遂
爲轉奏本下部議以舊典難遽變俟海警稍寧

必期渡海終事時勘合到遲將屆六月倭寇伺候海口者又比比予召漳州火長舵工等役中途又爲賊阻各役依山緣徑而來動經月餘至則又七月矣前船既有傷損久住內港烏螥叢生烏螥者生於淡水則墜於鹹水生於鹹水則墜於淡水內港淡水也一至海則垂垂而墜船板精華俱爲所蝕油灰不能復住水從罅隙而入何可止也余時與諸司議但挾數十人從夷舟往夷舟頗小舉動敏捷既不爲賊覬覦又可藉以濟事有司固執以堂堂

天朝爲此舉動何以威臨四夷若事不易濟寧修

船俟時無待而論欲從權濟事亦須

上聞不然他日誰任其咎余時聆諸君正論亦不能

奪且念事體重大人役頗多又非可一人徽服

行者於是内愈熱而情益苦李君亦曰既不能

行毋徒躁動不若專意修船靜俟地方事大非

一手可掩他日當有人詠也余然之火長能工

等因呈乞有司改造前船八月再定艤至十一

月畢工出塢越嘉靖四十年春二月予遂右集

漳州等處各役亦先期來余欲挾之先出海口

而守各役諜以海口風濤難泊公若往內各兵
船亦往各兵船往而內港虛矣不若探聽消息
有急而行可也三司諸君亦曰旣不能出內港
豈能出外洋乎今歲傳聞賊或不至內地姑俟
之蓋大船出內港水淺必潮平而後行日不數
里自南臺而旺崎而閩安鎮而广石須十數日
而後至定海梅花開洋之處滞重逶迤諜犯之
若其力易及封舟之不能速行此也若大洋中
汪洋浩蕩予固知他舟不易犯即犯之封舟之
威可施夫萬里之外洋猶可無虞而數日之內

港乃能阻人間者豈能知之守至四月忽值內
地廣兵之變既平定長樂又報福清之賊既又
傳福寧之報余於是朝而側目夜而側耳聆聆
然日守一日惟恐報皷之聲也五月初六則有
賊二百餘至閩安鎮之下江將各役告請行粮
余亦牒有司漸次散給兵道楊君來言曰今事
急且不論行即船將如何守欲發之閩安鎮駕
守又已近賊欲行張漢入守閩安鎮又牘無人
予曰各役已散行糧行期旦夕若復動搖人心
解散豈能再集百姓官銀到手寧不支用不

而復追之歎朴日繁矣揚君曰事果難如是予
因曰君來自部中莫謂予等有畏避之嫌今可
目覩之且今乃一小報前兩年遑遑時刻緊急
不同何如也蓋船既重大不惟行之難而造之
亦難不惟造之難而守之亦難三者惟地方無
事時可也若如已未年賊旗既到上下紛擾雖
委造官皆奔走守城之役儻有用料誰復查理
當其時非予亟於收拾纖毫豈可望耶後來敗
造諸循得應用其亦必有自矣至於守之難者
謂一於用不行者則踐踏震撼視册全無愛惜

之心一於用同行者則水木鬱蒸行時必多暴露之疾余不得已乃參而用之令其輪班更迭將就全事閩安鎮祠六之報令許嚴等牽船前十餘里又行張漢與嚴繼先陳孔成馬魁道等嚴密偵賊向往又請於軍門劉公牌張漢若有急即自座守既賊乃從下江口由長樂松下澳入福清而船始報安焉五月十九日船至長樂取水予與李君二十五日起行撫按三司餞於南臺府縣別於新港二十六日辰刻至長樂時自二十三日起連有南風各役以二十九日夏至

至恐風尚未定三司諸君送者仍欲守候余曰
天時難測今巳南風又疑其未定而欲俟其定
何時乃定且夥長輩皆余所需以決事者今臨
事卒不敢擔當事在一人信矣遂决而行二十
七日至广石二十八日祭海登舟別三司諸君
二十九日至梅花開洋幸值西南風大旺瞬目
千里長史梁炫舟在後不能及過東湧小琉球
三十日過黄茅閏五月初一日過釣嶼初三日
至赤嶼焉赤嶼者界琉球地方山也再一日之
風即可望姑米山矣奈何屛翳絶驅纖塵不動

潮平浪靜海洋大觀眞奇絕也舟不能行住三
日初六日午刻得風乃行見土納巳山土納巳
山琉球之案山洋路從姑米山而入正也時東
南風旺用舵者欲力駕而東勢既未捷至申刻
乃見小姑米山小姑米山在琉球之西稍過即
熱壁山幸而小姑米山夷人望見船來即駕小
艕來迎有二頭目熟知水路且曰既不能從大
姑米山入何可傍土納巳山而入其中多礁予
等聞之駭二頭目一兩令夷船入報渠遂躬任
余船道駕從小姑米山而入且云得一日一夜

之力即未遂登岸可保不下熱壁山矣予等厚
賞賜之晝夜趕行初七日未刻望見王城哪霸
港焉然東風爲多相隔僅五十里不能飄近世
子遣法司官來迓夷船凡五十餘艘牽封舟前
後欲用先年輓入故事予謂風浪方旺豈能力
勝諸人欲急登岸余莫能止然竟弗能行至初
八日午刻有衝風暴雨予曰可整舟挽而行諸
人疑之既而果得行初九日辰刻遂達岸焉蓋
風旺三日而復暴急予憶其必將止若暴先發
則旺勢未衰此理之常何足疑哉既抵岸三日

後有傳賊船從其境上過者蓋逢力小大洋中
自不相及擇日行封祭禮畢守候風汛回國往
者封船既至琉人亦招集各島夷船以覩天使
爲名實亦因之滋貿易也是年則琉人務假防
護之名時雖有商船一隻亦逐出之而各役所
帶纖毫行李俱不能售於是盡舉而歸之琉人
琉人故蹬而賊之而各役之情苦矣往者九月
終交初冬則東北風旺是年九月內風氣不定
日東日南守之至十月初颶風大作夥長等皆
以颶風既過可以遂行十月初九日登舟及登

舟之後方圖舉帆而風雨驟至阻於哪霸港口
各役皆焦心勞思不得出港蓋港口險隘僅容
一舟稍有偏側船輒不保船之泊港口也兩旁
繫以大纜至十五夜右纜忽斷陳孔成見之忙
吹號舉砲夷人二千餘來加索牽轉再加新纜
船乃得安不然是夜船已碎於礁石五百人了
矣即幸存將何渡海也至十八夜天忽朗霽月
光如晝四更時諸人與夷官夷稍乃導而出出
港後東北風壯舟行如飛二十日午後忽有黑
雲棱日冥霧四塞舟人皆懼曰此颶徵也頃刻

果颶風旋至舟人守之益慎至夜一鼓勢烈一
聲舵已去矣舟遂大顛吳宗達等遂落大蓬余
一家人跑入窓傳報舉舟哭聲震天時既黑夜
何從措手余乃速止諸人曰即如此命也哭何
所濟且勿亂我心時陳孔成傳令各役不能動
手及暈船者俱入艙擇其濟人僅五十將各艙
所載重者一面丟拋一面令李子顯許葳吳宗
達等估言舵雖折尚有邊舵决保無虞凡過洋
未嘗不遭此只要老爺心穩舟事容其等漸處
余諗之曰靜以禦變極是但舵何時可换達等

曰天明可换吾不擧大篷但張二篷三篷任其
漂流至後可補緘也陳大韶曾宏俱上界從陳
高過洋者亦來大言曰往年亦如此然往年船
不固今此船固往年船發漏今不發漏往年無
邊舵今有邊舵往年折舵併折桅今舵雖折而
桅尚存余聞其言心亦頗定然播蕩反側無頃
刻寧風濤之勢與天上下舟亦𧇊𧇊如裂屋響
呼吸存亡茫然不知何所在也幸而天明促之
换舵而風勢愈烈何能擧事余召孔成來曰事
將奈何孔成曰海中行船此事亦所有但持之

觀明日如何至次日風又不息余乃口爲文令
吏陳珮床前書之以檄天妃適一晨刻風稍定
始得換舵舵既定諸人頗有生望但牽舵大纜
攬之自尾至船首者又忽中斷則海水鹹腐絕
纜不能久舵工等又懼舵不能穩稍擺動金口
開船分兩片矣此尤危也乃用銀重賞一夷人
係其腰令之下海接之竟不能接吳宗達來禀
欲穿二艙三艙透繩繫舵而不能決余聞即縣
然是之乃鑿而度繩舵始得安蓋艙近繫繩比
之攬胜遠者其力尤大行之至二十六許嚴箏

來報曰漸有清水中國山將可望乎二十七日
畢見碎波山歷溫歷台閩人未能盡曉浙中山
嶼疑迷莫測仍懷憂思至二十九日忽至福寧
見定海臺山心始安焉從五虎門入十一月初
二日入省城追想前迹爲之惻然凡士夫相會
顛再世往讀陳高使錄說者皆謂其過余亦疑
之至是親歷知其字字不虛且中間險苦尚有
筆楮不能盡者嗚呼痛哉

（明）高岐輯《福建市舶提舉司志》一卷

高岐（生卒年不詳），四川成都人。先由舉人任太僕寺寺丞，後以事謫出，移官江北。明嘉靖三十三年（1554），官福建市舶提舉司。任內稽之往牒，考諸遺文，詢於耆老，摭於故實，編輯而成《福建市舶提舉司志》。

《福建市舶提舉司志》一卷，1939年鉛印本。全書分為：『建置、沿革、官職、吏役、慶賀、署舍、公養、屬役、官氏、賓貢、貢物、考異、藝文』等十三門。首列《福建省城圖》和《提舉司圖》。卷首襲用卿《福建市舶提舉司志序》曰：『福建提舉市舶之官不常置，自宋紹興二十一年，李莊始為之。嗣後，廢興沿革，代不相襲。至我朝始專官以督理蕃市之事，然不專為琉球設也。迄於今，始為琉球專其官矣。』末有林應箕作於嘉靖三十四年（1555）的《舶司志後序》一篇。

該書保留了許多十分珍貴有價值的中琉關係史料，例如：福州市台江區南公園北邊的『琉球館』，歷史上曾是明清兩朝在福州設置的專門接待琉球國入貢使臣的驛館，原稱『進貢廠』和『柔遠驛』。該書『署舍』一門，就詳細記載了明代福州『進貢廠』和『柔遠驛』的規模。

兹據1939年鉛印本影印。

福建市舶提舉司志
明 高岐輯

福建市舶提舉司志序

福建提舉市舶之官不常置自宋紹興二十一年李莊始爲之嗣後廢興沿革代不相襲至我朝始專官以督理蕃市之事然不專爲琉球設也迄于今始爲琉球專其官矣司舊無專志附見於八閩及

郡志諸書專志之則自陽川高君始君由太僕丞來蒞斯職興廢舉遺式遵彝典未數月顧左右史取所詒典故而觀之皆對曰前此未有也君憮然曰官以建事志以守官今司有專官而無專志其何以考古而信今哉乃稽之往牒考諸

遺文詢於耉老摭於故實輯爲司志一卷謁予請序之予惟志者史之流也義例未精則規條不立採拓未廣則聞見不弘編纂失實則去取不當銓次舛序則事理未暢蔽於情則誣溷於俗則雜冗於詞則蕪罔於義則隱志之作誠難矣

哉鄭國之爲辭命必更歷裨諶四
人之手而後成君獨以一身任之
是又當其所難者以立例則古以
記事則實以序蹟則詳以考文則
顯是可以備所司之考證矣昔范
獻子之聘於魯也至不識具敖之
山爲魯先君之諱亦以典章之無

據故詒魯人之誚焉是志成庶可
免具敖之譏也哉遂書之以爲刻
志引
賜進士及第朝列大夫南京國子祭酒
前左春坊左諭德翰林院侍讀
經筵講官同脩
會典國史晋安雲岡龔用卿譔

福建市舶提舉司志

福建市舶提舉司志目錄

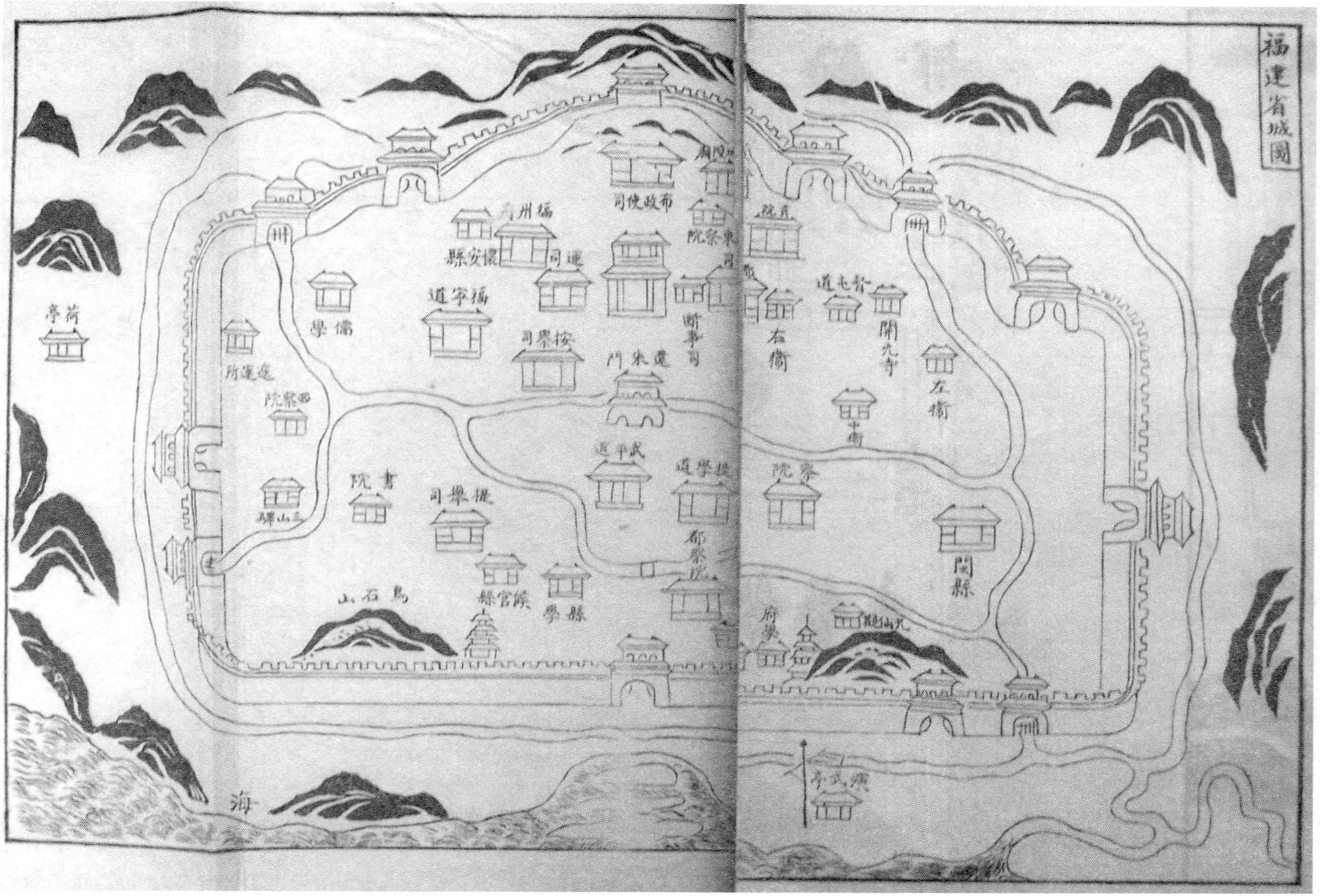
福建省城圖
荷亭
布政使司
福州府
懷安縣
運司
福寧道
儒學
按察司
東察院
斷事司
右衛
督屯道
開元寺
左衛
中衛
遞運所
西察院
武平道
提學道
察院
書院
提學司
三山驛
烏石山
侯官縣
縣學
都察院
府學
閩縣
九仙觀
演武亭
海

提舉司圖
澳門橋
大街
福建市舶提舉司
吏舍
懷柔坊
吏目宅
正提舉宅
中堂
大堂
儀門
副提舉宅
園房
土地祠

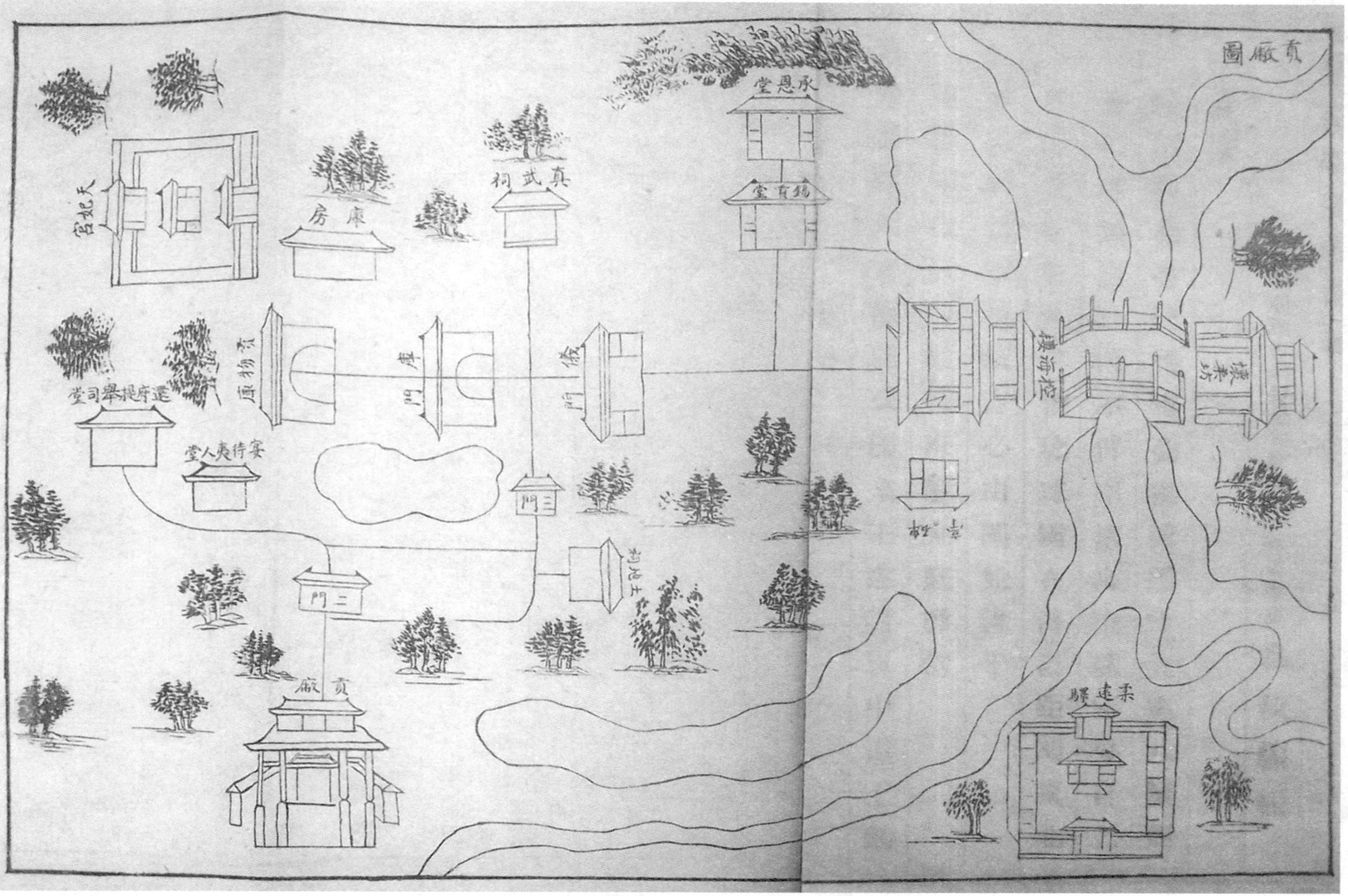
貢廠圖
天妃宫
庫房
真武祠
承恩堂
錫賫堂
貢物庫
庫門
儀門
運府提舉司堂
宴待夷人堂
三門
三門
土地祠
貢廠
控海樓
懷來坊
柔遠驛

福建市舶提舉司志

奉直大夫福建市舶提舉司提舉前太僕寺寺丞　高岐　編輯

一建置

岐謹按商書曰惟克商遂通道于九夷八蠻周書曰海隅出日罔不俾率則海中諸國粵自三代以來臣服久矣惟琉球國在海島距閩東北雖甚邈然賓貢航海必由閩始達于京師宋元以前雄恃海險來庭靡常

明明我祖闢天立極琉球卽來王遂封以中山王錫

以賓貢每二年一貢設市舶司以統之提舉司
以理之國初開市舶于泉司署因之後蕃舶入
貢迺趨福成化五年奏改舶司于福
制曰可迺建市舶太監府于柏衙市舶提舉司于灣
橋進貢廠柔遠驛于河口張官置吏弘規偉瞻
誠足以壯中國而控外夷也百八十年來貢率
其常夷率其化環海晏然猗與盛哉先設市舶
太監後省裁之從憲臣請也茲提舉司事務專
轄于

察院布按二司以轉聞之定于一也賓貢柔待防範之外錢穀甲兵刑弗與焉三年入覲制惟提舉司官弗與焉示專於柔遠人也市舶之設厥有義哉作建置考

唐王綝傳綝字方慶以字顯武后時累遷廣州都督南海歲有崑崙舶市外區琛琲（珠五百枚琲部浼切）方慶至秋毫無所索且約官屬不得與交通境內肅清

唐有市舶使以右威衛中郎將周澤爲之（見柳澤劾慶立）

疏

唐代宗廣德元年有廣州市舶使呂太一

宋史云掌番貨海舶征榷貿易之事以來遠人通遠物

宋紹興二十一年李莊除福建提舉上曰提舉市舶司委寄非輕若用非其人則措置失當海商不至矣莊可發來稟議然後之任

宋哲宗二年始詔泉置市舶

國初市舶置司於泉州後改于省城司署在布政

司西南烏石山北迺舊都指揮王勝宅第改建
進貢廠在郡城東南河口國初創建凡番國貢獻
方物初皆貯於此然後
上進有交盤廳及庫房二門外門弘治乙丑督市舶
太監劉廣重加修飾又建廳於交盤廳之後立
題名碑正德壬申督市舶太監尚春又建控海
樓於交盤廳之左樓之前爲尚公橋橋之前爲
懷遠坊又一廠在府城內東南懷遠驛在進貢
廠之南

國朝創建以爲番國使臣館寓之所

一沿革

岐謹按書曰道有升降政由俗革然治政必變則通通則久也市舶之設肇於唐沿於宋元丕建于我

皇明職惟理賓貢懷柔其兼榷鹽鐵酒茶事務弗與焉政雖簡而職則專制雖變而體則一無復向之紛更矣傳之可久豈非變通之宜哉作沿革考

宋開寶四年下廣南以同知廣州潘美尹宗珂並兼市舶使通判謝處玭兼市舶判官咸平二年九月庚子令杭州明州各置市舶廳番官從便熙寧中始變市舶法泉人賈海外者往復必使東詣否則沒其貨海道回遠竊還家者過半歲抵罪者衆太守陳偁奏疏願置市舶於泉不報哲宗置泉舶舊制雖有市舶司多州郡兼領元豐中始令轉運司兼提舉而州郡不復預矣後專置提舉而轉運亦不復預矣後盡罷提舉官

至大觀元年續置明年御史中丞富公弼請歸之轉運司不報建炎中興詔罷兩浙福建市舶司歸轉運司明年夏復閩浙二司賜度牒直三十萬緡爲博易本四年春復置廣司紹興二年廢福建提舉市舶初令提刑兼領旋委提舉茶事十二年朝廷欲措置福建蠟茶呂斌上言於是茶事司歸建州而提舉市舶以次復矣十四年命番商以香藥至者十取其四十七年詔丁沉香豆蔻龍腦之屬號細香藥者十取其一乾

道二年詔罷兩浙提舉市舶逐處職事委知通判知縣監官同行檢視而總其數令轉運司提督紹興二十九年張闡言福建廣東各置務於一州兩浙船務乃分建於五所至乾道初臣僚言兩浙惟臨安明州秀州温州江陰軍凡五處有市舶祖宗舊制有市舶處知州兼提舉市舶務通判帶主管知縣帶監而逐務又各有監官市舶置司乃在華亭近年遇明州船船到提舉帶一司吏人留明州數月名爲抽解其實搔擾

且福建廣南有市舶物貨浩瀚置官提舉誠所
當宜惟是兩浙置官委是冗蠹乞賜廢罷從之
三山續志宋至元十六年設轉運使榷鹽貨兼市
舶二十四年兼榷鹽鐵酒醋諸課二十九年改
置提舉始專司鹾三十一年設轉運使大德八
年罷十年改置提舉皇慶元年復設都轉運使
各有佐屬以治其事凡鹺運及倉場之官隸焉
又接元史至元十四年始置市舶司領煎鹽徵
課之事二十四年改立鹽運司二十九年改立

提舉司大德四年復爲運司九年復罷併入元帥府兼掌之十年復立都提舉司至大德四年復陞運司徑隸行省

國朝鹽課專設都轉運鹽使司職掌茶鐵課郡縣領之市舶提舉專管進貢方物柔待遠人

一官職

岐謹按周禮泉府掌市之征貨之滯于民用者以其買買之凡國之財用取具焉歲終則會出入而納其餘則知前代開海市以通商以來遠

人之貢有由然也我

朝司署初設于泉正取泉府意焉建官三員以海

市開船欲分治之茲惟理貢船不復開海市副

提舉遂未銓授矣吏目閒來任亦虛設耳雖有

正提舉貢至經理之此外他無事事然

國初設有衙門印信符驗字號凡遇進貢則有本

冊起關每年拜進則有表文上司公檄則有承

行撥參則有吏役供使令則有隸徒掌印提舉

之任可少之哉況隸會省之地秩列大夫與運

府並列同事有協參之義焉涖是者其敬爾有

官可斁作官職考

宋元市舶提舉司

提舉一員

同提舉一員

副提舉一員　知事一員

國朝市舶提舉司

提舉一員從五品

副提舉一員從六品　吏目一員從九品

一吏役

岐謹按周禮云七曰胥掌官敘以治敘則古者之胥卽今之吏也吏專簿書示祇承耳提學司設吏凡六雖無所事然有衙門印信則必有吏役供事始克成體茲輪派直印直堂巡風迎送上司查理文卷每日卯時俱令升散衙門雖清閒藉是可出身約束之漸稍就整肅是亦存官箴之體也作吏役考

吏戶禮兵刑工共吏六名司二名典四名轉考

候缺農民無定數

一慶賀

岐謹按周官嘉禮附以賀慶之禮

國朝會典凡五品以上衙門例慶

賀則市舶提舉司每年

聖壽冬至正旦三次例該拜進表文屆期同運府類

進于

布政司轉進

禮部原設有庫舍儀仗前人建立規則美哉猗

與

龍亭一座　庫一間　龍幔一項

圍柱龍袱四幅　黃傘二把　鉞斧一對

金瓜一對　御棍一對

儀從夫三縣取用　金鼓旗三衞取

寫表裝潢俱係侯官縣儒學師生修繕

一署舍

岐謹按詩曰夏屋渠渠言上之待下其居處有

如此司署衙門初制建立堅且壯也歲久就圮

日漸彫落欲請而新之度費出惟艱惟因其大壞者量捐俸薄葺之耳然廠以貯貢物驛以安遠人自今修理無大費用釋今不修將來傾墜用不貲矣然地方多事此又不急之務也時寧儲積可無一修治之乎作公署考

提學司正廳三間　穿堂二間　中堂三間

東房三間　西房三間

吏戶禮書房三間　兵刑工書房三間

儀門三間　屏門一座

大門三間　土地祠三間

荔枝樹一株　龍眼樹四株

提舉宅

客廳三間　中房三間

兩耳房八間　廚房一間

宅門三間

副提舉宅

客廳三間　中房三間

耳房三間　廚房一間

宅門二座
吏目宅
客廳三間　中房三間
耳房八間　宅門一座
東公廨房六間　西園房三間
進貢廠房屋
錫貢堂三間會盤方物于此　承恩堂三間
察院三司會宴于此　控海樓一座三間
廚房一所　尙公橋一座

碑亭一座　儀門三間

運府提舉司會宴堂三間　待夷使宴堂三間

更樓一間　守宿房五間

庫內香料庫三間　椒錫庫一間

蘇木庫三間　硫磺庫一間共八間

揀篩煎銷硫磺兩廊房共二十間

庫亭一座三間　庫門三間

外參門一座　貳門一座

大門一座　門外坊牌一座

各小角門三座

天妃宮一所

前殿三間　後殿三間

兩廊十間　大門一間

眞武祠一間　土地祠一間

魚池蓮池前後共六口　荔枝樹共四十一株

龍眼樹共十二株　桃樹共四株

棗樹一株　扁柏樹三株

松樹一株　竹墩浦一所多灣曲

新開荒箭路平地一所約長二十餘丈橫約方
丈餘
柔遠驛
前廳三間　兩邊臥房共六間
後廳五間
兩邊夷梢臥房共二十七間
貳門三間　兩邊夷梢臥房共六間
守把千戶房兩邊共十間
軍士房二間　大門一間

一公養

岐謹按詩曰彼君子兮不素餐兮則知古者俸以養廉君子恆懼其覆餗也惟市舶提舉司衙門建于福支候款兵額派于興泉漳三府征解多逃逋不惟官無以資用顧役屢虛無怪其嘖嘖也雖有年例銀不敷歲用然署僻官貧俸薄役稀恆稱貸以應之蒞此亦可以爲清心寡欲之助豈特逭素餐之譏哉作公養考

俸糧

正提舉員下每月本色米二石八斗折色米十
一石二斗
副提舉員下每月本色米二石四斗折色米五
石六斗
吏目員下每月本色米一石五斗折色米三石
五斗
祗候正提舉員下四名　副提舉員下四名
吏目員下二名
直堂本司弓兵十名　吏目廳弓兵二名

本司直堂門子二名
轎傘夫六名係三山驛輪流撥跟
探事馬夫一名係三山驛撥用
泉州府額編
晉江縣祇候二名　安溪縣祇候一名
同安縣祇候一名
漳州府額編
龍溪縣祇候五名　龍巖縣祇候一名
興化府額編

莆田縣弓兵三名

漳州府額編

龍溪縣弓兵二名　隸兵二名

泉州府額編

晉江縣門子二名　安溪縣弓兵二名

同安縣弓兵一名　永春縣弓兵二名

馬夫銀原額編泉州府屬縣先年追解不完羅

一峯公辭而不受罷此役相沿遂成故事至今

未有

一屬役

岐謹按春秋書白狄來嘉其慕義也傳曰越裳氏重譯來朝示柔禮也是故蕃文語出島夷匪譯靡通蕃性非我族類匪通靡達我

朝內置四夷館以太常少卿督其事仍擇精譯夷語蕃文者爲序班通事外則設市舶司以提舉大夫官統之擇本土知蕃語者爲通事正以達夷情宣王化也然必素譯其文能閑禮法者始可堪之然比之匪人不亦傷乎若夫行戶園丁

等役往來無常者也作屬役考

冠帶土通事原設四員嘉靖二十五年革退一

員今只用三員

牙行原設二十四名各年分不等革去十九名

今只存五名

看廠幷解運方物殷實戶原額六名已前年分

革去三名今只存三名

看廠園頭一名係閩縣均徭內僉撥

柔遠驛門子二名係閩縣均徭銀內編僉解赴

布政司給領

一官氏

岐謹按周頌曰嗟嗟臣工敬爾在公則設官所以敬其事必著其籍履而後可論其世也市舶司署設久官亦相沿我朝弘治壬戌以前市舶設于泉州惟一峯羅公文行卓絕可考其餘年遠名湮漫不可考自壬戌迄今僅得二十八其間多史館銓曹賢哲左遷或久或速官無常業甚有厭其泠授而不至可槩見矣考之八閩通

志其元宋官秩亦略備焉爰稽籍履以備題識

作官氏考

宋市舶司提舉職名

徐確　上官厚　錢景邈

樂紹衍　章煥文　施逑

蔡樠上二人政和閒任　許大年　張佑俱宣和閒任

魯詹靖康初任　邵邦達建炎閒任　徐與可

李承遇　王權　趙奇

呂用中　鮑仔　□壽成

婁璹　曹泳　趙士鳴
李莊　張子華　鄭寀
傅自修　張汝楫　陳之淵
黃績　何傋　林之奇 有傳俱紹興間任
郭知訓 隆興初任　程佑之　馬希言
陸沅　張堅 俱乾道間任　虞似良
蘇峴　韓康卿　彭椿年
嚴煥　潘冠英　胡長卿
張遜 俱淳熙間任　王煥　趙汝彧 俱紹熙間任

許知新　詹徽之　黃纘俱慶元間任

余茂實　曹格　郭希宗俱嘉泰間任

趙益　趙亮夫俱開禧間任　朱輔

王樞　趙不熄　傅庸

葉元瀞　趙崇度　施械

魏峴　趙汝适俱嘉定間任　謝采伯

李韶俱紹定間任　葉宰　黃朴俱端平間任

劉煒叔嘉熙間任　趙希棶　陳大猷

趙師耕　劉克遜　楊瑾俱淳祐間任

趙涯　黃會龍（俱寶祐閒任）

元市舶司提舉職名

黑的　宋熙　張鐸

陳珪（俱至元閒任）　八哈迭兒　馬合謀

段廷珪（俱大德閒任）　沙的

石抹羌吉剌歹　孫國英

海壽（俱至大閒任）　贍思丁　木八剌沙

嚴文　哈散　朱善輔

倒剌沙　廉壽山海牙（上五人俱延祐閒任）

裴堅至治間任　昔寶赤　趙敏

八都魯丁　劉遜　亦思司因

暗都剌　蠻子海牙　忽都魯沙

也先帖木兒　爲樞　葛紹祖

國朝提舉職名

羅倫字彝正號一峯江西廣信府永豐縣人成化丙戌二年狀元由翰林院修撰成化丁亥年以言事謫出歷任己丑年召復翰林院原職

武全直隸保定府雄縣人由舉人弘治十一年
歷任
王尚學廣東廣州府東莞縣人由舉人正德二
年歷任
倪鼎直隸徽州府婺源縣人由舉人正德十年
歷任
舒芬字國裳號梓溪江西南昌府進賢縣人正
德丁丑十二年狀元由翰林院修撰十四年
以言事謫降歷任嘉靖元年召復翰林院原

職

劉廷臣江西吉安府廬陵縣人由舉人嘉靖元年歷任陞浙江處州府同知

陳九韶廣東廣州府番禺縣人由舉人嘉靖七年歷任陞湖廣岳州府同知

徐廷傑浙江温州府永嘉縣人由進士山東按察司僉事嘉靖十三年以事謫出歷任十五年二月陞福建邵武府同知

何公溥廣東惠州府博羅縣人由舉人嘉靖十

四年歷任陞福建汀州府同知
陸時雍浙江湖州府歸安縣人由進士工部郎
中嘉靖十七年以事謫出歷任十八年陞四
川按察司僉事
添註江汝璧江西廣信府貴溪縣人由進士左
春坊左諭德嘉靖十七年以主考事謫出歷
任十八年陞南京兵部員外
楊育秀江西廣信府貴溪縣人由進士吏部文
選司郎中嘉靖十八年以選官事謫出歷任

本年七月陞南京兵部員外

陳璦直隸常州府武進縣人由舉人雲南大理

府通判嘉靖十九年歷任

鮑晃直隸徽州府歙縣人由舉人雲南臨安府

建水州知州嘉靖二十四年歷任

楊璉直隸常州府武進縣人由監生北京南城

兵馬司兵馬正嘉靖二十八年歷任

高岐雲南大理衞籍四川成都府人由舉人先

任太僕寺寺丞以事謫出嘉靖三十三年歷

任

副提舉

吏目

尉賢山東兗州府寧陽縣人由恩生嘉靖八年

歷任

譚彝廣東南雄府保昌縣人由吏員嘉靖十五
年歷任
甘鎮江西南昌府豐城縣人由吏員嘉靖十七
年歷任子甘勳嘉靖癸未進士
葉濾直隸徽州府休寧縣人由吏員嘉靖二十
五年歷任丁母憂嘉靖三十四年復任

一附先年市舶府太監歷任職名

楊斌交趾人洪武年間膺選歷陞奉御永樂初
年任

梁著湖廣人洪武年間膺選奉御永樂初年任

來任交趾人洪武年間膺選歷陞尚衣監左少
監正統九年任正統十三年遷本省鎮守

張貴北直隸人永樂年間膺選歷陞惜薪司右
司副成化元年九月任
蒙信廣西人洪熙年間膺選歷陞供用庫奉御
成化四年十月任
施斌山西人永樂二十二年膺選歷陞都知監
右監丞成化九年七月內任
韋查廣西人宣德四年膺選歷陞都知監太監
成化十二年九月內任
董讓浙江人景泰年間膺選歷陞御用監太監

弘治二年三月任弘治十年遷江西鎮守

劉廣山東人天順初年膺選歷陞司設監太監

弘治十年六月十八日任

劉彝山後人天順年間膺選歷陞御馬監右少

監正德二年二月初十日任

許通順天府人成化十年膺選歷陞內官監太

監正德三年十月十三日任

呂憲山東人成化十一年膺選歷陞內官監太

監正德四年十一月初八日任

尚春保定人成化年間膺選歷陞都知監太監
正德五年十二月十一日任轉陞御馬監太
監福建鎮守正德十四年十月十九日任
趙誠保定易州淶水縣人弘治年間膺選歷陞
御馬監太監正德十四年十月十一日任轉
陞福建鎮守嘉靖五年四月十五日任

一賓貢

岐謹按書曰明王慎德四夷咸賓無有遠邇畢
獻方物周禮懷方氏掌來遠方之民致方貢致

遠物而逆送之達之以節治其委積館食則王者於四夷之賓貢招以禮綏以德正周官意也

今制南夷厥貢惟琉球達于閩貢舶來往飭兵防之方物進獻擇官護之

錫予以重幣遣送以序班馳達以驛遞宴待以都司延給以館廩恩至渥也懷綏有道島夷來王厥有由哉作賓貢考

琉球國進貢應行事宜

琉球國夷船到水埕灣水寨經過閩安鎮等處

巡司各先申報各衙門知會把總指揮卽差千
百戶一員坐駕軍船率領軍士防範進港都司
仍委指揮一員督同地方沿江巡邏防範
察院行都布按三司會委首領官三員各領封
皮同提舉司掌印官帶領土通事幷合用匠作
人等前去停泊夷船處所譯問差來夷使果係
進
貢是的當取彼國符文執照查驗備抄明白一面
督令各匠就將本船艙艏如法釘封當令原委

指揮防護進港各委官員先將封過艙䑲緣由
稟報後將抄白符文執照備由通行申報如或
夷船擱淺難進夷使呈卸槓椇行李自僱船隻
搬運至柔遠驛安歇其進貢方物行令芋原驛
取撥站船裝運緣由申蒙布政使司會差原委
官員預先稟請
察院并都布按三司封皮到船驗封開䑲先將
方物盤過站船如法封釘固密取具船戶領狀
附卷著令駕到進貢廠河下聽候會盤仍將各

吏行李見數搬運入驛具由申報提舉司又據
吏官呈請會盤緣由申詳
察院批行布政使司擇日劄行提舉司另具日
期封皮張數手本稟請各衙門按臨到廠會盤
原委官員先稟驗封開艙提舉司行閩侯懷三
縣查照舊規備辦籮桶槓繚合用家火物件送
廠仍取行匠辨驗方物都司行左右中三衛取
撥金鼓旗吹鼓銃手軍士排列隊伍防範布政
司行福州府閩侯懷三縣照依上年事例備辦

酒席宴待夷官賞犒夷衆各大小衙門官員俱到進貢廠聽候會盤提舉司呈遞夷使參見行禮事宜手本方物文冊其夷人差委土通事數名先發柔遠驛安插次將馬疋蘇木胡椒硫磺等項方物依次進上著令行匠驗報明白該三縣民夫搬扛貯庫畢原委官員稟請封皮封庫夷官辭謝起馬本日都司行左右中三衛取撥百戶三員軍士一百名提舉司撥吏一名每夜提鈴巡邏防守方物仍撥千戶二員軍士三十

名守把柔遠驛門提舉司給示禁止夷人不許
擅自出入交通貿易違禁貨物按月取具土通
事并附驛地方各不致縱容結狀繳報按察司
查考
察院并都布按三司各先差人賫本赴
北京走報後布按二司會委官一員同提舉司
官公同到廠開庫拘集油炭等行辦料將原進
草包生硫磺眼同拆開督匠驗看成色照依舊
規春篩如法煎銷成餅一面行拘匠作照依上

年式樣做辦槓桶藍袋槓絲罩架黃袱旗棍等
件裝盛方物槓數申報布政司委官解槓提舉
司擇具封槓日期并封皮式樣張數呈報刊刻
印給原委官員領帶到廠公同驗看明白逐槓
釘封照舊收庫提舉司照依舊規軍三民七派
夫申詳
布政司行福州府閩侯懷三縣并三山驛遞都
司行福州左右中三衞各照派槓數撥夫到廠
聽用都布按三司會委千百戶四員內二員護

送夷使赴北京二員同提舉司差看廠僱當殷
實戶二名領解方物赴南京內庫交納奉獲長
單批迴附卷
察院并都布按三司及提舉司各差人賫方物
數目本册赴北京投進進貢夷人奉例只許應
付一百五十員名夷官廩給每員每日給米五
升入件口糧每名每日給米一升五合夷梢月
糧每名每日給米一升該三山驛備申福州府
行常豐倉按月關支蔬菜夷官每員每日給銀

五分人件每名每日給銀五釐按季赴

布政司給領火柴每員名每日給銀一釐赴閩

侯懷三縣支應宴待夷官賞犒夷眾提舉司據

差來夷官呈請筵宴緣由備中布政司行福州

府閩侯懷三縣照依舊規辦宴于都司堂上宴

待掌印都司一員主宴三衞排列隊伍防範次

日夷使謝各衙門酒席畢土通事帶領回驛提

舉仍擇具起槓日期手本稟知起槓之日稟請

三司先到西門樓城上送槓出城取具解槓官

幷芋源驛遞各領狀繳報其夷使赴京具呈提

舉司轉申布政司呈詳起關應付自柔遠驛起

程往芋源驛由延平建寧崇安過山浙江直抵

北京

琉球國差來夷使人件赴

北京進貢事畢回還奉

欽依差鴻臚寺序班一員防送至柔遠驛安歇照前

宴待畢後提舉司行據土通事取具夷官離驛

日期緣由申詳布政司委官一員同本司土通

事并該吏各一名將夷人逐一搜檢上船防送
至梅花千戶所地方開洋回國去訖取具沿途
經過各該巡司地方各不致縱容登岸收買違
禁貨物并夾帶人口等項結狀繳報各衙門

一貢物

岐謹按禹貢曰島夷皮服曰海濱廣斥厥貢鹽
絺海物惟錯則海夷獻貢有自來矣琉球國爲
閩海東夷凡貢皆取其國中所有者以獻進素
號知禮文恭事天朝肅如也邇來該國物產漸

耗海商不至窘矣貢物之涼其有自哉然薄來
厚往柔道也作貢物考除先年貢數不開外
嘉靖二十年三月二十六日閩安鎮巡檢司報
琉球國差來正議大夫蔡瀚同王舅殷達魯使
者金松通事林喬坐駕船一隻裝載進
貢慶賀馬四疋硫磺一萬斤金靶鞘腰刀二把
銀靶鞘腰刀二把鍍金銅結束紅漆靶鞘衮刀
一十六把鍍金銅結束紅漆鞘沙魚皮靶腰刀
一十把象牙二萬斤進貢

御前金結束黑漆鞘沙魚皮靶腰刀二把鍍金銅結
束紅漆靶鞘袞刀一十二把鍍金銅結束紅漆
鞘沙魚皮靶腰刀一十把兩面泥金扇一百把
一面金扇一百把附搭蘇木一千斤紅銅一千
斤至二十一年五月初七日梅花千戶所開洋
回國
嘉靖二十二年三月二十五日閩安鎮巡檢司
報琉球國差來正議大夫陳賦使者馬善通事
陳繼榮坐船一隻裝載馬十疋硫磺二萬斤進

貢附搭紅銅一千斤蘇木一千斤至二十四年
五月初九日梅花千戸所開洋回國
嘉靖二十四年三月初四日據閩安鎮巡檢司
報琉球國中山王尚清差長史梁顯等官坐船
一隻裝載馬八疋硫磺一萬四千斤進貢附搭
胡椒一千斤蘇木一千斤至二十五年五月十
八日梅花千戸所開洋回國
嘉靖二十六年四月初一日小埕澚水寨報琉
球國差正議大夫陳賦長史蔡廷會使者馬讀

古通事梁炫坐船一隻裝載馬十五疋硫磺二
萬斤金光銀靶鞘腰刀二把金結束黑漆鞘金
起沙魚皮靶腰刀二把鍍金銅結束皮包鞘皮
札靶腰刀六把鍍金銅結束紅漆靶鞘袞刀六
把束香一百斤象牙二百斤附搭蘇木一千斤
胡椒一千斤進貢謝
恩至二十七年五月十三日梅花千戶所開洋回國
嘉靖二十八年三月二十六日閩安鎮巡檢司
報琉球國差正議大夫梁顯使者金城通事梁

炫坐船一隻裝載馬四疋硫磺五千斤附搭蘇
木一千斤胡椒一千斤進貢至二十九年六月
二十三日梅花千戶所開洋回國
嘉靖三十年無貢
嘉靖三十二年閏三月初六日小埕灣水寨報
琉球國差長史梁炫使者達魯嘉尼通事鄭憲
坐船一隻裝載馬六疋硫磺一萬斤附搭蘇木
五百斤胡椒五百斤進貢
補三十年分貢差使者馬加尼通事陳繼成坐

船一隻裝載馬四疋硫磺五千斤附搭蘇木五
百斤胡椒五百斤至三十三年六月二十一日
梅花千戶所開洋回國

一考異

岐謹按易曰君子以類族辨物今考之羣書參
之使記則琉球爲海邦其地輿之廣狹俗產之
美惡風氣之異宜

聖化之遠被臣節之恪守及遣使錫封之大典咸著
明焉惟我

天朝有保天下之氣象故以大字小無達弗屆也豈
惟琉球一國然哉安南朝鮮日本占城暹羅俱
海中諸國莫不來享來王以至霜靄月域亦皆
臣妾焉輿圖之廣粵自開闢以來所未有者也
附此以見
大明大一統之盛
大明一統志
琉球國在福建泉州東海島中其國之沿革未
詳漢魏以來不通中華隋大業中令羽騎尉朱

寬訪求異俗始至其國語言不通掠一人以返
後遣武賁郎將陳稜率兵至其國擄男女五百
人還唐宋時未嘗朝貢元遣使招諭之不從
本朝洪武中其國分爲三曰中山王山南王山北
王皆遣使朝
貢嗣是惟中山王來朝其二山蓋爲所併矣
風俗男子去髭鬚以鳥羽爲冠裝以珠玉赤
毛婦人以墨黥手爲龍虎文皆紵繩纏髮從項
後盤至額以羅紋布爲帽雜毛爲衣以螺爲飾

下垂小貝其聲如佩
王及臣民各分土以爲祿食識漢字奉正朔俗尚
佛異神
使錄云所產多野馬牛豕烏鴉麻雀螺殼海巴
硫磺牛皮磨刀石穀則有稻秫稷麥菽蔬則有
瓜茄薑蒜葱韭果品則有鳳尾蕉甘蔗石榴橘
柿之類其蘇木胡椒櫂子扇皆易自暹羅日本
嬴虫錄
琉球當建安之東水行五百里土多山峒峒有

小王各爲部隊而不相救援

國朝進貢不時王子及陪臣之子皆入太學讀書

禮待甚厚

使錄云按福州梅花所開洋順風七晝夜始可

至琉球國以水程計之殆將萬里豈止五百里

部落列伍以防衛相爲救援洪武二十二年王

令子姪入太學後遣陪臣之子進監讀書大司

成敎以誦詩學禮處以觀光之館禮待不亦厚

乎

星槎勝覽

琉球國山形抱合而生一曰翠麗一曰大崎一曰斧頭一曰重曼高聳叢林田沃穀盛氣候常熱酋長遵理不科民下釀甘蔗爲酒煮海爲鹽能習讀中國書好古畫銅器作詩效唐體地產沙金黃蠟

使錄云琉球山形南北一帶而生無翠麗等四山之名五穀雖生不繁氣候常熱雨過即涼政令簡便各食分土陪臣子弟并民之秀者令習

中國書其餘俱從倭僧學番字而已地不產金
亦無黃蠟玻璃等物所用惟日本銅錢其古畫
銅器非其所好作詩則弄文墨參禪乘未必效
唐之體也

集事淵海

琉球與泉州之島曰彭湖者煙火相望其人驍
健以刀稍矢劍鼓爲兵器旁有毗舍那國語言
不通袒裸盱睢殆非人類

使錄云琉球去彭湖不下數千里雲蜃作霧光

景且伏煙火豈相望乎閩之鼓山霽日可望琉球蓋小琉球山也若大琉球將隔萬里豈能望哉人生多膂力薄滋味寡嗜慾國無醫藥民亦少夭札習尚忿爭多用兵器鄰國目爲勍敵焉東隅有人鳥語鬼形不相往來豈所謂毗舍那國耶

杜氏通典

琉球國王姓歡斯氏名渴剌兜土人呼之爲可老羊妻曰多拔荼王乘木獸令左右輿之凡宴

會執酒者必得呼名而後共酌飲歌呼踢蹄音
頗哀怨扶女子上膊搖手而舞民間門戶必安
獸頭

使錄云嗣王姓尚氏名清父名眞祖名圓自上
世以來皆命名以漢字妃皆選自民間女子充
之稱王曰敖那稱妃曰札刺陪臣無姓氏或以
世以地爲之名大夫長史都通事有姓者皆出

自

欽賜三十六姓之後裔焉王出入乘肩輿傘蓋用五

色以土珠小團扇四柄貼金葫蘆一對以爲儀衞鼓吹戈矛隨焉宴會禮甚簡朴陪臣稱觴壽王與坐共飲不名樂用絃歌音頗哀怨更以童子四人擊柝婆娑以爲舞焉無蹋蹄女子之歌戲民居不勝風雨雖王居亦無獸頭況民乎

大明會典

琉球自洪武年間其中山王山南王山北王皆遣使奉表箋貢馬及方物洪武十六年

賜國王鍍金銀印并文綺等物山南王亦如之後
賜中山王山南王山北王玉色紵絲紗羅冠服王妃
紵絲紗羅王姪王相寨官絹公服永樂以來國
王嗣立皆請
命册封自是惟中山王來每二年賓貢一次
成化年間差給事中董旻爲正使行人司副張祥
爲副使琉球封王一次
嘉靖十二年差吏科左給事中陳侃爲正使行人
司行人高澄爲副使琉球封王一次

一藝文考

岐謹按孔子曰文獻不足故也足則吾能徵之矣是故考德問業必於前言往行訂焉司署肇于古名賢相傳必有序記歲遠碑湮漫無所考近于頹垣中獲殘碑蘚剝不可讀洗而玩之迺改設司記爰合貢廠諸碑輯而錄之俾前賢盛矣不終磨滅而司署文獻或可備采擇也作藝文考

福建市舶提舉司記

按察司副使雲程林玭撰

皇明混一宇內四夷賓服乃琉球居泉閩東海島中
唐宋未嘗朝貢元遣使諭之不從洪武初稽首
稱藩歲遣人入貢至泉轉達永樂元年始置市
舶提舉司於泉設官掌之又主以中貴一人歲
久番舶漸抵福城南河口是司猶在泉成化丙
戌巡按御史朱公賢奏請遷福之柏衙
制從之提舉羅公倫中云衙門設立自有其地遷移
亦有其數蓋以柏衙僻陋非可設之地歲數未
竊非可遷之時遂寢其事甲午巡視都御史張

公議將舊司貿易置澚門都指揮王欽宅遷本
司官吏居之但卑隘圮壞每遇慶賀表箋龍亭
儀仗權設儀門行事弘治壬戌春太監劉公縠
然曰吾奉命專制番舶是司之設壯中國之等
威其體制不可不隆聳外夷之瞻視其門閭不
可不麗乃諗于鎮守太監鄧公巡按御史陳公
相與贊成其謀幸是歲首夏初圃中芙蓉一株
盛開數朶夫芙蓉秋開者也是華特先衆卉而
榮識者蓋知此地必興之兆乃措貲市材鳩工

以提舉武公名全運判楊公名瑞董其役外爲重門中正廳翼以兩廂案室有堂湢有室官吏有廨共屋七十餘間始事於壬戌年九月十五日竣工於十二月庚申日武君屬此紀其事昔宋元祐初置是司於泉則以泉人賈海外者掌其征榷貿易之事我朝賈海有禁其所司者朝貢一事而已今遷於福以其地言之福城爲八閩總會之地其衣冠文物十倍於泉羽冠異類奉贄獻琛奔走左右而受約束者觀三司衙所

之制豈不思藩屏固刑罰清武備脩安敢萌外
侮之心乎觀府縣學校之制豈不思生齒之繁
財賦之殷人才之盛然焉敢啓內侵之釁乎以
其數考之自永樂癸未始創於泉迄今弘治壬
戌年于茲矣夫數始於一窮於百窮則變變則
通通則久故方經營變置之始草木爲之先榮
夷情爲之悅服國家億萬年爲華夷主久安長
治之徵也非羅公卓見不足以逆知其數於四
一十年之前非鄧公劉公才識不足以通變而符

其數於百年之後故衙門之設雖有其地有其數必得其人而後成旣成之明年癸亥十二月朔記

今開原契都布按官買地基東至官街西至地平堂南至軍人張清等北至官河

提督福建市舶題名記　按察司副使宜興杭濟撰

東南自浙而閩廣爲三省其外大海多蠻夷環水而島居者若干國淩風駕濤譯言贊貢歲率以爲常故每省各該市舶司領之又命中貴臣

一人統其事區畫周悉蓋欲下通款附之誠上
以布我朝廷柔遠之意也夫統于一隅羈屬諸
國況其情弗類順逆易興當是者顧亦艱且重
矣肆惟閩省市舶之設事事者計凡若干人迄
今太監劉公爰自內選受
勅而至甫九稔事既克環江海無虞迺暇日修廢舉
墜公署之飾煥然增新而前人封域頹圮悉治
既而喟曰吾從莅茲土者後先相踵閱歷滋久
殆將無傳焉因稽諸故牘詢之遺老得官秩姓

氏者僅八人作亭廳署之後立石以載之徵予
爲記予惟托名金石以圖不朽槩有爲之者然
名立於此實徵諸彼某苟善則人將指而賢之
某否則將指而詆之善示無窮而否亦因之不
泯則斯名之存故幸也亦大可懼也市舶初無
碑志公斯肇之其所以昭潛没啓繼襲意詎無
所謂哉於戲往者已矣今之視其名者安知不
有指議其閒而後之繼今當必知所以自懼若
迺公之和易忠誠恪共厥職貢致于上市不私

于下而且申威播惠順效蠻夷是眞可謂不負簡命者矣吾知登名茲石傳之永久他日必有指而賢之者雖然其端耳使擴是而往以弘其事業則將書而炳諸史册豈特茲石也哉此予所望於公併以示諸來者

尙公橋記　兵部尙書閩縣林瀚撰

橋以尙公名者公所造也遂用公姓姓斯橋焉蓋示千萬載不能忘耳公自童年被選入內廷供奉以聰秀爲

憲宗皇帝所愛特送入書堂進脩學業性敏而勤志
銳而篤染翰工詩皆遠出人右逮弘治中歷試
惜薪司財用諸劇事一皆稱旨荷賜飛魚錦服
一襲眾以爲榮我
皇上紀元正德初拜奉御荐陞左司副司正至於今
職五年秋乃以都知監太監服蟒衣玉帶佩璽
書來總閩蕃舶事甫逾一載聲望日隆其恤細
民也以仁其接賢士大夫也以德其懷馭島夷
之朝貢者以惠以大體一日會盤方物于河濱

見司所架木橋度運海航諸貨登岸者板弱繩
朽遽墜番使溺焉公慨然曰此非所以柔遠人
也遂出稟貲分給石公造橋梓人樹坊于東名
曰懷遠建樓于西名曰控海皆極堅固壯麗樓
可遠視坊可少憩橋可安行華夷得之輿議名
曰尚公者紀實也提舉王尚學率本地通事黄
仕明官牙馮驥等專董其役經始於七年壬申
夏五月十六日越冬十月二十七日告成鎮閩
太監商公飈槩都布按三司諸公咸往落之罔

不相顧歎羨無已爰屬老夫紀其事以垂有永
予昔官翰林時奉命內書館視業知公爲深公
本魯氏而尚乃賜姓也茲重會晤亦一奇逢耳
矧西園既復時邀名公登鄰霄臺宴飲賦詩鎸
名峭壁斯皆人所鮮能而公慷慨舉之士林罔
不敬服誠近臣中之表者歟公名春景元其字
別號達齋世家于保定易州云

進貢官廠置買閩縣崇賢里一二圖民葉瀅李
淵民田共二段計四分五釐五毫三絲蓋造牌

樓塡砌官路其田公委本縣典史金奎丈量明白止該正耗米四升四合九勺九抄七撮夏稅鈔四文當官給與田土價銀二兩三錢訖其米鈔立作官廠名字寄莊高惠里一圖用勒于石永爲定規

三山紀會錄序　梓溪舒芬

古仁人立言之遠曠百世而不受知者屈子之離騷是也離騷自淮南而下說者數十家奚爲而不知邪屈子者知道者也離騷者訣絕而思

傳道者也說者謂怨誹憂憤類以楚聲湘纍悲
哀之辭視之豈知離騷者邪夫傳道之言在今
日豈信於子思孟子邪屈子曰道可受兮不可
傳其小無内兮其大無垠與子思所論費隱同
邪異邪又曰一氣孔神兮於中夜存虛以待之
兮無爲之先與孟子所論夜氣同邪異邪且孟
子而、下士孰知王霸之辨此屈子乃言曰昔三
后之純粹兮使非眞知王道之純粹邪又曰湯
禹嚴而祗敬兮周論道而不差於乎嚴敬不忽

大中不差此兼內外該本末之言也非三后之
所爲純粹者邪蓋存社稷哀民艱躋王道等伊
呂屈子之心也而不得遂焉亦樂天而安夫命
矣雖離騷見志亦豈必其道於來世邪或者見
其有悒鬱大息流涕之字則謂其憤怨見其有
鑣蛟駕龍發東津至西極之辭則謂其嫉世逃
虛是豈知屈子未嘗不豫之誠邪歲正德己卯
予以言事調司藩舶偶九日登烏石高處長嘯
孤咏若將騁宇宙之寥廓也同年平嵩知之攜

酒至俄而東岡越坡浴陽皆攜酒至且眺且詠若將觴我樂我也各爲詩數首屬予和且屬通錄所聯句爲一卷以紀清遊予以斯遊于四君信樂矣若芬者方處孤遠慮患之地人豈以爲樂邪昔者屈子之樂人以爲憂幷與其道廢之矣非四君孰知予嘯咏之樂邪雖然道苟在我則無往而不可樂位苟在我則無往而不可憂一游奚待哉詩錄去恩覽者視之騷也因敍屈子之仁先之謝四君能知己也

刻張東海贈行羅一峯詩序 運同前御史華亭李人龍撰

士有曠百世而相感者，孚以心也。矧夫聲應氣求，㝉然峙立於朝，著其心之所感，又何如其肫闓孚契也。一峯羅先生在翰林時，疏奪情忤秉國，調閩市舶提舉。衆方以言爲諱，而張東海先生卒不避忌，毅然獨以詩贈行，觀其格款韻致，侃侃金石，不作渭城語，未幾東海亦以假髻曲訕倖位，隨外補南安，守其詩之所發，非其心素所孚契者乎？愚嘗竊評二公，羅醇正似程明道

張鯁直近蘇文忠文章節氣較若畫一其心同
故其迹同也高子季鳳以太僕丞謫遷茲署稽
古象賢而耿耿於前修者篤矣按故事市舶清
簡設以待遷客先是翰苑銓曹凡左遷者率涖
是終日讀書撰文養望儲用諸前脩固皆名流
而一峯尤爲卓越宜高子所深慕而鍾仰之極
力也一日集羣察燕于柔遠堂洒徵言於余而
求表揚之余退而檢籍笥偶獲此詩爰筆敦復
以邵倅錢子可學工草書意宗東海介其染墨

揮毫勒珉昭法時輔贊其美者福郡伯翁子大
經少府徐子廷高副運林子端吾別駕張子子
成王子子信邢子元翊而顧子少雨適蒞長麟
司則樂觀厥成也噫茲舉也作濂於忠可以立
世敎矣昔孔子以君子稱子賤而必追本其魯
之多賢韓退之唐之聞人也其文至宋歐陽公
始克表暴於世余固不敢私諸其鄉人而高子
惓惓謨議亟圖伐石以彰二公之美一發於秉
彝好德之公心顧余鄙劣深惟不文是懼重違

高子之懇且幸自附於青雲之士以表諸君子
忠義之誠不敢以不文自棄也故勉爲之敍

詩

送羅應魁調官福建市舶提舉 東海張弼

江右衣冠此丈夫纔於
楓陛聽傳臚百年事業丹心苦萬古綱常赤手扶郭
隗臺前折疎柳考亭祠下掃寒蕪問渠榮辱升
沈事天際浮雲自有無

烏石同游倡和 梓溪舒芬

轉避迴巒一徑深直窮烏石最高岑爲將佳節
酬孤興應被旁人識壯心山勢北來雲萬疊潮
痕東望雪千尋揮毫欲掃烟嵐淨風雨今朝未
許侵

又

壯懷寧解賦悲秋得伴還爲汗漫游酒債又因
佳節重詩篇常爲好山畱遙憐
宮闕中天隔不信烟霞此地幽翹首東溟風未定
萬漚隨浪若生浮

讀羅一峯舒梓溪張東海三公文集有感

陽川高岐

嘉靖甲寅春岐自江北移官閩南爰考舶司
名賢多翰苑天曹謫仙至止維一峯梓溪二
公謫寓更久遺文往事足可徵焉嗚呼若二
公者可多得哉蓋二公秀鍾江右克勵聖賢
之學其里同其志同大魁天下蜚英史館文
章道德海內仰之爲太山北斗其聲望同力
任綱常逆止遊豫犯顏敢諫風節挺挺其忠

義同落職閩市舶堅持雅操歷三載如一日

其謫與地同

召復翰林官止修撰遽爲隱憂抱道而終又同夫

惟其心同故道無弗同也我

朝養士二百年來培植既厚元氣自完此二公之

直節正氣邃學淵謨誠足以風天下而師百

世也豈惟厥里厥官俎豆之同他日休亭明

禋廟祀之崇其將無同也乎岐末學小子去

二公之世若是其遠也謫遷兹署慕二公之

高若是其切也既嘗刻張東海公送行詩序于石垂不朽矣臨風三復重有感焉遂不揣爰次前韻爲詩一首僭扁于司署之翚偲寄興堂以見二公心一道同且以述高山仰止之懷云

天挺洪都兩丈夫雲龍千載慶傳臚後先大節乾坤重次第危言日月扶烏石暮雲含宿潤玉堂春雨鎖殘蕪清風仰止令人切流水高山古調無

司志終

船司志後序

夫記久而明遠昭茲而貽來莫備於志所以稽典敷猷秩分勅法別防垂鑒總庶事之紀類萬物之情匪直文焉已也古有以天文志者如馮相保章氏之所掌有以輿地志者如職方氏之所掌有以人事

志者如内外左右史之所掌是也
大哉志乎三才之奥統於此矣若
陽川高子之志斯志也其猶有良
史氏之遺矣乎我
皇家開天立極柔遠能邇島夷卉服奔
走貢琛舶司之設其來尚矣官署
制度規置詳略自宋元以迄于今

不知凡幾變也顧未有輯而志之者高子自太僕移官江北旋移是秩借資養望靖共朝夕愼乃攸司蒐討舊聞爰輯爲志是故始建置以稽典也表沿革以敷猷也愼職官以秩分也詳吏農署舍公養屬役之類以勅法也著賓貢以別防

也稽官氏以垂鑒也其文核其旨
遠其取類廣其立義精俾後之尚
論景行者世有考焉則斯志也允
足爲文獻之徵矣高子文章行業
齊美於仲兄雲川公公昔按吾閩
風烈具在余亦曾按滇於高子有
深知之雅樂觀厥成故僭爲之序

云

嘉靖乙卯秋七月望吉

賜進士出身浙江道監察御史莆田石

海林應箕著

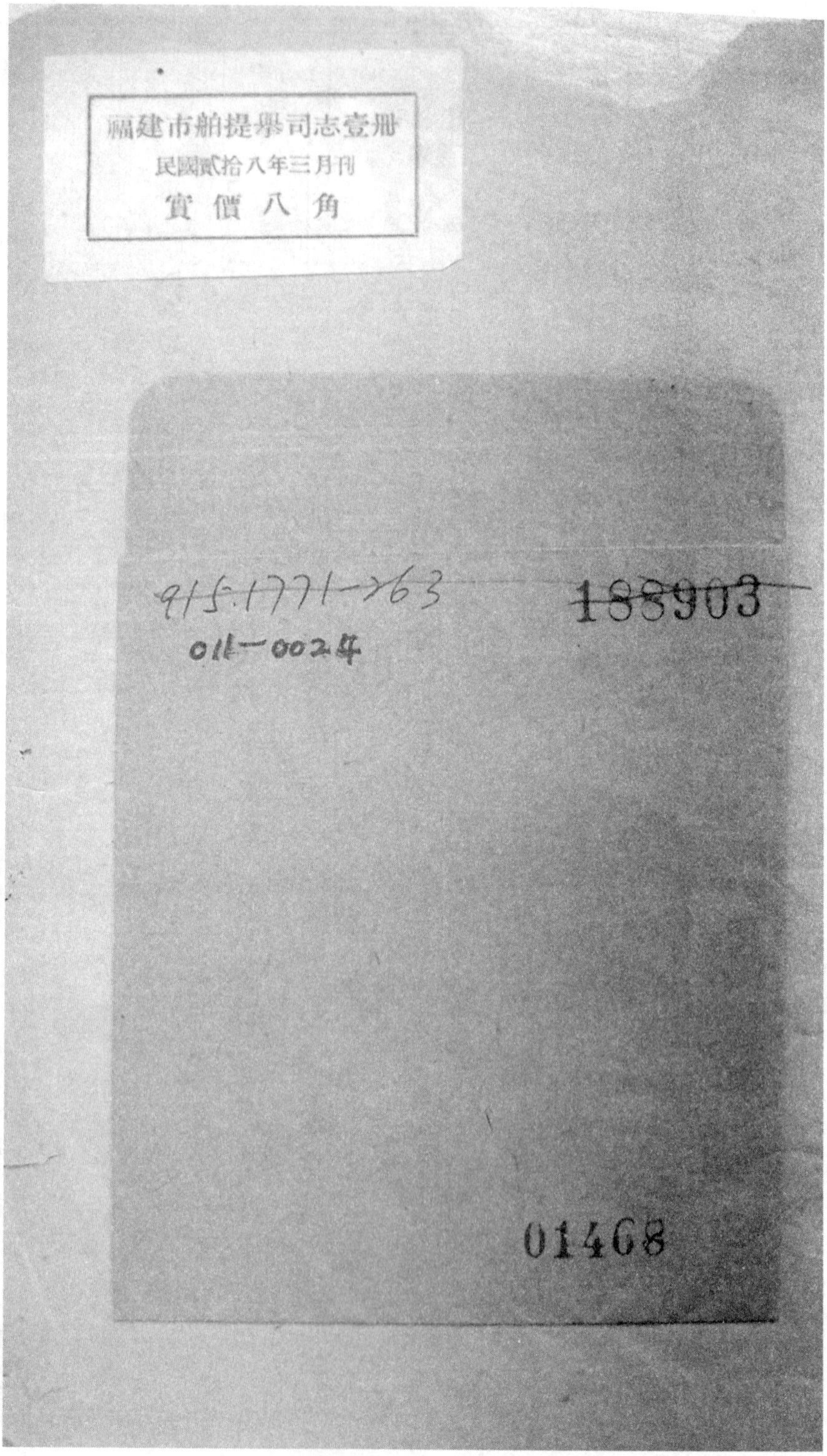
福建市舶提舉司志壹冊
民國貳拾八年三月刊
實價八角
188903
01468

琉球文獻史料彙編

方寶川　謝必震　主編

海洋出版社
二〇一四年・北京

琉球文獻史料彙編

（清代卷）

（清）葉方藹《贈琹客陳生（生嘗從張御史渡海使琉球）》（《葉文敏公集》卷十）

葉方藹（1629—1682），字子吉，號訒庵。江蘇蘇州昆山人。清順治十六年（1659）進士，授翰林院編修。康熙三年（1664），出任會試同考官。十二年（1673），充任日講起居注官。十四年（1675），升任國子監司業，又改翰林院侍講，再遷翰林院侍讀學士，授職上林苑。十六年（1677），任《孝經衍義》總裁官。十七年（1678），任《皇輿表》編纂總裁。二十年（1681），授刑部右侍郎。卒贈禮部尚書，謚文敏。所有積蓄多為購置圖書，家有『舭齋』，圖籍滿架，官至禮部侍郎，加本部尚書銜。卒謚文敏。

葉方藹為官清廉，家有『舭齋』，藏書萬卷。勤為著述，主要有《舭齋集》、《讀書齋偶存稿》、《獨賞集》、《葉文敏公集》等。

《葉文敏公集》十二卷，舊抄本。其卷十有《贈琹客陳生（生嘗從張御史渡海使琉球）》詩一首，為送清康熙二年（1663）隨冊封琉球正使張學禮（字立庵）往封琉球的從客陳翼（字友石）而作。

茲據舊抄本影印。

瑶池宴罷酒吏事一瞬終看八駿回

贈琴客陳生〻嘗從張御史渡海使琉球

一曲南風始奏薰碧空飛盡海山雲莫言古調無人賞
猶有魚龍會識君

寂〻

寂〻空庭淺〻齋愛閒寂善是無才蒼苔舊為尋詩破
素醞新因百閱開蹀躞馬看隔巷去悠揚蝶怕過墻來
羸童擁絮呼慵起不信光春光到郤迴

吾廬

浩蕩東風寄此身吾廬雖破足相親月如遠客歸常夜

（清）厲鶚《使琉球記序》（《樊榭山房集》卷二）

厲鶚（1692—1752），字太鴻，又字雄飛，號樊榭、南湖花隱等。浙江錢塘（今杭州）人。清康熙五十九年（1720）舉人。乾隆元年（1736），應博學鴻詞科，不第。中年後客揚州，執教馬氏小玲瓏館。悉心著述，尤擅詩餘，浙西詞派的中堅人物。著有《樊榭山房集》、《宋詩紀事》、《南宋院畫錄》、《遼史拾遺》等。《樊榭山房集》八卷，行世有清光緒十年（1884）錢塘汪氏振綺堂刻本、清同治十三年（1874）錢塘丁氏刊本、1929年上海中華書局本、1992年上海古籍出版社校點本等。其卷二有《使琉球記序》一篇，系為清光緒十年（1884）錢塘汪氏振綺堂重刻康熙二年（1663）冊封琉球正使張學禮《使琉球記》而作。

茲據清光緒十年（1884）錢塘汪氏振綺堂刻本影印。

人之魚裴夫略者巡也於書無不巡也略者界也以醯爲之界也

使琉球記序

皇清受命奄有區宇仁風義問扇被萬國戴斗比景之域文身鑿齒之倫無不悉主悉臣奔走恐後琉球遠在東南海中恭順夙著冀需聖人寵靈世爲外藩以奠卉服延頸鶴望請封者至再康熙元年張侍御學禮銜命以行遠涉鯨波踰年後歸中朝著有使琉球記二卷上卷言使事下卷言風土也侍御嘗鏤版歲久漶漫曾孫寶善謀重授之剞劂而屬鶚爲序按琉球之名始見

隋書字作流求元史作瑠求隋書言國王姓歡斯居波羅檀洞多鬬鏤樹條纖似髮王乘木獸所居聚髑髏壁下異俗可駭如此元史但言彭湖嶼已下漁舟颺漂落漈返者百一自隋至元慰諭不服浮海擊襲虜其民入而還明洪武五年中山王察度始遣使入貢而山南山北二王相繼受封其後爲中山所併朝臣奉使者陳侃蕭崇業夏子陽客胡靖等各有撰述明一統志仍隋書之舊而侃等所書類多浮飾紕繆其言不實君子弗尙也侍御之記魚龍風雨變怪百出其奇險有不止於落漈者自正副使臣以至黃頭赤幘輩皆仰

天家威德所芘克全無恙而禮儀之虔恪民俗之樸略

絕無荒誕可駭之狀則
至化之漸者遠故錄之象胥掌之舌人者簡且質也且
夫人臣出使外國多以口舌折衝若陸賈張騫等爲比
無論南越大宛非唐虞盛世事而賈等方緩頰吐吻之
不暇又豈能條其見聞一一筆之於書若琉球國貧而
俗儉侍御減供却金上體
朝廷恤小柔遠之至意而中山久旱冊禮既畢大雨三
日
聖澤滂流瑞應尤卓越萬古周禮大小行人之職所以
撫邦國諸侯者歲徧存三歲徧頫五歲徧省而又錄其
禮俗政教札荒厄貧康樂和親之類各爲一書以反命

于王以周知天下之故侍御之記其猶此物此志也夫嗣是出使者汪檢討楫則有使琉球雜錄中山沿革志徐編修葆光則有中山傳信錄皆本侍御而增益其未備惟侍御能舉其大者以有待也

烏船紀略序

古者車戰利西北舟師利東南此大較也太公陳蒼兕於盟津叔向名舟虞於涇水西北之兵未嘗不需舟以濟攻擊備禦之方略焉賦苦匏者命之將習流不其難歟所謂利東南者三江五湖黏天無壁寇據爲險我乘爲利以舟禦舟即以舟攻舟則形式之詳器械之精操縱之宜未有不講求儲侍而能占師中之吉獲濟川之

（清）汪琬《送宗人舟次出使琉球序》、《題使琉球記》（《堯峰文鈔》卷二十四、卷三十八）

汪琬（1624—1691），字苕文，小字液仙，初號玉遮山樵，又號鈍庵，晚號鈍翁，因其晚年隱居太湖堯峰山，學者稱之為堯峰先生。江南長洲（今江蘇蘇州）人。清順治十二年（1655）進士，任戶部主事、官至刑部郎中。康熙九年（1670）冬，因病棄官歸隱。十八年（1679），薦舉博學宏詞科，試列一等，授翰林院編修，入史館，與修《明史》。翌年（1680）冬，又乞病告歸。遂閉戶撰述，不問世事。曾參與晚明複社事，又與侯方域、魏禧等合稱『清初三大家』。著有《鈍翁類稿》、《姑蘇楊柳詞》、《喪服或問》、《古今五服考異》、《東都事略跋》、《迎駕始末》、《汪鈍翁題跋》等。晚年自訂《堯峰文鈔》。

《堯峰文鈔》五十卷，清康熙年間刻本。其卷二十四有《送宗人舟次出使琉球序》文一篇；卷三十八有《題使琉球記》一篇。前為送清康熙二十二年（1683）冊封琉球正使汪楫（字舟次，一作舟茨，號悔齋）往封琉球而作；後為清康熙二年（1663）隨冊封琉球正使張學禮往封琉球的從客陳翼（字友石）而作。

茲據清康熙年間刻本影印。

此又二三士大夫之憾也吾友王子貽上年少而才既舉進士於
甲第當任部主事而用新令出為推官揚州將與吾黨別吾見憾
者方在燕市而慶者已翹足企首相望江淮之間矣王子勉旃事
上宜敬接下宜誠涖事宜慎用刑宜寛反是辠也吾告王子止此
矣朔風初勁雨雪載途搖策而行努力自愛

送宗人舟次出使流求序

予聞古王者之待其臣也亦既寵之以尊位厚之以恒祿矣方其
平居無事則又往往畧上下之分而敦賓主之誼於是乎篚筐玉
帛以貺之膳羞酒醴以饗之鼓瑟吹笙考鏞伐鼓以娛樂之一旦
有事若行師出使之屬則曲體其道塗之勞與夫家室之私以慰
藉而臨遣之小雅四牡之詩所謂王事靡盬不遑將父母者是也
惟其情文周浹至於如此然後為之臣者莫不安其勞而忘其私
憊心神竭膂力以圖報稱而無難後世不然平居則體貌之文不

至臨事則慰勞之情不周君之視臣奚啻秦人之於越人而大夫
從事者亦遂咨嗟感歎於下北山之詩所謂王事靡盬憂我父母
者是也夫是二詩者其不得養其親一也使人主代為言之則皆
說而知奮苟出於臣子之自言即不免乎怨且懟矣今吾舟次才
高而學贍器博而志雄　天子拔諸學官之中超授史職知遇不
可謂不隆也會有　詔集廷臣慎簡出使流求者爭首推舟次應
命　天子大說諸賚予悉越故例而舟次復條上便宜數事部議
俱格不許特出　中旨曲從其請者四事且俾倭陪臣來逆而後
行恩數不可謂不渥也知遇之隆恩數之渥　天子之待舟次以
校古王者之時幾無以異也舟次有親在堂年且八十士大夫咸
謂宜陳情乞留然而舟次不以親為解闗尊甫生伯先生之心亦
不以其子遠冐煙海波濤萬里不測之險為虞及舟次馳傳便道
過家奉觴上壽父子間氣貌怡然議論偉然安其勞而忘其私未

嘗有毛髮咨嗟感歎之意所相勸勉惟懼賈越　上命耳是誠賢矣哉其能報效　天子如古四牡皇皇者華之使無疑矣予與舟次同祖越國又嘗同官翰林於其行也義不能無言既深嘉舟次父子間之賢而又推本　天子所以寵待舟次者為之追述前聞以贈

送宋牧仲榷贛州關序

康熙十七年仲冬之吉刑部宋子牧仲方以才能簡任關使者於贛州瀕行京師諸相識率皆往而餞之又以詩贈之牧仲意猶未已復命予序其端予歎息謂牧仲曰琬盍嘗受教鄉先生矣頗明以語予勝國時士大夫為郎吏者往往不樂任户曹為户曹者亦往往退讓不欲以分司之職受知於其長為分司者又皆不汲汲於征利而惟務以寬恤往來之行旅此所以商賈富饒吏民安樂而士大夫亦多廉恥之風也比年以來其時其勢率異此故關政

故吾謂是語也不獨為閨房之勸誡已也雖曰聖賢之教大人先生之學不外是焉可也竊願廣其傳以竢後之求道者

題平母節略卷

詩二南半為后夫人作聖人既繫之正風至於邶鄘衛為變風之始而鄘詩復首柏舟其後乃以墻有茨采唐鶉之奔奔諸篇繼之蓋聖人立教之意所以望其為此而戒其為彼也深且遠矣如馮孺人能持苦節以終其身又能教其子用文章取名於世其於共姜奚媿焉於是王茂遠宋玉叔既為之傳諸士大夫復從而賦詩寵之凡如干篇異時有譔輯　本朝詩者苟不取法乎聖人則已如法聖人繫詩之意則必不遺乎此也且微獨不遺而已必將采其尤工切者冠諸篇端以端風化而勵末俗乎氏奩姑俟之

題使琉球記

陳翼字友石常熟人略通琴書既從張御史學禮往使琉球嘗捜

琴於其王世子還至京師爲予備言海中魚龍之變幻日月之出没煙濤雲浪之倏忽有無與夫琉球風土之醇愿人物氏族之喬野儀文器數之樸略近古可喜可愕多記中所不載者予聞而羨且慕之爲之拊掌起舞恨不能經行眺覽其間也昔蘇明允有言大丈夫不爲相得爲使折衝口舌之間足矣今陳生雖不爲使幸得附

王人以行出其技能遠自暴著於數萬里外爲予所羨慕雖蹈海奚憾哉於是陳生又言往返海上蓋瀕死者數矣其始遇盜於海口則幾以兵死既而逗留大洋中所貯水米告盡則又幾飢渴死夜見大魚浮海面揚鬣噴水水湧起數丈所乘船震撼欲覆又幾沈溺死隨風引至琉球北山得登岸稍逾數十丈即當隨入落漈洋中不可上又幾死越北山遇風雨卒至兩龍夾舟飲於海又幾死及歸而復遇大風雨桅裂驅壞柁繩中絶飄蕩三晝夜不知所之又幾死抵閩界上輙潛行賊島間數百里懼爲所得又

幾憂悸疾病死顧得仗　天子之福中國之威靈數瀕死而不死天吳海若實陰相之葢其自以為幸者如此然予猶有憾焉求諸古人如游輞川泛漢陂周覽洞庭彭蠡沅湘雲夢之勞此其蹟之所涉耳目所經見者以校大海直比於桮水勺泉耳然且作為詩文相與張大而稱說之況乎奇觀異聞什佰於此不有雄偉恢閎絕倫特出之作以述其事而陳其狀歸而上諸史臣藏諸藝苑以媲美齊諧志怪之書將何以誇示後世為無窮之傳邪惜乎陳生者方沾沾以琴書自喜猶未暇及此也

題萬里紀程

紀程昌為而作吾吳孝子黃君向堅端木為其親作也親者孰謂謂孝子之父含美先生也先生名某崇禎癸酉舉人明末知雲南大姚縣以兵阻不得返孝子徒步往尋之故有作也昌為謂之紀程孝子之行也始於順治八年冬十二月訖明年夏六月自吳入

（清）陳廷敬《琉球刀歌為汪舟次作》、《送汪舟次檢討使流求二首》、《送汪悔齋使流求序》（《午亭文編》卷五、卷十三、卷三十六）

陳廷敬（1639—1712），字子端，號說岩，晚號午亭。澤州（今山西晉城）人。清順治十五年（1658）進士，授庶起士。十八年（1661），改內秘書檢討。康熙八年（1669），任國子監司業。後歷侍讀學士、禮部侍郎等。康熙二十五年（1686），升工部尚書。二十六年（1687），又改戶部尚書。二十七年（1688），任吏部尚書、經筵講官。因被劾罷官歸里。二十九年（1690），復起為左都御史、工部尚書。三十年（1691）為會試總裁，改刑部尚書，後又改戶部尚書、吏部尚書。四十二年（1703），晉文淵閣大學士，兼吏部尚書。四十七年（1708），致仕。五十年（1711），因首輔大學士張玉書去世，奉命入直，總領閣務。謚曰文貞。

陳廷敬為官清廉，體恤百姓，器識高遠，文詞淵雅。著有《午亭文編》、《河上集》、《參野詩選》、《說岩詩集》、《山禮指要》、《午亭歸去集》等。參加過《清世祖實錄》、《清太宗實錄》的纂修；又擔任過《政治典訓》、《方略》、《一統志》、《佩文韻府》、《明史》、《康熙字典》等書的總裁官。

《午亭文編》五十卷，清康熙四十七年（1708）刊本。其卷五有《琉球刀歌為汪舟次作》詩一首，卷十三有詩《送汪舟次檢討使流求二首》，卷三十六有《送汪悔齋使流求序》文一篇。均為送汪楫使琉球而作。

茲據清康熙四十七年（1708）刊本影印。

一曲水不殊萬里瀧時節逼炎燠即物心屢降

移居別庭前山石

東書遊京國廿載無一椽僦居胭脂巷怪石羅堂前僻性寡朋侶對此情孤騫落月偏曉勢斜日迴遠烟春花不吝寂秋樹相連娟閉門長兀傲隱几舒沉緜有時因塵鞅芒角遭磨鐫茲石不改色專靜無[illegible]慾蕭條別汝去況復當殘年回首風雪夜幽夢遙相謀

流求刀歌爲汪舟次作

丈夫得志爲雲龍掎服蛟虬羞雕蟲歸來畫笏奏天子寶刀拜獻明光宮餘者壯氣亦騰躍拔鞘漠漠生涼風滄波險絶窮髮東乘槎使者浮空濛圖書裝輕不滿笈

碧花鐫錯青芙蓉含霞飲景霜鍔動方口斫地如渴虹
麟角鸞趾詎所觸剸劃暴猛蠲妖凶古殭入山豺虎逸
方平獨卧鬼物空豈似此刀光熊熊大食日本皆提封
三金合冶紫烟重海日鼓橐波雲紅洮鴨緑石不受礪
雪刃淩亂神鼇峰東方侏儒飽斗粟昔者賜出鷫鳴鴻
君方入侍禮遇崇身挾日月乘天風遠人睨贈意有以
斲金切玉理則同沙場此物久不試來庭文齒兼亢胄
禁中煩收挨翰藻搖筆辟易千夫雄清晝造膝三數公
英盼徃徃迴　重瞳男兒致身有如此況值威德兼黄
農試看渭叟鼓刀者干戈載戢櫜強弓

夏夜

笑先敎傳唱羽林兵

送張敦復學士還桐城二首

詔恩相見慰浮沉往事分明思不禁朝退常陪經席丞内中初設直廬深蓬山地近天人別温樹春歸歲月侵我去三年君宛在重來還對欲分襟辛酉還闕命學士慰問於宫門

門外桐陂水驛通櫻桃初熟落帆風別來容鬢愁先白到日江亭問也紅工也紅敦復亭予為作記偕隱已悲縣嶺上耦耕終約五湖東我來君去如相避解道人生是轉蓬

送汪舟次檢討使流求二首

萬里滄波使　三宫法從班吾曾泛積水別久問神山天遠客星見孤帆秋汐還丈夫事異域耶肯老離顔

彭湖接烟火軍鼓亦闐闐絶島真無地中原只有天節
旄來殿闕戈甲在樓船借問隆慮平聲將何如陸賈賢

禮闈校士得十四韻

數到掄才地承 恩自禁林纔移經席仗猶殷屬車音
白首氷銜晚青春鎖院深昔遊思袒裼榮路愧華簪銀
燭三條盡銅壺午夜侵苑花應冉冉闌棘自森森簾下
經過斷風前語笑沉樓明金晦月臺轉玉衡參地鄰觀象臺屢
輟中宵夢回憐爆直心香凝新繡綑寒戀舊綾衾忝竊
鑅文字蹉跎細討尋池邊蹲豈鳳書裏穴成蟫典職堪
遲暮登賢鬱滯滛不辭鈎校切有暇得微吟

闈夜夢母

子必有以自信焉知其若此而何媿乎為壯繆之苗裔也與君留信宿而去書其語為贈别之序

送汪悔齋使流求序

國家受命宅中統壹方夏威烜旁達覃及無垠至於海外罔不震懾悉享悉庭其有阻疆自雄悖暴淫逞則不憚取亂侮亡奮雷霆百萬之師臨其區域立就殄滅於是

天子命曰嗚呼予一人受天顯命盡天所覆以畀予有家惟汝眷在德務廣地者荒務廣德者強迺顯任仁義禮樂敎化以保惠黔首懷柔遠人流求自　先朝奉職貢為外臣不懈罔愆康熙二十年冬中山世子尚其遺陪

臣某表奏其先王喪乞嗣封爵禮臣議沇求越在海外道遠宜以冊命須給陪臣不遣使便於是陪臣某具狀陳乞欲得天使為小邦榮寵其時
天子御門覽狀臣廷敬實侍起居
上曰海邦嚮化宜遣使宣布朝廷德意如陪臣請且宜得通經術善辭命可使遠方絕域者下公卿臺諫推舉臣廷敬退而謹書其事於冊公卿臺諫廷推翰林檢討臣汪楫為正使中書舍人臣林麟焻為副使
上曰可二臣銜　命行有日矣輦下大夫士能為詩歌者競賦詩以壯其行汪君不以余不能文也而屬予為餞別之序余舉一觴謂汪君曰嚮者廷敬侍起居親見

上之鄭重遣使臣也夫余與君歷玉堂升清禁從容侍
從之班見
主上聖文以開太平神武以遏亂略載之左右史者多
矣而大要於仁義禮樂教化之大以保惠懷柔夫天下
者尤孳孳焉汲汲焉宵衣而待旦日中不暇食遠人之
來其亦聞風慕義而至乎傳曰於遠人則修文德以來
之既來之則安之傳又有之招携以禮懷遠以德
上之鄭重遣使臣之意其必有所甚念於此與且吾聞
古稱流求驍健喜擊鬭攻刺其俗多與中國殊迺今或
者又謂好禮義悅詩書安知今之俗不異於昔耶然則
宣達國家以仁義禮樂教化懷柔之至意使之服教畏

神廩廩　聖化暨環洲島而處者永為冠帶之邦不專屬於君之此行與使戕而旋必有以此稱塞　上旨者廷敬又將執簡而書其後

送翁寶林尚書予假還葬序

士當窮阨離家親遠丌封提書游四方不憚道途之勤羇旅之艱者凡以求顯名美仕也及循覽昔人行事見其獵聲名眺祿利有危如顛跌倀倀焉而不思止者則心鄙之或有有才無遇遇而輙困苦若不容其身者又未嘗不太息想慕歎惜其為賢故士之仕也守難進易退之節或長往而暫歸者亦凡為仕所宜焉耳奚豈必有道之士能乎哉而卑俗時士之論有異焉曰士大夫

（清）顧景星《聞汪舟次（楫）出使琉球》（《白茅堂集》卷二十二）

顧景星（1621—1687），字赤方，號黃公。蘄州（今湖北蘄春）人。明末貢生，南明弘光朝時考授推官。入清後屢征不仕。康熙十八年（1679），薦舉博學鴻詞科，稱病不就。

顧景星記誦淹博，詩文名世，藏書充棟，著述宏富。主要有：《白茅堂詞》、《讀史集論》、《贉池錄》、《顧氏列傳》、《南渡來耕集》、《阮籍詠懷詩注》、《李賀詩注》、《黃公說字》等。

《白茅堂集》四十六卷，初刻於清康熙四十三年（1704），續刻於清乾隆二十年（1755），清乾隆二十八年（1763）再補刻。其卷二十二有《聞汪舟次（楫）出使琉球》詩一首，為送汪楫使琉球而作。

茲據清乾隆二十八年（1763）補刻本影印。

賓雁初鳴侶關河次第聞低飛驚畫角欸起亂愁雲秋
怨銜蘆晚霜寒接翅勤知幾憐汝最不與鷺鳧羣

秋老無消息連朝作陣來耳聾嘗倒枕愁重且銜盃大
澤千檣集平原萬馬開滇師凱旋艤漢口幾回栖宿地变被暮
笳催

江北猶遲到湖南且未聞鐸聲搖棧雨鐃吹出邊雲勢
鶴紛千里貔貅返六軍蕭條洞庭上落日望餘氛

聞汪舟次楫出使琉球

憐悅汪郎出使時天風玉節手親持殷勤餞遍長安句
未得儂家一首詩

漢陽太守行

（清）顧汧《送汪檢討舟次林中翰石來冊封琉球》（《鳳池園詩文集》詩集卷二）

顧汧（1646—1712），字伊在，號芝岩，別號鳳池芝叟。直隸順天府大興縣（今北京）人。清康熙十二年（1673）進士，授庶起士、翰林院編修，官至禮部右侍郎、河南巡撫等。三十四年（1695），致仕歸里。

所著《鳳池園詩文集》十六卷，清康熙年間刻本。其中詩八卷、文八卷。詩集卷二有《送汪檢討舟次林中翰石來冊封琉球》詩一首，為送清康熙二年（1663）冊封琉球正使張學禮（字立庵）、副使林麟焻（字石來，號玉岩）使琉球而作。

茲據清康熙年間刻本影印。

右丞精鑒無不宜百卷圖畫千卷詩自是主人能
好古開箱拂帙爭神奇中有龍鱗老松樹停雲偃
蓋多紛披濤聲尺幅走千里虛堂六月生涼颸更
看桃實倒相映葳蕤綠葉交扶持露凝欲向簷前
落根株直自蓬山移嗟君夙抱棟梁質深藏碩果
無求知匠石不獲見珍賞世上丹青徒爾爲

送汪檢討舟茨林中翰石來冊封琉球

丈夫不得援枹拔幟赴戰場會須秉冊捧詔敷遐
方萬里于役豈辭遠聲名文物資鋪揚　天子德

威播中外叛者殲滅順者昌櫜弓棨戟歸武庫雍
容干羽舞明光六服畏威且懷德畢貢琛矢來梯
航惟此琉球素恭順班班內府考舊章嗣世守業
上表請禮臣按籍曰允當　帝念錫封闢鉅典廷
推二妙皆人望瀛洲著述重寓內鳳閣文章掌日
傍雙承寵命敦賓禮共羨尊優賜衮裳忼慨封章
奏七事騑騑四牡晨俶裝閩海懸帆高百尺羣龍
弭尾來驂翔天吳爲前驅海若導顏行精衛建雲
罕鮫人擁艅艎中朝黃河今已清渤海之波自不

揚夜残日映滄溟紅諸島磊砢幾點蒼迎恩亭畔
使館蔵中山父老爭趨蹌經歷歡會漏刻門指顧
山南山北王玉節金函麗天界高文典冊輝琉黄
山名新書不用招南越諭檄何煩下夜郎舊傳朝鮮
有圖記近見安南誌遠疆使車齊驅返京國許惠
一冊談要荒令我讀之壯神采不啻隨君乘槎破
浪觀扶桑

過同年顏澹園寓觀蹴踘

大鈞元化含樞紐胠篋絪縕鼓萬有天機運轉翊

（清）姜宸英《贈汪檢討出使琉球序》（《湛園未定稿》卷三）

姜宸英（1628—1699），字西溟，號湛園，又號葦間。浙江慈溪人。與朱彝尊、嚴繩孫並稱『江南三布衣』。清康熙十八年（1679），以布衣薦舉博學鴻詞科，與汪楫同入明史館任纂修官。分撰《刑法志》，記述明三百年間詔獄、廷杖、立枷、東西廠衛之害，開創了有清以來『布衣修史』的先河。後又從徐乾學在洞庭山修《大清一統志》。三十六年（1697），賜進士，以殿試第三名授翰林院編修。三十八年（1699），為順天鄉試副考官，因主考官舞弊，被連累下獄死。著有《湛園未定稿》、《葦間詩稿》、《湛園詩稿》、《西溟文鈔》、《真意堂佚稿》、《湛園藏稿》、《湛園題跋》等。後人還編有《姜先生全集》。

《湛園未定稿》六卷，行世有清康熙年間二老閣刻本、清道光年間刻本。其卷三有《贈汪檢討出使琉球序》一篇，為送汪楫使琉球而作。

茲據清康熙年間二老閣刻本影印。

贈汪檢討出使琉球序

古天子行人所至止於五等封國而已自漢開西域持節而馳者鑿空生事於萬里之外爲君子所不道然猶未及於海外諸國也其後東南諸種類始稍稍通貢中國而其中所謂琉球者隋大業間嘗發兵攻之終不能臣服至前朝始稟正朔奉職貢以及於國家開剏之際尤秪效臣節四十年間航海之贄數至

天子嘉其勤也復以其國俗好文學敦禮義不欲鄙夷其人迺妙選臣僚銜

命往撫之於是禮官同諸大臣及科道官會推以翰林院檢討汪君充

正使名上依故事賜一品服齋　詔往前年汪君以
文行超卓膺制科之選天下無不聞其名而慕之今
將中朝之命臨賜絶島之國百靈斂順趨丞翼衛揚
帆鼓棹亘不十日可抵其境上則夫聆其聲名挹其
言論風采以帖服震讋竦然增上國之重者豈獨中
山君臣區區之是爲哉環島而居者小大國以十數
嚮必有聞風景附爭集闕下者使盛朝之崇德鴻業
礴礴無外汪君且與有力焉君行出自閩嶠乃者封
疆大吏鳴劍躑躍賡幾伏波横海之功然艅艎之師
銜尾相屬迴翔而不進者三年於兹矣或謂十萬之

衆不必賢於一使之任然其利害未可懸度也傳曰有可以安國家利社稷者則顓之言使之有遂事也以君之才顧其勢不得以遂事比其歸也圖畫其所見山川形勢設爲方略以上之以待謀國者之有所擇而用焉此亦良使臣之職也

（清）沈進《送汪舟次檢討冊封琉球四首（録二）》（李稻塍、李集輯《梅會詩選》二集卷十一）

沈進（1667年前後），初名敘，（一作馭），字山子，號藍村，晚號知退叟。浙江嘉興人。諸生。工詩，少與朱彝尊相唱和，時號『朱、沈』。後與周篔賦詩合成一帙，又號『沈、周』。游京師歸，居藍村半巢，陶然自適。著有《文言會粹》、《東園詩》、《藍村稿》、《半巢居稿》、《退叟行吟》等。

清人李稻塍、李集輯《梅會詩選十二卷二集十六卷三集四卷附刻一卷》，清乾隆三十二年（1767）寸碧山堂刻本。二集卷十一所輯為沈進詩，其中有《送汪舟次檢討冊封琉球四首（録二）》詩二首，為送汪楫使琉球而作。

茲據清乾隆三十二年（1767）寸碧山堂刻本影印。

酒銀壺炙催綦蠟炬銷藍村歸有夢遮莫過溪橋

送汪舟次檢討　册封琉球四首　錄二

殊命今重錫中山豈外臣已知同覆載況乃荷陶鈞卉服通南紀滄溟拱北辰從玆宣德意一洗小邦新

周南太史氏禹穴僅探奇絕島曾無跡遐陬未勒碑聖朝收屬國詔使重陳詩禮法行應辨非惟問土宜

喜晤戴懷古　時懷古有維揚之行

似鶴還餘骨清羸真道流醉鄉元嬾託詩思獨冥搜遂有維揚役宜登江上樓春潮花月滿行色好淹留

和俞旅農入春雨雪兼旬漫成

積陰人事少正喜掩柴關砌冷偏生蘚城高不礙山隨

（清）毛際可《送汪舟次使琉球序》（《安序堂文鈔》卷八）

毛際可（1633—1708），字會侯，號鶴舫，晚號松皋老人。浙江遂安縣（今浙江淳安）人。清順治十五年（1658）進士，授河南彰德府推官。廉明不阿，政績卓著。改陝西城固知縣，再調祥符令。康熙十八年（1679），舉博學鴻詞科，不第。後回任，以事罷官。遂歸里讀書，尤擅古文，亦工書畫。與毛奇齡、毛稚黃合稱『三毛』，時稱『浙中三毛，文中三豪』。曾主纂《嚴州府志》，書成未刊。二十二年（1683），浙江巡撫重修《浙江通志》，受聘為總裁，主修《浙江通志》。著有《春秋三傳考異》、《松皋文集》、《松皋詩選》、《拾餘詩稿》、《黔遊日記》、《會侯文鈔》、《震綺閣文集》、《浣雪詞鈔》、《吳山紀游》、《安序堂文鈔》等。《安序堂文鈔》二十卷，行世有康熙二十七年（1686）刻本、康熙年間增修本。其卷八有《送汪舟次使琉球序》一篇，為送汪楫使琉球而作。

茲據清康熙年間增修本影印。

送汪舟次使琉球序

癸亥春王余旅泊刊江適檢討汪君奉　璽書使
琉球道過里門虎節龍旌照耀鄉首父老咸踴躍
聚觀以爲盛事而汪君間出其贈言相示則自大
學士高陽李公以下爲詩文以壯其行多至數百
餘篇嗚呼亦榮矣復徵言于余余謂列國每相覲
以使僑聆諸大夫猶彬彬有君子之風焉其後奔
走兩敵之間者强弱不能不以相校勝負不能不
以相衡於是務爲虛疑恫喝之辭若毛遂按劒而

定盟相如睨柱而完璧以至秦宓談天之詞徐孝穆寒暑之對所謂折衝于口舌者亦其勢不得不然也我　國家者定告成既治封內就法度而薄海以外延頸翹足歸附恐後即如琉球君長以襲（敘次得體）爵請封禮臣比暹羅例不欲勞一介之行李而其陪臣摶顙籲請者至再此豈復有強弱勝負之見敢絲毫萌其意中也哉而爲之使者亦何必復以虛疑恫喝往復而責告之也余願汪君駐節之餘化之以道德率之以禮樂文章誨其所不知而匡

其所不逮脊之也如父兄廸之也如師保斯稱
聖天子字小之義而傳所稱樂天者保天下其氣
象罔如是也況　皇上特越常格簡用詞臣亦以
養望金馬石渠之間其體必雍以和其詞必藹以（更妙）
吉專對不辱固在此而不在彼乃或謂彭湖之間
餘蘖未靖行者不無戒心余以爲不然往者三方
搆亂大師臨之如摧枯拉朽茲　王命宣布赫聲
濯靈當惕息竄伏之不暇何亂之敢生然彼之所
以依回海島而魚鼈與居者亦以久阻聲教德意

無由下逮耳汪君方以道德禮樂文章之盛由琉
球而漸被海隅日出諸國則彼宗族墳墓近在域
内有不愧斯悔悔斯服者歟余知使旋之日必有
釋胄投戈接踵而歸命闕下者已

他文止從折衝口舌立論此獨寫出樂天者保
天下氣象識議俱擡高一層所謂鴻筆之人國
之風雨

（清）毛奇齡《送汪檢討林舍人奉使琉球冊封中山王四首》（《西河文集》卷一百七十三）

毛奇齡（1623—1716），原名甡，又名初晴，字大可，又字於一，號秋晴，又號初晴、晚晴等。以郡望西河，學者稱『西河先生』，與兄毛萬齡並稱為『江東二毛』。浙江蕭山人。少時聰穎過人，十三歲應童子試。清康熙十八年（1679），薦舉博學宏詞科，試列二等，授翰林院檢討，充《明史》館纂修官。二十四年（1685），任會試同考官。二十六年（1687），致仕歸隱，專心著述。

毛奇齡治經史及音韻學等，著述極富。主要有：《西河文集》、《詩傳詩說駁議》、《古今通韻》、《仲氏易》、《推易始末》、《春秋占筮書》、《易小帖》、《易韻》、《河圖洛書原解編》、《太極圖說遺議》、《春秋毛氏傳》、《春秋簡書刊誤》、《春秋屬辭比事記》、《古文尚書冤詞》、《竟山樂錄》、《聖諭樂本解說》、《皇言定聲錄》、《湘湖水利志》、《蕭山縣縣誌刊誤》、《西河詩話》、《西河詞話》等。其遺著後由弟子編為《西河全集》，分經集、史集、文集、雜著，共四百九十三卷。

《西河文集》一百八十九卷，清康熙二十五年（1686）蕭山書留草堂刻《西河合集》本。其卷一百七十三有詩《送汪檢討林舍人奉使琉球冊封中山王四首》，為送汪楫、林麟焻使琉球而作。

茲據清康熙二十五年（1686）蕭山書留草堂刻《西河合集》本影印。

四

修溪石室好此地得精廬編戶知偕律長廊附佛書甃聆幽讚會常任淨明居誰道秋江上蟾雲過太虛

江上數峰青 同南上作

極浦彈瑤瑟群山列翠屏斛林棲鵲碧嵐氣近江青九面開衡嶽雙螺洗洞庭不須悲帝子相望總冥冥

吳江硯生初度

舜渡吳江水長思笠澤賢家傳三俊譽門繫五湖船釀黍逢冬節栽花慶晚年香山能自詠好著會昌篇

送汪檢討林舍人奉使琉球冊封中山王四

首

水國稱藩遠，儒臣奉使遥。玉兩天外啓，金節日南標。鯨路開雲驛，虹旗結海橋。殊方傾懷闕，萬里慕歸潮。

二

北顧數文命，東行藏德音。片帆沙際急，孤島霧中深。天寶三繰玉，波濤萬頃金。針槃隨所向，總見傾臣心。

三

鳳詔從天下，鴻程擊水飛。封留傳世寶，到瀛縣時衣。

四

發氣看成蜃，鮫人喜下機。主賓迎饗後，猶荷依恩雄。

荒服行人罕還朝覲禮成宵風占使節落日驗歸程曉向龍宮別春從鰲背生螢方青帶礪敢不藉芳名

陪同館諸公飲鶴編修宅即席和韻時同年尤檢討予告將歸

秋早吟蛩急宵閒度馬遲柳風清入座燭影暗流卮筵斂茵背衛堂深幔自垂明朝有歸客永夜且相隨

二

同舍愁分袂當杯想乞身論文憐我輩索食向誰人庭竹含烟細沙蒲入臨新夜涼衣露滴澱盡六街塵

周大公子赴河東參軍附別

（清）潘耒《送同年汪舟次奉使琉球》、《送汪舟次奉使琉球序》、《祭汪悔齋文》（《遂初堂集》詩集卷四、卷十，文集卷九、卷二十）

潘耒（1646—1708），字次耕，一字稼堂、南村，晚號止止居士，藏書室名遂初堂、大雅堂。江南吴江（今江蘇蘇州）人。博通經史、曆算、音學。清康熙十八年（1679），舉博學宏詞，以布衣試列二等第二名，授翰林院檢討。入史館，與修《明史》，撰寫《食貨志》。尋充日講起居注官。精敏敢言，無稍遜避。二十三年（1684），終為忌者所中，以浮躁降職，遂歸。後因母憂歸，遂不復出。四十二年（1703），康熙賜復原官，堅辭不受。

著有《遂初堂詩集》、《遂初堂文集》、《遂初堂別集》、《稼堂文鈔》、《遂初堂稿》、《遂初堂外集》、《遂初堂外集詩文稿》、《類音》、《硯銘》、《遊西洞庭記》等。

《遂初堂集》四十卷，行世有清康熙四十九年（1710）刻本、清雍正年間家刻本。其中詩集十六卷、文集二十卷、別集四卷。詩集卷四有《送同年汪舟次奉使琉球》詩一首、卷十有《贈汪悔齋年友》一篇，文集卷九有《送汪舟次奉使琉球序》一篇、卷二十有《祭汪悔齋文》一篇。為送汪楫使琉球以及祭汪楫而作。

兹據清康熙四十九年（1710）刻本影印。

調燮功成樂就閒高眞不戀玉晨班猶餘丹悃堪籌國公陛辭日拜疏詳言時政未仗青精爲駐顏疏傳去時眞盛世謝公行處郎名山吐茵更擬陪遊地蕭台清泉第幾灣

送同年汪舟次奉使琉球

扶桑之西窮髮東千洲萬島浮空濛奇肱長臂兼穴胷殊名詭狀不可窮向化慕義理則同惟聖人出斯朝宗我

皇至德苞黃農游海內外咸銷鋒日窟月窕梯航通琉球僻絕瀛海中其土衍沃人敦龎世奉王正臣職供恭書萬里求嗣封

帝曰俞哉嘉汝忠汝冠汝帶君汝邦疇爲予使咨羣工
汪君才氣眞無雙龍文之鼎筆力扛純鈎淬鍔披芙蓉
廷推而往惟
帝聽奏請十事四事從螭頭占對何從容
至尊屢盼廻重瞳賜衣麒麟茵紫絨龍旌玉節光熊熊
儀從赫奕侯耶公域中之觀海爲雄海面日出玻璃紅
雲景變眩樓臺重大魚如山小如松無垠雪浪粘虛空
皇靈燀赫天澤濃奔走海若將豐隆天吳象罔蛟螭龍
妥角縮尾潛其踪西風七日吹征篷徑度大海如鵬翀
蠻人羅拜虔以恭　詔書煌煌識　天衷　宸章摛藻

摩蒼穹瞻戴永永傳無終翠霄重曼多奇峰脂香之酒浮春缸醉來揮灑如煙虹一字寶過徑尺珙白狼槃木歌南翁宣布威德流鄰封八荒引領胥喁喁歸來葵事明光宮畫笏山川見橫縱始信雎車能折衝豈惟華國誇雕蟲丈夫有志乘長風扃促罇下何其庸書生於國員何功浮沉却羨冥飛鴻邂予勲名垂鼎鍾

送同年徐電發假歸

憶初識君時吾家非溪陽高賢十數公文酒時徜徉君年甫弱冠馳騁翰墨場振衣攬曹劉企足追班揚我方著荷衣殘經抱古牀徒然結心契未敢儕行藏游賜戲

攢一翠白日行林梢老僧遺世者蒸頭以把茅枯木憑作几寅棲如鳥巢風磴陟百層古殿藏雲坳石瘦足香茗瀧淡有潛蛟臨眺窮下方綠樹間丹苞秀野錯若綺重巒壘成爻攀登不知疲我友攜行庖醇美識家醞芳辛辨山肴觴詠竟日夕悠然謝喧嘵浮生草上露世事風中泡奈何縛名利詹如雀黏膠高懷寄山水古意存陶匏且舒孫登嘯休解楊雄嘲

贈汪悔齋年友

海内論知已休陽洵絶倫崢嶸經世業磊落濟時身霜柏儲才大錕刀淬鍔新升朝以文學報國用經綸奉使

窮濱外宣威絶島濱天心眷英略裕態溥文人出守官
仍絀孤忠道竟伸氷壺懸皎潔玉柱聳嶙峋蔀屋歌龐
范　楓宸簡寵恂超遷予持節重寄表全閩察吏六條
肅平刑九棘均小心精法比明目廣咨詢奏讞釋之允
平反定國仁外臺無滯獄一路少寃民巡濁滔滔浪鴟
馳哀哀壓孑身爲砥柱雅志在埋輪力撥朱紘正潛移
黍谷春具僚資表率瀕海荷陶甄豈意鄒枚選居然羊
杜鄰人材那可測吾道未全屯憶昔同升日恭逢戡亂
辰闕門求俊乂側席待沉淪禮過徵黃綺人如得毅辛
殊榮開禁近異數寵儒紳虎觀聯翩入　天顔咫尺親

卷紬金匱秘餌給尚方珍賦擬追揚馬書將敵范荀蛾
眉原易柘龍性況難馴蘭忌當門種魚棺出隊鱗未須
辭諤諤已覺詈中中射影機關巧擢欜放逐頻不才甘
狐落朽質自輪囷一鍛甃山羽長依笠澤尊分畦栽藥
草芟徑理松筠跋腳攤書榻棠頭漉酒巾探奇窮岳瀆
訪古徧齊秦命駕時千里掩關或百旬著書希待後味
道欲竽真散木安溝斷孥材歎積薪疑多隨逝水強半
逐漂蘋瓜摘愁連蔓花飛少墮茵棄捐非
聖主祓濯荷貞臣賴有垂天翼高翔橫海津從容詞玉
燭取次轉鴻鈞岐鳥祥岡鳳郊蹄瑞爲麟一夔堪補袞

六逸且垂縎嶺路峰如繡溪灘淚似銀黄甘香掩冉紅
荔熟圓兮偶想班荆話聊爲下榻賓非君敦夙好古調
若爲陳

西禪寺啖荔枝作

荔枝信仙品色味香三絶所貴餐鮮新風韻天然别陳
紫與方紅名種漫標揭經宿概變改徒勞遠提挈我思
就樹餐好友相贊决長慶古道場林溪地幽潔有荔數
百株森若翠蓋列壽者或千年孫祠見高節丹苞綴離
離綠雲點猩血嵩簞染不成濡香隨風徹須臾摘滿籠
露珠尚停結徐徐絳囊剖宛宛輕綃掣冰丸暎若空瑩

送汪舟次奉使琉球序

世稱文人類多浮華少實用豈其然哉夫果其爲大雅之材必能通古今識時變措諸事業無施不宜而非然者謭謭拘拘諛聞曲學之士其於文也末矣人臣銜命出疆有安危利害之寄專對不辱命聖人猶難之使之職誠重矣然自古奉使有辭者往往多文雅之士春秋子產季札晏嬰之徒皆閎覽博物長於辭命漢世陸賈嚴助終軍司馬遷相如諸人亦數數奉使至如陳湯立功絕域而傳稱其工爲章奏蘇子卿大節皦然而贈別五言爲千古風詩之祖以是知爲天子使惟文人最宜

也今年春琉球世子來告哀且請襲封往時封琉球常
以給事中行人爲正副使惟
天子以爲遠使海邦宜得才學傑異之臣
詔公卿推擇可者而余同官汪君悔齋選爲正使以行
君文章翰墨妙天下意氣偉然開敏精強習於當世之
故是舉也中外以爲宜故事使海外者特賜一品服將
吏護行威儀節制比開府君不以爲榮琉球去閩萬二
千里浮孤航絕大海有風濤震撼之虞君不以爲戚惟
是規使事便宜條上部議持不可
天子命公卿廷議卒見施行君之才賢稍稍見於當世

矣其能仰
主威尊國體不辱命以往返又可知也余惟詞林號爲
清班不涉吏事雖有奇才碩畫難自表見明三百年來
多有積資養望至高官而傳無可書之事者余嘗恨之
又況吾曹起田間列禁近荷國恩至渥重如其優遊食
祿旅進旅退而已天下後世謂吾黨何如人今君脩身
慷慨從不測之淵爲國任事與棲遲偃仰者異矣因以
發抒其才華展布其智畧揚名殊域垂輝史書於以見
館閣之多材文人學士之果足爲世用不亦休乎於其
別也同人多贈詩以寵其行而余序之如此

祭汪悔齋文

世之需才甚急天之生才甚難宜乎人人愛護推奬之如弗及然而憐才之公恒不勝忌才之私士之不困于排擠者希矣惟夫恢奇瓌瑋試之無所不効者乃能處盤錯任鉅艱嶄然有以樹立而排擠者適所以成就之斯誠不世之人傑而復不永其年不究其用此可為悲傷痛惜者也惟我年友悔齋汪君天姿敏妙器識淵弘自少以高華雅健之筆雄長江淮間屹然樹文坫遂詔舉鴻博之士被薦試于禁廷擢高等入淸班於時同升者多一時之選以其非常典而用之驟也多取忌于

人而才能出衆如君者尤甚比君奉
簡命使琉球成禮而還條對稱旨則忌之者滋衆惟恐
其不次擢用也會君奉諱歸里旣服闋遲回久之乃補
官而忌終不已竟擠君于外出守河南知君者咸爲君
惜而君一不介意曰中外劇易惟
天子使吾知盡臣職而已君素弘毅有開濟才比典郡
益精勤自力事無細大據案立剖潔已率屬問民疾苦
而時除之大工大役民敎不知治郡五年政聲大著
天子嘉之超擢閩臬尤興數也臬司事益煩吏蠹弊藪
狀君燭照霆察一不得欺尤持大體舉紘綱略細故忠

民畏懷上官敬信不惟刑獄而已凡官方政體有不便

者力爭諸上臺必得當而後已無何晉閩藩伯益用簡

靖爲治人謳吟之比于羊杜裒然有開府之望

天子大重公思還公于朝擢爲京卿旦夕柄用矣而君

積勞致病病經歲竟卒嗚呼惜哉君本大雅之材論思

禁近固其所也無端而一麾出守令他人處之簿書案

牘非其所習鮮不敗事唯君文章政事兼優並美故居

之沛然有餘德澤施于人才猷顯于世視夫雍容館閣

坐致通顯而名跡無聞者相去天壤豈非抑之適所以

揚之而奇才異能有不可得而摧折者哉二十年來同

人之升沉進退不齊其遭讒被謗一跌不振者比比也所摧殘不盡者亦唯文章著述自致不朽耳未有經世澤民以功名自見如君者也吾黨有君庶幾少酬天子特達之知而不虛此曠世之典方冀入筦樞機出秉節鉞鴻名偉伐日新月盛而孰意其竟止于斯耶人不能窮其遇而天能嗇其年酷矣豈才之尤者天亦忌之耶惟余與君於同人中相知最深相關尤切同見忌于人余遂蠖屈君乃龍伸君不鄙余而遇之尤厚于君之歿也哭之過時而悲中辭叙哀一如平生肝膈之語冀靈聞之而莫逆也

（清）秦松齡《送汪舟次檢討冊封琉球》（《蒼峴山人詩集》卷四）

秦松齡（1637—1714），字漢石，又字次椒，號留仙，又號對岩，晚號蒼峴山人，室名微雲堂。江蘇無錫人。清順治十二年（1655）進士，選內翰林國史院庶起士，授國史館檢討。因『逋糧案』削籍罷歸。康熙十八年（1679），舉博學宏詞科，試列一等，授翰林院檢討，重入史館，與修《明史》。二十年（1681），以翰林院檢討充日講起居注官，充江西鄉試正考官。二十二年（1683），擢左春坊左贊善，改左春坊左諭德。二十三年（1684），以左諭德充順天鄉試正考官，又因磨勘革職。

著有《蒼峴山人文集》、《蒼峴山人詩集》、《蒼峴山人詩餘》、《毛詩日箋》、《微雲詞》、《真意堂文稿》、《高子遺書》、《寄阮集》、《書經日箋》、《春秋日箋》、《對岩集》等。

《蒼峴山人詩集》五卷，行世有清康熙五十七年（1718）刻本、尊賢堂印本、挺秀堂印本等。其卷四有《送汪舟次檢討冊封琉球》，為送汪楫使琉球而作。

茲據清康熙五十七年（1718）刻本影印。

平正變窮詩格存亡念友生酒酣悲更喜老眼覩
時清

途次遇大風

尚是清和候風來北地高岸沙吹暮雪隴麥卷春
濤力薄憎郵酒寒多戀布袍徹車傾倒慣慰藉僕
夫勞

送汪舟次檢討冊封琉球

清秋銜　命出明光遠錫藩封按舊章冠珮曉沾
宮露重旌旗晴入海雲長炎方風物摟圖志行篋

詩篇接混茫暫遣儒臣持玉節青編猶待定雌黄

時修明史未竣

公卿多恨識君遲籍甚盈廷集議時器識本求爲

國重艱難何敢以親辭秋風車馬鄉閭近霄漢星

文海外知好慰高堂雙白髮門前潮汐話歸期

上使風儀望若神前迎鑾長拜清塵威靈　聖世

原無外禮樂中朝自有人高宴不陳堂下仗歸舟

應少異方珍可憐閩嶠兵初戢疾苦憑君達　紫

宸

闕下朝來一上書王程萬里肯躊躇空傳島嶼留
殘孽自有風雷助埽除下瀨蛟龍開道路迴帆簫
鼓動清虛衰遲不少乘槎興白日昏昏臥直廬

萬柳堂餞益都相國和席間留別原韻

相公別墅種垂楊點染秋容耐早霜休沐近依丹
鳳闕忘機久作白鷗鄉忽思田里歸心遂却望林
泉別意長祖餞仍當觴詠處闢間吟徧舊詩章
十載樞廳此日閒故園松菊未應刪安危有策方
投老進退如公無愧顏　優詔人扶游禁苑清時

（清）須秉真《送汪悔齋太史》（王豫、阮亨輯《淮海英靈集續集》巳集卷四）

須秉真（生卒年不詳），字元恒，江都人。

清人王豫、阮亨輯《淮海英靈集續集》十二卷，清道光年間刻本。其巳集卷四收錄須秉真《送汪悔齋太史》詩一首，為送汪楫使琉球而作。

茲據清道光年間刻本影印。

陳夢乙字子翼江都人著解酲奈何廢蓼秋香秋輿偶然攻玉避暑狂言北遊十集

客燕中有懷江都竹枝詞

此日家鄉景正妍单羅衣試暮春天野人初熟青蒿酒遊女閒歌白苧篇

第六泉鄰第二泉茗芽初試石鑪烟管絃共逐歌聲沸廿四橋頭月正圓

蔣斯行字存恕江都人

過北禪堂與法涵二上人茶話

路北遺僧舍相過意頓清欲窮無我相肯逐世間名花雨原空際茶瓜豈俗情徘徊不忍去歸路繞鐘聲

須秉真字元恒江都人

送汪悔齋太史

玉堂聲價重瀛洲萬里風雲擁節遊時太史適有出使琉球之役
御藻絲綸光九服中山屏翰壯千秋潮聲入夜浮銀漢劍氣
隨槎到斗牛一白鳳麟馳遠譽已知姓字覆金甌

李長順字天助高郵人

九日雨同陳學士登文遊臺陳士振許天植不至

此日登臨興倍豪長湖風雨片帆遙一尊花瘦開清嘯古樹
聲寒急暮潮不信經年變盜賊每譚往蹟讓漁樵蒼茫四望
城陰迥人隱蘆中未可招

郭士璟字飲霞號眉樞涇陽人江都籍康熙乙未進士由主政權税江州清風高節不下古人乞歸閉門卻掃驅詩自怡聖祖南巡時書泉石怡情額賜之

舟中聞笛

月明沙淨客停舟一笛吹來江上樓未識瀟湘應有怨偶依

（清）鄭為旭《送汪悔齋太史出使琉球》（王豫、阮亨輯《淮海英靈集續集》巳集卷四）

鄭為旭（生卒年不詳），字方旦，號曉齋。江蘇江都（今揚州）人。清順治八年（1651）拔貢，授中書，遷工部主事。榷廣東太平橋稅，減耗恤商。康熙二十四年（1685），擢江西道監察御史。卒祀鄉賢。

清人王豫、阮亨輯《淮海英靈集續集》十二卷，清道光年間刻本。其巳集卷四收錄鄭為旭《送汪悔齋太史出使琉球》詩一首，為送汪楫使琉球而作。

茲據清道光年間刻本影印。

楊柳便思秋聲隨遠浦漁歌細調入寒雲碧澗流聽罷夜深
衣露濕蓼花蓮葉總含愁

鄭爲旭字方旦號曉齋江都人元化子貢生官至御史卒祀鄉賢祠王小村云御史多建白如選官須加驗看視學應追詞臣申講讀律令之條以厚民俗分進士舉貢班次以疏銓政飭臬司遇命案不得幸結罪人等疏俱次第舉行

送汪悔齋太史出使琉球

長安五載共依依惜别欣看四牡騑鱗服映雲臨海甸鶴書
從天自綸扉手傳　聖藻承　宸眷口達
天言布德威此去正同張博望仙槎應許度支機

白海棠

幽姿偏自愛黃昏深苑無人靜掩門幾點墻陰弄秋色月明
疑有美人魂

（清）阮士悅《送汪悔齋太史出使琉球》（王豫、阮亨輯《淮海英靈集續集》庚集卷三）

阮士悅（生卒年不詳），字月樵。江蘇江都（今揚州）人。少從汪懋麟之門，為金鎮、王士禎等所稱譽，詞有《花鈿集》。

清人王豫、阮亨輯《淮海英靈集續集》十二卷，清道光年間刻本。其庚集卷三收錄阮士悅《送汪悔齋太史出使琉球》詩一首，為送汪楫使琉球而作。

茲據清道光年間刻本影印。

好烟月明年我欲櫂輕航

任以貞 字箬隣 江都人

賦友人東原隱居

城市心無繫東原樂住家推窗看遠岫繞屋有梅花老至詩
情健狂來酒與賒村中無個事時復問桑麻

阮士悅 字月樵 江都人

送汪悔齋太史出使琉球

才華夙昔名天下今立 朝端第一人持節自能通異國
賜書應不愧良臣聲馳瀛海蛟龍靜 恩浹彭湖草
木春到日拜蹕 天使後好風吹送福寧津

潘 鈗 字霜鳴號竹長江都人 餘姚籍著桃軒詩稿

螢苑曲

（清）蘇宇《送汪悔齋太史出使琉球》（王豫、阮亨輯《淮海英靈集續集》庚集卷二）

蘇宇（生卒年不詳），字蘧園。江蘇江都（今揚州）人。貢生。

清人王豫、阮亨輯《淮海英靈集續集》十二卷，清道光年間刻本。其庚集卷二收錄蘇宇《送汪悔齋太史出使琉球》詩一首，為送汪楫使琉球而作。

茲據清道光年間刻本影印。

吹簫還憶橋邊月汲水新烹雨後茶最是東風惆悵處玉勾飛散白楊花

蘇　宇字蘧園江都貢生陳意超云宇詩見蔡教夫太史廣陵詩存

送汪悔齋太史出使琉球

侍臣聲望重朝簪　綸綍親承到海南萬里長安瞻斗柄一帆孤嶼指晴嵐迎來烏雀隨星旆舞罷蛟龍隱月潭八景會須題詠徧問誰能屈孳虞談

王　鋒字沐橋號靜齋高郵人

送友人歸里

忽忽歲華晚送君歸舊林離情隨路永愁緒隔年深氷雪催孤棹風霜壓短衾高堂正懸望好慰倚閭心

劉懋賢字懋公泰州人

（清）蕭玥《送汪悔齋太史出使琉球》（王豫、阮亨輯《淮海英靈集續集》巳集卷三）

蕭玥（生卒年不詳），字照幹。江蘇江都（今揚州）人。

清人王豫、阮亨輯《淮海英靈集續集》十二卷，清道光年間刻本。其巳集卷三收錄蕭玥《送汪悔齋太史出使琉球》詩一首，為送汪楫使琉球而作。

茲據清道光年間刻本影印。

把袂聯吟會幾日奚囊話别又天涯霜殘楊柳堤邊色夢冷芙蓉江上花望裏山光應滿載與來詩句落誰家元龍湖海元高曠最是秋深憐物華

樓成

楊廷鎮字爾珍號岷樵江都人儀徵籍康熙甲子舉人官訓導著集蠲堂岷山堂詩集

置身百尺樓四野遥相望遠天逾低居高目乃曠以此慨流俗所見遜障何當攜手登指顧雲霞上

雪霽訪宗梅岑用孔東塘韻

古寺近城隈城烏入寺飛相看天欲雪誰慰客無衣野興清貧得知音感歎稀新詩持贈我諷咏破愁圍

蕭玥字照千江都人

送汪悔齋太史出使琉球

猩袍冉冉下蓬壺獨指蒼茫島嶼孤欲使文章傳瀚海特將
天藻命真儒蠻荒下識周官禮仙仗遥分漢殿呼踏破蛟宫
消蜃氣六龍千載奠瑤圖

季永鈔字子席號惕齋江都瓜洲人諸生與倪永清友善

陪宋旣庭登金山

嶒峻怪石聳波心面面危樓俯碧潯水色蒼茫秋樹遠山光
迢遞晚烟深中泠泉洌塵堪浣望海亭空月欲沉愧我追隨
逢絶境風前把酒一開襟

登潮音閣

高閣臨江渚蕭蕭竹樹間窗虛明月動山靜白雲閒荒圃秋
無主柴門夜不關憑欄一長望人在米家山

九日集于園

（清）鄭為霆《送汪悔齋太史出使琉球》（王豫、阮亨輯《淮海英靈集續集》巳集卷二）

鄭為霆（生卒年不詳），字嚴聽。江蘇儀征人。

清人王豫、阮亨輯《淮海英靈集續集》十二卷，清道光年間刻本。其巳集卷二收錄鄭為霆《送汪悔齋太史出使琉球》詩一首，為送汪楫使琉球而作。

茲據清道光年間刻本影印。

肅芝朮已在手願抱彩雲宿軒轅招欲出授我神仙籙

觀九龍瀑布

名山無鈍水高下恣奇探九級飛泉落青峯響綠潭羣龍挾巨浪迸激當晴嵐漫空捲霜雪上與孤雲參珠玉凌空墮島嶼此中涵夙昔夢姑射既覯神愈酣悠然結遐想歸卧南山南

鄭爲霆字儼聽歙人

送汪悔齋太史出使琉球

盛代梯杭拱上都簡書萬里使臣驅職方自入齊諧志禹貢今歸王會圖詩探驪珠驚水母劍彈蛟室遯天吳知君夙負任公釣乘得長風過海隅

湯彭年字式臣江都人康熙丙辰進士官中書

（清）湯彭年《送汪悔齋太史出使琉球》（王豫、阮亨輯《淮海英靈集續集》巳集卷二）

湯彭年（生卒年不詳），字式臣。江蘇江都（今揚州）人。清康熙十五年（1676）進士，官中書。

清人王豫、阮亨輯《淮海英靈集續集》十二卷，清道光年間刻本。其巳集卷二收錄湯彭年《送汪悔齋太史出使琉球》詩一首，為送汪楫使琉球而作。

茲據清道光年間刻本影印。

蕭芝朮已在手願抱彩雲宿軒轅招欲出授我神仙籙

觀九龍瀑布

名山無鈍水高下恣奇探九級飛泉落青峯響綠潭羣龍挾巨浪逃激當晴嵐漫空捲霜雪上與孤雲參珠玉凌空墮島嶼此中涵夙昔夢姑射既覩神愈酣悠然結遐想歸卧南山南

鄭爲霆字巖聽儀徵人

送汪悔齋太史出使琉球

盛代梯杭拱上都簡書萬里使臣驅職方自入齊諧志禹貢今歸王會圖詩採驪珠驚水母劍彈蛟室遯天吳知君夙負任公釣乘得長風過海隅

湯彭年字式臣江都人康熙丙辰進士官中書

送汪悔齋太史出使琉球

江干把酒送孤航聯息賢勞天一方旌旆影斜勤夢寐波濤聲靜驗文章迎風七宴他鄉醉倚馬千言　上國光傳望于今仍犯斗仙槎明月接雷塘

許承宣字力臣江都人明賢子康熙丙辰進士選庶吉士授工科給事中與兄承宗並祀縣學江都縣志云給事陳揚州水利賦役二疏剴切詳明有裨桑梓辛酉典陝西鄉試還京條奏晉關利弊六事上之並請廣捐修學宮之例悉見嘉納後假歸卒于家雍正五年五月世宗舉承宣向所上水利一疏傳問揚人之仕京師者旋下江南督撫酌行之

喜劉玉少至晉中

春盡江城客到時恰逢高會起南皮鄉關此夕人如舊風雨經年榻未移燕市啼鶯三殿草太行歸馬一囊詩最憐吾黨頻離合翹首銅鞮淚幾垂

（清）施閏章《送汪舟次檢討冊封琉球》、《送林石來舍人冊封琉球》（《學餘堂詩集》卷二十三、卷四十二）

施閏章（1619—1683），字尚白，一字屺雲，號愚山，媲蘿居士、蠖齋，晚號矩齋，後人也稱施侍讀，另有稱施佛子等。江南宣城（今屬安徽）人。清順治六年（1649）進士，授刑部主事。後官山東學政、江西布政司參議、分守湖西道等。康熙六年（1667），歸鄉閒居十年，無意仕途，每遇朝廷徵召，稱病不就。十八年（1679），舉博學宏詞科，試列二等第四名，授翰林院侍講，充《明史》館纂修，與汪楫等人共修《明史》。二十年（1681），任河南鄉試正考官。二十二年（1683），轉翰林院侍讀，並作《太宗聖訓》的纂修官。

施閏章文章醇雅，尤工於詩，與同邑高詠等唱和，時號『宣城體』，與宋琬有『南施北宋』之名，位『清初六家』之列。著述尤富，主要有《學餘堂文集》、《學餘堂詩集》、《學餘堂外集》、《試院冰淵》、《觀海集》、《矩齋雜記》、《蠖齋詩話》、《青原志略補輯》、《愚山殘稿》、《施氏家風述略》等。

《學餘堂詩集》五十卷，清康熙四十七年（1708）至乾隆年間宣城施氏刻《施愚山先生全集》本。其卷二十三有《送汪舟次檢討冊封琉球》詩一首、卷四十二有《送林石來舍人冊封琉球》詩一首，為送汪楫、林麟焻使琉球而作。

茲據清康熙四十七年（1708）至乾隆年間宣城施氏刻《施愚山先生全集》本影印。

苦心追琢推良工公卿傾倒筵上客開樽列坐金縣狨
春華絶艷今所少刮目那敢呼吳儂誰是昌黎重昌谷
鴻詞且獻蓬萊宮

送汪舟次檢討册封琉球

九州丘垤海爲坳人生牖下如螬蠐眼前馬首皆風濤
恨不乘槎萬里潮海隅日出歸神堯分圭錫命仰天
朝皂華特簡稱人豪諸侯負弩擁星軺牙檣錦纜隨靈
飈如山巨艦輕鴻毛玉節龍旂光氣高鞭蛟馭螭不敢
驕島嶼蒼茫紛動摇扶桑咫尺森高標安期松子來招
要珠宮貝闕浮烟霄横空鰲背凌山椒噴沫長鯨風雨
交伐鼓中流吹玉簫淵客陽侯驚呌號天清浪靜無塵

翡澄波萬頃堆瓊瑶鮫人出舞呈氷綃殊方屬國迎旌
旄曰臣北面贍斗杓厥貢珊瑚兼寶刀任生長嘯且釣
鼇閒看風物紀風謡往來破浪歌蘭橈海賦玄虚將見
嘲

瓦上兒

健兒如鳥生雙翅飛騰屋瓦等平地漫漫長夜夜憑陵
挾彈乘墉恣虎視短刀長箭胆氣雄嘯侶鳴儔風雨至
明燈倒篋迅須臾稇載臨行復飛騎爾曹豈果迫飢寒
剽掠椎埋矜故智羣行劍戟聲相磨街頭擊柝故鳴鑼
豪門健僕或格鬬儒官拱手看搜羅衣被新從質庫出
一時將去寔則那語卿飽颺休酣歌趙張執法汝奈何

宅傷青溪足嘯歌白頭重喜見滄波官衣皆錫君恩重
海錯登盤子舍多天送涼風輕鷁舫詩傳舊草在鑾坡
追隨鳩杖歡方永回首長安奈遠何

送林石來舍人册封琉球

東南海色遠蒼蒼萬里風帆接混茫錫命殊方還帶礪
共球屢世效梯航璽書氣壓蛟龍靜蜃闕光連島嶼長
莫畏波濤苦離索王程先喜到家鄉

孫玉京令衡陽

洞庭南畔碧天長擊汰風生杜若香帆過清湘先見嶽
人逢回雁一思鄉拄峰雲護元仙窟石鼓苔深舊講堂
努力甘棠延世澤黄門肇跡本衡陽君之尊都諫公起家衡陽

（清）孫枝蔚《送汪舟次冊封琉球》、《送汪舟次檢討使琉球四十韻》（《溉堂後集》卷四、卷五）

孫枝蔚（1620—1687），字豹人，號溉堂。陝西三原人。孫家世為大賈，明末李自成入關，散家財求壯士起義，組織抵抗李自成，為之所敗。遂隻身避走江都，折節讀書著述。王士禎官揚州之時，與之成為莫逆之交。清康熙十八年（1679），舉博學鴻儒科，以年老屢辭不允，勉強進京，不得已進京入考，又不終幅而出，特旨與邱鐘仁等七人授中書舍人。後罷歸。

著有《溉堂前集》、《溉堂後集》、《溉堂詩餘》、《溉堂文集》等，後人曾合刻《溉堂集》。《溉堂後集》六卷，行世有清康熙二十三年（1684）刻本、康熙六十年（1721）增刻本等。其卷四有《送汪舟次冊封琉球》，卷五有《送汪舟次檢討使琉球四十韻》詩各一首，為送汪楫使琉球而作。

茲據清康熙二十三年（1684）刻本影印。

四境須教桑柘滿近來烽火況無虞州人不多種樹予初疑土性或不宜及問之長老曰不然皆恐寇令畏兵故耳

揚州咫尺見徐州且喜相逢值麥秋强悍土風無戲馬荒蕪田舍有耕牛但如雲夢多餘地蘇子瞻徐州詩門外河流惡迅急喲中雲夢行澤遍應笑黃河本瀰流欲問承歡何事急橋梁免入薛宣愁特尊公甫別去漢薛宣子惠爲彭城令宣至其縣橋梁郵亭不修宣心知惠不能

再至濟寧贈州守趙邀峰

纔過淮徐閱異政直經汶濟覩手姿樓臺勝蹟千秋在州有太白酒樓三皇臺侯伯家聲六合知客愛平原如北海詩成

八月坐南池風流刺史吾親戚情話今朝慰所思

送汪舟次冊封琉球

兵威昨已靖蠻陬萬國今宵共綴旒宮錦仙人辭殿陛皇華使者向琉球相如只帶巴中檄太史應輸海外遊爲問郏金亭在否清名剛附並前修

暫逢親舊去驂停預擬揚帆行嶼青嶕析何須防海怪孫炎知幾魚詩注云舟人見海怪則嘯術注血於波中其怪乃沒屺頭自認是文星不因奉使同西漢誰信飛鵬起北溟旌節遙臨尙氏土皇猷好使外藩聽

齒痛

左車牙痛勢難堅衰病如斯只自憐常愧子荊能漱石且師逵叟莫遷天軟吞白飯渾無味細叫黃虀已行鉏欲拔愁同溫嶠死溫嶠先有齒疾因拔中風而卒何如落去任俄然韓退

稱入幕賓翹材并接士端不羨平津

送汪舟次檢討使琉球四十韻

帝德敷干羽　王圖集共球職方通寄象封典及流虬古名流虬如虬浮水中也　天子咨專使廷臣相遠俟官宜太史筆人是巨川舟汪名楫　容貌夔龍偉言辭僑肸優皇華持漢節吉日佩吳鈎祖道儀章重　臨軒錫予稠頭銜一品服儀從五花騶孔翠承高蓋交龍樹曲斿朝衣辭北極鹵簿指東甌六月同車馬雙星入女牛副使林玉岩中翰　風師吹喜氣海若送安流遂自梅花所遙臨古米洲雲端仙子降天末遠人柔長史迎牙纛番君拜冕旒國門

歡會啓宮井瑞煙浮彩扇葫蘆貼金簪瑪瑙鏤雕翎文
在手結髻錦纏頭箬笠垂環具犀渠鞶蒯緱四時蕉爛
熳萬戸鳥鈎輈食衹炊螺殼居寧聚髑髏擊刁童子舞
帶草女君謳嚼米成奇醞團醃佐庶羞法筵天界廣宴
席水亭幽戲任龍標競文從太學搜　敕書金匱襲
賜物玉杯酬明武宗舊賜玉杯七鳥遺風在三山故老留賦詩
題館閣記事載軒輶能却千金贈何辭萬里游宗生眞
破浪尼父亦乘桴忠信符潮汐威嚴退石尤雲霞依画
鷁蛟蜃擁層樓捩柁暹羅望二國名迴飈旗鼓收二山名巒
邦觀禮樂澤國歷春秋爭艷才名盛因知文德修椒蘇

充貢船翰罣定邊籌小嶼環　天闕洪波達　御溝勲勞傳　禁掖姓字動遐陬馬上黃羅帕車中紫綺裘歸來歌燕喜鼓吹滿揚州

哭陳其年二首

歎息斯人而有斯茫茫天道竟無知微官難煉飢寒藥獨客長吟歌哭詞炊臼夢回添白髮玉棺霓去殉烏絲祇應恨血千年碧洒向荆溪夜雨時

平生喜對陳驚坐握麈軒然與有餘貧向金門空索米老來玉局漫紬書前程黯淡銘旌冷後事淒凉硯匣虛不待山陽聽吹笛但逢大樹便迴車其年寓有大樹書婆娑其下

（清）湯斌《送汪檢討奉使琉球序》、《送林玉巖奉使琉球十二韻》（《湯子遺書》卷三、卷十）

湯斌（1627—1687），字孔伯，別號荊峴，晚號潛庵。河南睢州（今睢縣）人。清順治九年（1652）中進士，選宏文院庶起士，授國史院檢討。十二年（1655），出任陝西潼關道員，康熙三年（1664），丁憂歸里守孝。十八年（1679），舉博學宏詞科，試列一等，授翰林院侍講，充《明史》館纂修，與汪楫等共修《明史》。二十一年（1682），擢《明史》總裁。二十三年（1684），升任内閣學士，旋即出任江寧巡撫。二十五年（1686），調任禮部尚書，管詹事府事，輔導東宮。再充《明史》總裁、《大清會典》副總裁。此後歷任江西嶺北道參政、内閣學士、禮部侍郎、江蘇巡撫、禮部尚書等職。二十六年（1687），改任工部尚書。被劾免職，憂懼而卒。追謚文正。著有《洛學編》、《常語筆存》、《湯子遺書》、《補睢州志》等。後人將其詩文整理成《湯子遺書》。

《湯子遺書》十卷，清同治九年（1870）湯氏祠堂刻《湯文正公全集》本。其卷三有《送汪檢討奉使琉球序》文一篇、卷十有《送林玉巖奉使琉球十二韻》詩一首，為送汪楫、林麟焻使琉球而作。茲據清同治九年（1870）湯氏祠堂刻《湯文正公全集》本影印。

藏交修不求聞於世余爾時雖粗知其姓氏未能
悉也今得讀其所著書想見其爲人屈指當日已
二十年矣河山阻修光陰荏苒惟有浩歎而已天
生人才無間古今往者已矣來者未可量牧仲更
從冰叔益求知所未知焉勿如我之過時而悔也
還
朝以此爲使歸之獻則牧仲之所以報國者揆矣

送汪檢討奉使琉球序

國家威德誕敷臣服萬邦大荒之外日月之所出
沒罔不梯山航海貢琛獻貝象胥之傳譯爲勞鴻

臚之贊引不給琉球爲東南島裔奉職尤謹自定
鼎以來朝會之使數至康熙二十一年中山王世
子遣陪臣來請襲封
天子嘉其守禮惟謹下廷臣會推可使者以名聞
僉曰檢討汪某學行足稱儀度俊偉以充正使必
能光照下國
天子曰可賜麒麟服璽書金冊臨軒遣之汪君既
受
命上書陳使事皆所以昭
聖德重

國體
優詔悉付所司余方與汪君載筆史局晨夕共事
今一旦傳乘出都宣布
天子威德於海外萬里之邦公卿大夫相率餞焉
余何能無一言以贈竊以聖人論士必曰使於四
方不辱君命春秋大夫如叔向子產之徒皆以辭
令增重鄰國夫友邦聘問當時猶難之至天王使
於侯國必大書特書誠重之也而二百四十二年
無貶詞者蓋鮮焉按史稱琉球植棘為籓以盈虛
為晦朔以草木為冬夏隋唐以後屢與師討之賓

服無聞至明初不煩軍旅遣子弟讀書太學策名
朝著彬彬爲守禮之國豈非文德來遠之效哉今
天子湛恩汪濊不寶遠物而汪公學古通今識體
得宜尤長於辭令廷臣此舉爲得人矣夫叔向子
產皆以博物著聞世固未有學無本原而能專對
不辱君命者也以汪君之學茲行也必能使其國
君敬信而悅服上以增
天朝之重而益堅其服事之心且使環海後至諸
國不煩樓船橫海之師而聞風景附稽首來享後
世傳之爲奉使者所取法焉君之功亦偉矣哉余

株守史局汗青無日因念司馬子長周游天下歸而作史記然猶未至海外也君涉海萬里而至於其國波濤浩淼極天下奇詭瑰瑋之觀非僅僅空同江淮會稽禹穴者比歸而筆挾風雲上下千古當有過於子長者余與同人執筆以俟之

惠母陳太君七十壽序

余與長洲汪鈍翁先生同直史館因得見其所與遊者而惠元龍稱最賢云元龍博學高才爲文章有槼度交遊多名公卿顧獨時時過余邸舍論文常至日昃不倦將南歸持鈍翁所爲母陳太君壽

送林玉巖奉使琉球十二韻

水國藩封遠儒臣星使遥

鸞章頒

絳闕麟繡下青霄嶺路秋花麗閩山宿霧消前驅

陳玉節負弩簇金鑣到海風常正開帆浪不驕扶

桑看湧日蜃市障迴潮島嶼疑神岳京華認斗杓

鮫人迎上客卉服護仙橈博望通殊域陸生重漢

朝文章堪喻蜀干羽足征苗不數樓船績甯煩銅

柱標歸來王會日拜手聽簫韶

中秋陸處實同年留飲齋中和吳見未韻

（清）王士禛《林舍人使琉球詩》（《池北偶談》卷三）

王士禛（1634—1711），原名王士禛，字子真、貽上，號阮亭，又號漁洋山人，人稱王漁洋。山東新城（今桓台）人。清順治十五年（1658）進士。次年（1659），任揚州推官。康熙十七年（1678），受到康熙召見，轉侍讀，入值南書房，升禮部主事。四十三年（1704），官至刑部尚書。不久，因受牽連，被以『瞻循』罪革職回鄉。四十九年（1710），康熙眷念舊臣，特詔官復原職。乾隆時期，追謚文簡。

王士禛博學好古，精於書、畫、金石、篆刻，詩為一代宗匠，與朱彝尊並稱。康熙年間，繼錢謙益而主盟詩壇。論詩創神韻説，早年詩作清麗澄淡，中年以後轉為蒼勁。擅長各體，尤工七絕，傳其衣缽者甚多。其著述多達五百餘種，主要有《池北偶談》（又名《石帆亭紀談》）、《古夫於亭雜錄》、《香祖筆記》、《漁洋山人精華錄》、《居易錄》、《分甘餘話》、《漁洋文略》、《漁洋詩集》、《帶經堂集》、《感舊集》、《五代詩話》等。《池北偶談》二十六卷，行世主要有清刊本、清光緒二十二年（1896）上海順記書莊石印本、《筆記小説大觀》本、汀州張氏校印本、《（文淵閣）四庫全書》本及1980年中華書局點校本等。其卷三有《林舍人使琉球詩》詩一首，為送林麟焻使琉球而作。

茲據清光緒二十二年（1896）上海順記書莊石印本影印。

冬稻熟風光觸目似江南（茶山早時）滄江岸上有荒祠椽葉棉枝近水涓短柱高龕雙錦鶴（國俗祠廟以木雕雙鶴爲侍）報功異域禮同之（黎莫王交之功臣城鎮人）宸翰親揮日月光龍書鳳篆照遐荒交人奉比義文書首出中天頌聖皇（其六 冊封）才名奕奕世無雙三譯常思戴上邦別後懷君何處是寒風落日富良江（贈別阮司馬公望黎司空僖阮僉憲廷袞黄大參公寘）闕門曉日拜天顏得識南郊青瑣班記得深林風雨夜多君相伴出茶山（贈別阮廷桂武維匡宋儒陳壽四給事）翠幹森森傍水涯梢垂雀尾亂紛拏秋來結就檳榔果交子逢人代煑茶（檳榔樹）衣冠文物重南疆何事關名太不祥題曰畏天恩此義萬年帶礪控炎荒（易鬼門關曰畏天關）周順治己亥進士庶吉士

林給人使琉球詩

康熙甲子莆田林舍人玉麟焻使琉球歸有竹枝詞一卷與周禮部同時示予并錄數篇以誌　本朝文物之盛云手持龍節渡滄溟璀璨　宸章護百靈清比胡威臣所切觀風先到却金亭明使臣陳侃建徐福當年採藥餘傳聞島上子孫居每逢冉服蘭閣問欲乞嬴秦未火書日斜沙市趁墟多村婦青筐藉綠莎莫惜籌花無酒盞人歸買得小紅螺疋練明河牛斗橫鼕鼕衙鼓欲三更思鄉坐擁黃紬被靜聽盤窗蟖蜴聲蟖蜴能鳴聲如麻雀三十六峰瀛海環怒潮日夜響潺湲樓西一抹青林裏露出煙蘿馬齒山射獵山頭望海雲割鮮掮酒醉斜曛紙錢掛道松楸老知是歡斯部落墳心齋生白室能虛棐几焚香把道書讀罷憑闌笑幽獨藤墻西角對椶櫚廟門斜映虹

橋路海島高巢古柏枝自是島夷知向學三間瓦屋祀宣尼
王居山第兔園開松櫪棕花倚石栽多少從官思授簡不知
若箇是鄒枚奉神門內列鵷行乞把　天書鎮大荒喚取金
縢開舊詔俫倘感泣說　先皇閟宮㲉桷壓山原將亭今看
幾葉孫二十七王禋祀在鬯圭錫卣見　君恩譯章會記荏
都夷槃木白狼歸漢時何似島十懷　聖德工歌三拜鹿鳴
詩宗臣清儉好兒郎學畫宮粧十樣耕翅袖招要小垂手簪
花砑帽舞川香塗仙樓閣倚崔嵬日看銀山十二回笙鶴緱
雲飛咫尺不教弱水隔蓬萊纖腰馬上側乘騎草圈銀釵折
柳枝連臂哀歌上靈曲月明齊賽女君祠久稽異域蕆將徂
自笑流連似賈舫三老亦知歸意速時時風色相銅烏林秉

熙庚戌進士與林同使者爲汪檢討舟次楫别撰中山沿革志若干卷進呈　御覽二君皆予門人也

（清）王士禎《送汪舟次太史林石來舍人奉使琉球六首》、《秋日幼華季用再招同説巖翰長健庵宮贊集祝園懷舟次奉使琉球》、《題門人汪舟次乘風破浪圖四首》（《帶經堂集》漁陽續詩卷十五、蠶尾詩卷一）

王士禎，生平簡況見上。

《帶經堂集》九十二卷，行世有清康熙五十年程哲七略書堂刻本、清乾隆年間林佶寫刻本。《帶經堂集·漁陽續詩》卷十五有《送汪舟次太史林石來舍人奉使琉球六首》、《秋日幼華季用再招同説巖翰長健庵宮贊集祝園懷舟次奉使琉球》，《帶經堂集·蠶尾詩》卷一有《題門人汪舟次乘風破浪圖四首》，均為送汪楫使琉球而作。

茲據清乾隆年間林佶寫刻本影印。

帶經堂集卷三十七

歙門人程哲校編

新城王士禛貽上

漁洋續詩十五 壬戌稿

送葉井叔歸楚

落燈風急寒吹衣寒谿先生昨憶歸青門祖帳太蕭瑟白社故人今是非漢上題襟情不極郢中懷古和眞稀碧雲無際楚天闊目送瀟湘春雁飛井叔近示郢中懷古詩二十首甚工

送汪舟次太史林石來舍人奉使琉球六首

屬國滄波外微茫萬里流雙持龍虎節遥拂鳳麟

洲守禮諳殊俗乘槎愜壯遊使星霄漢上九入大

琉球

挂席指歸墟通言隸象胥避風占海鳥跋浪舞神
魚卉服看天使金函護　璽書雄才能作賦休讓

木玄虛

積氣浩茫茫乘流出大荒嘯歌聞海若擊汰薄扶
桑日月相吞吐蛟龍或遯藏始知九州大騶衍未

荒唐

太史承明彥名高著作庭石渠窮部録山海問圖
經筆掣鯨魚動文驅蝄象靈夜闌看北斗身已到

南溟

舍人木蘭秀五字逼風騷奏對明光殿承恩白澤袍文章傳海外笳吹動江皐上壽慈顏喜春風擁節旄

見說彭湖嶼元戎佇捷勳習流多戰士横海拜將軍出險雲濤壯飛書露布聞早成風土記歸報聖明君

上陵歌五首

兩京相望海雲開馳道如弦候騎催金馬碧雞新奏捷太平　天子上陵來

原廟衣冠二十春太平今見上陵辰象犀瑇瑁新

供祭巧使安南備九賓上將謁孝陵適安南國請封表至京

清時王會徧諸方絕調昇平嗣柏梁從此漢家新

樂府白狼添詠又三章今年上元賜朝臣宴於乾清宮效柏梁體賦昇平嘉宴詩御書頒賜

秋日幼華季角再招同說巖翰長健菴宮贊

集祝園懷舟次奉使琉球

重過碧溪上秋色尚粼粼釣石思何楷林池想庾

詵霜清聞唳鶴水落減遊鱗忽憶滄溟客乘槎獨

問津

送相國馮公致政歸益都二首

悔人過聖果寺看桃花二絶句

古寺尋春巳後期東風猶爲絳桃遲禪扉靜掩殘
春雨細逐茶煙嫋鬢絲

章華宮裏細腰身移入招提又幾春一樹夭斜忒
無賴也須著莫白頭人

題門人汪舟次乘風破浪圖四首

海外真看大九州青天一髮是琉球人間竒觀君
知否萬里滄溟萬斛舟

扶桑東望海天孤虎節龍章擁萬夫正是水犀酣
戰日樓船十道下彭湖

百靈不散石鄄閑親見神魚跋浪間青史他年詑奇事天風三日到中山

竹冊親須異姓王歸來封事動明光儘教乞與丹青手寫作靈槎著日傍

將乞假歸省批家書尾示兒涑

樗散無能合乞身歸來不擬負青春池東添箇垂楊樹要看飛花點白蘋

訪賔公大谷山居

春原麥爭秀斜日雉交飛硐水寒猶淺村煙望不稀田家驅犢返仄徑負樵歸想見南牕下看山杜

（清）王又旦《送汪舟次檢討奉使琉球四首》、《送林石來舍人之琉球三首》（《黃湄詩選》卷八）

王又旦（1636—1687），字幼華，號黃湄。郃陽（今陝西省合陽）人。弱冠舉於鄉。清順治十五年（1658）進士。康熙七年（1668），起任湖廣潛江知縣。二十三年（1684），升任吏部給事中，戶部都給事。後到廣東主持考試。文采風流，官聲詩名並重，時與詩壇領袖王士禛並稱『二王』。著有《河渠》、《黃湄詩選》、《黃湄集》等。

《黃湄詩選》十卷，清康熙二十年（1681）序刊本。其卷八收錄了《送汪舟次檢討奉使琉球四首》、《送林石來舍人之琉球三首》等詩，為送汪楫、林麟焻使琉球而作。

茲據清康熙二十年（1681）序刊本影印。

石丈夫圖不朽緡繙那可惜何當重刻摹金薤光
千尺

二室崎中天蒼蒼積煙霧我昔策疲驂曾過岳祠
駐炎暑疑有雪翠壁若無路惝怳聞笙鶴颯颯神
靈集使君靜者流青雲隨杖屨長嘯陟重巔朧如
生毛羽緬懷明月夜西風吹貝樹

送汪舟次檢討奉使琉球四首

詔入中山萬里賒詞臣特遣降黃麻翠毛已賜三
宮錦銀漢真乘八月槎滿路風林搖荔子極天雲
海近梅花（梅花所在福州之琉球開洋處也）征帆莫歎經行遠徼

外史書本一家
送至風來海霧收挂天帆影趁潮流須臾彩鷁三
千里古駛一鷁三千彷彿銀山十二樓舵嶼過時濤勝雪
蚌珠開處月如鈎書生更欲探奇蹟笑問何洲是
祖洲
路近高華好泊船纔王出郭簇鞍韉府名刻漏蓮
雲出樂擬歌鐘傷水懸懸手佳人行蕉酒黃頭大
吏奉甘泉淹留不覺波濤惡又是秋風白雁天
不向殊方涉險來誰知 恩遇佔奇哉青山一髮
天爲岸絳闕千重蜃作臺騶衍著書徒浪語張融

作賦豈多才何人得似西園客親自蓬壺船上回

四詩臨踏滿志

送林石來舍人之琉球三首

奉使尊辭遠舟航萬里通那知瀛海外只在故鄉東路指扶桑日帆迎船趨風鳥人占象緯遥出太微宮

圜母靜狂流危橋日夜浮三山連海市一氣拱神州旌節天邊合文章徼外收須令殊域見上國有枚鄉

傳聞附大業郎將竟揮戈奉義何年始承　恩此

日多風濤移地軸客船歷星河此後看開海遥天
淨白波

雷琴詩爲張晴峰水部作二首

雷氏居峨嵋戴笠深雪中聽松得妙理逸響傳無
窮天籟入泬寥顥氣蕩肺胸當其慘澹時乃與正
始通通神物一千年護持煩鬼工得之都市間十丈
埃塵紅美人直拂拭高懷寄虛空願言侃祝收携
去東陽東寥寥太古意付之焦梧桐

遥夜暑雨歇華月流中天六街闃無人坦步傍櫳
前平生多積懷欝欝何由宣高張促其軫奇之朱

（清）汪懋麟《送舟次二兄冊封琉球》、《送林石萊舍人奉使琉球》、《得舟次二兄琉球使還消息寄懷時有陟岵之痛兼奉慰》、《送兄舟次冊封琉球序》（《百尺梧桐閣集》遺稿卷四、卷六，文集卷二）

汪懋麟（1640—1688），字季甪，一字季角，號蛟門。江蘇江都（今揚州）人。清康熙六年（1667）進士，授中書舍人。九年（1670），官刑部主事。十八年（1679），舉博學宏詞科，以未終制，力辭久之。後以刑部主事入史館充《明史》纂修官。書成，旋罷歸。杜門謝賓客，專心著述。才華橫溢，因與汪楫同里並同有詩名，時稱『二汪』。著有《百尺梧桐閣集》、《錦瑟詞》等。

《百尺梧桐閣集》二十四卷，包括文集八卷、詩集十六卷，另有遺稿十卷，行世有清康熙五十四年（1715）刻本、清刊本兩種。其遺稿卷四有《送舟次二兄冊封琉球》、《送林石萊舍人奉使琉球》詩二篇，遺稿卷六有《得舟次二兄琉球使還消息寄懷時有陟岵之痛兼奉慰》詩一篇，文集卷二有《送兄舟次冊封琉球序》文一篇，均為送汪楫、林麟焻使琉球而作。

茲據清刊本影印。

在東

酒伴邀余出神飛舊酒壚欲騎官馬去須借小童

扶池上紛葭菼林中叫鶺鴒那堪臨水照添白幾

莖鬚

題畫

青山當野近流水傍籬斜晴翠紛楊柳清霜著菊

花此真棲隱地誰似老夫家日夕閒攜杖柴門數

過鴉

送舟次二兄冊封琉球

細斑之布青黑綠黄帊勒巾巾服奇短軀廣袖細

馬騎天街街南曾見之海邦陪臣幾萬里天風一
夜能北吹元正百國列王會中山守禮來無遲稽
顙請封聖人喜虎節特令儒臣持賜以一品上公
服歸昌遊聖麟與麒閩海六月南汎至樓艫十丈
揚熊旗神魚潛蛟避命吏一一縮息如寒龜珠宮
貝闕自隱現羣仙出沒乘龍螭恍聞張樂洞庭野
碧海明鏡分毫釐平佳彭佳舵尾辨黃嶼赤嶼針
頭移忽聞泊船到那霸夷官導引紛旌麾歡會門
前世子出拜謁道左躬何卑夷山之巔殿宇正安
置誥令平不歆君臣妃妾拜受命王者被飾嫺威

儀宗臣子弟好裝束異舞蠻歌無不爲禮成更爲
北宮宴山海饈錯登盤匜金荆榴木似美錦香可
作枕供支頤歸帆却與善風便枕此或可添奇詩
海東亦有良畫師壁間定貌天朝姿么魔但覺國
人小蠻女亦媿顏徒施中朝紗選固不爽威遠所
重兼文詞吾兄大筆恣揮灑自能宣播　君王慈
歸來細說日南事笑我聞見猶參差

送林石萊舍人奉使琉球

海於天地間其大幾萬里連山有巨魚每每劃波
起若無王命來百怪不肯徙留仇海中央四面積

儀宗臣子弟好裝束異舞蠻歌無不爲禮成更爲
北宮宴山海饈錯登盤匜金荊榴木似美錦香可
作枕供支頤歸帆却與善風便枕此或可添奇詩
海東亦有良畫師壁間定貌天朝姿幺魔但覺國
人小蠻女亦媿顏徒施中朝紗選固不爽威遠所
重兼文詞吾兄大筆恣揮灑自能宣播　君王慈
歸來細說日南事笑我聞見猶參差

送林石萊舍人奉使琉球

海於天地間其大幾萬里連山有巨魚每每劃波
起若無王命來百怪不肯徙留仇海中央四面積

黑水蛟魚之所宮日月浴其裡隋唐梗聲教不足
煩鞭箠明初賜棹卒三十六姓始遂與中國通得
共外藩齒格心歸　聖朝稽顙請勅璽舍人金閶
彥足爲海邦使況復生閩疆海其所知耳吾聞彭
湖島烟火望尺咫餘寇乘風帆往來疾如矢近日
樓船軍聲言向東矣軍儲數百萬揮此等糠粃所
冀銅柱式勿爲伏波耻君學蘊經術必已審進止
誰謂書生謀而不中邊鄙昔賢服蠻荒惟在拯一
紙今古無異才茲行毋乃是中山奉禮法約東但
唯唯鄰封諸島夷雎盱望風軌倘能悉歸附不讓

趋勇美大化周四方歸朝奏豐芑

奉送益都公致政歸里五十韻

閣門初卜相講席正譚經（時辛亥二月上初御經筵）花氣薰春殿香烟上御屏火城樓外見玉珮月中聽夫子眞夔契高風備典型薦賢先隱逸（公入相首疏薦賢令大司寇魏公其最也）端本自朝廷愛國心難盡憂時色每形只將清勵獨不以醉爲醒昔掌紅藤院還栖柏樹廳持衡兼秉憲弼教更明刑殿上尚書履天邊執法星上書同賈董儲藥比參苓（公爲大司寇條時政數萬言上嘉納之）直膽由中赤重瞳分外青狐裘須晚歲（特賜玄狐裘爲公禦寒）貂珥慰高齡裝

眠食勤調護煩憂已破除人當新節起酒是舊年
餘勝賞隨時足浮名未可居好將閒筆扎親授兩
兒書

蹉跎羞伏櫪雜沓強開筵小院分燈火深杯促管
絃落梅聞此夜欲雪看高天自笑飛揚態猶疑是
少年

得舟次二兄琉球使還消息寄懷時有陟岵
之痛兼奉慰

聞道乘槎客安流實快哉南風三日正閏由閩達中山僅三日夜
東海一帆開波靜蒼龍避舟輕粉蝶回海中見粉蝶即慶平安島

王傾國出驚看使星來

半載中山住鄉思日夜懸蠻歌山館外海氣殿廬

前九日曾開宴三秋亦放船中秋九日宴　天使設水嬉諸樂不知桑

落會可似菊花天

葭管一灰飛樓船海上歸神鵶翻作惡綵鷁欲何

依百怪斜迎棹驚濤逆濺衣平生忠信在况復仗

天威

持節當炎夏還家值早春親朋齊失喜時序轉傷

神命服方歸省麻衣忽在身好將安穩信報與下

泉人

反命原臣誼陳書實子情八騶歡奉　使一杖痛
還京憔悴應憐弟艱難再見兄連牀能幾日白馬
又南行
此恨嗟曾歷悲凉直至今一官羞計拙萬里豈初
心上塚紛歸騎磨碑出賜金猶堪慰哀毁顧我獨
浮沉

送力臣都諫假歸揚州兼柬師六孝廉

君入詞館年桒兆歲在丙久挫才實雄乍伸氣愈
猛好書原深沉爲文肆馳騁短檠然寒膏長編續
餘景高名動玉陛特擢授華省矢報在公忠發言

送兄舟次冊封琉球序

古帝王懷馭遠之略咸欲控撫荒外聲行海表令滅貊倭韓文身雕題之族露頂肘行獻奇納賮梯航萬里賓於王門所恃德修化格時和氣應然後海邦百國瞻雲望波歸我神聖此石砮楛矢所由駢集蓋有不期而自致者迨好事之臣起倖功媚上黷武開邊於是睹瑇瑁枸醬天馬蒲陶則建珠崖開牂柯通大宛抵安息張官置郡授印封王由此火珠翠羽通犀文甲之珍奇驎褭象師猛犬大雀之異物莫不四面環至充於宮闕何其盛也不知强弱何常乖畔罕定兵威之肅服有時而窮財賂之懷誘有時而竭旋置

者未始不旋罷其爲國家侮辱者幾何矣此千載而
下言西南夷則首唐蒙司馬相如言兩粤則首嚴助
朱買臣言朝鮮西域則首涉何張騫之數人者蓋功
半而過倍也我
國家綏乂四海罔有不臣乃若身熱首痛龍堆葱嶺
諸異域皆懸度梯棧稽顙角崩如朝鮮蒙古土魯番
暹羅荷蘭安南西天西洋諸國朝貢以時吉凶必赴
其有易世改王必束身奉璧待命
天朝錫以制勑賜以軀綏乃敢君長其國否則主臣
戰栗不敢安寧而
朝廷初未嘗加兵賜繒馳命走驛或投書於辯士或

假道於旁邑而來享來王如是其恐後何歟康熙二
十年冬琉球國中山世子遣陪臣奉表告其先王卽
世乞嗣封禮臣以界在海外議以册命遙授而陪臣
具狀哀陳必得使者儼臨藩屬爲光寵報可臚列應
遣諸臣以進
天子曰啇命海邦其愼選學識宏博儀觀俊偉者以
行乃下九卿詹事臺諫推舉僉曰莫如翰林檢討汪
某奏上卽以吾兄爲正使中書舍人林君麟焻副賜
一品麒麟服　天仗前導龍旗揚揚使臣廼服五等
乘八騶自燕歷閩將駕萬斛之舟樹十丈之檣甲士
數百從官先後以

朝廷寵命馳告海神百靈恭順風與帆從瞬息萬里
度來往時月由夏徂冬成命來歸可尅日待也按琉
球得通中國始於隋大業朱寬陳稜廹以兵威唐宋
以來招之不至明代使聘相望迄我本朝稱藩尤謹
初得封於
世祖再降封於
今上皆不煩咨籌自然馴服雖其守禮固然良以盛
德大化無遠弗届其得之占驗感名亦有不期而自
致者乎吾兄負淵雅之才敦忠信之學奉
天子命令誥告東遐風以仁義教以詩書海外諸國
鮮不㬋先馴之賞凜後服之誅鈇脣革心歸命我

后使臣雖有招携懷遠之策都無復施若史氏所云境俗性智之優薄產載物類之區品川河嶺障之基源氣節涼暑之通隔必能審根求實達情寫形編之篆帙歸獻　闕下備職方之採由是中國無事外藩清靜荒陬窮島聽其自來雖有倖功多事之臣屏無所用豈非萬世馭遠之良規哉

（清）汪文柏《送悔齋叔翁奉使冊封琉球》（《柯庭余習》卷八）

汪文柏（生卒年不詳），字季青，號柯庭，一作柯亭。安徽休寧人。占籍浙江桐鄉。康熙年間官東城兵馬司正指揮，致行人司行人。宦京三年，乞身歸。卒年六十七。著有《柯亭余習》（一作《柯亭餘唱》）、《摛藻堂集》、《杜韓集韻》、《古香樓吟稿》等。

《柯庭余習》十二卷，清康熙四十四年（1705）刻本。其卷八有《送悔齋叔翁奉使冊封琉球》詩一首，為送汪楫使琉球而作。

茲據康熙四十四年（1705）刻本影印。

送悔齋叔翁奉使冊封琉球

冰銜清望冠諸曹萬里揚帆賜錦袍鄴下文章承寵渥
廣陵煙月擅風騷吾宗喜蔭高枝茂當代驚稱間氣豪
帝遣詞臣宣德意朝推偉器矢賢勞遒經豈獨光鵷序
柔遠無煩藉豹韜青瑣上書申典故丹扆灑翰重封褒
銜恩遂指中山路將命休疑碧海濤繡蹙麒麟圍寶帶
旗分熊虎駕長艘湍浮併覺星辰動煙淨惟知斗極高
四顧總連雲渺渺十洲何處水滔滔扶桑曉日迎蘭櫂
南極薰風送綵旄浪說島民仍黑齒虛傳海邑近紅毛
梅花嶼外看姑米黿鼉山頭望巨鰲亭號迎恩遵禮法

門名歡會足遊遨蠻王舞蹈瞻天仗長史趨奔駕小舠
毒瑁簾開攜畫扇紫螺杯暖進香醪文身喜獲霑聲教
異域都應化桀驁豈向夜郎求蒟醬寧須大宛貢葡萄
蒙庥魚鱉猶咸若後至鯨鯢孰可逃論蜀并馳司馬檄
封侯還佩呂虔刀越裳久矣來馴雉西土猶然却旅獒
絕島情形能入告遐方題詠待揮毫金泥玉檢同頒瑞
盧矢彤弓美建櫜計日王程暫分手海天南望首頻搔

七月廿三日暴風紀異二十韻

龍飛丙子月初秋倒海翻江起石尤大艑嵯峨多覆水
高堂突兀亦成丘墓傍窣木連藤倒寺裏旛竿隔岸投

（清）王岱《送汪悔齋使琉球序》（《了庵詩文集》文集卷六）

王岱（生卒年不詳），字山長，號了龠、九青、石史、且園，潭州（今湖南湘潭）人。明崇禎十二年（1639）舉人，授官隨州學正，擢順天府教授。清康熙十八年（1679），舉博學宏詞科，與試不第。選取安鄉教諭，遷京衛學博。二十二年（1683），因生性耿直，不容於朝，被貶為廣東澄海縣知縣。清謹自持，興修水利，戢奸禁暴，訟牒鮮少。工詩文，能書畫，與王士禎詩名並世。受職後不復耽之。歿後，舉祀名宦。著有《了庵詩文集》、《且園近詩》、《且園近集》等。曾主持重修《澄海縣誌》。

《了庵詩文集》三十六卷，包括詩集二十卷、像贊一卷、文集十五卷，清乾隆十二年（1747）刻本。其文集卷六有《送汪悔齋使琉球序》一篇，為送汪楫使琉球而作。

茲據清乾隆十二年（1747）刻本影印。

送汪悔齋使琉球序

琉球古大[illegible]屬國其地有五山而國建諸中是以有中山王之稱一切襲爵錫號悉稟命於天朝其來已久本朝開闢琉球向化歲貢不絕康熙二十年中山世子尚貞嗣位請封重譯來朝使者相望於道上允其請乃遴文學之臣汪林二公持節以往治具[illegible]於其行也輒言[illegible]行色施公[illegible]友俗俗為之相慶曰夫人間航海之役遂

[illegible]後[illegible]不知天地之大天一地六無非海者須彌四
[illegible]洲南贍其一香海各千重今東西二洋地屬南贍
不啻人海之一勺琉球彈丸又不啻大海之一島雖
[illegible]出使者方幅以內若闘險而神迅將何以任天
[illegible]事役且人不歷非常之境則氣不充識不廣洋之
[illegible]地後連山浮天無岸呼吸萬里幻怪百狀靈潮
[illegible]大畏罔象翔陽逸駭危檣叢濤鮓颶風生蜃樓
[illegible]竟若南以爲程無昏曉之可倚如刻晷之御庶

飫六閩之雀颷誠宇宙之曠觀抑游覽之極境今二

公奉　朝廷寵靈宣威達化乘名竹帛勒石爲邦與

千秋之盛典也是不可無詩詩曰　維彼中山其王

勃興歲時職貢罔不嘯傾威關請襲重譯來覲　帝

用懷柔爾　允示信使節往宣承錫海鎮維爾國

紉志恭籩無効佛郎殘慶髮纍無纖礁老梗花洋汎

曠哉不供日時海舌　天威咫尺聲靈無震

（清）王鴻緒《送汪舟次太史冊封琉球》（《横雲山人集》卷十三）

王鴻緒（1645—1723），初名度心，中進士後改名鴻緒，字季友，號儼齋，別號横雲山人。江南華亭（今上海）人。清康熙十二年（1673）進士一甲第二名。十四年（1675），主持順天鄉試，充日講起居注官，不久升贊善。二十一年（1682）轉侍讀，任《明史》總裁，具體負責《明史·列傳》的撰寫。二十四年（1685），充會試總裁官。二十六年（1687），擢左都御史。四十八年（1709），以原官解任回籍，便私自帶走所撰寫的《明史》文稿，以敬慎堂之名將該稿刻為《横雲山人明史稿》，即後人所稱之《明史稿》。

所著《横雲山人集》二十七卷，清康熙年間刻本。其卷十三有《送汪舟次太史冊封琉球》詩一首，為送汪楫使琉球而作。

兹據清康熙年間刻本影印。

其八

每向旗亭送客行車輪滾滾雜離情看人作郡渾閒事只怕當筵唱渭城

其九

歃浦嚴冬漲白波帆檣怯渡意如何年來宦海愁邊老較是風濤底處多

其十

故里雲山道路紆歸心日夜憶三吳縱誇沁雪黃芽脆得竝江南玉筍無

送汪舟次太史冊封琉球

梯航重譯集共球玉節遥頒出鳳樓東觀日邊承
簡冊中山天外列諸矦

其二

一疏天飄　御墨香詞臣親捧下扶桑金函直壓
蛟龍氣雲漢遥垂島嶼光

其三

三載鳴珂入紫微爭看負弩八騶歸養堂秋日開
瓊斝誰似麒麟作綵衣

其四

聖主威靈巨鳌通金書穩度海雲東莫言弱水三

千路自信牙檣七日風

其五

祖帳青門柳拂霜乘風萬里興偏長蓬萊未淺還

金闕爲覓安期棗共嘗

其六

蕃王虎拜紫綸明渤澥榮光接帝京陸賈豈煩陳

禍福無波早識　聖人生

其七

南溟爭喜使星臨絕島歡騰瑞靄深夾道鮫人知

姓氏舊傳詞賦到雞林

其八

重曼山圍氣鬱葱瑞池晴淥繞王宮躝蹄行酒多蠻曲可否輶軒備國風

其九

彭湖旦暮翦長鯨好諭孫恩乞解兵丈組繫降賢十萬他年麟閣繪書生

其十

太史河光映客星浮槎何日返東溟祖麟羣島應須記暹爾高文早汗青

題李木菴小照

（清）吴嘉紀《送汪悔齋使琉球》（《陋軒詩》卷十一）

吴嘉紀（1618—1684），字賓賢，號野人。江蘇泰州人。入清之後，絕意仕途，蟄居家鄉泰州安豐鹽場，生活貧困而吟嘯自若，不為人知。然與汪楫、孫枝蔚等人交往甚善。所著《陋軒詩》十四卷，行世有清康熙元年（1662）賴古堂刻增修本、清道光二十年（1840）泰州夏氏刻本。其卷十一有《送汪悔齋使琉球》一首，為送汪楫使琉球而作。

茲據清道光二十年（1840）泰州夏氏刻本影印。

又

林泉安得久追隨爾我朱顏道路衰别後登山與
臨水暮春天氣倍相思

雨後

蒼天施雨澤赤地洗塵埃鵝掌犂新水蟬聲咽遲
槐濕濡存晚稼時節過黃梅猶喜黑雲在斜陽熏
不開

送汪悔齋使琉球

異域需新命朝端餞遠行路從雲際下人過竹西

粲悔齋家廣陵　鴈鶩歎徒御關河別弟兄中原樹翳翳

回首若爲情

又

使命儒臣重推尊衆議同節臨尚氏國帆滿鄭公

風忠信魚龍衛遐荒雨露通舟人笑相指黿鼉海

波中黿鼉嶼在琉球國西

又

渺渺仙舟遠翩翩彩旆揚東南心眼濶中外姓名

香始快鯤鵬意誰言天海長共瞻上國使文德布

殊方

又

波濤休遠駕，島嶼繫孤槎。傍日承恩國，含煙迓客花。蕉蘗濃酒熟，螺飾舞衣華。景物爭芳夜，歡娛未有涯。

又

漢字咸來問，雲車試一停。敎行守禮俗，人祀使臣星。海色三峰秀，松陰四境青。廉名知久著，不羨郄金亭。

又

舉步中山頂披襟四望時看君何縹緲念我未追隨痛飲婦人釀（其俗婦人嚼米釀酒）獨吟才子詩蕃王供翰墨醉態想淋漓

又

雲路達三島王程經兩淮素交猶在目綠酒暫相偕自愧星霜髩餘生齷齪懷煩君語仙鶴雞鶩戀藩柴

又

亦既竣公事願言還故郊祖筵精製餞嫡媛自臨
庖海船飛天際閩峰見樹梢囊中蕉布在歸以贈
貧交

戴岳子載白岳之石來遊海濱自題曰石桴
桴止東淘復適河阜與之晨夕既多褰裳
臨流於其行也贈以言

吾道屬滄浪辭山適海澳浩歌求我桴采石不采
木石是山中石浮石如浮山持此巖壑趣漾入菰
蘆間蘆花秋氣來洲渚日欲晚獨坐依海天人隨

（清）吳綺《送汪舟次太史奉使中山》（《林蕙堂集》卷二十）

吳綺（1619—1694），字園次，一字豐南，號綺園，又號聽翁。江蘇江都（今揚州）人。清順治十一年（1645）貢生，薦授弘文院中書舍人，升兵部主事、武選司員外郎。又出任湖州知府。未幾，罷歸，再未出仕。著有《林蕙堂全集》、《揚州鼓吹詞》、《嶺南風物記》，《嘯秋風》、《繡平原》、《忠滑記》、《蘭香詞鈔》等。《林蕙堂全集》二十六卷，行世有清康熙三十九年（1700）延陵吳氏家刻本、清乾隆年間刻本等。其卷二十有《送汪舟次太史奉使中山》詩一首，為送汪楫使琉球而作。

茲據清康熙三十九年（1700）延陵吳氏家刻本影印。

雪中誰許俗人過青衫幾載傷萍梗紅燭三更黯薜蘿

待得梅花消息好金牛湖水麯塵波

舟中聞雁仝正持作

孤客傷多正憶群中宵愁聽思紛紜稻粱有恨音偏苦

江海無家跡又分歲晚那堪千里月天高曾隔萬重雲

紅樓亦有笙歌侶醉向燈前似不聞

送汪舟次太史奉使中山

諭蜀何煩羨馬卿緋驂夾道送君行裝從南越臺前盛

文向東坡海外成島嶼豈期才子見波濤終爲聖人平

獨憐異國相思處萬里蓬壺月又生

東洵訪舊不遇

小樓燈火夜橫陳夢醒揚州幾換春十載浪傳天上信
一生常負月中人歌成白紵惟餘響淚裹紅綃點暗塵
海角萍萍空徙倚願留香穗種來因

將發東亭留别淑瑛

訪戴時維剡曲舟感君情重爲遲留幸當潦倒逢青眼
莫道英雄易白頭五夜雞聲常對酒幾人猿臂早封侯
相看各話平生事老氣猶能壓九州

（清）吴苑《送汪舟次太史奉使冊封琉球四首》（《北黔山人詩》卷五）

吴苑（1638—1700），字楞香。安徽歙縣人。清康熙二十年（1681）進士，充翰林院庶起士，授檢討，又擢國子祭酒。後以母老乞歸。

所著《北黔山人詩》十卷，清康熙年間刻本。其卷五有《送汪舟次太史奉使冊封琉球四首》一首，為送汪楫使琉球而作。

兹據清康熙年間刻本影印。

淩霄生本直柔枝嬝娜傷無力天星還散入天家千古覆映銀臺側

送汪舟次太史奉使冊封流球四首

鄭重傳天語詞臣作使臣南溟垂大翼北闕奉温綸雨露中山早梯航萬國春憑將柔遠意沾灑及鮫人

炎夏薰風裏皇華擁傳驅棄繻關吏識負弩縣官趨鳳藻傳金節麟文護玉符辭親還叱馭惘惘笑庸夫

鳳詔宣宸極龍旌越海東煙開鰲背紫霞起日

車紅彭嶼無驚浪螺洲有便風乘槎正安穩賦較
木華工
萬頃鯨波内茲邦一芥浮島人呼鳥了奇木識荆
榴筆已名山遍詩今異域求歸圖王會表拜手獻
螭頭

瀛洲亭述懷

鄧林挺羣木鯨壑納百川昌朝開秘院如昔之集
賢猥入登瀛門高槐摩青天玉河匝其外碧沼清
且連雲屋高崔巍直與禁籞連　帝命文章伯教
士羅簡編琢玉欲成器操縵將安絃況當載陽候

（清）汪繹《題家悔齋方伯觀海圖小像》（《秋影樓詩集》卷九）

汪繹（1671—1706），字玉輪，號東山，江蘇常熟人。清康熙三十九年（1700）進士第一，授翰林院修撰。四十二年（1703），任會試同考官。為官僅三年，便退隱告歸。工詩文，蘊藉含蓄。著有《昭代尺牘小傳》，後人輯其詩成《秋影樓詩集》。

《秋影樓詩集》九卷，行世有清康熙五十二年（1713）查慎行刻本、清光緒二十三年（1897）瞿氏鐵琴銅劍樓精刻本。其卷九有《題家悔齋方伯觀海圖小像》詩一首，為汪楫使琉球而題。

茲據清康熙五十二年（1713）查慎行刻本影印。

題顧雪坡竹壑流泉圖長卷

冉冉春山玉萬枝黃陵廟裏雨來時烟梢露葉愁人處那得人間有此癡（悼雪坡也）

毘陵夜雨懷同年徐辛齋

愁霖滴瀝浪交加卧覺樓頭漏鼓撾此地不堪常聽雨吾生何事又辭家飛蟲聚族能昏燭野水分渠好浸麻惆悵雲谿谿畔路重城迢遞似天涯

題家悔齋方伯觀海圖小像

蛟龍亦自避文星三日天風送客舲他日歸来重指點望中誰是却金亭（方伯奉使冊封琉球挂帆三日而達國王餽黃金百兩却弗受）

次韻和徐忍齋前輩玩月懷曹荔軒使君

校書廣陵城同局恰滿十積陰連晦朔兀兀若有失今夕喜

（清）尤侗《送汪舟次檢討使琉球四十韻》、《外國竹枝詞·琉球》（《西堂詩集·於京集》卷五、《西堂詩集·外國竹枝詞》）

尤侗（1618—1704），字展成，一字同人，早年自號三中子，又號悔庵，晚號艮齋、西堂老人、鶴棲老人、梅花道人等。蘇州府長洲（今蘇州）人。清順治三年（1646）副榜貢生。後六入考場皆不第。九年（1649），授永平推官。十三年（1656），遭劾，憤然辭官歸里。康熙十八年（1679），舉博學宏詞科，試列二等，授翰林院檢討，與汪楫等同修《明史》，具體分撰列傳三百餘篇、《藝文志》五卷。二十一年（1682），告歸。三十八年（1699），康熙南巡，年近八旬仍親迎於道。四十二年（1703），康熙再度南巡，得晉官號為侍講。著有《西堂全集》、《西堂餘集》、《鶴棲堂集》、《西堂雜俎》、《艮齋倦稿詩集》、《艮齋雜記》、《鶴棲堂稿》、《望古集》、《看雲草堂集》、《尤西堂尺牘》、《宮閨小名錄》等。

《西堂全集》六十一卷，行世有清順治十二（1655）仲夏兩儀堂藏版、康熙年間刊本、清嘉慶年間浙江桐鄉金氏文瑞樓刊本等。其《西堂詩集·於京集》卷五有《送汪舟次檢討使琉球四十韻》，《西堂詩集·外國竹枝詞》有《琉球》一篇，均為汪楫使琉球等而作。

茲據清順治十二（1655）仲夏兩儀堂藏版影印。

稱入幕賓翹材并接士端不羨平津

送汪舟次檢討使琉球四十韻

帝德敷干羽　王圖集共球職方通寄象封典及流虯古名流虯如虯浮水中也天子咨專使廷臣相遠侯官宜太史筆人是巨川舟汪名楫容貌夔龍偉言辭僑肸優皇華持漢節吉日佩吳鈎祖道儀章重　臨軒錫予稠頭銜一品服儀從五花驄孔翠承高蓋交龍樹曲旃朝衣辭　北極鹵簿指東甌六月同車馬雙星入女牛副使林玉岩中翰風師吹喜氣海若送安流遂自梅花所遙臨古米洲雲端仙子降天末遠人柔長史迎牙纛番君拜　冕旒國門

歡會啓宮井瑞煙浮彩扇葫蘆貼金簪瑪瑙鏤雕翎文
在手結髻錦纒頭箬笠垂環具犀渠繫蒯緱四時蕉爛
熳萬戶鳥鈎輈食祇炊螺殼居寧聚髑髏擊刁童子舞
帶草女君謳嚼米成奇醞團酏佐庶羞法筵天界廣宴
席水亭幽戲任龍標競文從太學搜　勅書金匱襲
賜物玉杯酬明武宗舊賜玉杯　七鳥遺風在三山故老留賦詩
題館閣記事載軒輶能却千金贈何辭萬里游宗生眞
破浪尼父亦乘桴忠信符潮汐威嚴退石尤雲霞依画
鷁蛟蜃擁層樓捩柁暹羅望二國名　迴飄旗鼓收二山名　巒
邦觀禮樂澤國歷春秋爭艷才名盛因知文德修椒蘇

充貢船翰墨定邊籌小嶼環　天闕洪波達　御溝勳勞傳　禁掖姓字動遐陬馬上黃羅帕車中紫綺裘歸來歌燕喜鼓吹滿揚州

哭陳其年二首

歎息斯人而有斯茫茫天道竟無知微官難煉飢寒藥獨客長吟歌哭詞炊臼夢回添白髮玉棺蒐去殉烏絲祇應恨血千年碧洒向荊溪夜雨時

平生喜對陳驚坐握麈軒然興有餘貧向金門空索米老來玉局漫紬書前程黯淡銘旌冷後事凄凉硯匣虛不待山陽聽吹笛但逢大樹便迴車其年寓有大樹嘗婆娑其下

彭美門云何歎可笑

大閤終歸木下人

隋時致書自稱日出處天子國中稱天皇以尊爲號有五畿七道三島附庸國百餘吾妻鏡紀本國君臣事蹟吾妻島名也木下人爲平秀吉萬曆中簒奪倭國自號大閤王

吹螺揮扇舞刀都聖鬘羅華知有無乞得中原音韻去也來弄筆咏西湖

王子七歲講聖鬘經天雨曼陀羅華使臣答里麻有咏西湖詩云一株楊柳一枝花原是唐朝賣酒家惟有吾邦風土異春深無處不桑麻頗寓嘲笑之意

琉球

王云前代文教遠訖如此

歡會門中蘆扇開美姬含米上行盃金簪長史雍容甚鼓篋新從太學來

毛云何減禮魂諸詞

王云如聽楊花李花

門名歡會以金葫蘆團扇爲儀衛美姬舍米造酒名曰米奇官皆金簪子弟入國子監讀書歸爲長史

布帽毛衣曳珮璫。雙雙纖手繡鴛鴦。女君曉入奉神殿。舞也婆娑歌滿堂。

婦人以羅紋白布爲帽雜毛爲衣螺爲飾下垂小具其聲如珮珮以墨黥手爲花鳥之形有奉神殿神以婦人爲尸名女君三四百人各戴草圈攜樹枝乘騎入王宮游戲一唱百和音甚哀慘

安南

二月常開仙艾花。喜從勾漏覓丹砂。伏波銅柱今何在。祗見飛鳶墮水涯。

艾山有仙艾仲春開花雨後落水面羣魚吞之多化爲龍勾漏山葛洪採丹砂處

漢使虛乘浪泊槎。珠厓棄後隔中華。遺民休抱亡陳恨

（清）嚴繩孫《送汪悔齋同年奉使琉球》（《秋水集》卷六）

嚴繩孫（1623—1702），字蓀友，一字冬蓀，號秋水、自稱勾吳嚴四，晚號藕蕩漁人。江蘇無錫人。早年棄舉子業，遊歷於山水之間。與朱彝尊、姜宸英被譽為『江南三布衣』，以詩詞書畫聞名。清順治六年（1649），參加由江南名士太倉吳偉業主盟的慎交社，結識了一批東南名流。順治十一年，與邑中顧貞觀、秦松齡等十人結雲門社，時稱『雲門十子』。康熙十八年（1679），以布衣受薦舉博學宏詞科，僅賦一詩而出，仍被選中，試列二等。授翰林院檢討，入史館，修與《明史》。後歷任日講起居注官、山西鄉試正考官、右中允兼翰林院編修、承德郎等職。二十一年（1682）秋，汪楫受命出使琉球，嚴繩孫召集倪燦、彭孫遹、周清原、徐嘉炎、徐釚、尤侗、邵吳遠、趙起士、李澄中等博學鴻儒科同年為其餞別，嚴繩孫即興繪其情景為《餞別圖》，諸同年均為其題詩文相贈。二十四年（1685），嚴繩孫辭官回鄉隱居。著有《秋水集》、《詩餘》等。《秋水集》十卷，行世有清康熙年間嚴繩孫佚亭刻本、清康熙年間雨青草堂刻本、民國六年（1917）無錫縣圖書館校刊本等。其卷六有《送汪悔齋同年奉使琉球》詩一首，為送汪楫使琉球而作。

茲據清康熙年間嚴繩孫佚亭刻本影印。

邊路流水桃花細雨時

二

愛道紅藜憶較書　椰邊歸院意何如　新恩不阻濠梁興　太液池頭許釣魚

送汪悔齋同年奉　使琉球

憶昨元會日玉陛羅四裔側見中山人遠自重譯至纚頭尺帛黄拜舞乃不異其王昔歸化保世遂及嗣抗表請　朝命　天子嘉其義畀之紫泥封爲擇皇華使鄭重詔九棘屢集金門議海國遣詞

臣　昭代未有劍吾閩重溟險萬里若鳥逝日月
互吐納合散在一氣吹澇見移鯨山嶽[illegible]易置天
琛與水怪包舉及瑣細行子凌窮髮脫身信遐厲
行坐覘五兩一失不可紀況閩田横首魏闕未旋
繫島嶼憤所歷何年掃氛翳當時語風濤人盡爰
居避汪子軒然來用舍非所計春卿一顧起逴復
問其次副以薇省郎明朝入封事　九重親試人
由來識名字便宜所陳章一一經　睿思上許扶
桑東永鎮　宸章麗下軫風波情宛轉及稟賜車

服何輝赫公侯頁不啻麒麟織成錦寶帶垂綠緌
天仗引華芝蕭笳列橫吹每逢疲馬間覺我神明
弊喧闐青綺門出祖恐無地孑行拜嘉慶庶展平
生志稱觴歡父老負弩驅長吏一深捧檄情敢後
叱馭意此邦秉聲教祇事故弗替要使識　皇仁
不共珠厓棄使君挺高標氣與秋旻霽一段生黄
金邊巡敢前致久歷厭人情山川起睚眦何況絶
島間飄飄一秋蔕天生當世才會必有所試所幸
明脊煎無爲多才累共通金閨籍結好踰兄弟風

雨此爲別何當望歸櫂差池悲世網哀樂傷中歲
情知萬里行更執臨岐袂西風吹我心逐子去安
稅理我五湖帆相逢始成醉

萬柳堂宴餞馮閣師東歸次韻

問訊平泉萬綠楊莫緣攀折早含霜未應此地眞
離席安得如公始故鄉三巳流連詩律細十年休
沐　主恩長淸陰願駐須臾展緖論他時作典章

二

從此尊前便得閒淸歌敎疊莫敎删巳無餘事留

（清）彭孫遹《送汪舟次出使琉球》、《送林石來使琉球》（《松桂堂全集》卷二十一）

彭孫遹（1631—1700），字駿孫，號羨門，又號金粟山人。浙江海鹽人。與王士禎齊名，時號『彭王』。清順治十六年（1659）進士，授中書舍人。十八年（1661）因『江南奏銷案』落職。康熙十八年（1679），召試博學宏詞科，得第一名，授翰林院編修。歷國子監司業，升侍讀。官至吏部左侍郎，兼翰林院學士，充經筵講官。《明史》久未修成，命其為總裁纂修。三十六年（1697），致仕歸里，康熙賜其御書『松桂堂』匾額。著有《松桂堂全集》、《南淮集》、《延露詞》、《金粟詞話》、《金粟詞話》、《詞統源流》、《詞藻》等。

《松桂堂全集》三十七卷，清乾隆八年（1743）武原彭氏刊本。其卷二十一有《送汪舟次出使琉球》、《送林石來使琉球》詩二首，為送汪楫、林麟焻使琉球而作。

茲據清乾隆八年（1743）武原彭氏刊本影印。

送汪舟次出使琉球

暫輟鑾坡草還乘博望槎文章傳海外名字滿天涯人地堪華

國王程得過家繡衣趨省日晝錦未應誇

見說高華峙南行只片帆土風宜稻黍方物有楓杉候吏迴仙

棹詞臣領畫函好將柔遠意灑灑及嵯巖

立秋日

墻東一棗樹坐對相晨夕始見棗葉生俄看棗花白朱實垂庭

中離離紛可摘仰視天宇清秋風動簷隙日月不暫留逝者誠

可惜惜哉生有涯還爲物所役人壽無百年榮名亦何益

和悔庵

風雨中當階落紅糝天澤未云慳無乃土脉槃物理不可常時

節異舒慘衰盛迭爲之氣至則相感亮無松栢心零落夫奚憾

送林石來使琉球

鯨波千頃外洞藍一行開俗與鯷人近時當卉服來畫函將玉

節丹紙出雲臺專對今誰屬羣知使者才

祖帳滿秋色清飈動綵旃功名萬里外意氣八騶前風帆無淹

碧星軺不計年從容將母在眞覺　主恩偏

奉和馮益都夫子秋日讌集萬柳堂即席留别之作

清渠一曲蔭修揚秋氣高寒曉欲霜塵外心期在邱壑樽前風

物似江鄉數枝柜向垂陰密五字初成託興長休話永豐當日

（清）徐釚《送汪舟次同年奉使琉球二首》（《南州草堂集》卷九）

徐釚（1636—1708），字電發，號虹亭，又號菊莊、鞠莊、拙存，晚號楓江漁父。吴江（今江蘇蘇州）人。清康熙十八年（1679），舉博學宏詞科，試列二等第八名，授翰林院檢討，入史館，與修《明史》。二十五年（1686），因忤權貴，致仕歸里。康熙皇帝南巡，兩次賜御書，詔原官起用，終不肯就。著有《南州草堂集》、《菊莊詞》、《本事詩》、《續本事詩》、《詞苑叢談》、《楓江漁父圖詠》、《菊莊詞譜》、《菊莊樂府》、《南州草堂詞話》、《嘯虹筆記》、《青門集》、《豐草亭詩》等。

《南州草堂集》三十卷首一卷，清康熙年間刻本。其卷九有詩《送汪舟次同年奉使琉球二首》，為送汪楫使琉球而作。

茲據清康熙年間刻本影印。

送汪舟次同年奉使琉球二首

大小琉球國微茫一氣中神魚曾跋浪海鳥欲占風玉檢金泥秘牙檣繂節崇殷勤宣卉服傳語到蛟宮

萬里扶桑外滄波正窈冥乘槎來屬國啣詔出彤庭日月吞舟楫魚龍護使星歸來志山海重與續圖經

（清）嚴繩孫《嚴秋水餞别圖諸鴻博題詠書畫卷》（龐元濟編《虚齋名畫續録》卷四）

嚴繩孫生平簡況見上。該書畫卷所録題詠，即康熙二十一年（1682）秋，汪楫受命出使琉球時，嚴繩孫召集倪燦、彭孫遹、周清原、徐嘉炎、徐釚、尤侗、邵吴遠、趙起士、李澄中等博學宏詞科諸同年為其餞别贈送之詩文。

龐元濟（1864—1949），字萊臣，號虚齋。浙江吴興人。清季舉人。自幼嗜畫，尤精鑒賞，被譽為『全世界最富盛名』的中國書畫收藏大家。編著有《虚齋名畫録十六卷續録四卷補遺一卷》，為近代著録中國書畫最豐富之作。收録其自藏畫跡五百三十五件，自唐代至清代，分列卷、軸、册頁三類，按時代先後為序，每種詳記紙絹、尺寸、題跋及印章，凡題跋之高寬、鈐印之位置、文字損蝕或論脱處，悉照原本備載。

《虚齋名畫録十六卷續録四卷補遺一卷》，行世有清宣統元年（1909）、民國十三年（1924）等刊本。其《續録》卷四收録了《嚴秋水餞别圖諸鴻博題詠書畫卷》，共有：嚴繩孫《壬戌之秋悔齋年長兄奉使琉球諸同年賦詩餞别餘因寫此圖並題短句求正》、周清原《送悔齋年長兄並正》四首、徐嘉炎《壬戌新秋偕諸同年送别悔齋年長兄使琉球二首並請教正》、彭孫遹《奉送悔齋年長兄使琉球二首並請教正》、倪燦《奉送悔齋年長兄敕使琉球詩四十韻》、邵吴遠《奉送舟次老先生古詩二十韻並請教正》、趙起士《壬戌秋日奉贈舟翁老年奉使册封琉球公讌序》及《送行詩》一首、徐釚《奉送舟次年長兄册封琉球並請教正》、尤侗《奉送舟翁老年親台出使流求四律請政》、李澄中《恭送悔翁年兄奉使琉球即求教政》等詩文，均為送汪楫使琉球而作。末附陳德大的題跋。

彭孫遹、徐釚、尤侗等生平簡況見上。

倪燦（1626—1687），字闇公，號雁園。江蘇江甯（今南京）人。清康熙十六年（1667）中舉。十八年（1679），召試博學宏詞科，中式為一等二名，官授翰林院檢討，入史館，與修《明史》。以史才著稱，熟精史志目錄，所撰《明史·藝文志序》，窮流溯源，人稱傑作。先後著有《補遼金元藝文志》、《宋史藝文志補》。書法詩格秀出一時，著有《雁園集》、《十家宮詞》十種十二卷，《揚雄太玄經校正》一卷，《雁園詞》一卷。

周清原（生卒年不詳），字浣初，一字雅楫，號且朴、蝶周、蓉湖等。江蘇武進（今常州）人。清康熙十八年（1679），由監生舉博學宏詞科，中式一等第九名，授翰林院檢討。入史館，與修《明史》。歷官浙江提學使、工部侍郎。工詩文，著有《浣初詞》、《大司農王公騭年譜》、《遊雁蕩山記》、《借緣軒刪定湯霍林先生讀書譜》、《司空遺集》、《歷代紀事年表》等。

徐嘉炎（1631—1703），字勝力，號華隱。浙江秀水（今嘉興）人。清康熙十八年（1679），由監生舉博學宏詞科，中式一等，授翰林院檢討。入史館，與修《明史》，撰寫《明史·恭閔帝本紀》。累官至內閣學士，兼禮部侍郎，銜充三朝國史及會典、一統志副總裁。因病告歸。著有《抱經齋詩集》、《抱經齋文集》等。

邵吳遠（生卒年不詳），字戒三，號戒庵，浙江仁和（今杭州）人。康熙三年（1664）進士。初選翰林，累遷光祿少卿，任江西提學道僉事、提調學政。十八年（1679），舉博學鴻儒科，中式二等第二十九名。授翰林院侍讀，入史館，與修《明史》。二十年（1681），典試廣東，轉庶子，充日講官，歷詹事府少詹事兼侍講學士，與修《一統志》。二十八年（1689），廣東鄉試正考官。後致仕歸。息影湖莊，杜門謝客，琴史自娛。著有《元史類編》（又名《續弘簡錄》）、《戒庵詩存》、《戒三文存》、《河工見聞錄》等。

趙起士（1628—1706），字天羽，又字漸岸，號恒夫。安徽休寧人。清順治八年（1651）中舉。十八年簡選推官。康熙七年（1668），改授交城知縣。後擢升戶部山西清吏司主事，歷河南司、四川司主事。二十年（1681），任戶部主事，奉使征揚州關鈔，又調通州中南倉主管。二十三年（1684），任會典館纂修。二十五年（1686），遷戶科給事中。後受命勘河，因不稱旨而罷官，復補國子監學正。著有《續表忠記》、《寄園寄所寄》、《楊忠公列傳》、《錄音韻正偽》、《牧愛堂編》、《萬青閣全集》。曾主持編纂《交城縣誌》、《徽州府志》。

李澄中（1630—1700），字渭清，號（上雨下因）田，一號漁村，又號艮齋。山東諸城人。清康熙十八年（1679），舉博學鴻儒科，中式二等十六名，授翰林院檢討。後典試滇南，秉公持正，所得皆一時名彥。及致仕歸里，清白自實，足跡不入公門。著有《白雲村文集》、《臥象山房詩集》、《臥象山房文集》、《艮齋文選》、《艮齋筆記》、《滇南集附滇南日記》等。

陳德大（生卒年不詳），字子有。浙江海寧人。能治印，為清咸豐年間著名收藏家。

茲據清宣統元年（1909）刊本影印。

嚴秋水餞別圖諸鴻博題詠書畫卷

引首灑金牋高八寸長二尺零三分

撥厲皇華　益都馮溥

馮溥私印　白文

圖紙本高同上長一尺零二分設色圖作草堂中四人圍坐方几話別銜杯外有應門童子執鞭輿夫一卓兩馬停驂以待祖餞情景宛然在目其餘雜樹扶疏蒼翠欲滴用筆清秀洵士大夫之作也

手奉　天書出　帝京吟朋餞別話深更去從馬首看山色喜有賢王立馬迎壬戌之秋悔齋年長兄奉使琉球諸同年賦詩餞別余因寫此圖并題短句求正勾吳

彭嚴繩孫

繩孫 朱文 游定大園 朱文

書紙本高同上長二

丈一尺三寸六分

奉送悔翁年長兄使琉球二首即請教正曁輟鏊坡草

還乘博望槎文章傳海外名字滿天涯人地堪華國王

程得過家繡衣歸省日晝錦未須誇見說高華嶼南行

只片帆土風宜稻黍方物有楓杉候吏迎仙棹詞臣領

畫函好將柔遠意霑灑及巉巖海鹽弟彭孫遹

彭孫遹印 朱文 駿孫氏 白文 木雁之間 朱文

奉送悔齋年長兄使琉球二首並請教正暫輟含香直
曉班金符玉節下閶闔日邊五文皆御氣海浮一髮是
中山風霆夜護蟠龍笥雲霧朝披玉雪顏　聖主恩深
及海外薇垣隔歲望君還琉球遠接扶桑國萬里波濤
此去看嶼轉梅花吞倒景洋開黑水盡鷩湍長鯨鼓浪
雲垂墨老蚌含珠夜吐丹身到南溟瞻北斗珮聲猶憶
鳳樓寒秣陵弟倪燦

倪燦之印　白文
闇公　朱文

聖世務懷柔駿烈被遐壤鯷裔通王會梯航盡來享中

山東海隅　天威素崇仰數因朝貢至舟溯滄溟廣我
皇湛殊恩冊遣使臣往石渠采儁彥臨軒副宸想萬
里揚德音悠哉念鞅掌三山渺何際仗節辭神京內顧
無所私慷慨壯茲行青門張祖席騶從何縱橫握手賦
驪歌寸心共杯傾皇路固逶迤丈夫志遐征崔巍凌閶
嶠浩蕩觀蓬瀛乘風指華嶼長嘯雲霞生彭島插東溟
欽歆出馬齒代產名賢王羽冠素守禮嚌雲拜璽書冉
服謁天使天使蘭臺選亭亭玉山峙丰采照鬚眉揮翰
雲滿紙絕域激清風宣威信良史聞有卻金亭巋然立

山址海邦豈不遠去去凌洪濤石華俯可拾列嶂撐天高蛟龍彌爪鬣天吳聳潛逃始知　聖朝使萬靈護旌旄照乘非所珍爲貴雅與褩臣職佐修文袞衣勵貞操歸來報　天子坐論嘉賢勞里言四首　送悔翁年長兄并正晉陵弟周清原

清原私印 朱文　翰林史臣 白文　[illegible] 白文

王戌新秋偕諸同年送別悔齋年長兄奉使冊封琉球公讌序　盖聞誦詩專對傳稱大夫之材投筆從征史紀封侯之相張騫星槎之使宋雲葱嶺之行競說奇蹤

爭侈遐鶩要其津涯易測軌轍可尋遂古相傳於今爲烈若乃綜爾雅以名四海超禹貢而大九州宇宙太和乃闓重譯之使車書混一始成王會之圖章亥之所莫步羲和之所未宅天關雷動地軸飈迴羣飛洶湧忽作恬波六種震驚皆爲安土生聖德神功之世夐超山越海之奇赫赫矣休乎皇哉盛矣我 國家蕩平反側雨露羣生惟居重以馭輕乃平天而成地光華日月奠定山川包含九有悉主悉臣叅贊二儀職幬職載至於東漸烏弋西極白狼高椰生風扶桑銜日莫不編名鴻署輸

賚象胥委質古人徵歌槃木固已尉候定其朔南梯航竆其水陸矣惟琉球之一區泛重溟而萬里途經閩嶠形恍惚於鼓山壽接離倚勢縈迴於彭島地方千里君長歷年昔者三姓分雄今則一王合併有如新羅百濟共入句驪直緬哀牢同歸南詔値新君之嗣位主厥嘗卣哉　天子之明威倫茲冠帶厥辟引領於渤澥陪臣拜手於闕庭如紼如綸慕王言之下勞爲英爲鴟期使節之特將　皇帝於是其難其愼爰度爰咨僉論稱四方之才居孝弟之上漢詔舉使絕國者與將相同科誰

是終童賈傅之資足當陸賈相如之任一時廷臣共推翰林檢討汪子楫爲正使中書舍人林子麟焻副焉汪子孝友傳家文章華國悟易簡而出險阻憑忠信以涉風濤一日科頭尙無管寧之過千人投足寧同徐市之求王尊效忠乃抗訶於叱馭仲由稱勇亦慰志於乘桴雖落落之懷應求匪易而溫溫之度唱和有人爰輟紫薇之班來作玉堂之介水衡錫之內府祿滿三周金縷出自上方榮躋九命　御書高捧鸞鶖鳳翥之華　宸翰遐頒飛鵠潛蚪之勢綈帆絲纜無非玉府之縑雪戟

肅戈並是雲臺之仗於時　天威燀赫地勢安貞百谷之王同四靈而效順尋陰之長統萬派以朝宗波臣潮使相率歸心龍伯鮫人咸爲稽首不逢不若長絕神奸罔象潛其當蹊天吳讋其邀路溫嶠燭怪不藉燃犀歐冶鑄金允堪剸兕爾乃乘風破浪似傍青霄掛席凌霞如遊明月晝岸元虛之賦背繙曼倩之書淵迴則日月如驚浪轉而星河欲動才人屬目便是奇觀名士攖懷無非勝境殊疆草木咸來博望之林徼外山川盡入形方之志於焉針分甲乙道經赤坎黃麻船避礁磯山有

雞籠馬岊從此宣　九重之威德昭萬里之神明喬王
傳告夫種人庶族長思爲臣僕覩篇章而橫錦羣驚中
土之華聞言論以成珠共仰九天之唾丈夫壯志於此
云酬昆友素心還深屬望向者鹽車久困不徒邀首蓿
之盤豈今龍節驟膺肯僅索葡萄之種屬者海外餘氛
島濱延息渠魁雖殪遺孽猶存四十載之逋誅妖同孫
泰五百人之嘯聚節豈田橫曾豨突於江濤間鴟張於
巺會慶頓水犀之甲時勞組練之師東南杼柚之空無
非爲此江左衣冠之禍靡不由之近者克平金廈漸撤

藩籬議勦臺灣未窮巢窟庶其叅卿軍事張我天威苟
利社稷不辞出境之專相彼情形或收屬國之效約束
蛟鱷不煩秦濟之陳詞京觀鯨鯢肯許盧循之續命豈
如捐之建議徒棄珠崖滕暇邀功但盟林邑已哉兹者
成行有日祖道盈庭連枝非行路之人同調有天倫之
樂離歌頻唤不聞變徵之聲别酒時行間有清商之奏
長亭遠曲豈似江淹崎路河梁非同蘇武實艮遊之可
羨徒惆悵其奚爲況乃資父事君雖王程之不宿移忠
作孝誓子舍之堪娛始出名都好奉天孫之錦言經故

里適覩揚子之濤惟申繾綣之懷庶幾贈處之義斯時

也着霞新霽涼露未霜楊柳金堤綠映三秋之月芙蕖

碧沼紅餘千頃之花是宜讌集魚魚高賢羣和無令篇

章寂寂來哲笑人鴛水同學弟徐嘉炎製

徐印嘉炎 白文　勝力 朱文　虎南州之炎德 白文　遂水軒藏 朱文　德大審定 朱文

去年君作觀海圖萬里雲濤生素練波中島嶼湧千尋

潮裏魚龍爭百變水光瀯瀯山竦峙多君空闊堪擬此

長風破浪亦偶然激蕩奇懷聊爾耳一朝玉節發金閨

龍章虎竹麒麟衣九重乍覩紫泥出十洲行見黃塵飛

雲屯千騎從天下弩矢前驅擁使者立功絕域固有人
雄才自昔推司馬赤車高蓋輝光生玉霞紺雪齊蓬瀛
君行乘潮海東去淩風拾月相將迎歸來擷得驚人篇
貝宮錦麗鮫珠圓邂君劇談海外事使我胸次長悠然
送行詩一首計一百六十八字嘉炎又製

白文

白文

朱文

海外環三島寰中大九州言持龍虎節去訪鳳麟洲國
已兼南北槎仍泛斗牛扶桑眞向化歸獻白狼謳王程
敢憚遠辛苦越重溟屬國遲卿月歸帆轉使星染波霞

影赤吞浪嶼光青安穩看還往朝宗仰　帝靈奉送舟

次年長兄冊封琉球并請教正吳江弟徐釚

徐釚之印　白文

虹亭　朱文

奉送舟翁老年兄勅使琉球詩四十韻　帝德敷干羽

王圖集共球職方通寄象封典下流虬　天子咨專

使廷臣相遠候官宜太史筆八是大川舟容貌夔龍偉

言辭僑肸優皇華持漢節吉日佩吳鈎祖道儀章重臨

軒錫予稠頭銜一品服傔從五花騶孔翠承高蓋交龍

樹曲斿朝衣辭北極鹵簿指東甌六月攻車馬雙星入

女牛風師吹噓氣海若送安流遂自梅花所迻臨古米
洲雲中仙子降天末遠人柔長史迎牙纛番君拜冕旒
國門歡會啓宫井瑞泉浮彩扇葫蘆貼金釵瑪瑙鏤雕
鏤文在手結髻錦纏頭箬笠垂環具犀渠繫刜紱四時
蕉㶁熳萬戸烏鉤斛食祇炊螺殻居穹邪髑髏擊刁童
子髻帶草女君謳嚼米成奇醞團酏佐庶羞法筵天界
厖宴席水亭幽戲任龍標競文從太學搜勑書金匱奠
賜物玉杯酬七鳥遺風在三山故老留賦詩題館閣記
事載軒輶能却千金贈何辭萬里遊宗生眞破浪尼父

亦乘桴忠信符潮汐威嚴退石尤雲霞依晝鵠蛟蜃擁
屑樓捩柁邐羅望迴颿旗鼓收鑾邦觀禮樂澤國歷春
秋爭艷才名盛因知文德修椒蘇充貢舶翰墨定邊籌
小嶼環天闕洪波達御溝勳勞傳禁掖姓氏動遐陬馬
上黃羅帕東中紫綺裘歸來歌燕喜鼓吹滿揚州長洲
年弟尤侗拜藁

尤侗之印 白文　悔庵 朱文　西堂 朱文

奉送舟次老先生古詩二十韻并求教正王會古有極
化域今無外南窮麋竹鄉東際扶桑界驛路直閩天邦

名著隋代貢修臣職詳詔出王言大封崇玉册頒典重
金繒賚恩信藉宣揚精誠孚簡在公才九殿英儀表千
官最品服稱緋衣腰圍宜玉帶出郊持使節餞野發征
旆筆鞍蠣頭簪帆從鷁首掛槎影漾日移花裙望塵拜
舷中貯綵綸道左迎車蓋國體示鮫人皇威怙水怪樓
憑結蜃成石立分鰲戴島樹直如薺山城浮若芥神異
紀詩篇俶詭收圖畫天闕指星榆雲章垂露薤堯堦教
已敷宣室歸仍對既見舞羽干方期調鼎鼐還志十洲
經瑰奇擅千載西泠弟邵岦遠具草

邵印以遠 白文　城三氏 朱文

禁甌花影日曈曈制草金鑾出內宮江上九秋霜葉冷海邊六月荔枝紅星隨婺女東西澗帆引中山南北通不比漢唐殊雨露聖朝天子貺彤弓 其一

秦女秦童事有無聖人功業亘前途王朝久却珊瑚使絕島重瞻日月符地湧樓臺眞海市天開煙霧指彭湖何須晦朔占芳草嵩祝春王萬歲呼 其二

清華才子重雞林簫鼓樓船出海潯萬里蛟龍團水練三山風雨結秋陰莫逢方士重求藥但聽成連一鼓琴入夜珠光千月起恬波酹

酒快豪吟 其三 沉寥天外指虹霓汩沒河梁唉鵜鶘正
欲鑿荒同博望可將原毀問昌黎衣裳奉朔新知歲桃
李無言下有蹊珍重北方星使到高華圓覺話留題 其
四 壬戌秋日奉贈舟翁老年親臺出使流求四律請政
同學弟趙吉士頓首

朱文 白文 白文

皇帝二十載雍和被八方屬國奉正朔月竁皆賓王郵
封有舊制恩施逮遐荒 聖朝重典禮盈庭簡材良我
友汪伯子 王命維所將丈夫飽經術用世罔不藏及

茲使絕域駕海排帆檣驚濤鳴作處開闔變陰陽月明蚌珠吐標建蝦鬚張彷彿龍威出貝闕□瑤光回顧地維盡仰視唯青蒼　丹詔百靈護御氣如清霜倏忽超落際揚光日月傍出使能不辱雖遠肅何傷夙昔同心友臨岐各盡觴驪歌秘不發　君命寔煌煌文德溥滄熙武功銘旂常待君萬里歸謨烈高無疆恭送悔翁年兄奉使琉球即求教政東武弟李澄中

李印澄中白文　雷田朱文　傳大雅定朱文　曾帶山房法書朱文

後跋灑金牋高同

上長二尺零二分

趙天羽泛槎寄紀汪太史出使時三晝夜遂抵其國蓋
御書中山世土四字賜國王伺貞者在船也及返時波
濤萬狀曠日遲久然有烏鴉千餘夜繞檣帆船破數尺
又有巨魚塞其缺處不漏封君太翁生伯七旬誕琉球
君臣預撰序文製松竹詩書錦屏寄祝可謂極皇華之
盛事矣此太史出都時諸公送別之作天羽而外皆制
科碩彥煌煌巨篇一時作手之長而吾郡徐勝力吾邑
彭羨門尤爲鄉邦前哲澌文穀署簡嚴藕漁製圖亦近
時鑒家所目爲星鳳者也太史還朝撰中山沿革志若

干卷呈御覽更繪乘風破浪圖今不知流傳何所延津之劍有時而合則嬾民之願也戊午夏四月望日時雨初霽焚香小閣桐谿嬾民陳德大跋

孫大鄉（白文）　曾胏主人陳子有（朱文）

（清）徐元文《送汪舟次使琉球》（《含經堂集》卷八）

徐元文（1634—1691），字公肅，號立齋。江蘇昆山人。徐元文與兄徐幹學、弟徐秉義均為進士，人稱『昆山三徐』。清順治十六年（1659）進士第一名，授翰林院修撰。康熙八年（1669），任陝西鄉試正考官。九年（1670），升國子監祭酒，充經筵講官。十三年（1674），再升內閣學士兼禮部侍郎，任重修《太宗實錄》副總裁。十四年（1675），改翰林院掌院學士，充日講起居注官。十八年（1679），出任《明史》總裁，薦萬斯同入史局。十九年（1680），升為都察院左都御史，兼經筵講官。二十三年（1684），再次奉命監修《明史》。二十八年（1689），官文華殿大學士兼翰林院掌院學士。因屢招黨訐，乃具疏力求去。康熙准許原官致仕，辭朝歸里。著有《含經堂集》、《得樹園詩集》等。

《含經堂集》三十卷，康熙年間刻本。其卷八有《送汪舟次使琉球》詩一首，為送汪楫使琉球而作。

茲據清康熙年間刻本影印。

障疲春牧山農急火耕好留闔繪在重與識承明

知己那堪別離絃欲聽難去程官柳暗到日暑雲殘柳

酒紅螺試桑花碧憶看撫時爰史濁倚爾激清湍

送汪舟次使琉球

聖代振長策聲教踰東瀛柔遠有令典專對需詞英盈

廷妙推簡之子良國楨史曹輟柔翰王路抗長旌拜表

上方略慷慨萬里行丈夫志四方豈作離別情華星動

京邑袞服炫都城繁絃佐別觴祖送傾公卿治艤冶山

接峭帆赤嶼迎潮景漾旜旆海氣潤甲兵揚靈靜川后

淩濤偃長鯨龍光被絕島舉踵同歡聲詎惟　詔命重

兼蒙君子榮執禮示誠信矢言貴瑶瓊賡藻詠方俗林

澹含餘清長令中山域服義傳令名歸來報　天子永
爲使者程

送大學士益都馮公詩四首 有序

大學士益都馮公道開後覺德釐先憂鼎味斯和
迨今一紀以年及懸車爰有歸山之志會時多故抑
而未陳兹竊內厎平鞘戈偃革公于是再疏乞身
天子眷公忠篤且嘉進退之有節　優詔報可
命安車乘傳行人導護有加常儀維時赫暑未闌
天子留公俟凉秋發且旦夕遲得見公許不時
詣所駐西苑起居至則敕侍衛及內臣扶掖周遊
苑中所至陳榼酌醴俾脁覽舊意然後去蓋公亮

（清）丁澎《送汪舟次檢討奉使冊封琉球》（沈德潛輯《國朝詩別裁集》卷四）

丁澎（1622—1686），字飛濤，號藥園。浙江仁和（今杭州）人。回族。清順治十二年（1655）進士。初任刑部廣東司主事，遇冊立東宫典禮，改調禮部郎中兼辦主客司，後充河南鄉試副主考等職。十七年（1660），因觸犯科考例律，謫居遼東清安。康熙五年（1665）歸里。二十二年（1683），參與編撰《浙江通志》。著有《扶荔堂詩集》、《信美軒詩集》、《藥園集》、《扶荔堂詞》等。

清人沈德潛輯《國朝詩別裁集》三十六卷，清乾隆二十五年（1760）教忠堂重修本。其卷四收錄了丁澎《送汪舟次檢討奉使冊封琉球》詩一首，為送汪楫使琉球而作。

茲據清乾隆二十五年（1760）教忠堂重修本影印。

疑盡背日峰高夏苦寒滄海不沉秦女石浮雲欲動楚臣冠伊州一曲先揮淚況是親經行路難登高臨深

自有此種眼界此種心胸奇警之語自然湧出

過長洲吳瑤如郡守招飲湧賦

悲歌燕市意何窮汝向南行我向東十九年歸蘇屬國二千石重漢吳公他時苦憶淞江鱠此夜愁聞塞北鴻休傍姑蘇問麋鹿荒臺空鑠白楊風三語謂巳

從靖安歸四語謂吳郡守也酧應詩能泯酬應之迹亦復可存

送汪舟次檢討奉使册封琉球

孤懸黿嶼海涯間襟帶窮荒控百蠻巳奉春秋知

正。朔。何。年。南。北。併。中。山。自天宸翰龍鱗動繞日珠

旓豹尾班。底事皇華念將母乘風歸路指刀環。本二琉球

後併爲一故問之。康熙戊戌歲徐澂齋太史出使琉球歸省侍母時作詩送行者必以出使省親對舉推爲合律不知出使是主意省親只是旁及珠失輕重也此詩將母於結處一點見前輩位置之妥

送徐徵君雷發辟召之京

此去朝辭林屋峰布衣蹤屩倍從容眼中。吾。老。非

衰。鳳。足。下。人。稱。是臥。龍應　詔趨由丞相府。封章

辟自大司農知君芸閣詩成後苦憶西堂舊植松。

望天壽山

高峯峩兀散流霞。天外鐘聲一徑斜。認。道。前。朝。功

（清）鄭熙績《送太史汪悔齋老伯冊封琉球二十四韻》（《含英閣詩草》卷七）

鄭熙績（生卒年不詳），字懋嘉。江都（今江蘇揚州）人。清康熙十七年（1678）舉人。官至刑部主事。工於詩詞。著有《含英閣詩草》、《蕊棲詞》等。

《含英閣詩草》十卷，清康熙年間含英閣刻本。其卷七有詩《送太史汪悔齋老伯冊封琉球二十四韻》，為送汪楫使琉球等而作。

茲據清康熙年間含英閣刻本影印。

送太史汪海齋老伯冊封琉球二十四韻

帝德包區宇　皇仁播海隅扶桑均至日弁服仰弘
模守土中山舊驗試世子儀彭湖沿大造翰府擢鴻
儒　聖武驚蛟室文章耀寶珠鶩身滄溟曠鵬翼錦
雲扶島嶼清車指蓬山起嶽呼九州殺赤縣重譯稟
昆吾珉琄金墀滿珊瑚彩殿鋪黃麻宣蜃市花筆吐
瀛壺鼉鼊環螺髻蛟龍擁舳艫越裳梯闢鍉肅慎獻
雕弧水國萑苻靖波臣貢輿孚歸帆銜閩霧仗節拱
神都盛績鑄麟閣奇功邁虎符山河垂帶礪竹帛表

馳驅博望仙槎幻隸河莂醫誣封侯萬里重絶域幾

人徂風學名無媿新恩禮獨殊祿堂獻白首紫綬映

青鬚閭里歌威鳳乾坤舞孝烏斑衣陳碩棗負弩進

層蘇破浪當年志窮荒此日謨採風應有紀拜獻代

河圖

如入龍宮鮫室萬寶璀璨令人

目炫魂驚不啻東坡海外文字

東巡恭紀十韻有序

歲次甲子時維孟冬欣逢

聖駕巡狩東南燔柴岱宗望祀嶽瀆道經　闕里釋

（清）朱彝尊《題汪檢討（楫）乘風破浪圖》、《一枝春（汪舟次貽流求筆筒管蘆管各一同查客賦之）》、《送汪檢討使琉球序》（《曝書亭集》卷十二、卷十八、卷四十一）

朱彝尊（1629—1709），字錫鬯，號竹垞，晚號小長蘆釣魚師，又號金風亭長。浙江秀水（今嘉興）人。清康熙十八年（1679），以布衣舉科博學鴻詞科，試列一等，授翰林院檢討，入史館，與修《明史》。二十年（1681），充日講官，知起居注，典江南鄉試。二十三年（1684），以違例攜僕入内廷抄書被劾謫官。二十九年（1690），復原職。三十一年（1692），再度被罷，遂賦歸。殫心著述，學識淵博，精通經史，尤工詩文，與王士禎齊名，時稱『南朱北王』。著有《經義考》、《日下舊聞》、《曝書亭集》、《竹垞文類》、《瀛洲道古録》、《五代史注》、《鹺志》、《韻粹》、《靜志居詩話》等，編有《詞綜》、《明詩綜》等。

《曝書亭集》八十卷，行世有清康熙年間寫刻本、清康熙四十八年（1709）刻初印本、清嘉慶二十二年（1817）朱氏潛采堂刊本等。其卷十二有《題汪檢討楫乘風破浪圖》詩一首，卷十八有《一枝春（汪舟次貽流求筆筒管蘆管各一同查客賦之）》詩一首，卷四十一有《送汪檢討使琉球序》文一篇，均為送汪楫使琉球等而作。

茲據清康熙年間寫刻本影印。

槲薑炎涼迭相代斂退分所當幸有林居人愛之終勿忘

題東浦學耕圖二首

上書空澈黑貂歸賣賦年來計漸非爭似爲農東浦畔醉吟

獨逑舞蓑衣

老我青緺嬾束腰薄田枕水傍灣橋明年準擬全家返也買

烏犍種楚苗

題汪檢討 楫 乘風破浪圖

汪君才地何崢嶸直與東馬嚴徐幷一朝銜

命使絕域瀕行封事上九閽乞降

御筆示海外永使荒服輸其誠僉曰不可

帝曰可濃墨大字搖光晶

天子臨軒賜顏色容臺諫院那得爭琅函錦題題國門出車前

騶唱揚三旌麒麟之袍繡織成青絲絡馬雙盤鞶纓被以重罽
紅猩猩南浮江淮達閩越長風五月沙雨晴天妃廟前釃酒
行柁樓語笑潮已生梅花洋東天水黑但見日月星辰明一
夫危檣赤脚撐捷如山木騰踔百夫仰望目盡瞠峭帆風
飽弓在檠又如張翼鷙鳥征有時吟嘯訶鉼笙千人同舟一
心力不比吳越交相傾巨魚長似金背鯨揚鬐前導莫敢攖
滿空霜禽飛且鳴黄衣蝶翅方鸝庚昏波忽拔虎蛟穴靜夜
或睒驪龍睛潮雞報曉鼉報更三日竟指中山城中山君長
撎手迎道旁張樂聲瑽琤傾城士女堵牆立笥皮笠重蕉衫
輕叢筠夾岸煙梢平佛桑花開白紫赬日長使館坐無事圍
棊隔院聞楸枰銀光砑紙百幅呈詩篇或與沙門賡愛君臨
池用筆精草書不減張伯英八分遠過梁昇卿宣尼新宫碑

一丈高文搴勒傍兩楹吏閒島中田少耕賓筵日日羅香秔
佳酥之魚翠釜烹香螺勸酒黏綠餳糢糊深碗山諸羹蝦陬
風土正不惡亦有花藥同揚荊歸艎仍以鍼計程往還七見
蟾蜍盈君來詣　闕因陳情請假讀禮旋書棚却金復荷
主恩賜投牒翻來遷秩榮憶昨送君秋氣清纔逾一暑入
帝京金門咫尺我顛蹶君乃萬里來蓬瀛披圖雪浪看尚驚
眼花欲眩心怦怦耳中髣髴波濤聲粉精墨妙誰經營恍疑
博望星槎橫我歌長句揮散卓青雲敢附千秋名

題侯開國鳳阿山房圖三首

四先生里讀書莊須并也經營興不忘張筆孫詩陸經義孰居
南北孰中央謂張上舍雲章孫孝廉致彌陸徵君元輔
吾家亦有三畝宅千個篔簹兩樹桐輸與句吳歸客健滿頭

掃花游　試茶

楝花放了，正穀雨初晴，遍籬雲水。曉山十里，見春旗乍展，綠槍未試。立倦濃陰，聽到吳歌徧起。焙香氣裊一縷午煙，人靜門閉。　清話能有幾，任舊友相尋，素瓷頻遞。悶懷盡矣，況年來病酒，夜闌須記。活火新泉，夢繞松風曲几。暗燈裏，隔窗紗，小童斜倚。

一枝春　汪舟次貽流求筆筍管蘆管各一，同查客賦之

海外青羊，也中書，偶被星查攜到。明窗脫帽，掐破麻姑纖爪。黃蘆墨竹，慣斜鏤一枝花裊。持比似諸葛宣城，樣變棗心翻巧。　遙憐水雲孤島，想銀光砑紙，留題多少。小扇香匳，愛染夕陽芳草。層波萬里，付吳下阿儂誰料。端可惜、老去章臺，畫眉嬾了。筆帽裂其一面，活脫下之

切若是其繾綣也君今歸乎琴山之麓江可以釣林可以游窟山宅水之樓依竹之堂可以寄傲殆詩之所云逸豫者非歟雖然君年纔五十齒髮未衰

天子知君久終且見用必不滯于空谷宜諸朝士交望其來匪止效放歌以代寫君之心志而已

送汪檢討使琉球序

古之儒者誦詩執禮非徒學爲仕達邦國之政而已必以使于四方不能專對爲慮故皇皇者華四牡所以勞使臣之詩于鄉飲酒則歌焉于燕飲則歌焉君以此勗其臣父兄以此教其子弟惟不辱君命始謂之士而君將有大問則與鄉圖事擇其可使者既謀其人然後命之戒宰夫官具問所宜賚夕幣乃行其或聘而誤主君勿親饗食以媿厲之蓋使臣之

重若是然則使絶域者得與可爲將相同科夫豈過哉康熙
二十有一年春有　詔命公卿擇廷臣之可使琉球者衆以
翰林院檢討江都汪君對
天子曰俞命既下君詣　闕上言七事其一謂邇者方頒
御書于封疆大吏宜并及海外屬國禮部以無故事持不可
天子復集公卿議于廷終允君所請秋八月
親灑宸翰縹囊鈿函俾君齎以往蓋嘗稽之宋端拱咸平祥
符之際其于西夏高麗交阯咸出御書賜焉是役也
天子命使必咨于廷君請于朝必言所宜齎者可謂合乎古
而從其宜矣吾聞琉球自隋始通道至唐無聞載諸宋元史
者略焉不詳明之初析而爲三其後山南山北復合于中山
爲一其所以分合之故中土之士多不能言之君史官也職

修明史記宜考其本末歸上諸史館是則吾黨私心屬望于君者雖然馳驅而咨諏詢度其亦使者所有事歟于其別序以送之且作歌以道行邁之光華焉歌曰

君之選兮彤庭鶴斯立兮鸞斯停迺上言兮七事帝心用嘉十特可其四宸藻兮秀霄虎臥兮龍跳受書兮北闕載櫜兮東郊八騶兮道左搖三旌兮婀娜白澤袍兮猩茵郵籤便兮娛親截江流兮踰浙誕登艫兮閩越仰瞻兮天星無分野兮可經旁睇兮三老指一髮兮彭湖島島之樹兮青青鳥了帥兮紛來迎小大兮奉酒跪雙膝兮搓兩手陳寶章兮殿中祝皇帝兮萬壽神靈兮天妃媵蛺蝶兮黃衣微颸兮七日景南至兮送君歸數歸年兮甲子春載陽兮來止

帝益眷予信臣被新渥兮今始

送張檢討還郁洲山序

郁洲在東海中相傳山自蒼梧徙此上多炎方草木仙士石室存焉崔琰述初賦所云吾夕濟于郁洲者也翰林院檢討山陽張君以上疏謫官歸將徙宅于洲之上行有日矣惜君之去者咸賦詩爲別或謂翰林非言事之官郁洲非可居之地君所爲近于好異君之言曰郁洲者吾先子考功恒思卜築于是而未果也吾居焉以成先子之志云爾朱彝尊曰予嘗好游道出淮陰者數矣其初過之植柳盈隄水下于隄三尺再過之則隄與水平又過之則水汎濫隄上聚土以爲防久之如堵牆焉背郭之氓面牆而市不知牆外之皆水也城居者不知湖流之高于雉堞也予經過惴惴焉去之惟恐不

（清）袁佑《送林石來中翰充冊封琉球副使》（《霽軒詩鈔》卷二）

袁佑（1633—1699），字杜少，號霽軒。直隸東陰（今河南東明）人。清康熙十八年（1679），舉博學宏詞科，與汪楫同列一等，授翰林院編修，歷官中允，參與撰修《明史》。三十五年（1696），晉右春坊右中允，充浙江鄉試正考官。著有《霽軒詩鈔》、《雪軒集》、《袁杜少詩》、《老子別注》、《左史後議》、《五鹿詩選》、《罄聞偶記》、《圃說》等。

《霽軒詩鈔》五卷，清康熙五十六年（1717）陸師刻本。其卷三有《送林石來中翰充冊封琉球副使》詩一首，為送林麟焻使琉球而作。

茲據清康熙五十六年（1717）陸師刻本影印。

趨朝想望垂紳處燈火青熒紫閣陰

哭陳其年李石臺兩同年

秋露被庭柯白日慘不暉陳生賦鵩鳥歘焉竟何歸封禪訪遺文墓草春菲菲楚郢使者來朝服仍故衣五日不相見玉棺闔空扉咄嗟雙劒化酒壚故人稀

錢宮聲沈昭子徐電發三同年謝病假歸感賦

風高碣石雁蕭蕭曉日寒鐘客夢遙宛洛逢人多聚散湖山望處有漁樵朝朝別酒逢秋雨個個歸帆趁早潮偏是萊衣愁未遂那堪折柳又河橋

送林石來中翰充冊封琉球副使

八月霜濤萬里風星槎遙落一帆通節樂龍虎尊王會

衣借麒麟賜上公捧日忽來南海外望雲先赴北堂中
明年應計乘潮候紫閣翻翻芍藥紅

送宫詹王夫子假還

桑乾斜日外愁絶意如何萬里蒼茫去孤尊涕淚多陂
田餘稻黍湖水少風波好客無軒冕幽棲得放歌
問奇何處酒相望洞庭雲海上仍鷗侶湖邊尚雁群晴
川秋歷歷落木曉紛紛兹日登臨暇重繙頌橘文

雷田惠白龍鬚二莖謂龍鬬得之遺領存焉賦答

白龍潭下墮龍鬚壁上曾觀龍鬬無聞道漁人親拾取
領邊猶抱夜光珠
海外探奇霸國風誰當諧語笑齊東空潭夜夜潮聲起

（清）吳震方《送同年汪舟次使琉球》（阮元輯《兩浙輶軒録補遺》卷二）

吳震方（生卒年不詳），字又超，一字青壇。浙江石門人。清康熙十八年（1679）進士，授翰林院編修，後官山西道監察御史。著有《晚樹樓詩稿》、《讀書正音》、《嶺南雜記》等。

清人阮元輯《兩浙輶軒録補遺》十卷，清嘉慶年間刻本。其卷二收錄有吳震方《送同年汪舟次使琉球》詩一首，為送汪楫使琉球而作。

茲據清嘉慶年間刻本影印。

早鶯啼盡晚霞紅望斷扁舟綠浦東坐攬銀箏譜閨怨花光
竹影隔簾櫳

入西園

苕上花明十里隄輕舠漸入小橋低迎人最是空山鳥特選
高枝隔水啼

吳震方字又超一字青壇石門人康熙丙辰進士己未傳臚授編修官陝西道監察御史著晚樹樓詩稾
江嘉穀曰侍御歸田後著書自娛有說鈴讀書正音等集

送同年汪舟次使琉球

綵仗導中流天清蜃氣收江神持璧獻龍女抱珠游風日如
三輔乾坤此十洲崆峒有長劒抵掌說封侯
部內山川古搜奇好繫船酒醒龍酢苦鹽沃蠣房鮮史託徵
車譯詩從賈舶傳洪荒開闢後長此祝

堯天

度大庾嶺

五嶺傳炎瘴臺關最嶺東春風先破臘冬氣不藏虹絕磴貧緣度迴巒曲折通車徒無礙轍盡日到南雄

開鑿存祠廟千秋憶曲江魚鹽通五嶺齒角貢中邦梅子懸青彈松濤撼碧幢候暄催客路來問嶺頭瀧

庚午除夕

今年春意遲除夕尙殘臘是冬寒雪交峩峩層冰合江湖凍成石舟闕如候鬧菜心捲入土虀面斧難𠯗皮焦腳未熯熾炭猶屢踏膠口鷄不晨熟寐午在榻蓺溼婢指結冷竈吹宿烟頻喚持羹湯痺坐噤莫荅酸風無刃刀殺人何拉雜慘慘若天怒朔風壓城邑短衣或無復履決不可躡謀食升龠罔

（清）李果《徐編修亮直冊封琉球》（《詠歸亭詩鈔》卷三）

李果（1679—1751），字實夫，一字碩夫，號客山。江蘇長洲人。康熙年間布衣。讀書窮理，詩格蒼老，晚年名益盛。著有《在亭叢稿》、《詠歸亭詩鈔》、《石閭集》等。

《詠歸亭詩鈔》八卷，清乾隆十七年（1752）養雲亭刻本。其卷三有《徐編修亮直冊封琉球》詩一首，為送清康熙五十八年（1719）冊封琉球副使徐葆光（字亮直，一作諒直，號澄齋，又作澄齋）往封琉球而作。

茲據清乾隆十七年（1752）養雲亭刻本影印。

細草踈花覆古臺夜凉寶馬尚遲回誰憐一片如霜月曾照隋家歌舞来

贈後山

寶刀繡甲漢家遺乃祖奇勳國史垂託跡漁樵人不識秋風秋雨揉江蘺

瓜洲牐口贈周編脩

津吏攔江横索錢客舟過此每心懸誰知江夏周承吉只載梁溪第二泉

徐編脩亮直冊封琉球

今皇五十有七載天下寧謐休戈兵仁滂德厚冠

初古梯航九譯咸歸誠琉球之國在南海墨點兩
手花紋明隋元出師未内附勝國脩貢朝神京輿
朝以來秉正朔子孫五世膺寵榮今年中山復嗣
服稽首請封詞屛營　天子敕下禮臣議遴選
重望儒臣行翰林臣實臣葆光雞林海國傳文名
詔曰咨寶汝持節光其副汝東南征于時光也承
俞旨道經故里來吳城值公慈母壽七十使星輝
燭婣星精錦衣拜母便趣駕慈命不敢稽王程是
時孟夏風水順樓船迅發驅長鯨瞬息龍門復彭
島飛揚羽蓋虹蜺旌中山一點望中是番兒負弩

爭歡迎彩虹騈駕候飛変國王陳樂聲伊嬰公捧金函布威惠三跪九叩禮數成綺文銀印耀蕃落何假諭蜀來馬卿海邦風土入新詠蠻布爭織兮衣呈祝公還朝上雅樂鏗鏘九奏齊咸堃大開明堂受朝賀坐令八表歌昇平

沈華陽詩有序

沈公雲祚太倉州人崇禎庚辰進士授四川華陽令有循吏風張獻忠破夔門成都危公爲蜀王陳守禦之策不見用及城陷被執賊具酒饗之公罵曰吾有口食賊肉耳豈食賊粟者遂遇

（清）李果《徐編脩奉使琉球詩序》（《在亭叢稿》卷一）

李果，生平簡況見上。《在亭叢稿》十二卷，清乾隆年間刻本。其卷一有《徐編脩奉使琉球詩序》一篇，為送徐葆光使琉球而作。

茲據清乾隆年間刻本影印。

徐編脩奉使琉球詩序

琉球國在南海東漢唐宋不通中國明洪武中始遣其臣朝貢率以三年一來又遣陪臣子弟入國學我朝聲教誕敷琉球不待期會共職尤謹

天子亦兩遣使臣冊封康熙五十七年中山國世曾孫尚君敬嗣立走陪臣陳辭乞封

聖祖皇帝詒選儒臣中通達國體者二人以重其任而翰林院編脩徐公澂齋實副檢討海公秩服視一品如舊典節幢旄鉞八座以往正副使俱用史官前此未有也公於六月朔奉冊命出都自泉漳以出彭湖東行迄

五十九年九月復命歷三年往來所經幾萬里凡鉅海
之浩瀚齊魯之河嶽富建之谿谷莫不有詩共五百餘
首名曰奉使琉球詩以船前中後分之蓋亦盛矣余嘗
受而讀之高華典麗中含沉著其陸離光怪又如海中
之雲霞滃鬱直以元氣行之也夫通才實難士大夫擅
於文者未必敏於事又昌黎云令人適數百里出門惘
惘有離别可憐之色以海東萬里之國越鯨波迫鼉彪
滄溟灝漫不測之險皆足以驚心盪魄公單舸遠赴貽
布
聖天子之休命禮成而歸遐荒震疊且得以馳傳過家

将母上壽以勞臣而展子職非公之才何以受兹隆遇

余又聞公出五虎門二神魚長數丈左右夾舟文鰩亦數丈出水無定公倚危檣掀髯顧視未嘗幾微怖悸形於顔面已而海面沙亘細若疋練雲霞五色周布熒惑夜半出海口如燈日出之景尤麗遂以七日抵其國都益其屹然鎮定不撼於疑懼駭愕之境故能肅恭詳慎

宣

上威德且能從容宴豫吟詠不輟豈非通才之所尤難者歟隨行者又謂公使還之日屛除陋習有唐韋丹却私覿之風而又按其圖籍山川土風著中山傳信録一

書葢合古使臣皇華咨諏之意焉而不獨以詩傳也

（清）儲大文《送徐編修冊封琉球序》（《存硯樓文集》卷十一）

儲大文（1665—1743），字六雅，號畫山。江蘇宜興人。清康熙六十年（1721）進士，後改翰林院庶起士，散館，授編修。告歸後，仍潛心于學，尤精輿地形勢，主持揚州安定書院。著有《存硯樓文集》、《論形勢居》，纂修《山西省志》等。

《存硯樓文集》十六卷，行世有清乾隆年間補刻本、清光緒元年（1875）宜興儲氏靜遠堂刊本。其卷十一有《送徐編修冊封琉球序》一篇，為送徐葆光使琉球而作。

茲據清光緒元年（1875）宜興儲氏靜遠堂刊本影印。

送徐編修册封琉球序

琉球明初始入貢與婆羅東西洋諸國之能自達者同遣官册封後三佛齊滿剌加亡榜葛剌錫蘭山古里柯枝蘇門答剌浡泥瓜哇胥荒遠或一再封輒寢暹羅斛眞臘占城安南封貢亦多中絕日本絕不通中朝唯朝鮮琉球迄今襲爵典不少變而使琉球諸錄紀楊載後姓氏尤析朝鮮安南封使多院坊司寺官或間遣重臣而琉球自正統七年例遣給事中行人至　今天子紀元之二十有一年始用檢討中

書五十有七年戊戌乃　命編修長洲徐先生偕檢討海公以往兩詞臣並　命益以章　聖朝文教之遠而秘院本儲殿閣選　國家兼出班制撫入筦銓樞則其所博考而詳畫者詎止於周咨之錄外紀之編而已乎夫琉球自南宋迄明立國顛末迥於古判隋元所圖雅可不論元兵威雄海內外而獨詘五龍楊詳張浩師亦挫縮尤以滋經國者之疑而不知晉宋隋元於林邑占城唐於百濟天竺元於瓜哇明於錫蘭山蘇門答剌未嘗不就俘翦琉球山恃

姑米太平沙侍鐵板而老檳之鹹鳥槌之執未嘗不
載於書傳海外諸國所以奉琛恐後者正繇　國家
威德震耀億萬里是故惕息而不敢肆則夫東沙之
馭舟邪覇之演武不得以為微瑣而莫之簡察也琉
球雅號守禮國事中朝尤謹然北通朝鮮南通暹羅
前志晝然可考而隋之辨奚邪久布甲明之敕諭於
柴山詗實於陳甲者不得以法司耳目暨迎伴諸職
役絕口不道而輒置之況舉國臣民多通文字如蔡
瀚鄭逈皆能往來關說披露情欵文不得以海寓肅

謚萬不至如明季世有懼洩其謀而屬令無貢者而不圖所以訊覈之也當明之寖潰嘗警奏北山外五百艘協取鷄籠今彭佳且爲內地鷄籠淚嶠紛綸禮樂群不逞如林道乾劉香輩亦且銷聲匿影胥化耕甿萬無萃嘯洲島之慮然自明武肅以降和蘭干系臘市易船貨充牣瀕海郡邑而攘據大崙萬老以爲銛鏢巨礮鰐蜃鳥逝之叢窟又性懾疆獷易隸驅役則夫當日之籌海氛所以北至閑山臨津西至八百古剌而　國家之所以東西洋胥不波者其淵謨勝

羃南運於青州城而東及於西海南海路出鷄籠爲
琉球更船道夫亦梯臺朗嘯慨然北望而誦王會職
貢之篇乎琉球初隸廣東東莞貢市舶隸廣州後移
於福其出海之道隸梅花復移五虎先生偕海公明
歲秋冬蕆封典復隸鷄籠小琉球以達虎門入　奏
文石陛當驟膺制撫銓樞殿閣之擢而益畫海疆吾
知拂菻以西日本以東且胥海外而朝鮮琉球之矣
周官王會圖有其陸離無其變化當與史記大宛
傳並驅

此文出而海內人士摧論　國朝百年中古文大家宜稱侯魏姜儲然先生之識遠體鉅實非侯魏姜三家所克埒

（清）方苞《送徐亮直冊封琉球序》（《望溪先生全集》文集卷七）

方苞（1668—1749），字鳳九，號靈皋，晚號望溪，人稱望溪先生。安徽桐城人。清康熙三十八年（1699），江南鄉試第一名。四十五年（1706）會試中式第四名，但因母病回鄉，未能參加殿試。五十年（1711），戴名世《南山集》案發，方苞因給《南山集》作序而牽連入獄兩年。五十二年（1713），康熙命方苞以布衣身分入值南書房。雍正九年（1731）解除旗籍，授詹事府左春坊左中允。十一年（1733），升内閣學士，任禮部侍郎，充《大清一統志》總裁。乾隆元年（1736），又入南書房，累擢禮部侍郎，為文穎館、經史館、三禮館總裁。四年（1739），再次落職，仍修《三禮》。七年（1742），因病告老還鄉，乾隆帝賜翰林院侍講銜。從此，在家閉門，謝客著書。

方苞博究六經百氏之書，著作等身，人奉其為桐城派之初祖。主要著作有《春秋通論》、《禮記析疑》、《儀禮析疑》、《周官集注》、《周官析疑》、《周官辨》、《考工記析疑》、《望溪先生全集》、《集外文》、《望溪文集再續補遺》等。

《望溪先生全集》三十二卷，清咸豐年間桐城戴鈞衡味經山館刻本。其文集卷七有《送徐亮直冊封琉球序》一篇，為送徐葆光使琉球而作。

茲據清咸豐年間桐城戴鈞衡味經山館刻本影印。

贈送序

送徐亮直册封琉球序

皇帝御極之五十有七年册封琉球國嗣孫尚敬爲中山王故事以部郎儀狀端偉蓄文學者假一品服奉册以行

天子命擇詞臣眾皆隱度徐編修亮直爲宜及命下果爲介自秦漢以後中國有事於四夷其爲將則効命力於鋒鏑其爲使則折衝口舌之閒以求得其要領故承命者多以爲難今

天子德威遐暢方外鄉風小夷喁喁企瞻使節承命者

有將事之榮而無失得之恤故人爭羨之遭遇異時亦物情之不足怪者也吾聞古之賜行者必吉以所處今亮直之行也雖折衝口舌之勞無事焉又其地絕海萬里政教所不經即詩人所謂諮詢諏度者亦無庸以告也亮直夙以文學知名茲其行也其耳目震駭乎乾坤之廣大而精神澡雪於海山之蒼茫吾知其文章必有載之而出者矣

送王篛林南歸序

余與篛林交益篤在辛卯壬辰間前此篛林家金壇余居江甯率歷歲始得一會合至是余以南山集牽連繫刑部獄而篛林赴公車間一二日必入視余每朝餐罷

（清）方貞觀《送大兄隨冊使徐諒直之琉球》（《方貞觀詩集·南堂詩鈔》卷三）

方貞觀（1679—1747），原名世泰，字貞觀，一字履安，別號南堂，一號洞佛子，晚號三乳老人。安徽桐城人。清康熙年間諸生，因受戴名世《南山集》案牽連，流徙關外十餘年，雍正元年（1723）赦歸，客居揚州。乾隆元年（1736），薦舉博學鴻詞科，謝老病不就。著有《方貞觀詩集》、《輟鍛錄》等。《方貞觀詩集》六卷，清乾隆年間刻本。其《南堂詩抄》卷三有《送大兄隨冊使徐諒直之琉球》詩一首，為題贈族兄方原博隨徐葆光往封琉球而作。

按：方原博（生卒年不詳），字郰鶴，號一葉。安徽桐城人。清康熙年間貢生，官泗州學政，後以事謫戍口外。曾受邀為從客隨海寶、徐葆光出使琉球，歸撰《航海生涯集》。

茲據清乾隆年間刻本影印。

月雖無鼎烹養甘旨幸無缺春風桃李花夭夭遍
原隰驅犢向田間便與親故接先期納官錢追呼
常不及將謂草澤軀自兹迮華髮悠悠天地大落
落時自得一朝瓜蔓緣坐致幽燕客孤跡寄人海
面望鄉關絶出門逢槖駝閉門聽觱栗忽忽幾周
歲心枯鬢毛白豈無冠蓋交委巷滿車轍歡竭良
所恥意失用彌拙風高落塵沙歲久单衣裂越鳥
歎微渺乃經紇干雪不聞金雞鳴惟愁玉蟾疾寄
語平生親憂心共誰說

送大兄隨册使徐諒直之琉球

故國飄零遠向燕星槎更泛斗南天生涯何至須航海筋力況當非壯年萬里同瞻中夏月八蠻遥辨島夷煙難餘兄弟相爲命此際能毋一泫然

哭姚鐘

順正豈不死修德必獲報積行非命終天意鄎可道書傳古未有宿業詎能料我歸前年秋與子恩州別河流聲濺濺落日照行色豈知平生親風義此時絶綱羅驚悸魂自謂死無時流離有餘息翻爲故人悲空懷寢門痛安得㧌君尸白露秋已深羈愁益凌亂酒酣心暫釋夢覺腸一斷老淚難中

（清）惠士奇《送徐亮直編修奉使琉球》（沈德潛輯《國朝詩別裁集》卷二十二）

惠士奇（1669—1739），字天牧，一字仲孺，晚年自號半農居士，人又稱紅豆先生。江蘇吴縣（今蘇州）人。清康熙四十八年（1709）進士。選翰林院侍讀學士、翰林院編修。曾典試湖南，督學廣東。雍正間，以召對不稱旨，罰修鎮江城，以產盡停工削籍。乾隆初（1735），再起為侍讀。五年（1739），告老回鄉，卒於家。惠士奇搜集漢儒經說，徵引古代史料，力矯漢儒王弼以來空疏説經的弊病。晚年專心經術，融漢宋之學為樸學，為清代樸學奠基者。著有《半農人詩》、《易説》、《春秋説》、《禮説》、《大學説》、《交食舉隅》、《琴笛理數考》、《紅豆齋小考》、《紅豆齋詩文集》等。

清人沈德潛輯《國朝詩別裁集》三十六卷，清乾隆二十五年（1760）教忠堂重修本。其卷二十二收録了惠士奇《送徐亮直編修奉使琉球》詩一首，為送徐葆光使琉球而作。

茲據清乾隆二十五年（1760）教忠堂重修本影印。

後

孤城鼓角四山閧，刀斗聲中五夜分。獨領數人探
虎穴，何如一鶻入鴉羣。青袍不改儒生服，白馬偏
成上將勛。萬丈峰頭餘故壘，千秋猶說李摩雲。李宰之攻破摩雲山樹柵其上時人呼為李摩雲見五代史

送徐亮直編修奉使琉球

海神擎日映波紅，丱去扶桑直向東。鯨眼常明無
月夜，鬣身能使不帆風。天書捧到恩應渥，唐帕
傳来語盡通。自注唐帕譯者之名想見中山迎使節，踏歌齊擁
紫髯翁。煙開鰲背千尋黑日射鯨波萬頃金三四語足與相敵

（清）吳襄《送徐澂齋先輩奉使琉球》（沈德潛輯《國朝詩別裁集》卷二十三）

吳襄（1661—1735），字七雲，安徽青陽人。清康熙五十二年（1713）進士，授翰林院編修，充《明史》修撰官。雍正元年（1723）入南書房，升侍讀學士，督順天府學政，官至禮部尚書。謚文簡。著有《懸水詩集》、《錫老堂詩秒》、《梅花詩百首》等。

清人沈德潛輯《國朝詩別裁集》三十六卷，清乾隆二十五年（1760）教忠堂重修本。其卷二十三收錄了吳襄《送徐澂齋先輩奉使琉球》詩一首，為送徐葆光使琉球而作。

茲據清乾隆二十五年（1760）教忠堂重修本影印。

柏鄉雨花菴口占

雨花亭子上坐飲趙州茶古寺木初落疎林日已斜黃花應笑客白髮未還家老衲若南去鄉山問九華自注僧楚澤云將行脚南中○黃花一聯十字成句此文簡出使楚中過而留題也名流過者俱有和作揔未及其自然予見而録之

送徐澂齋先輩奉使琉球

浩渺滄波隸九州貢航不絕大琉球嗣王冊命今三錫自注國朝冊封琉球今爲第三次使者才名第一流龍節高擎天北極星槎直泛海東頭書生報國宣威德敢詫乘風萬里遊時送行詩彙成卷軸劇多名作然頌揚得體無踰此章

秋吟

（清）李紱《徐編修奉使琉球過家賦》、《送徐亮直編修奉使琉球兼過家省覲》（《穆堂全集》初稿卷一、卷十四）

李紱（1673—1750），字巨來，號穆堂。江西臨川人。清康熙四十八年（1709）進士，選庶起士。散館授編修。五十九年（1720），升內閣學士，遷禮部侍郎兼左副都御史。雍正二年（1724），任廣西巡撫。三年（1725），再遷直隸總督。五年（1727），參劾下獄。出獄後奉敕主修《八旗通志》、《廣西通志》、《畿輔通志》等。乾隆六年（1741），擢內閣學士。八年（1743），告老還鄉。任興魯書院山長，親自講學。著有《陸子學譜》、《朱子晚年全論》、《陽明學錄》、《穆堂類稿》、《春秋一是》、《穆堂全集》等。《穆堂全集》一百卷，包括初稿五十卷、別稿五十卷。行世有清乾隆五年（1740）王恕刻本、清乾隆十二年（1747）奉國堂刻本、清道光十一年（1831）奉國堂刻本。其初稿卷一有《徐編修奉使琉球過家賦》一篇，卷十中有《送徐亮直編修奉使琉球兼過家省覲》一篇，均為送徐葆光使琉球而作。

茲據清道光十一年（1831）奉國堂刻本影印。

徐編修奉使琉球過家賦

國家威德隆盛周乎四際海隅日出罔不率俾奉正朔執玉帛來王者無算航海之國則琉球尤恭順朝貢以時歲事來辟遇元旦長至及

聖壽節設

龍亭率其陪臣行慶祝禮與內地亡異繼世即位必請

命於朝受册寶乃敢稱嗣王長其國人蓋其國自有明入貢遣陪臣子弟入辟雍學歸教其國中故習知禮法小心而畏義若此然吾聞琉球立國三代以還未與中夏通隋封以兵威不屈元招以文告不從固亦未易馴伏乃

自我.

朝定鼎卽來請

冊命更敕寶通貢獻七十年於茲不懈益虔自非

國家深仁厚澤汪濊洋溢所以內㬥外覃者足以淪浹其

肌髓而

皇上聰明睿知繼天立極實有以被四表格上下亦安見首

出而萬國寧聖作而萬物覩使遐荒絕域敬信慕悅莫

不尊親如是昔太和在成周宇宙間越裳氏來朝謂天

無烈風淫雨海不揚波者三年知中國有聖人故重譯

來貢此感彼應豈誣也哉今歲琉璃世子以嗣位來請

命故事用翰林官或給事省郎一人貳以中書行人充正副

使以往

天子念琉球世篤忠貞益重其典出由中之

詔正副使並用翰林官於是編修徐君偕檢討海君並

賜一品冠服八騶導擁承

命往將厥事徐君以

上南巡時拔置

內廷旋以第一甲第三人

賜進士及第列在史館試必魁其僚友今復銜

命使海外雄才博學修髯偉貌中於專對之選又徐君自通

籍爲

九重所眷服官十餘年不得一請急歸太夫人今歲躋七十

適奉使驛路直過里門將登堂爲太夫人稱兕觥上壽

於是公卿以下咸踴躍歎羨謂

朝廷用得其人而徐君又克遂其省覲之私有皇華之榮

無將毋之怨葢古來使臣萬乃有一之遭逢競作爲詩

歌古今體文詞以贈其行或獨疑徐君奉使

命乃先過其家若如君言不宿之義有問而未知使者有釋

幣於禰之文也余於徐君同官又相好頗習知經義旣

爲詩十二韻以贈又感或人之論不能以無言因念古

之送行者必歌詩王式所稱驪駒是已唐時若渭城朝
雨有三疊之節亦無不歌若今人則賦詩焉爾未有歌
者劉中叠云賦者明不歌而頌今世旣不歌則贈行宜
莫如賦用敢騁詞抽思竭其固陋敷陳
國家得賢之盛倂以明徐君舉動中禮所以得兼備其忠
孝者以附於不歌之義遂爲辭曰
客有叩於李子曰冊使嚴程也琉球殊方也
九重之命至崇也徐君士大夫之良也奉冊寶以往銜
天語灑天澤呵殿冠寮宷章服擬上公此邦家之光非閭里
之榮也子亦知徐君之所以行乎謹對曰知之而未察

也客亦有說乎幸無祕焉庶有以相發也客乃有汰其
體載旰載衡軒然而起曰蒙聞唐虞之治以柔遠爲重
國士之任以奉使爲先使命之選以遐方爲愼方域之
阻以望洋爲艱是故曾叟論誦詩以使四方覘風雅之
效漢帝求賢材以使絕域與將師齊觀蓋其難也
國家承
天景命包大地以立宅羅九有以爲藩東逾朝鮮西貫吐蕃北
窮朔漠南極荷蘭莫不重數譯以獻見願內屬而欵關
幅員之廣實前古所未嘗聞王會之盛超元而軼唐包
漢而越秦洪荒所不及闢三五所未嘗賓稽顙接踵願

爲帝臣故蕃服之禮益重其文冊封之使益愼其人徐

君以命世之材質貫天人之學藝試三場魁多士垂紳

乎禁近橐筆乎嚴邃蔚乎青瑣挺乎丹地超羣而軼倫

出類而拔萃宜乎簡在

帝心孚於天意不謀於臣工獨委以使事也且夫琉球之爲

國始聞於隋代遠踰島嶼阻絶溟瀚東南睛望渺若煙

靄土多山洞地匿海外厥姓歡斯或名邪久可老羊以

爲主多拔茶以爲配遡開國之茫然益莫詳其年輩至

其波羅檀洞壍柵三重引水以環其外編棘而處其中

樹有鬬鏤之奇帥有烏了之雄垂螺爲佩懸珠爲容長

鼻深目怒而相攻月虧而乃識節改草枯而乃知歲窮地氣雖近乎嶺嶠物産或同於江東然於中土固迥乎其不相蒙矣夫五方之民言語不通嗜欲不同達其志通其欲必心謀而目營不獨寄鞮所掌象譯所稱也是故禮從宜使從俗事或貳而莫兼心主一而無適其在於詩曰駪駪征夫每懷靡及盬王事爲亟而他意莫敢屬也今徐君膺獨眷之主知將至重之王命使險遠之絕國馳官驛之嚴程宜乎朝而拜命夕而飲冰載驅載驟莫敢或寧過里門而不入指海澨而揚舲庶言傳號渙萬里奔走震一人之聲靈也乃徐君方且治綵衣具

冠披從容戒行言旋其里起居高堂來歸燕喜載念毋
氏之劬適攬初度之揆將雍容而拜慶抑逡巡而酌醴
析忠道以作孝因臣職而克子由國以及家舉一而收
二遇誠奇矣情亦摯矣然於奉使之法或非例乎記有
之凡爲人君使之禮已受命君言不宿於家言公與私
不能以或逾也當其捧冊以辭闕建旌以出都服絺繡
以鱗飾冠有耀於明珠蛟龍奮於旗鳥隼揚於旟三事
是式八座以趨士闟戟以夾乘吏弩矢以前驅發金臺
踰滹沱掠青兗經淮徐倚棹乎蕪城弭蓋乎姑蘇渡來
鳳之峻橋乘駟馬之高車溪猶前潜宅在故區某水某

丘孰佃孰漁自我不見十年之餘慨然而嘆觀者相呼婦女窺覘乎牆頭童孺鼓舞於路衢施施于于睢睢盱盱千態萬狀若震若疑比相如之諭蜀擬翁子之守吳固前光而後輝亦跡同而事殊於是瞻衡宇下里閭載清觴臨前除華悅晨張錦衣晝晏太夫人有睟其容顧而色愉一爵而灑如三爵而油油如稱壽千百其樂只且蒙亦豔焉顧獨謂如使禮微有疏也余瞿然左顧憮然爲間徐進而陳詞曰客所謂末學膚受䟽繆重惿知其一說而不知又有一說局於章句而未能貫串乎經義辨曲禮之一節而莫識儀禮之定制者也儀禮之式

君卿圖事使者辭而不獲則率眾介朝服而夕管人布
幕㡯書與幣幣含於朝受書莅事厥明朝服釋幣于禰
祀事有嚴禮儀孔大乃命有司肆筵設几先行以祝主
人在右再拜祝告又拜乃釋厥幣維何元三纁二其長
維制丈有八尺釋諸几下出戶而俟祝在牖西又入取
幣卷幣以實于笲埋諸西階之次旣乃釋幣於行受命
而去上介釋幣如賓之制古時王朝公卿大夫仕不踰
國食采王都家廟與宅同一里居朝受命而陛辭夕謁
祠而抵家其在諸侯入爲卿士亦有湯沐之邑用爲退
息之廬爰立宗廟名邑以都或祖或禰告奠不踰烏有

所謂過門不入不告禰而疾驅者乎帝王代更不相襲
禮官人以祿罕復授地或千里而事君曠宗廟而莫祀
一旦持節符奉簡書望故鄉兮僻左訊驛傳兮阻紆祖
禰不及告宗祊不得踐典以曠而莫舉禮以廢而日疏
宜客之少見多怪以過家爲禮之所無也今徐君忠誠
所通孝思所格屬有浮海之
命往省過江之宅舉告禰之文修釋幣之則太夫人之壽適
相直焉則天所以慰良臣而綏孝子用今法而合古式
情之所必致亦禮之所必飭也人欲行禮而覆用爲疑
客之所見毋乃僿乎今客亦知釋幣之禮何爲而設也

耶人子之事親也出必告反必面所遊必有常所習必有業此人子之疏節也若夫委贄從王國爾忘家則夙夜在公定省不能以無闕也春雨秋霜亹亹不能以躬達也於是乎有休沐之期於是乎有不從政之别至於奉使出疆驅車越國踰歷山川淹弭時月悵昔往於楊柳怨我來於雨雪將父將母念之心怛陟屺陟岵望焉情勲於是有告祖告禰之文釋幣釋奠之節葢王者以孝治天下通人臣之窮而體其卹也矧夫釋幣之禮盥洗具焉齊以齊其心明以潔其身拜以將其虔幣以表其純幷以明其藉埋以志其眞凡以告精白於神也使

者載
天朝之聲靈歷都邑之餘富張雲旂揚旌杝條伸倩渊魚麗
麟萃所至聚觀爭先快覩僑肸之徒獻縞投紵雷動而
天隨風發而泉注至於琉球海物惟具雖錫無元黿珍
勘白雉亦有瑋麗之觀珍奇之器銀罌金椀黃白陸離
障面屈鄰璀璨藻繪馥烈乎椒菽豔明乎茜翠函胄堅
緻劍稍銛利螺盤髹黍鬆煙番紙咸足以侈遠方矜侂
異匪直木有楓梧樟松梗柟杉梓穀有稻粱床黍菽答
麻枲而已然而聖世不貴異物明王不殖貨利彼夫栴
檀瑪瑙南金象齒我

皇上已於御極之初念非土物裁省貢餉徐君仰承
上意亮跡貞軌廉處計先敬惟德聚學本乎詩禮德原於積
累軒然而威鳳翔矯然而清鶴峙輕財重禮遠人以厲
比楊盤之却遺金羅復仁之辭吉貝早於告糴時洗心
而自勵矣且客知昔之琉球未晰乎今之琉球也昔無
文字今備書契矣昔無律歷今審節氣矣昔矜鬬爭今
習禮義矣昔聚髑髏今崇殿陛矣昔承戈鋋而負固今
入承均而講肄矣客所籌張皆通典之逸聞星槎之野
紀陳侃所請乞下史館正其繆盭者也有禮之邦宜以
禮涖徐君敬於承

命必嚴於將事不簡於家廟必不疎於遠裔忠信以爲楫禮
義以爲柂開梅花之洋摩雞籠之嶼颶風息祥飈起瀕
濛闢零嚏洗扶光逸駭梢雲霎隸天吳歌舞海若欣喜
穹龜負舟巨鼇作砥水鴻溶而不波島隱轔而獻翠於
是駐天使之館載色而載笑過迎恩之亭載驂而載駟
歷歡會之霞聳度瑞泉之雪沸仙仗施警龍旂夾位宣
朝廷之德意正中山之令緒哀以䘏其先榮以芘其嗣其
於義也肅然而不可踰其於貨也皭然而不可滓將使
遠方之人知
天子之久道化成而使者之猷守兼備也又可於告爾時燭

照而數計矣且吾聞告禰之禮往則釋幣反則釋奠釋奠之禮詳釋幣之禮簡徐君蕆事而歸成禮而返又將徑長洲截茂苑訪吾廬適前館啟祊拂祏酌觥獻醆醴酒有奠籩豆有踐告成事於先人明所生之無忝展覲北堂版輿親輓洋酥載觴海鮮惟饌再拜上壽純嘏遐算太夫人亦且喜布颿無恙御一觴而色𩋙斯時也禮耶非耶客又將奮其小辨豈爲偃蹇也言未旣客卽席而起負牆而退遷延而辭避曰蒙乃今而知禮有是也徐君之習於禮誠無歉於使也

朝廷之任使誠得士也能以禮使以孝治也徐君之過里

也孝其事也潔其志也振久廢之典能以禮示益一舉

而數善備也蒙雖失詞其受于諄誨固靡旣矣

漱石齋頭千卷書願見撫石恒吻唔骨重神寒薦天廟

先生一笑同軒渠

送徐亮直編修奉使琉球兼過家省覲

柔遠宵衣切還鄉晝錦榮幾年三及第當日一書生青

瑣竟無暇白雲空有情忽承專對

命去作省親行南海琉球國東吳閶闔城問途剛過里上壽

恰稱觥弩矢前驅肅郊宮舊道清三公崇冕服八座擁

千旌經術殷員外文章馬長卿孝知宗族羡才識尙藩

傾鳥返經時哺鵬飛萬里程遄歸還拜慶喜起待君賡

壽曹節母六十

輕塵弱草聽何煢論秀閨房不易逢無背可栽觸忿樹有心應識後凋松梁門幾歲旌高行漢史當年傳禮宗秖望鳳毛起臺閣烏頭雙楔湧蛟龍

壽徐文學七十初度

徐泗碧流清且寒赤松黄石前所聞高風逸氣久衰歇先生奮起青雲端平生遊戲著士籍鳳翔千仞疇得干醉鄉一笑非夢破騎驢郊蹋春風顛肯以文章動車馬猶有清白貽子孫只今七十轉彊健鄉稱善士無尤愆龍蛇隱見吾豈識歲星煜煜明人寰卓哉令弟吾同年十年風義師友間何當共訪會南舍白石清泉尋古歡

（清）李重華《送徐編修澂齋冊使琉球》（《貞一齋集》卷三）

李重華（1682—1755），字實君，號玉洲。江蘇吴江人。清雍正二年（1724）進士，任翰林院庶起士，散館授編修。十年（1733），充四川鄉試副考官。以細故去官。著有《貞一齋集》、《貞一齋詩説》、《貞一齋詩話》、《三經附義》等。

《貞一齋集》十卷，清乾隆十一年（1746）吴江氏寫刻本。其卷三有《送徐編修澂齋冊使琉球》詩一首，為送徐葆光使琉球而作。

茲據清乾隆十一年（1746）吴江氏寫刻本影印。

貞一齋集卷三

吳江李重華玉洲

七言古

送徐編修澂齋冊使琉球

人言地缺東南陬羣川萬派爭歸流譚天誌怪寓言耳寧知地體圜如毬中華正居赤道北列宿照耀分齊州河環嶽匝限大海人文道化雄千秋奇肱鑿齒候朝貢歸往大國爲綴旒扶桑之西地以萬盡控絶島如萍浮吾皇手啓天地鑰八紘六幕綱維周揆文奮武四十載西北小蠢指掌收

乾端坤倪順迴斡五石不鍊鼇無愁便馳玉簡諭
聲教火淵冰海匪遐脩　帝言覆載悉寓下來
王待冊惟琉球探花才人翰林首汝副大使敷鴻
猷玉堂崇班一品服顏如渥赬鬚髯虯牙旗画鼓
駭溟渤大官餞飲擁上游桅高百尺颿六道柁以
鐵力沙棠舟百靈開明萬怪伏禽魚翔泳隨櫂謳
白洋横分亘其腹上看南極當船頭珊瑚瑇瑁作
海底幻化五色光通幽中山君民共雷抃盟心望
拜依神州窮歡極讌坐宮殿魚膾異族臚珍饈飽
求詞賦乞書翰星斗爍爚龍蟠螭鑴之屏風刺弓

韣寶玩萬祀英名留此行何止使不辱神人坐致
懷且柔宣威播澤報　天子乘槎漢客安能儔
遄歸更作寰海誌他年考据當九邱承天付畀無
内外混一四方上下同金甌

夢大雪與徐靈胎同步亟命舟楫邀周孺
仍泛海訪蓬島水雪瀰漫天與海混痛
飲大醉竟未作詩覺後補長句

不周吹折雲冥冥。江城壁立天花零。適從何來涉
昏曉。迴頭乍失雙庭青。徐君徘徊歷城北。鶴氅斜
襟照雲白。王猷發興誰同舟。吳下周郎座中客。蘆

（清）林佶《送編修徐澄齋同年使琉球》（《樸學齋集》卷一）

林佶（1660—？），字佶人，號鹿原。福建侯官（今福州）人。清康熙三十八年（1699）舉於鄉，特旨入武英殿抄寫御集。五十一年（1712），特賜進士，授內閣中書。雍正元年（1723年）被讒罷官入獄，不久釋歸。博學能文，尤精書法。藏書極富，有藏書樓名『樸學齋』。著有《樸學齋集》、《樸學齋小記》、《焦山古金鼎詩》、《漢甘泉宮瓦詩》、《全遼備考》等。

《樸學齋集》，行世有清乾隆五年（1740）刻本（十二卷）、清乾隆九年（1744）家刻本（十卷補編一卷）、清道光五年（1826）荔水莊刻本（詩稿十卷文稿不分卷小記一卷）、清道光二十九年（1849）福州林氏荔水齋重刊本（十卷）等。其卷一有《送編修徐澄齋同年使琉球》詩一首，為送徐葆光使琉球而作。

茲據清乾隆九年（1744）家刻本影印。

蝨得上徹晚荷特奏名培植由根蘖坐幸依春風
侍獲追立雪憶惟庚辰冬河濡共停轆稍稍相過
從依依親論說從此南北岐及今竟長別念之劇
酸辛感歎衷内熱忽披此畫圖如覿摸屨列悠悠
逝水波皎皎歲寒節安得起九京爲世樹標揭

送編修徐澄齋同年使琉球

島嶼環海中錯落如棋布職貢修中朝琉球最恭
附覲獻接踵來代襲必趨赴前明三百年舊事存
典故使者十六輩衽席來槎渡我朝亦再舉慎擇
公選汪采望遣詞臣遴布拔豐羽今年出乾斷簡

在由宸顧堂堂兩侍從卿材類能賦陛前受使指
冊禮依例具祇憑風信行勿慮征程誤載令協律
郎往彼測天步維時我徐君被命同囑付慷慨樂
乘軺過家上冢墓且欣拜萱堂稱觴展孺慕玉鞋
麒麟裳八騶擁鞅韃丈夫志馳驅皇華稱殊遇況
乃萬里遊萬頃淩煙霧豈無簡書懷事會適相忤
不得同君歸相與駿鸞鷺送君出春明秋風吹邊
暮帆揚揚子江旌抗楓橋路父老夾道觀兒童走
僵仆紅葉照仙霞早梅綴栢圃此時詩興發宜儲
錦囊句瀹茗建溪船探荔鳳岡樹嶔嵜道山亭縹

緲辦香炷芳煎海濤風洶湧螺江怒此時與轉道
編摩託豪素明年至日臨東南溫風足三日抵中
山那霸館前駐閱冬至夜長好把帆檣固破浪挾
濤飛自有神靈護忠信久堪涉聲靈況憑寓入境
宣恩威概用柔懷諭日本與暹羅皆令聞置措皇
圖恢八紘蠻荒徼雨露鯨浪波不揚蛋樓釋兵戍
彭湖一髮浮鷺島半規吐歸來徵使錄豈特廣鞮
鞻

青兒得鼇峯徐興公遺書五十餘種錄其目
與跋寄至京邸喜而有作并示岍兒

（清）彭啟豐《題徐澂齋前輩奉使琉球詩集》（《芝庭先生詩文集》卷一）

彭啟豐（1701—1784），字翰文，號芝庭，晚年自號香山老人。江蘇長洲（今蘇州）人。清雍正五年（1727）殿試第一，授翰林院修撰。充南書房行走。三遷右庶子。乾隆六年（1741），充江西鄉試副考官，再遷左僉都御史。七年（1742），遷通政使，督浙江學政。三遷刑部侍郎。十五年（1750），授吏部侍郎。十八年，（1753），調兵部侍郎。二十年（1755），疏乞養母，允之。二十六年（1761），復授吏部侍郎。二十七年（1762），遷左都御史。二十八年（1763），遷兵部尚書。乾隆三十三年（1768 年）以原品致仕。晚主紫陽書院講席。工書山水，詩古文具有家法，碑版文尤推重於世。

所著《芝庭先生詩文集》十八卷附錄一卷，行世有清同治年間長洲彭氏刻本、清光緒二年（1876）長洲彭氏重刊本。其詩集卷一有《題徐澂齋前輩奉使琉球詩集》詩一首，為送徐葆光使琉球而作。

茲據清同治年間長洲彭氏刻本影印。

題徐澂齋前輩奉使琉球詩集

微茫四海大九州三十六島環琉球指南有路重洋修偉哉汗漫稱壯遊皇皇　寵命頒瀛洲虹霓影射黃龍舟靈風應候翻旗斿鳴笳吹角喧中流歸墟渺渺天吳愁牙檣衝動海市樓日輪燒浪三更幽矗山魚背沈且浮百靈恍惚騰深湫咫尺性命輕浮漚溟程不與江湖侔使臣雅望實寡儔坐看照燭然犀牛蜺旌前導擁鳴騶　璽書下賁光千秋五牢三積兼新芻禮成拜送歸帆遒筆端文采何斑彪如從貝闕攜珠璆墨彎飛浪散不收蓬萊館裏韻事留球陽樂

府傳箜篌當年歸船停虎邱傾城歎羡瞻星郵中山
傳信紀載裒光氣上燭斗與牛願書萬本宣遐陬鯤
鵬擊水壯志優何時乘槎豁雙眸鷗波萬里同優游

題同年張南薌畫二首

胥口曉渡

弭棹湖濆霧未收銀房玉柱隱沙洲東西對峙開靈
竇上下空明邇碧流漁唱數聲初出水樵風兩岸送
歸舟五湖有約吾爲長心事眞堪狎野鷗

包山精舍

蒼蒼數里蔭長松澗戸潺湲幽韻重雲外翠微天際

（清）湯右曾《送徐亮直編脩奉使冊封琉球》（《懷清堂集》卷十九）

湯右曾（1656—1722），字西厓。浙江仁和（今杭州）人。清康熙二十七年（1688）進士，授編修。歷官刑科給事中、河南學政、奉天府府丞、光禄寺卿、翰林院掌院學士、吏部侍郎。三十九年（1700），授刑科給事中。四十四年（1705），轉河南學政。四十八年（1709），遷奉天府府丞。四十九年（1710），遷光禄寺卿。五十年（1711），轉太常寺卿、通政使。五十一年（1712），擢翰林院掌院學士。五十二年（1713），授吏部侍郎，仍兼翰林院掌院學士。六十年（1721），解侍郎職，專領掌院學士。

所著《懷清堂集》二十卷，行世有清乾隆十一年（1746）仁和湯氏刻本、清嘉慶年間刊本。其卷十九有《送徐亮直編脩奉使冊封琉球》詩一首，為送徐葆光使琉球而作。

兹據清乾隆十一年（1746）仁和湯氏刻本影印。

黃鄉選甫懷牒蹉跎四十載衰白遂滿鑷懷新情依依

感舊歲劫劫偶然設茶瓜思與賓侶接高林變蟬嘒長

廊響行屧雅言賦新詩逸興求醉帖昨夕哉生明一鈎

挂壁頰未嫌歡意減已覺秋懷愜中庭落梧桐深巷賣

楸葉鄉心逐兒女那得渡江楫

雨中喜宸再自潞河歸見訪

颯颯雨侵軒沈沈樹隱門棗垂烟外重荷集晚來喧潤

始霑衣裄涼宜近酒尊欣逢故人至一夕共清言

送徐亮直編脩奉使册封琉球

鼋鼉梁已駕東瀕寶册光華寵命新受吏遠來滄海使

宣風暫借玉堂人神魚跋浪迎旌纛仙草環洲集鳳麟

一品錦衣歸獻壽此行最喜是娛親

憫忠寺後院

霽景高林外幽房曲逕過雙扉開晚照百尺見懸蘿葉

葉含風細枝枝得雨多翠帷紛在眼彷彿到山阿

十月四日樸村晚過菊下小飲

又逢雲物晚秋澄去歲黃花今歲仍小撥疎櫺香冉冉

高枝密葉影層層那能留眼看朝暮空自縈懷到寢興

向夕一弓明月下故人偶至爲燒燈

十月五日由德勝門往湯山接　駕

（清）汪士鋐《海天植前輩徐澂齋館丈冊封琉球詩序》（《秋泉居士集》卷二）

汪士鋐（1658—1723），原名僎，字文升，號退穀，又號秋泉。江蘇長洲（今蘇州）人。清康熙三十六年（1697）進士，授修撰。官至右中允，入直南書房。著有《華嶽志》、《近光集》、《秋泉居士集》、《全秦藝文志》、《玉堂掌故》等。

《秋泉居士集》十七卷，清乾隆十三年（1748）刻本。其卷二有《海天植前輩徐澂齋館丈冊封琉球詩序》文一篇，為徐葆光使琉球而作。

茲據清乾隆十三年（1748）刻本影印。

海天樞前輩徐澂齋館丈冊封琉球詩序

國家撫臨萬方薄海內外無有小大咸來臣順於
是康熙五十五年十月十一日嗣琉球國世曾孫
臣尚敬遣陪臣夏執中蔡溥等來獻方物頓首稽
首上言臣小國僻處海表仰沐皇風虔奉正朔至
於今四世蒙　天子二聖慈惠綏懷遠人兩遣使
持冊宜賜今臣嗣守弱土非請命於朝無以列藩
衛奉臣職　天子下其議禮部尚書臣某等議曰
琉球効順貢職多歷年所今恭請　冊命宜加典
禮　制曰可命翰林院檢討海寶爲使翰林院編

修徐葆光爲副麟袍玉檢承命以行先是康熙二十三年翰林院檢討汪楫使還疏請陪臣子弟入學讀書後四年梁成楫鄭秉鈞阮維新蔡文溥等四人偕貢使來學肄業三年仍遣歸國錫宴賞賚如貢使時左春坊左中允汪士鋐爲國子生教習八旗子弟親見成楫等讀書明理容止有度進退有儀於其歸賦詩贈之埀三十年矣琉球貢使春秋不絕於道今二君又奉命踰鯨波涉大海恬風息浪宣揚 聖天子德意還必如故事請子弟入學兹又命算法館二人隨以行測日晷紀道里將見

其國風雨和年穀登在此行也因各爲詩以贈遂
爲之序

（清）王源《送徐侍讀歸裏序》（《居業堂文集》卷十六）

王源（1648—1710），字昆繩，一字或庵。直隸大興（今北京）人。早年受父親和師友的影響，推崇忠孝，尊陸王而斥程朱。清康熙三十九年（1700）結識李塨、顔元後，治學開始擺脱程朱、陸王相爭的束縛，成為顔（元）李（塨）學派的主要成員。著有《平書》、《居業堂文集》、《易傳》、《兵論》、《或庵文集》等。《居業堂文集》二十卷首一卷，清道光十一年（1831）金陵讀雪山房刻本。其文集卷十六有《送徐侍讀歸里序》一篇，為送徐葆光使琉球而作。

茲據清道光十一年（1831）金陵讀雪山房刻本影印。

居業堂文集卷十六

大興王源崑繩氏著

贈送序　壽序

送徐侍讀歸里序

人才消長係乎一人之進退今天下人才之賢乎余與慈溪姜宸英江浦劉巖諸子咸受知於侍讀未幾侍讀歸余以先君子崇禎遺錄質之侍讀侍讀慨然曰吾志在明史久矣今歸且老倘其爲外史藏之山中俟後世乎余竊觀明季之禍在門戶門戶成於刻忌之小人顧小人禍猶淺小人而託於君子其禍深入人心中於國家至大而不可解且夫數十年來負天地山海英奇之氣之士不以功名顯愁悲坐嘯老死窮巖絕壑無聞者何可勝數夫賈誼董仲舒王佐之才率由申公轅固伏生諸

老師宿儒倡率興起而房杜李衞公俱親受業文中在泰之初九曰拔茅茹以其彙征吉而小人則耽耽側目批根不絕其類不止蓋小人欲逞其私快其恩仇報復而君子得志則有所牽制顧忌且將遠出乎其上故必多方抑沮務使之趦趄不得用又不肯顯然自居小人之列往往乘間抵隙竊取形迹之近似乎正足以煽惑天下者大聲疾呼以持之陽以聳愚者之聽收召不肖之羽翼陰以濟其排陷狡賊求富貴利達不可以對妻子奴婢之姦圖逭其志既行成天下不可救之禍而彼則辱身喪名自以其穢德暴著於天下於戲假令明季有老成碩望為國家愛惜人才如侍讀者盡取天下奇才良士加諸上位太平曷難致哉鴟之嚇也以腐鼠搶榆枋者時則不至而控於地烏知夫天之高星辰之遠絶風塵九萬里而上尚有其人在

乎德清百里內山溪環碧舟行十里百折水淸明若空四面巒阜錯障起竹樹蔥蒨蒙翳寘寘窈窈侍讀結廬抱膝吟臥其中以董狐司馬子長論定一代是非而垂諸不朽噫舍侍讀吾孰從之游者

送家令貽宰茂名序

家令貽以進士授廣之茂名令地盡南海去京師八九千里或曰荒遠多流逋難爲也令貽曰無難也仲尼以相業期大夫之老告邑宰不異乎諸侯而孟子視滕不逮魯宋遠矣顧其所以敎之爲國者莫非帝王治天下大經大法余向與令貽論文相期爲經世之學不屑屑詞章而令貽深沈氣度倜曠閎樸絕無時俗矜張自喜態於戲時之難聖賢亦不能强之使易獨處極難之時而務盡其道所應盡不稍存疑沮苟且之心此聖人所以傾否而天地之心

（清）張大受《送徐澂齋使琉球序》（《匠門書屋文集》卷十六）

張大受（生卒年不詳），字日容，號匠門。江蘇長洲（今蘇州）人。清康熙四十六年（1707）康熙帝南巡，被召入御舟賦詩，得到康熙帝賞識並宣入《御選宋金元明四朝詩》纂修館，任職錄選官。四十八年（1709）進士，改翰林院庶起士。散館授翰林院檢討。五十九年（1720），以翰林院檢討充任四川鄉試正考官。旋奉命督學貴州。

所著《匠門書屋文集》二十四卷，清乾隆年間寫刻本。其卷十六有《送徐澂齋使琉球序》文一篇，為送徐葆光使琉球而作。

茲據清乾隆年間寫刻本影印。

士尚招友朋披南飀而暢懷矚東境以結念一杯今夕
獨歎息其風塵萬卷何年共討論於衰晚
送徐澂齋使琉球序
蓋聞赫聲濯靈威行於四溟之外元衮赤舄恩被乎萬
里而遥故行人掌賔客贊覲朝訖乎蕃國而翰林任馳
驅供諮訪授以璽書古禮可稽
皇朝尤盛康熙五十七年
冊封琉球國主
特命編脩徐葆光副檢討海寶以往念此中山越在南
海漢唐未錫爵土洪永始來享王猗與

聖代柔彼遠人朝貢以時錫命惟再茫茫瀛海環九州
而不揚波爍爍扶桑包八德而出妙寶
皇帝臨軒而遣使臣太史奉簡以涖鑾服皇華四牡多
慰勞之辭冕服九章備寵嘉之典　絲綸乍布圭幣方
將六節揚威百靈効順天高地下山水生成於其間日
光月華潮汐呼吸於其側
聖天子之洪庥大行人之貞信九層鸞鳳夾樓櫓以遥
迎千丈魚龍望舳艫而退避風和濤息霧散帆懸方丈
蓬萊本神仙之居處裸人黑齒被禮樂以文明旌戟森
排鼓鐘雅奏難香奉醴九拜於使館之前彩仗黃幃三

呼於
詔書之下
皇恩累葉
聖壽萬年澤國屢豐敎獠猱而負耒島夷知禮遣子弟
以肄經俾海隅舞且歌如域中壽而富大受與副使同
叨薦牘共纂史書文章則願把珊瑚交友則可談風月
今玆乘傳宣恩之日恰値上堂拜慶之辰忠孝兩全溯
丈夫之樂事水天一色抑使者之壯游姓字金塡向聞
於海外風謠筆錄歸報於朝端白太傅之詩行雞林干
金市値蕭侍中之書重百濟三日舟停驛使即是文昌

輝光迴照海濵方爲樂國德澤覃敷斯役也天朝有寵
命士大夫有歌詩佑之神明榮及荒裔包乾括坤之宅
常拱日邊帶河礪山之封不遺海角

詔從金殿昭中外之禮儀職在詞林肅神人以號令

送家艮思之官新樂序

設科取士經義與詩賦各殊隨時命官郡縣較館閣尤
重若夫明試斷自
宸衷士無懷璧化行先於三輔吏有鳴絃爲民之父母
爲學者羽儀我艮思之往宰新樂何愧焉蓋吾宗德積
福衍源遠流長仁義道德世以此基禮樂詩書人自爲

（清）劉大櫆《海舶三集序》（《海峰文集》卷四）

劉大櫆（1698—1780），字才甫，一字耕南，號海峰。安徽桐城人。早年抱『明經致用』之志，清雍正年間，兩舉副貢生。乾隆時，應博學鴻詞科，未就。終身以授徒為業，晚年任黟縣教諭，不久去官歸桐城，著書立說，不復出仕。好工文辭，才氣著稱，是繼方苞之後桐城派的中堅人物。著有《海峰文集》、《海峰詩集》、《論文偶記》等編有《古文約選》、《歷朝詩約選》、《歙縣誌》等。

《海峰文集》八卷，清敦本堂存板。其卷四有《海舶三集序》一篇，為徐葆光使琉球所撰的《海舶三集》而作。

茲據清敦本堂存板影印。

海舶三集序

乘五板之船，浮於江淮，滃然雲興，勃然風起，驚濤生，巨浪作，舟人僕夫，失色相向，以為將有傾覆之憂，沉淪之慘也。又況海水之所汩没，渺爾無垠，天吳睒睗，魚鼉撞衝，人於其中，萍飄蓬轉，一任其挂罥奔馳，曾不能以自主，故往往魄動神喪，不待檣摧櫓折，而夢寐為之不寧。顧乃俯仰自如，吟詠自適，馳想於沆瀣之虛，寄情於霞虹之表，翩然而藻思翔，蔚然而鴻章著，振開寶之餘風，髣髴乎杜甫高岑之什此所謂神勇者矣余謂不然人臣懸君父之命於心大如日輪響如霆轟則其於外物也視之而不見其形聽之而不聞其聲彼其視海水之蕩潏如重茵莞席之安視崇島之峌峴當前如翠屏之列几硯之陳視百靈怪物之出沒而沈浮如佳花美竹奇石之星羅於苑囿歌聲出金石若夫風潮澎湃之音彼固有不及知者而又何震慴恐懼之有翰林徐君亮直先生以康熙某年之月日奉使琉球歲且及周歌詩且千百首名之曰海

舶三集。海内之薦紳大夫。莫不聞而知之矣。後二十餘年。先生既歸老於家。乃命大樾為之序。

獨造奇崛非昌黎不能作

（清）蔣士銓《懷人詩四十八首・王夢樓太守文治》（《忠雅堂全集》卷二十五）

蔣士銓（1725—1785），字心餘，號苕生、藏園、清容居士等。江西鉛山人。清乾隆二十二年（1757）進士，官翰林院編修。二十九年（1764），毅然辭官南歸。三十一年（1766），應浙江巡撫熊廉村之聘，主講于蕺山書院。三十七年（1772），又應揚州運使鄭大進之聘，主持揚州安定書院。工詩詞，擅劇曲。著有《忠雅堂詩文集》、《藏園九種曲》等。

《忠雅堂全集》三十一卷，包括詩集二十七卷、補遺二卷、詞集二卷，清乾隆二十七年（1762）紅杏山房刻本。其詩集卷二十五有《懷人詩四十八首・王夢樓太守文治》，系為乾隆二十一年（1756）曾作為從客隨冊封琉球正使全魁（字門南，號穆齋）、副使周煌（字景桓，號緒楚、可園、海珊、海山）往封琉球的王夢樓（名文治，字禹卿，號夢樓）所題詩。

茲據清乾隆二十七年（1762）紅杏山房刻本影印。

兄碌碌覩餘子袁子才翰林枚

涉海拔鯨牙投轡擊腰鼓採花庭褚倫腕力拓強弩隨身有竿

木日對江山舞王葑亭太守文治

通倉長爪人慓悍文章圖富貴不可知已矣中人壽無兒守歿

書遺編屬誰有高東井孝廉文照

儷謝作箋黃卅年得一郡江山入畫本天爵傳其韻有子儀

虎廷亦見文章遊江子九太守恂

鄉樂弟一人仕蜀二十年出入兵馬中不廢誦與絃五十秉節

鉞畫像留諸蠻陳東浦觀察奉茲

張長若處子誠質不可當羌湖呼父兄赤子依耶孃可憐生廉

佩遂歲愁空饑吳槎園刺史玥

天潢紛奕葉人去爲峯檄官州縣事易了枳棘困鳳鸞李泌有仙

（清）劉墉《送周景垣座主奉使琉球》（《劉文清公遺集》卷五）

劉墉（1719—1804），字崇如，號石庵，又號青原、香岩、東武、穆庵、溟華、日觀峰道人等，山東高密人。清乾隆十六年（1751）進士，任翰林院庶起士，散館授編修，再遷侍講。二十年（1755），因其父劉統勳獲罪，也被奪官下獄。不久赦免，又賞編修，出督安徽學政，改任江蘇學政。二十七年（1762），任山西太原府知府，因失察下屬『侵帑』，被發往軍台效力。年餘被放還，受命在修書處行走。不久，知江蘇江寧府，任內有清名。二十八年（1763），升江西鹽驛道。三十七年（1772），遷陝西按察使。次年（1773），丁憂去職。四十一年（1776），授内閣學士，在南書房行走，任《四庫全書》館副總裁。逾年（1777），調江蘇學政。四十五年（1780），任湖南巡撫。四十六年（1781），遷左都御史，仍直南書房，充《三通》館總裁。四十七年（1782），授工部尚書，充上書房總師傅。四十八年（1783），署直隸總督。五十年（1785），授協辦大學士。五十一年（1786），充玉牒館副總裁。五十六年（1791），任禮部尚書，署吏部尚書。嘉慶二年（1797），授體仁閣大學士。嘉慶四年（1799），加封太子少保。謚文清。著有《石庵詩集》、《劉文清公遺集》等。

《劉文清公遺集》二十卷，清道光六年（1826）東武劉氏味經書屋刻本。其卷五有《送周景垣座主奉使琉球》一文，為送冊封琉球副使周煌使琉球而作。

茲據清道光六年（1826）東武劉氏味經書屋刻本影印。

應訓詁時未通百篇不足早逸耳漫疑蒐訪無全功古人編竹今貫綫萬卷雖多常對面但恐讀書不悟莫恨書未傳試觀易象春秋論語與夫周詩三百一字未火寧不然

范蠡載西施圖

春流漾漾紋蹙紗漁翁漁媪宜斯家娟娟美人何來此追尋往事還興嗟一笑傾城再傾國沼吳定是何人力剛戾忍訽者爲誰當時祕計羣豪推經多世故身老矣扁舟乃載吳宮姬興亡轉瞬那能久小像黄金更何有一櫂曾留文種書狺狺被譖吁多狗

送周景垣座主奉使琉球

吾師過海去海水春悠悠青天磨出碧銅鏡白日照
爛珊瑚鉤借問此何行天書下螭頭中山之王傳世
土儒臣將命承天休儀曹送衣燦宮錦上有負仁抱
義祥麟遊峩峩萬斛船浩如鯨鯤浮船頭到船尾行
倦中暹罟閩疆對海門遥望三琉球明珠晃漾目光
眩山川城郭一氣如圓毬清風何飄飄披拂三神洲
神清之泂渺何許髣髴瓊樓玉宇可見不可求雲中
雙鳳來赤岸高帆收君臣紛迓到賓館祥光瑞霧環
行輶冊書讀罷日當午鼓舞海若騰蛟虬使汝國祚
長使汝福祿齊使汝嘉穀無螣蝨使汝邊境無虔劉
天子億萬年長撫大九州爾邦之君世康侯錫馬蕃

庶百無憂天使駕言旋載道閙歌謳何由識天使綵服豐而修過此一萬里西望峨眉秋神仙中人此焉宅碧雞金馬翔巖幽笑攜綠玉杖來朝紫綺裘飛凌小海覬海鷗清辭麗句敲琳球荒唐與細碎囊括談天鄒賦海不道鹽區區木張何足儔歸來就中有東海我從夫子追冥搜

終軍

三表五餌語鑿空巴蜀諭檄勸非諷嚴助發兵徒擾擾子雲過嶺尤夢夢久矣文士不能武祇以詞章希侍從欲憑赤手縛於菟竟使羣雞啄孤鳳古風一往不復還萬事總抛梜筴誦倉皇一試便蹉跌宿昔多

（清）李中簡《送周可園前輩奉使琉球二首》（《嘉樹山房詩集》卷三）

李中簡（生卒年不詳），字廉農，號文園，室名僦樹軒、嘉樹軒、嘉樹山房。河北任邱人。清乾隆十三年（1748）進士，改翰林院庶起士。屢遷侍講學士，充日講起居注官。後提督山東學政，雲南學政，以詿吏議罷官。賞給編修，乞疾歸里，杜門著述。著有《僦樹軒詩》、《嘉樹山房詩集》、《嘉樹山房文集》等。《嘉樹山房詩集》十八卷，清嘉慶六年（1801）嘉樹山房刻本。其卷三有詩《送周可園前輩奉使琉球二首》，為送周煌使琉球而作。

茲據清嘉慶六年（1801）嘉樹山房刻本影印。

烈猶探揚元黃翻覆世三改稍覺碩果回寒香當時秉毅
半刀筆經師落落晨星望詩未萌芽禮經抑樸學究莊敦
利賜仄席已自得師保坐與三五鸞翱翔誰令中天日昃
麗但充秘府球圖藏清淨未究刑名中文景滌煩稱康
嗚呼智囊學術眞幽恭謐推王伯登賢良

送周可園前輩奉使琉球二首

世告曰求章畫佯落滌長靈槎攙滄海膺使下文昌赤日
三山影青天萬寶光定知南斗外占律候風牆
海月懸闌拾珠奇有夙緣頁龍迎
寶冊風雨化霧篇絕域木華賦

歸裝劉籠錢故巢驚鶴侶相望動經年

張穀詒試令嶺南予以單字韻長句贈之時辛未六

月也忽忽五載凡三惠書始報茲什仍用單韻以

繼前響

秋風小駐

帝城驂天末離情酒半酣大庾嶺頭梅信發五年消息望

東南予前詩有折花萬里寄朋友之句

海山樓下水涵涵倒影天光入蔚藍舡起臨風開笑口天

中新鴈第三函

丙子

（清）周長髮《送家景桓編修奉使琉球即次紀恩述懷原韻》（《賜書堂詩鈔》卷七）

周長髮（1696—1760），自蘭坡，别號石帆。會稽山陰（今浙江紹興）人。清雍正二年（1724）進士，選翰林院庶起士。散館外補廣昌縣知縣，又改樂清縣教諭。乾隆元年（1736）召試博學鴻詞科，授檢討。官至侍講學士，入直上書房。後降補侍講。十二年（1747），轉侍讀學士，任江南副考官、順天府考官。著有《賜書堂詩抄》、《石帆山人年譜》等。

《賜書堂詩抄》八卷，清乾隆年間刻本。其卷七有《送家景桓編修奉使琉球——即次紀恩述懷原韻》詩二首，為送周煌使琉球而作。

茲據清乾隆年間刻本影印。

巖瀨曾垂釣浮家近鏡湖先生留雪爪何處劄雲腴紫
玉紫三寸青錢篆五銖桐江兼越絶對此想眉鬚
了然俱是夢自昔愛清吟四久凝餘瀋文章識苦心咸
通年已古瀛海賚於今休擬香姜品懷珍副墨林

送家景桓編修奉使琉球即次紀
恩述懷原韻

好從渤澥洗塵纓萬里乘槎擁旆旌殊域迢迢沙嶼去
高懷朗朗玉山行衣冠羽翠圖王會屏障雲煙護島城
自有大觀供嘯咏安瀾海若不須驚
地號高華早築宮車書玉帛萬方同沉香滿外曼陀雨

門鏤林邊迴艀風遥眺江山忘近遠傳宣聲教暨南東
使軺歸述中山景異事能驚百歲翁

題雙白燕堂圖爲儲梅夫鴻臚作

長安僦屋居往往等郵傳侍郎苦棲止忽來雙白燕取
以顏其堂手書揭庭院先生授經時階除立雩霰厥後
賦遷喬風雨牽蘿繕越歲羽褷褷春風社日扇于飛挾
兩雛仍向烏衣見柳絮撲層層梨花穿片片空梁倏落
泥一隻逐流電老燕移西巢哺鷇情眷眷不謂鳴鳥悲
翻驚泡影變樹下隕金環閨中折玉釧徒纏弱女絲難
磧後兒面感此動悲吟淚痕灑古硯誰慰鶴髮愁却寫

（清）朱筠《送周中允前輩奉使琉球四首》（《笥河詩集》卷三）

朱筠（1729—1781），字竹君，一字美叔，號笥河。順天府大興（今北京）人。清乾隆十九年（1754）進士，改翰林院庶起士，散館授編修。三十二年（1767），授贊善。三十三年（1768），擢侍讀學士，充日講起居注官。三十五年（1770），充福建鄉試正考官。三十六年（1771），提督安徽學政。四十四年（1779），任提督福建學政。著有《笥河文集》、《笥河詩集》等。

《笥河詩集》二十卷，清嘉慶九年（1804）朱珪椒華吟舫刻本。其卷三有詩《送周中允前輩奉使琉球四首》，為送周煌使琉球等而作。

茲據清嘉慶九年（1804）椒華唫舫刻本影印。

出三世間皇天無偏頗惇悰萃斯人孰云令名報厚薄
固已均不知彼婦德欲使五教存史遷死千秋莫與懷
清傳感此爲歌詩後世知其賢

送周中允前輩奉使琉球四首

南風下飛濤壯哉海外使巍巍獨周公拜　命此將事
是日上都門同官各洗觶小別青鸞羣新服赤麟賜想
見天人儀平生丈夫志公親承　帝咨南極遠傳示
九天星宿行乘槎渺遊戲三獻酒可起萬里國且至
皇帝御天下表海內外同文德與武事左右從雨風南
徼鞭狂虎西壓豢擾龍恢奇過王會于物何不容眷彼

琉球邦其王世恪恭　天子嘉有命發使海南東知
公持節到膜拜神降空其國久蒙化重爲宣　上功
頗聞海客談荒怪十五六王者有神靈往往通四瀆船
開初不前水官朝其族中流滯千里來濟雙鯨腹有時
颶冥晦大地斡輪軸海妃化金鳩一髮光可逐感通信
呼翕雲日訝明肅吞舟山負背五色雲掛肉其餘萬怪
狀事事出耳目前賢汪與徐紀載稱實錄公今爲此行
博物比雜璞況承　聖人命百靈走匍匐風平波不
動蚤夜布諸瀆絕域徧輶軒更可問風俗書成歸石渠
山海不足讀

先生臨當行高調吟凊詩長安萬口傳若送空天颸和者數十八金奏間羽吹嗟我豈有能蹇足追䝗猊所愛三峽句百讀無休時聞之內重者無遠近險夷三復古名賢其意艮在斯獨無幾微見益信昌黎詞何以頌先生王事惟驅馳

丙子

易水行同賈雲臣龔鑒戊作

荆卿立意不欺志太史作傳爲垂名那知茫茫數千載好事猶歌易水行當時李斯佐秦國厚財利劍諸侯屬燕丹亡歸亦英雄天爲雨粟馬生角漳鄴雲中兵檄至

（清）朱珪《送周景垣侍講奉使琉球》、《送同年全侍講出使琉球二首》、《琉球寶刀歌（李舍人鼎元贈戴蓮士侍郎者）》、《題周海山司馬奉使琉球登舟圖應令子東屏少司農屬》（《知足齋詩集》卷二、卷十五）

朱珪（1731—1806），字石君，號南崖。朱筠之弟。順天府大興縣（今北京市）人。清乾隆十三年（1748）進士，任庶起士，授編修，累遷侍讀學士。二十五年（1760），擔任福建糧驛道，後擢按察使。三十二年（1767），補湖北按察使，再赴山西擔任布政使及署任巡撫。四十年（1775），改授侍講學士，直上書房，擔任皇子永琰老師。五十一年（1786），擢禮部侍郎，後調兵部。五十五年（1790），出任安徽巡撫。五十九年（1794），調廣東巡撫，不久署任兩廣總督。六十年（1795），授左都御史，又授兵部尚書，仍保留廣東巡撫之職。嘉慶元年（1796），授兩廣總督，兼署廣東巡撫。二年（1797），調為兵部尚書，又調吏部、戶部尚書，仍留任巡撫。四年（1799），命直南書房，管戶部三庫，加太子少保，賜第西華門外。不久任用為上書房總師傅，調戶部尚書。五年（1800），兼署吏部尚書。後來因事削職。七年（1802），復命協辦大學士，恢復太子少保銜，兼任翰林院掌院學士，晉太子少傅。十年（1805），拜體仁閣大學士，管理工部。後以年老乞休。贈太傅，謚文正。著有《遺呈文稿》、《知足齋文集》、《知足齋詩集》等。

《知足齋詩集》二十卷，行世有清嘉慶九年（1804）阮元刻增修本、清嘉慶十年（1805）大興朱氏刻本。其卷二有詩《送周景垣侍講奉使琉球》、《送同年全侍講出使琉球二首》，卷十五有《琉球寶刀歌（李舍人鼎元贈戴蓮士侍郎者）》、《題周海山司馬奉使琉球登舟圖應令子東屏少司農屬》，為送全魁、周煌使琉球等而作。

茲據清嘉慶十年（1805）刻本影印。

鄙吝胸遂成忘年友念君昔矻矻藝苑勤獮傁著書等
揚雄豈免嗤覆瓿自期老禹穴遽望開堯牖于今一特
達鴻寶列圭卣稽古誠足榮奇遇亦非偶君言予何知
竊比魯生甒家有苦丸教不愧河東柳今年第八秩神
明清不粿諸孫來繞膝餌餈獻粉糗獨予與采蘭願以
文字壽我聞拜手慶光遠積必厚經傳匙錯師錢賜賈
逵毋請爲九華頌歲歲開重九來登九龍山日月同長
久

送周景垣侍講奉使琉球

大海內外同官家琉球告至來天涯翰林主人初拜命

手捧
帝詔宣荒遐鳳皇銜書九苞下麒麟賜衮三公加同官
拱手送龍節屬國膜拜徯星查詩成高唱和千疊傳示
海外羣伊亞昔聞天使下海國寶册上有神光遮翾翾
飛雀王母使鎮壓鼇戴如女媧海靈清穆肅覲覞出水
頭角相排衙青天無雲龍正見當空五色開旌牙信知
中孚足利涉約束異類同魚鰕況今威德更無外班正
禮樂除紫䨿九金已見鑄魑魅四遠孰敢驕龍蛇此行
奇壯近莫比大颿穩渡先梅花極南戴星指孔雀夜半

浴日騰金鴉

天威萬里更咫尺舉國仰面天雲赮神人來下盛儀衛
綵輿飛上淩閶闔其王恭順世藩服授以銀印佩以緺
奇觀不數蜃吐市歸信喜候灰吹葭子淵飛文檄金碧
相如持節走蜀巴如公於古自不愧蜀士千載爭矜誇
歸來方言要公續好問奇字傳侯芭

送同年全侍講出使琉球二首

北極有大人南車指天蓋合符三山中繼世九州外念
子直文昌舒佩何婉婉一朝擁龍節金勒馳玉軑峩冠
赤珊瑚綵舞光綷縩去乘貫月査照海看珠貝望雲日
方中依斗夜未艾勗哉萬里行風順好激汏

中山海東南去天近可忖北海子之家環天同一本壯哉子遠遊視若出入㮩氣呑龍伯低勢壓鼇背穩豐儀眞天人五綵爛繡衮海中百靈怪望子走且遁海外諸大長赤日見胥盾何以贈吾子內足外不損

前易水行

王翦巳破邯鄲城趙嘉走代燕丹驚謀成无望購七首日盡有意遲荊卿待客未來壯士怒徵羽無聲去不顧白衣臨水風正寒赤虹貫天日欲暮奉圖拜舞秦庭喜丹心巳呑白帝子不成畫虎失生王枉學屠龍羞死士殿上環柱何倉皇陛間不見秦舞陽何如早用漸離筑

跋涉漳濱正賦梅時以殘臘按試廣平一帶七十引痾心似水三千
問字涕成瑰望窮歸旐江天闊接手容成尚舉杯

琉球寶刀歌李舍人鼎元贈戴蓮士侍郎者

紫薇天使中山歸黑洋穩渡神烏飛巨颿劃潮羅刹鬼
拔刀碎裂妖星旂書生甚武劍佩戛利器亦仗
皇靈威此刀番王鞠膝獻購從日本玉屑霏寶裝陸生
不自祕投瓊孰友當天機撝來詑我病魔走拔鞘風冷
虵呼豨客豪食酒虎對吼我歌拍案驪唾璣回看西南
太白閃借我吹映欃槍屏光芒半夜燭珠斗周麾萬里
招虹缴還君什襲獨漉舞報爾祥覽雙熊肥

知足齋詩集卷第十五庚申至辛酉

大興　朱珪　石君

題周海山司馬奉　使琉球登舟圖應令子東屏

少司農屬

昔公奉　命使屬國高颿巨艦開東洋靈鼇駕浪試

忠信回旋潦千仞强我公仗

威天咫尺神燈流火星吐芒石牙矗船舵牢穩千夫助

叫海不𢖍中山君臣額手拜龍天呵護龍節光禮成卻

贐廉猷水歸陳宣室徽冊將洊階台斗繪勤蹟舜歌益

贊臯賡颺到今四十又五載忽撫遺卷增慨慷從公昕

夙接談笑典型直諒百鍊剛況今小鳳更同直後先使
蜀存邛駹 叶 馬淵晝錦何足耀要以咨度收强梁愧無
雄文壓百恠述公清德淩徐汪

春明錄别圖送張子白之官鎭番

張君英彥淩松實食貧畫荻母教修緜棉晝貿資膏油
易粟牛飽宵咿嚘遂通經籍文弸彪兩發射隼風颼颼
飄然忽阻蓬瀛洲歸與莪枯血盈眸彈琴聲斷牛衣愁
酒闌感阮哭不休長安冠蓋騰驊騮君才何啻玉瓚卣
良牧旟兆求羊牛雄邊攬轡古涼州黑關紅崖三岔流
亦不刺高魚海幽要汝撫馭如韓褒 叶 廉靜歃水調競

（清）顧宗泰《少司寇周海山先生寄視海東集題後得四首》（《月滿樓詩集》卷十二）

顧宗泰（生卒年不詳），字景嶽，號星橋、曉堂，室名月滿樓。江蘇元和（今蘇州）人。清乾隆四十年（1775）進士，歷官吏部主事、高州知府。嘉慶十一年（1806），掌教婁東書院。十三年（1808），入浙主萬松書院。家有月滿樓，藏書萬卷。著有《月滿樓詩集》、《月滿樓文集》等。

《月滿樓詩集》四十卷，清嘉慶八年（1803）秦淮瞻園刻本。其卷十二有詩《少司寇周海山先生寄視海東集題後得四首》，為送周煌使琉球而作。

茲據清嘉慶八年（1803）秦淮瞻園刻本影印。

雨行脇未辨空勞心虎頭豪興眞可喜芒鞋竹杖來

邐迤六浮閣上俯湖光七十二峯渺煙水更訪名園

處士居開軒留客剪佳蔬閨中唱和尤難繼世上簪

纓那得如恰過花朝蕩蘭槳歌聲跌宕淩雲上明年

此日好重過花神有約償清賞

少司寇周海山先生寄眎海東集題後得四首

遙識天邊使爲乘海外槎九州同赤縣一線望中華瞻

拂扶桑日宵迎鬱島霞簡書將論遠詎獨壯遊誇

其二

龍節銜恩去南臺放鷁舟風雲驚出險沙嶼快安流長

嘯仙門驛高吟辨嶽樓木華猶卷舌未極海東頭集中於南臺拈香便發封舟舟出洋過水仙門辨嶽則琉球國中山墓中華五嶽而名也

其三

不識波濤苦宣威到大荒舊風諳月令前使徐澄齋太史月令一卷新禮藹蠻疆水積星辰近城低龍虎藏國城外石巖勒虎䓁龍岡四大字弓衣分織處詩出服雲章

其四

此行眞不辱萬里喲帆回遍灑波臣澤羣傾漢國才煙光饒背遠虹影爨身閒歸復皇華役裁歌耀上台

芝庭先生招飲邀園賞芍藥即席賦詩次韻

（清）錢陳羣《海山周少司馬登舟圖詩（有序）》（《香樹齋詩文集》續集卷二十九）

錢陳群（1686—1774），字主敬。浙江嘉興人。清康熙六十年（1721）進士，改庶起士，授翰林院編修。雍正七年（1729），督順天學政。乾隆初（1736），遷內閣學士。七年（1742），升任刑部侍郎。後以病告老還鄉。三十年（1765），乾隆南巡，復迎駕，加太子太傅。謚文端。所著《香樹齋詩文集》八十七卷，包括詩集十八卷、續集三十六卷、文集二十八卷、文集續抄五卷，清同治光緒年間遞刻本。其續集卷二十九有《海山周少司馬登舟圖詩（有序）》一文，為送周煌使琉球而作。

茲據清同治光緒年間遞刻本影印。

之還示兒女式戴務晨降粲催耕又布穀川占候
紀羣書默默順
帝則黽勉事倡隨惟勤乃有獲幸生太平時勿使
居諸擲

海山周少司馬登舟圖詩有序

乾隆二十一年春海山少司馬任編脩時
同侍講全君奉使琉球使還
上嘉其清操命直禁籞侍諸　皇子讀書尋出視
學豫章昨移節吾浙按試嘉郡事竣詣余
出所繪登舟圖索題余忝老友之末製四

言五章以紀其事

言五章以紀其事

我

皇握符恩覃海寓西被東漸朔南咸叙中山波臣

世受嫗煦歲在柔兆請嗣封土稽典秩宗選賢文

府臣魁臣煌寶膺斯舉則錫之章龍光駝紐叶礒與切

尅日戒行閫天率旅

首塗虎門針路是東行五六日礁石則逢邅迴信

信檣傾颶颺天吳海若奔走豐隆烝徒怖伏震盪

舟中彼蕃遣吏曰避其鋒或登于圻或縋於卿公

獨鎮定筴卜安衆叶平聲

計日乃達嗣蕃稽首起居天使鞠𦞂搓手寅饗斯
承贈賄則否往復徒爾冰淵是守却金亭畔王捧
斗酒跽而陳詞
天子萬壽天使還朝言陪王舅申請
國恩橋門觀耦
歸驅西指石盤在贈飲奠隱函麾陸賈金橐筆紀
載職方所諳
帝嘉乃績恩禮載覃命趨玉墀晨直經幄月卿是
貳眷遇特深公益勤慎自矢丹忱再畀玉尺文教
是任

公臨吾郡走也老止公餘存問念故人只出出使圖咫尺萬里讀所題詩

天家麟趾徵實據誦詞醇誼美有蔚其文同時卿士斯典懿矣斯圖偉矣誰其傳之三朝柱史

題宮傅高昭德制軍據鞍習勸圖

易稱康侯錫繁庶三接恩榮紀殊遇中公奕世令僕家（唐高士廉三世爲僕射封申國公）後先茇憩甘棠樹提封萬里連斗牛膏澤八州敷雨露更攜金鑑導源流手障百川回砥柱記年二十起望郎一鞭出守五原路（公出守榆林年未三十尋擢秋官曾贈曉潮之叢榆林舊五原路也）亭衢騰達歷

（清）陳兆侖《徐傳舟自琉求回京語次即贈一篇（並序）》、《題周侍讀海山奉使冊封琉球國王登舟圖八首》（《紫竹山房詩集》卷六）

陳兆侖（1700—1771），字星齋，號句山。浙江錢塘（今杭州）人。清雍正年間進士，授知縣。乾隆元年（1736）召試博學鴻詞科，授翰林院檢討。二年（1737），充任《世宗實錄》館纂修，兼《三朝實錄》館校對。六年（1741），充湖北鄉試正考官。七年（1742），充日講起居注官，又歷任《大清會典》、《明紀綱目》、《續文獻通考》纂修官。十七年（1752），擢左春坊左中允，復擢侍講學士。十九年（1754），遷順天府府尹。二十年（1755），升為翰林院侍讀學士。二十一年（1756），再遷太常寺卿，充《續文獻通考》總裁。三十二年（1767），再遷太僕寺卿。著有《紫竹山房文集》、《紫竹山房詩集》等。

《紫竹山房詩集》十二卷，清乾隆年間刻本。其卷六有詩《徐傳舟自琉求回京語次即贈一篇（並序）》，卷十一有詩《題周侍讀海山奉使冊封琉球國王登舟圖八首》。為送周煌及其從客徐傳舟使琉球而作。

茲據清乾隆年間刻本影印。

極底用遺琴付樂天

徐傳舟自琉球回京語次卽贈一篇并序

傳舟少年善琴仁和人自請與　冊封使周侍讀爲海外遊亦奇士也

謝公泛海當新霽絲竹無聲風遽厲只爾喧豗倚岸灣那見重溟浩無際回頭笑煞孫興公面無人色欲垂涕謝亦强顏人不悟直待云云柁轉捩周郎使節迎王程豈比清遊自專制遂踔扶桑點點烟萬里琉求此焉濟濟水貯水舟載舟千石米鹽一具楫人臣義不避艱險何與公事起投袂平生癖愛三尺桐待訪成連受絕藝

謂不富貴又不仙乞米長安徒傲敖譬若臨流偶與渡邂逅師徳成箭契姑米山尖狂颶奔萬斛龍驤葉辭蒂千夫叫號阿母降海神林氏未嫁女舟當危急輒呼阿姆則有神燈來援阿姆閩人呼姑之稱也霧裏燈移半觽蔽事詳周侍講琉求志略若負之趨舟入山松間架屋臨危砌烏鬼扶輿鐵沙滑紫金官名擁帚青宮麗纔定驚魂對茗鑪便發奇聲寫繚戾移情恢詭自得師僂指去來已隔歲

天子曰嘻苦使者特晉榮階照華裔豈知臣客有王生誰爲當官結轖鞶官不三公不薦士士亦不前懲慕勢男兒遇合自有命要拓心胸葢一世偏安士夫戀華屋

油壁重帷新婦閉見說方期汗漫遊盍款高閶訴上帝

題查儉堂家園椿芝

海上有大椿世以況其親嚴慈本一理愛敬不可分查侯事老母如其事嚴君依依昆與弟樹園仿安仁昨者母八十對景開菊樽方曈澄水鏡綠鬢垂仙雲用瑜翁壽母詩園丁朝叩閽自云有所陳三郎手植木云是儉堂手植儉堂名學禮今知粵西太平府事上有挂蛻存盤拏而屈曲莫知其由因或曰是芝之耳軾轍之所吞草木感精氣殆爲君弟昆而君不自有將以佐蘭珍殷勤扶板輿攬勝周家園母曰好培護永施及子孫

申改翁明府以復職需次在部取小杜停車坐愛

楓林晚作畫索題

與髯相別又多年衫履依然似散仙幾向冰霜鍊金骨
慣看榮悴省塵緣迢遙風御無行地掩冉雲衣不去天
漫學紫微潦倒甚三生沈醉在花前

題周侍讀海山奉使　册封琉球國王登舟圖八

首

榮華草露曖風前三立誰能見未然獨有寶書香姓氏
千秋爲溯掛帆年
早達周郎宦晚成廿年冰署老師生而今我似磯頭石

送爾乘風破浪行

殷侯出塞馬蹄疾，便覺韓公歎不虛。把示七言三峽句，氣吞鯨海更何如。臨發佳作平生風浪輕，三峽況値鯨鯢久不驚

高標使節駕星虹，萬里威儀照海東。笑煞米顛寒乞甚，丞徒三兩自稱雄。海嶽帖僕丞徒如禁旅，兩人並行肅肅無聲

仰嵌平危閣俯層梯，四護風濤置榻低。未礙如埋不知曙，扶桑時報一聲雞。

極知呵護答懷柔，還仗丹誠副壯遊。姑米山腰如見試，爭教驃信不低頭。姑米遇風見自著海東集國王跪迎封册行九叩禮始北

新詩脫口譜隨傳，客爲彈絲主扣舷。非此主應無此客，

果然海上有成連（有徐生者善琴自言願隨觀海以進其技且爲使者譜新詩入操亦奇士也）

依舊輕裝鶴與琴歸途衆目識臣心傳家一軸瑩如雪何似分兒陸賈金

蒙　恩復授太僕卿恭紀

十年積愧每怦怦（十四年前曾任此官）重荷　新恩餘腐生食飽不尸官印責（唐典以官印六別馬羣今亦循其制歲遣滿卿出塞）眼花行致誤書驚跛羊路迴驅難上六鷁風迴退未成底用喜歡詩自作一堂吟伴最關情（杜審言賜緋作歡喜詩時補亭敬堂冒雨相聞故云）

奉酬樂泉先生陰雨連旬見懷之作次元韻

（清）錢維城《題海山周少司馬泛海登舟圖》（《錢文敏公全集·茶山詩鈔》卷十）

錢維城（1720—1772），字宗盤、幼庵，號紉庵、稼軒、茶山，晚號稼軒。江蘇武進人。清乾隆十年（1745）進士第一甲第一名，授翰林院修撰。後歷任右中允，入直南書房，充日講起居注官，侍講學士，內閣學士等。十九年（1754），充會試副考官，教習庶起士。二十二年（1757），授工部侍郎、充武會試正考官。二十四年（1759），充任江西鄉試正考官。二十六年（1761），調刑部左侍郎。不久，授任浙江學政。曾奉使苗疆，事未竟。遇父喪歸，悲傷卒于任。謚號文敏。尤擅書畫，供奉內廷，為畫苑領袖。

所著《錢文敏公全集》三十卷，包括《鳴春小草》七卷、《茶山詩鈔》十一卷、《茶山文鈔》十二卷，清乾隆四十一年（1776）眉壽堂刻本。其《茶山詩抄》卷十有《題海山周司馬泛海登舟圖》詩一首，為送周煌使琉球而作。

茲據清乾隆四十一年（1776）眉壽堂刻本影印。

茶山詩鈔卷之十

武進錢維城稼軒著　弟維屏　維喬編次

姪　鋐伯坰　錆致純　校字

子中銑　中鈺

戊子

題海山周少司馬泛海登舟圖

周公銜命封琉球麒麟蹵補衣蟠斗揚帆振節氣軒舉擁鐘伐鼓聲喧咻軍民塞塗令牧走雲山排空天地浮洪漣踖踧來登舟平生壯志此初發突過鷁身見一髮我聞颶颱自憑陵公謂蛟龍躬欵謁島夷大長道旁俯畏公神明對公舞金帛何勞陸賈求山川還用馬援諸

歸來詩篇紛可數波濤不著一塵土示我幾册中山書兼有長卷登舟圖登舟放洋使去聲事始宣威扳險皆其餘方今聖德彌八澨流沙既被開南滇虎臣汗馬闢疆宇儒生博帶趨承明風雲到眼人俱驚封侯敢說輕投筆自顧曾無縛雞力羨君破浪出鴻濛郎是長驅度沙磧酒酣一放海天謠滄溟更向雲霄嘯

祝中丞吳二南先生雙壽

廬山高高崩𡵆五老上青霄銀虹三千尺匡續本是紫府人時來復與廬山親泰岱之雲觸石起青牛谷口桃

（清）全魁《自南臺登舟泛海抵中山即事十四首》（鐵保輯《欽定熙朝雅頌集》卷七十九）

全魁（？—1791），字鬥南，號穆齋。滿洲人。清乾隆十六年（1751）進士，改庶起士。二十一年（1756），以翰林院侍講受命為冊封琉球正使，以周煌為副使，從客有王文治等。著有《乘槎集》，惜未見行世。

鐵保（1752—1824），字治亭，一字鐵卿，號梅庵。滿洲人。清乾隆三十七年（1772），進士及第，授吏部主事。累遷為郎中、戶部及吏部員外郎、翰林院侍講學士、侍讀學士、內閣學士。五十三年（1788），升禮部侍郎，主持京師會試、山東、順天鄉試。嘉慶四年（1799年），因彈劾官員過當被貶到盛京。不久，以吏部侍郎出任漕運總督。嘉慶七年（1802），調補廣東巡撫。八年（1803）初轉任山東巡撫。十年（1805），升任兩江總督。十四年（1809），被免流放新疆。回京後升為禮部、吏部尚書。又因事被革職，流放吉林。二十三年（1818）回京。道光元年（1821），鐵保告病致仕。

鐵保為官克盡職守，屢有政績，且以文章和書法馳名朝野。曾任《八旗通志》總裁。嘉慶九年（1804）進呈所編選的《八旗詩集》，嘉慶皇帝賜名《熙朝雅頌集》。著有《惟清齋全集》，刻有《惟清齋帖》。《欽定熙朝雅頌集》一百三十八卷，清嘉慶九年（1804）內府序刊本。其卷七十九收錄了全魁所撰《自南臺登舟泛海抵中山即事十四首》，記載往封琉球之事。因全魁的《乘槎集》，未見行世，故于全魁著述而言，此十四首詩，寥若晨星，彌足珍貴。

茲據清嘉慶九年（1804）內府序刊本影印。

涼雲遠烟波落日平籃輿蒼翠裏野鳥送人行

自南臺登舟泛海抵中山即事十四首

羅星塔外海潮寛中有雙龜伏石灘向夕推篷明月上水光夜氣一時寒

扁舟直擬破滄溟欲向銀河問客星江水萬條歸海碧鼓山十里送人青

斥鹵風帆萬里開甘泉如醴貯樽罍太平港口靈旗動酹酒沈金取水來

五虎門臨亂石高天教設險鎖鯨濤長風到海洪波湧始信艨艟似一毛

風饕波齧五雲根電掣星馳出海門萬頃汪洋回首望青
山一髮是中原
夕陽時候海泓渟目送金烏入杳冥萬片餘霞紅似綺釣
魚臺遠一螺青
拍波翔鳥白如雪弄水遊鱗疾似梭聞是海神教接引靈
風盡日大旗多
天教一線界華彝濤水冥冥陰火迷剛趁蛟龍初睡熟過
帆誰敢更燃犀
黃尾嶼連赤尾嶼舟人遙望尚疑猜誰知早已來姑米號
火熒熒傍水隈

水面粃糠日夜生天邊時見斷虹明舟師失色驚相報明
日風波不可行
夜半蛟騰雲似墨風前鼇出浪如峯布帆休道還無恙巨
艦爭當巨石衝
由來
王命百靈憑龍護
天書瑞色增數百生靈齊下拜戲風迴處見神燈
姑米山深見古風桃源咫尺路能通炊烟起處琅玕碧野
水迴時穲稏紅
馬齒朝暾徹紫霞卿雲萬道攬金蛇奇觀人世眞稀覯不

負艱難到海涯

覺羅巴彥學　四首

巴彥學字緝之滿洲人乾隆辛未進士累官都察院副都御史

秋夜琴席

夜雁息機心低飛破晴靄嘎然一掠牕餘音已雲外援琴試效之逸趣有冥會推琴成坐忘朗月照天籟

次友人早朝待漏韻

班聯鵠立待雞鳴萬戸千門啟鳳城仙樂九成賡喜起捷書萬里奏昇平曉風楊柳鐘初定春水蓮花漏有聲一卷

（清）趙懷玉《李舍人（鼎元）歸自琉球貽以布紙扇碗刀五物各系小詩報之》、《題周文恭公（煌）登舟圖圖為乾隆丙子冊封琉球廈門登舟時作也卷中無體不備獨少五言斷句補成十首》（《亦有生齋集》詩集卷十九、卷二十六）

趙懷玉（1747—1823），字億孫，一字印川，號味辛。江蘇武進人。清乾隆四十五年（1780），乾隆帝南巡召試，賜舉人，授內閣中書。出為山東青州府海防同知，署登州、兗州知府。丁父憂歸，遂不復出。後主通州石港講席六年，諸生極愛戴之。工古文詞，著有《亦有生齋集》、《甌北先生年譜》等。《亦有生齋集》六十六卷，包括詩集三十二卷、樂府二卷、文集二十卷、詞五卷、續集七卷，清嘉慶道光年間武進趙氏刻本。其詩集卷十九有《李舍人（鼎元）歸自琉球貽以布紙扇碗刀五物各系小詩報之》，卷二十六有《題周文恭公（煌）登舟圖圖為乾隆丙子冊封琉球廈門登舟時作也卷中無體不備獨少五言斷句補成十首》，分別為題贈清嘉慶五年（1800）冊封琉球副使李鼎元（字味堂，一字和叔，號墨莊）使琉球、清乾隆二十一年（1756）冊封琉球副使周煌使琉球而作。

茲據清嘉慶道光間武進趙氏刻本影印。

而錄示因和其韻

不須臨水與登山得解何妨日閉關白首終期仙可學青雲
幾見鳥能還舊時猿鶴勞相待老去風塵苦未閒莫道蓬萊
去人遠夢中有路敢辭艱

李舍人鼎元歸自琉球貽以布紙扇硯刀五物各系小詩
報之

舍人萬里歸貽我布三匹兩榻與一羅各具雪霜質亦有印
作花花名不能逃開僊試裁衣海氣僊中出
球紙皆穀皮此獨爾所爲或云來日本大致同高麗榮稱錫
讀壽永與文房宜慎勿汙惡札酉爲驚人詩
五華玉闌扇不出中山宮民間行摺子聚頭要特工黃塗金

燦爛青縢雲漢濛使者一披拂中外揚仁風
木豆徧國中尊者用瓦缶惟兹瓊與盤形質朴而厚曾堆松
路柰更貯米汁酒每當宴客時持之誇左右
袞刄一尺許剡短柄則長多君脫手贈使我氣激昂猶聞楚
矧惡兼苦蜀道長願將賊血洗再以七寶裝
送汪庶子學金南歸
忽聞移疾返江干勇退如君信所難正好風時偏轉柁最多
魚處獨收竿端明春夢浮生悟魏國秋容晚節看此著皆敎
輸養直年來我亦悵惘
趙忠毅公鐵如意歌爲吳編修雯作
鐵如意何人製傳自前朝趙忠毅廉而不劌君子器鐵如意

題周文恭公煌登舟圖圖爲乾隆丙子册封琉球廈門登舟時作也卷中無體不備獨少五言斷句補成十首

册封本屬使典重爵亦優公年四十三時甫官編修

文物數中山登舟儀衛盛圖之紀初行且以寵
君命

前驅負弩矢文武夾道遮樓船雄跨海陋彼博望槎

颶風起姑米身登鴻毛輕守官不移地澹然置死生姑米山遇颶發素皆畏懾接封大夫鄭秉和勸易小舟登岸暫避公不可

至誠能感神臣節孚天眖百靈爭效職使者竟無恙當危迫時海中有神火神燈之異

禮成還闕下慰郵

天語溫從此迭遷拜始終荷
渥恩
我未親謦欬追像瞻清高至今披璧卷耳畔聞波濤
青宮述朝列大筆紛淋漓已窮一辭贊聊補諸餘遺
仲子託素心（謂公式子與俗）中以昏姻好隨公遊騎箕人琴痛長抱
明德有達人食報在似續努力誦清芬敬爲後昆告
洪同年（[illegible]）復用少陵狂歌行韻見貽再和答之
我長於君甫三歲論才君合視子弟一詩韻每再三疊咄咄
逼人娛其勢已輕軒晁如塗泥有時起舞因聞雞兩人宦蹟
略相似先直省掖後爲齋遞來請書長抱膝偶爾遊觀趁佳
日淹留覓勝欲忘歸慘澹成吟多紀實我昨鼓枻辭常州攜

（清）陳用光《題李墨莊前輩歸槎圖用希祖韻》（《太乙舟詩集》卷九）

陳用光（1768—1835），字碩士，一字實思。江西新城（今黎川）人。清嘉慶六年（1801）進士，授編修。道光二年（1822），擢為司業。後歷任中允侍講庶子、翰林院侍講學士、詹事府詹事、內閣學士兼禮部右侍郎、代理戶部右侍郎、禮部左侍郎等。提督福建、浙江學政。著有《太乙舟詩集》、《衲被錄》等。《太乙舟詩集》十三卷，清咸豐五年（1855）新城陳氏濩澤官署刻本。其卷九有《題李墨莊前輩歸槎圖用希祖韻》詩一首，為題贈李鼎元使琉球而作。

茲據清咸豐五年（1855）新城陳氏濩澤官署刻本影印。

譚郎憐喻子一天風雪客東平子受東白皆才俊子受得官西蜀而東白方作記室於東平眷懷親故遇類及之

題李墨莊前輩歸槎圖用希祖韻

壯懷誰與爭詩夢認取天王使節來事見先生使琉球記姑米總傳名宿到神魚穩護客槎回日光紅擁亭邊騎雲影青分海外臺平壓鯨波祇孤坐空無倚傍見公才

題退齋前輩焚香圖即以留別

居然興衛有烟霏山谷詩烟霏作興衛意境恬於獨立時文思自隨香縹緲世緣還借佛支持能空萬念應無我欲證三生更覓誰儂作文殊來問疾要看花雨下書帷時退叁抱疾未愈

（清）法式善《使琉球日記序》（《存素堂文集》卷一）

法式善（1753—1813），姓伍堯氏，原名運昌，字開文，別號時帆、梧門、陶廬、小西涯居士。蒙古族。清乾隆四十五年（1780）進士，授檢討，官至侍讀，曾參與編纂武英殿分校《四庫全書》。五十年（1785），乾隆帝親臨辟雍時，其率諸生聽講，各獲賞賜。乾隆帝盛讚其才，賜名『法式善』，滿語『奮勉有為』之意。五十九年（1794）擢國子監祭酒。嘉慶四年（1799），坐言事不當，免官。七年（1802），起任侍講學士。十二年（1807），因『纂修《宮史》篇葉訛脫』，降為庶子。不久乞病歸家。著有《清秘述聞》、《槐廳載筆》、《存素堂詩集》、《存素堂文集》、《梧門詩話》、《陶廬雜錄》等。

《存素堂文集》四卷，清嘉慶十二年（1807）刻本。其卷一有《使琉球日記序》一篇，為李鼎元的《使琉球記》而作。

茲據清嘉慶十二年（1807）刊本影印。

以是爲文章郁兹所得必又有在於詩之外者矣

陳碩士曰體直而氣壯此文境又似韓公知先生於此事三折肱矣

至所論詩以外無聞之說尤足爲才人下一箴砭先舅氏山木先生嘗持此論今復於先生見之如先生者信不可以文字目之也

使琉球日記序

士君子之志無窮而職各有守唯能盡職者其志之無窮乃愈見世常以銘鐘鼎書旂常爲榮觀吾謂不可知者遇也有可憑者時也隨其時之職而皆有以自盡則志之所在不必藉功業而後顯也翰林前輩墨莊先生前在史局克盡職業改官中書厥志不衰使琉球歸以所纂日記俾余校訂于是嘆墨莊爲能不負其職與其志也琉球遯處海隅財賦歉薄典制簡陋顧其人多畏偲而知慕禮義一

二秀頴之士頗解文字我
朝德澤涵濡奉
使之臣又皆有以化導而撫綏之墨莊廉于取而勤于學嚴以持己和以接物人樂與之遊周爰諮詢咸得其實故其著爲此書也歲時山川習俗之詳莫不有所根據事以日繫言以人稽視宋趙汝适諸蕃志元汪大淵島夷志畧爲尤覈與邵詹事遠平元史類編記琉球事有可參觀者此書之傳不獨爲士君子洽聞之助抑可以徵我
聖朝聲教之所震疊雖僻夷小國不啻在疆服之内也而墨莊才之偉識之博亦于是乎在士欲不負其志與職如墨莊者可以法矣

吴穀人曰博稽掌故不僅以揚詡見長

（清）陶澍《題趙介山先生奉使琉球遺照》（《陶文毅公全集》卷五十六）

陶澍（1779—1839），字子霖，一字子雲，號雲汀、髯樵。湖南安化人。清嘉慶七年（1802年）進士，選翰林院庶起士。道光元年（1821），擢山西按察使，又調福建按察使，擢安徽布政使。十年（1830），累官至兩江總督加太子少保。十五年（1835），兼江蘇巡撫、兩淮鹽政。為官四十年，為官清廉，為政勤勉，關心民事，改革弊端，政績斐然。卒贈太子太保銜，謚文毅。著有《印心石屋詩抄》、《蜀輶日記》、《靖節先生集》、《陶文毅公全集》等。

《陶文毅公全集》六十四卷，清道光二十年（1840）淮北士民刻本。其卷五十六有《題趙介山先生奉使琉球遺照》一篇，為懷念清嘉慶五年（1800）冊封琉球正使趙文楷（字介山，號逸書）使琉球而題。

茲據清道光二十年（1840）淮北士民刻本影印。

人方刀圭欲乞從君問

題趙介山先生奉使琉球遺照

憶昨轉漕浮吳淞開船打鼓聲隆隆天精百萬道
溟渤龍驤一氣乘長風寶山無山有高摽蒼穹一
嘯風雲改書生意氣挾虹霓不弄春潮但觀海歸
來忽遇乘槎客卅載圖中識顏色
制策曾窺鐵石心
冊封遠到琉球國琉球地隔海東南候律瞻雲聲教覃人
米地（琉球）文風故無恙錦衣玉貌留香龕我觀此圖
重歎息恍惚明霞射朝葩有靈呵護耀龍旌屢郎

駭伏天吳匿祗今海道平如砥來往雲帆一杯耳

發運懈非作楫才御望膺舟渉雲水

虎邱南麓白太傅祠內舊有懷杜閣仰蘇樓同人

新構軒於後肖太白像予爲書扁曰慕李五月

一日落成因設祭幷祀四公作詩紀事

道光丙戌月夏五我來虎邱謁樂天樂天昔來乙

巳歲寶歷距今千二年當時蘇州十萬戶嬰皖臨

去衣爭牽庚桑尸祝遺祠在村巫社叟交神絃東

武西武盛游跡薦藻豈可無一椽仰蘇懷杜匪好

事多公雅調同壺邃謦之東道有刺史二公流寓

（清）李調元《琉球刀歌（並序）》、《聞舍弟墨莊（鼎元）由内閣中書奉命充冊封琉球副使聞之大喜因作詩二首寄京遥賀》、《再和墨莊弟八月十九日奉命充冊封琉球副使恭紀元韻二首》、《寄墨莊弟（並序）》（《童山詩集》卷七、卷三十七、卷四十一）

李調元（1734—1803），字羹堂，號雨村，别署有贊庵、鶴州、童山蠢翁等。四川綿州（今綿陽）人。李鼎元之堂兄。清乾隆二十八年（1763）進士。散館，由庶常授吏部主事，充廣東鄉試副考官，遷考功司員外郎，擢直隸通永道。歷任翰林編修、廣東學政。乾隆四十六年（1781），擢授通水兵備道等職，以劾永平知府罷官，戍伊犁，尋以母老贖歸，以撰述終。

李調元一生編著宏富，主要有《函海》、《續函海》、《諸家藏書簿》、《諸家藏畫薄》、《萬卷樓藏書目》、《儀禮古今考》、《春秋左傳會要》、《左傳官名考》、《淡墨錄》、《制義科瑣記》、《童山詩集》、《童山文集》、《雨村詩話》、《蠢翁詞》等。

《童山詩集》四十二卷，清嘉慶年間綿州李氏萬卷樓刊本。其卷七有《琉球刀歌（並序）》一篇，卷三十七有詩《聞舍弟墨莊（鼎元）由内閣中書奉命充冊封琉球副使聞之大喜因作詩二首寄京遥賀》、《再和墨莊弟八月十九日奉命充冊封琉球副使恭紀元韻二首》，卷四十一有《寄墨莊弟（並序）》，均為其堂弟李鼎元使琉球而作。

兹據清嘉慶年間綿州李氏萬卷樓刊本影印。

童山詩集卷七

綿州李調元雨村

辛巳

琉球刀歌 并序

爲王夢樓先生文治作先生丙子同全侍讀穆齋冊封琉球所得雪夜出示要余作歌

先生雪夜招我飲寒光逼座半酣興酣出示琉球刀𡉏𡉏魂飛斬蛟影黝魚皮室象鼻縧龍雀夏環犀利等晶英射目寒生毛正色捧覗冠先整爲云前年駕海航同槎聊得張騫肯翻然直渡姑米洋使舟觸礁紛斷纜

颶風大作黃蛇浮齊呼天妃向東請忽見海面一燈來
如烟籠罩神光迴須臾護送馬齒山那覇港中始無警
此邦本鄰土噶喇七島倭人爭鬪蹍割髭男兒好佩刀
往往不勝先刎頸出鞘光如雪一團風聲乍過失腰領
可老贈我不敢窺百步遥聞血腥冷傳聞日本初鑄時
煅鍊陰陽聳精緊磨出七百七十鋒白晝陰森擊雷霆
帶時鑌鐵曲作柔用日如囊錐脫穎至今匣有悲號聲
時時霹靂驚夜永不信試看一摩挲白日晶晶天烱烱
我聞此言膽爲寒便欲挾刀斬強梗卽今邊塞多烽塵
安得一揮萬方靜歌罷放刀出門去門外雪花避光景

聞舍弟墨莊鼎元由內閣中書奉　命充册封琉球副使聞之大喜因作詩二首寄京遥賀

恠君如鳥集王廷年不飛來歲不鳴豈料　日光臨紫省忽傳　天使過滄瀛槎移牛渚河應動舫載　龍章浪不驚記取前程須努力此行直繼海山旌吾蜀奉使琉球自乾隆丙子海山先生周文恭公煌後今四十二年吾弟復膺是命

聞道中山海外懸南風三日底山邊百年豪氣銷磨半弟今年已五十一品恩榮服色全向例册封天使賜一品麟蟒服姑米颶高神共護扶桑露灑詔初宣琉球刀好君須寄矍鑠兄猶

喜弄鋋

再和　墨莊弟八月十九日奉　命充册封琉球

副使恭紀元韻二首

寵命傳來八月秋柴門驚起滿江鷗衰年兒忽喜如雀

早歲君原氣食牛鳩舌應詢蘇軾集東坡送子由使契丹詩時時鳩舌問三蘇詎能背誦三蘇文龍潭爭看李膺舟正使爲安徽太湖趙介山文楷丙辰狀元向例中山宴天使有七宴重陽龍潭宴其一也別腸此去車輪轉一日思君一萬

周

三甲傳臚第一人弟登戊戌三甲第一紅梨臣改紫薇臣境當窮

處無非鬼運到來時若有神同上巖眉慙後步獨經滄

海亦前因遥知使畢歸朝日萬國來同拱北辰

附原作　內閣中書賜正一品麟蟒服前翰林院檢討[illegible]元學進

宦海浮沉又幾秋生涯頗類海東鷗忽聞炎徼求封使已見星槎入女牛　帝德如天無異域臣心似水可同舟弥藩共順中山最　寵命何殊得繼周乾隆二十有一年冊封琉球副使爲同鄉周海山先生鼎今繼之亦異數也

四署班齊十四人封使例以內閣翰林都察院禮部四署人充選是日同引見者十四人天顏霽處盡儒臣望洋敢信蠡能測涉險全憑節有神一品虛名將號集封使例賜一品麟蟒服借用曾出一品集事廿年舊夢昔迷因甲辰九月以假遊泊舟溫州城下夜夢遊海覺時惟記舟牌有免朝字并記詩有雲養淡螺深之句昨閱琉球志畧封舟圖恍如前夢詩尚未得其解同行況值星爲

福正使爲趙介山修撰諺有福狀元大下福星之語故云海不揚波際此辰

聞四弟編修聯元赴大慟率男朝礎設位北向祭

之哭詩二首

家信聯翩喜浹旬無端赴到變酸辛死如可代吾何惜
生與誰朋汝最親東坡詩我年二十無朋儔當時四海一子由好學顏回偏
短命嘔詩李賀竟捐身臨風哭罷還嗚咽三李如今少
一人

兒子何曾似景升總因失學誤飛騰蒙君暗把金針度
令我編成玉佩膺豈意一朝隔黃壤頓教半載枉青燈
傷心最是吾朝礎哭倒靈前嚥不譍

輓楊孺人

聞道仙山卧玉真蒼頭老監黯傷神擁輪門外朝朝盛
種玉田中箇箇珍愁斷頭皮偕小隱吟成淚句當長呻
誄文自愧非潘岳難寫珠簾月下人

寄墨莊弟并序

墨莊由檢討改中書後心平氣和無向時拔劍
張弩之態其論古亦多折衷前賢奉使琉球自
書大門帖對聯云立定脚根從吾所好放開眼
界與物無爭然余以爲從吾所好則未知所好
之是否也與物無爭則未知所爭之當否也所

好是如仁義禮智此可好也否則放僻邪侈流連荒淫亦可好乎所爭當如忠孝廉節所必爭也否則權奸誤國傷風敗俗亦無爭乎余作一詩奇之云

立定脚根須擇步放開眼界看施爲人間多少當行事做出來時始見奇

和趙雲崧觀察見寄感賦四律原韻

江南來遠使甌北寄長箋接到新詩日逢回故里年是年始從成都回綿室多薪木毀家少肯堂賢危坐方酬和千愁集目前

（清）胡敬《送趙殿撰（文楷）李舍人（鼎元）冊封琉球詩（並序）》（《崇雅堂詩鈔》卷二）

胡敬（1769—1845），字以莊，號書農，浙江仁和（今杭州）人。清嘉慶十年（1805）年進士，官翰林院編修。嘗預修秘殿珠林、石渠寶笈三編。著有《崇雅堂詩抄》、《書畫書錄解題》、《鄒園讀書志》等。《崇雅堂詩鈔》十卷，清道光二十四年（1844）刻本。其卷二有《送趙殿撰（文楷）李舍人（鼎元）冊封琉球詩（並序）》，為送趙文楷、李鼎元使琉球而作。

茲據道光二十四年（1844）刻本影印。

封小國侯

許念茲西亭小築圖

吳儂打槳何處家在苕谿霅谿流水三叉路曲垂楊一帶雅栖門繞春波灩瀲橋隨沙岸彎環風林細雨吹散谿月扁舟載還歸與尊鱸浩蕩聯盟鷗鷺淸閒紅蓼白蘋天際綠波青嶂八間捲簾山影林影欹枕風聲水聲添著茅庵一箇著書足我平生

送趙殿撰文楷李舍人鼎元冊封琉球詩并序

謹案琉球國自歡斯啓宇在南朝煩海師之師至察度輸忱遂東土效波臣之職今

上御極之五載世子某恪循往例修表請封

上乃簡厥廷僚寵之章服時則翰林修撰官文楷內閣中書官

鼎元同膺是選承
命而行甚盛典也虎符龍節雙乘貫月之槎海若天吳共衛銜
書之使劃銀漢而徑渡望斗占程奉玉册以遄征分更記里青
山一髮微茫認那霸之村黃帕千官導引作兜僪之語香爇迎
恩亭畔霞蔚雲烝
詔宣廣福門中嵩呼嶽抃龍泉瀉地濃添化雨之波鐵樹撐霄
高挹卿雲之露雝雝乎恩澤沛典禮昭國體用彰皇華無忝可
預爲使臣頌焉若乃禮成餘暇俗省遐方採馬耕女市之殊風
輶軒錄輯紀待月迎潮之逸事囉嗊歌新蕉扇摯來蠻女乞清
平之句苔箋捧出夷官誇松雪之書從此月橋風蘭都供吟料
紅魚烏鳳盡入行裝于以浮誇訂陳謝之譌沿革補徐汪之缺
抑亦大雅之所素裕也方今

皇威遠播文教覃敷宮裁棘以爲垣已非曩昔廡儲經而壓架漸啓文明太乙然藜侍子貢四門之學上丁釋菜素王尊萬世之師蕞爾彈丸喁然向化將使臣之所以歌頌功德奉宣教條被以華風革其餘習者其在斯行乎茲當雲路辭燕星軺蒞浙明湖餞別大開賞夏之筵吉甫贈行願效淸風之頌一篇序綴五字詩成

柔遠敷

皇澤非賢任莫當無慙四方使

特簡二臣良捧

詔辭金闕浮槎達海疆噓春回辨嶽挹露灑扶桑鸞掖馳名舊雞林流譽長蓬萊風引便天際望歸航

寄弟立仁

（清）陳文述《送趙介山殿撰（文楷）李墨莊中翰（鼎元）奉使冊封琉球國王詩同曼兄作》、《送齊北瀛太史費西墉給諫奉使冊封琉球詩（並序）》、《送齊北瀛太史費西墉給諫奉使冊封琉球詩序》（《頤道堂集》詩外集卷三、文鈔卷四）

陳文述（1771—1843），初名文傑，字雋甫、譜香、英白，後改名文述，別號元龍、退庵、雲伯，又號碧城外史、頤道居士、蓮可居士。浙江錢塘（今杭州）人。清嘉慶五年（1800）舉人。官昭文、全椒等知縣。他與其族兄陳鴻壽，當時以詩齊名，有『二陳』之譽。曾同入浙江巡撫阮元幕下，頗受器重。著有《碧城詩館詩鈔》、《頤道堂集》、《秣陵集》、《西泠懷古集》等。

《頤道堂集》七十八卷，清道光年間刻本。其詩外集卷三有陳文述與陳鴻壽二人同作的《送趙介山殿撰（文楷）李墨莊中翰（鼎元）奉使冊封琉球國王詩同曼兄作》，文鈔卷四有《送齊北瀛太史費西墉給諫奉使冊封琉球詩（並序）》、《送齊北瀛太史費西墉給諫奉使冊封琉球詩序》，分別為送清嘉慶五年（1800）冊封琉球正使趙文楷、副使李鼎元使琉球，清嘉慶十三年（1808）冊封琉球正使齊鯤（字鵬霄、北瀛、澄瀛）、副使費錫章（字煥槎、西庸）使琉球而作。

茲據清道光年間刻本影印。

梅花放扁舟瘦鶴還與雲吹漸遠憶子玉峯間

送趙介山殿撰文楷 李墨莊中翰鼎元 奉

使冊封琉球國王詩同曼兄作

中山奕葉戴神州永祚瀛壖 聖澤優屬國咸尊 大皇
帝世臣原是小諸侯法司奉表來姑米太史占星識女牛
鳳詔遠隨龍節去萬年雨露沐懷柔

爐香滿袖出 楓宸卿月光涵大海春 聖代封藩仍舊
典 天朝綏遠命儒臣九霄翰墨翔鸞鳳一品衣裳煥蟒
麟共識使星東指處瀛波如鏡不揚塵

漏滴玻璨靜有聲重溟浩蕩一帆輕衙洋東望三千里葉
壁西迴四十更丙午錄參來往路乙辛鍼辨夏冬程湄祠

新敕崇封號定有雙魚拜涙迎

山連南北路千盤萬歲聲中七姓歡吟味敬書唐歲月箕

登爭拜漢衣冠綠珠團扇迎仙仗紫帕金簪肅從官莊叔

文章鄰侯度儘教窮海慰瞻覲

駝印高懸受　詔時望塵羅拜氍毹獅已看漢節輝三省

更有唐榮掌七司福祿樹森天使館臙脂花發女君祠遷

將晝日雙彤管題徧扶桑十萬枝

隱隱長虯臥海涯東藩形勢劃靈沙天橫寶島兼平島地

繞垣花更謝花容蕊曉啼華蝡月梯沽宵放米邨霞不煩

重譯相通款中外于今久一家

氍陽風景問如何護壽千番寫尙多拜月香銷秋有影占

風帆小海無波蕉園雪霽眠烏鳳櫻島潮生上綠螺三使輶軒遺輸在竹枝重譜太平歌

樓倚停雲覽八埏禮成七宴早言旋　中朝恩大同滄海天使心清比瑞泉金壓歸裝羞陸賈槎浮秋漢笑張騫柔祗效順雲帆穩會率陪臣到日邊舒鐵雲注曰墨莊先生曾繪南臺祖帳圖彙集四方士大夫贈詩凡古今體二千餘首裝成巨卷屬翁比部樹培分書比部書甫及半而失明旋即奄化辛未年余落第淹留城南旅舍墨莊誕談余以隸體續書之因得縱讀諸君之作墨莊問余當以何人詩爲冠余曰必不得已其陳雲伯乎此余手書此卷諸詩已竟而後知之墨莊撫髀太息且曰吾今而知不難作詩之難即論詩亦復不易也今墨莊已歸道山追思舊遊恍如昨日讀雲伯詩振觸交集不勝過橋之感附記於此乙亥夏五

同作　陳鴻壽

誰從海國譜歡斯　詔命徠臣羽節馳　綸綍九天宗

典禮衣冠一品肅威儀小坡風範神仙似少室聲名島

嶼知四十年來重遣使　天恩中外總無私

巨艦連雲鹿耳排百靈效順掃煙霾浮槎犯斗終疑誕

破浪乘風大可懷金玉城開天有蹟卯辰鍼定地無涯

不教驚起蛟龍蟄彩筆親題鳳字牌

星野分躔屬女牛蜿蜒形勢儼流虬應潮乍聽天雞唱

薄曉還鞭石鼉遊沙漏滴殘空外月烏風吹見海中樓

祗憑臺閣爲霖手徧灑春膏到十洲

卅六峯雄廿八王揚帆東指近扶桑鶴頭馬齒迎仙仗

虎碎龍岡拱　玉章宣詔臺高雲結篆卻金亭古墨流

香遥知率土歸誠處不隔重溟萬里長

呼吸通天說尾閭八埏周覽意何如花濃葉壁飛紅雁

月冷泉崎走綠魚競渡詩翻新樂府停雲客愛舊樓居

荒唐徐福難徵信莫問嬴秦未火書

一代仙才重列卿使星如月照東瀛乞書直下岬金拜

擁篲爭看集女迎五姓語能通漢譯七司官自掌唐榮

藩臣敬侍簪花宴階下三呼　萬歲聲

輶軒錄自採風饒筆壓天吳氣敢驕花裏樓臺秋拜月

枕邊風雨夜聞潮星碁屏曲栽烏竹日扇玲瓏寫鳳蕉

最是輕裝塵不染鮫人底事獻冰綃

笠舞花飛僦別筵洋程從此履平平測將幾影從西指

採得螺紋定右旋金鶴兩行隨納貢青蜓萬里護歸船

此行自比遊仙樂題徧中華以外天前詩余與曼兒在阮中丞師琅嬛仙館幕府所作中丞爲梓寄廈門兩君載之封舟遂示屬國歲戊辰費西墉侍御奉使還謂人云曾見此詩於球陽行館彼國中稱爲中國二陳云附記

送張子白大令之官甘州

皋蘭山畔黃雲流雲中白月照涼州短衣躍馬此間去落花吹滿西南樓張君張君好懷抱十載浪遊眞草草男兒作達萬里輕才人落拓一官小江南四月芳草多一聲鐵篴吹邊歌黃河西去玉關近美人消息今如何斷君詩酌君酒人生聚散夫何有洗兵雨過秦隴平送君折盡河橋栁紅蘭畫閣長相思迴文夜織流黃機燕支會寄好顏色木葉關山秋雁飛

治河新駐節籌海昔登壇福力能消刼忠忱定挽瀾觀書

資貫讓樹績媲韋丹從此金隄固秋風立馬看

才略元方美艱難巳備嘗萬言籌保障三策佐宣防沙岸

春潮蝕雲關夜雨涼當年亦從事北望意蒼茫

贈林遠峯鎬

子羽高風在風流衆所師不圖滄海上又見此君詩知巳

酬心血浮生感鬢絲長吟過淞水潮落暮天涯

百篇親寄我遠自上洋來飄泊中年感銷沉老輩哀海雲

生浩蕩江月照徘徊莫問揚州事梅花久不開書中言在墨卿處讀

余詩故

及之

送齊北瀛太史費西墉給諫奉

使冊封琉球詩 并序

皇帝御宇之十有三年玉燭陽明璣鏡朗曜日月出入徧
安鶉居禆瀛内外咸樂鷇飲南被鑄銅之區北輝
銜燭之門東界榑木之津西連若英之域莫不順
天綱飫地螯延喜奉贄昭華受祉合嬰壤而入貢
陳荼幣以來會惟時琉球世子臣某遵　朝例遣
陪臣奉表請封　聖天子懷柔遠藩錫之典寶爰
簡儒碩用將　朝命於是太史齊北瀛先生銜
命以行給諫費西墉先生副焉太史蘭典受書芝
檢作頌偉遂瀛之文藻蘊山海之靈秀給諫學綜
五際才貫九能内直樞密之地外嫺軍旅之務竝

膺世華望爲國瓌寶挹爐香而聯藻承龍節而揚
武於以揚丶恩命宣　德意金冊綵綬布　九重
柔遠之化白狼槃木慰萬里歸義之慕　國之華
也臣之職也太史閩人給諫浙人也銜其山川言
尋釣遊之地拾其香草用展桑梓之敬昔翁叔守
會稽而父老覩綬長卿諭巴蜀而亭吏負弩以今
視昔有其過之矧太史庭闈有具慶之喜高堂有
重慈之壽其行也旣定省因便其歸也特休沐
賜暇俾介眉壽賡燕喜尤　朝廷曠典臣子榮遇
矣昔歲在庚申修撰趙君中翰李君奉　使冊封
琉球世孫尙溫道出武林述與族兄曼生同在阮

中丞琨嬛仙館承命賦詩中丞爲梓寄厦門兩君載之封舟遠示屬國白太傅之詩集遠播雞林溫子昇之文章流傳士谷才遜古賢遇優曩哲今太史給諫之出都也東京祖道賦小雅者六卿南國人倫拜皇華之五善鉛槧百軸珠璣萬言校之兩君抑又盛矣猶復采及葑菲索我巵言不揣檮昧竝爲喤引咸屬徵實之語無取溢美之作若夫瀏歎斯瀉刺之系紀梅洋葉壁之程考唐榮漢譯之典覽星碁華嶼之勝採之輏軒形之歌詠他日者同歸八月之槎共鐫一品之集述不敏更將援筆而序之

瀛海安瀾日懷柔被八埏　聖皇千萬壽嘉慶十三年屬

國金鷄貢　天書紫鳳宣二臣銜　命出閶闔五雲邊

太史文章伯聲華重玉堂才應涵渤海家亦近扶桑雲幔

聞天樂仙霞擁壽觴慈顔應有喜歲月　國恩長

給事邦之彥東南大雅才直廬簪筆去西掖挂弓回幾路

紅螺穩鍼程翠羽開鳳池舊遊處雲氣拔蓬萊

昔在琅嬛館相逢兩使星詩吟碧雲寄遠大青箒筆

人重至封藩節又經仙槎指歸路東望極滄溟

琴河贈畫史畢小癡琢

不須辛苦學倪迂自有高名重倘湖書院丹青劉待詔清

時人物禹鴻臚草堂靜夜吟華月花史芳年寫蕊珠我有

家之作竝登七錄之書定應下掩劉徐上追班左而羅綺不勝蕙蘭先歇朝華易謝瓊樹長埋趙君子梁悼比安仁哀深奉倩簾垂幕卷蒐蠹粉於金箱篋竟牀空錄烏絲於寶軸貽之副墨索我弁言旃檀之烈過而彌馨瓊玖之光韜而更釆蕊宮花史前身原是蘇娘香草美人此集無慙屈氏

送齊北瀛太史贊西墉給諫奉　使冊封琉球詩序

皇帝御宇之十有三年玉燭陽明璣鏡朗曜日月出入偏安鶉居裨瀛內外咸樂𣪺飲南被鑄銅之區北煇銜燭之門東界榑木之津西連若英之域莫不順天綱飫地葢延喜奉贄昭華受祉合嬰瓌而入貊陳菉幣以來會惟時琉

球世子臣某遵　朝例遣陪臣某奉表請封　聖天子懷
柔遠藩錫之典寶爰簡儒碩用將朝命於是太史齊北瀛
先生銜　命以行給諫費西墉先生副焉太史蘭典受書
芝檢作頌偉蓬瀛之文藻蘊山海之靈秀給諫學綜五際
才貫九能內直樞密之地外嫻軍旅之務並膺世華望爲
國瓌寶挹爐香而聯襼承龍節而接武於以揚　恩命宣
德意金冊綟綬布　九重柔遠之化白狼槃木慰萬里
歸義之慕　國之華也臣之職也太史閩人給諫浙人也
銜其山川言尋釣遊之地拾其香草用展桑梓之敬昔翁
叔守會稽而父老視綬長卿諭巴蜀而亭吏負弩以今視
昔有其過之矧太史庭闈有具慶之喜高堂有重慈之壽

其行也旣定省因便其歸也特休沐賜暇俾介眉壽賡燕喜尤　朝廷曠典臣子榮遇矣昔歲在庚申修撰趙君中翰李君奉　使冊封琉球世孫尙溫道出武林䢖與從兄曼生同在阮中丞琅嬛僊館承命賦詩中丞爲梓寄廈門兩君載之封舟遠示屬國白太傅之詩集遠播雞林溫子昇之文章流傳土谷才遜古賢遇優曩哲今太史給諫之出都也東京祖道賦小雅者六卿南國人倫拜皐華之五善鉛槧百軸珠璣萬言校之兩君抑又盛矣猶復采及蕭艾索我巵言不揣檮昧竝爲喤引咸屬徵實之語無取溢美之作若夫溯歡斯渴剌之系紀梅洋藥壁之程考唐榮漢譯之典覽星棋華嶼之勝採之軒輶形之歌詠他日者

同歸八月之槎共鐫一品之集𨔶不敏更將援筆而序之

邵夢餘大令鑑湖棹歌序

宦海有浮沈之險天涯多羈旅之悲人生最樂者其故鄉乎每見江湖載酒花月題襟共王粲以依劉偕陸機而入洛莫不憶舊遊感疇昔㓰湖鑄軒皇之鏡山藏夏后之書有朱樓白塔之觀兼修竹崇蘭之勝彭澤松菊託與柴桑張翰蒓鱸寄懷笠澤夢餘先生鑑湖棹歌所由作也先生居近龍山家鄰鑑曲雲樹方千之島煙波范蠡之洲柳姑祠好祗賦近遊梅尉山深早思偕隱旣而縮符江表奉檄南州看山拄笏借雙屐之煙霞載鶴尋秋弔六朝之金粉關心風月易感離悰回首家山彌深棖觸託纏綿于往蹟

（清）阮元《送趙介山（文楷）殿撰李墨莊（鼎元）舍人奉使册封琉球》（《揅經室集》四集詩卷五）

阮元（1764—1849），字伯元，號雲台、雷塘庵主，晚號怡性老人，齋名琅嬛仙館。江蘇儀征人。清乾隆五十四年（1789）進士，選庶起士，授編修。五十五（1790），擢少詹事，入值南書房、懋勤殿。五十八年（1793），提督山東學政、浙江學政。嘉慶三年（1798），返京任戶部左侍郎，會試同考官。未幾又赴浙江任巡撫，撫浙約十年。六年（1801）在杭州建立詁經精舍，培育英才甚眾。十年（1805），喪父服除，任職兵部，又出為湖南、浙江巡撫。十九年（1814）調江西巡撫，加太子少保。二十一年（1816），調河南，升湖廣總督。二十二年（1817），調兩廣總督。二十五年（1820），在粵創立學海堂書院。道光元年（1821），兼任粵海關監督，嚴懲經售鴉片者。六年（1826），遷雲貴總督。十五年（1835），回朝，拜體仁閣大學士，管理刑部，調兵部。十八年（1838），老病致仕，返揚州定居，臨行加太子太保銜。卒謚文達。

阮元在經史、數學、天算、輿地、編纂、金石、校勘等方面都有著非常高的造詣，被尊為一代文宗。主要著作有《揅經室集》、《詁經精舍文集》、《廣陵詩事》、《淮海英靈集》、《兩浙輶軒錄》、《浙江通志》、《廣東通志》、《皇清經解》、《十三經注疏》、《儒林傳》、《文苑傳》、《疇人傳》等。

《揅經室集》十四卷、二集八卷、三集五卷、四集文二卷詩十一卷、外集五卷、續集十一卷、再續集六卷，清道光年間揚州阮氏文選樓刻本。其四集詩卷五有《送趙介山（文楷）殿撰李鼎元（鼎元）舍人奉使册封琉球》詩一首，為送趙文楷、李鼎元使琉球而作。

茲據清道光三年（1823）文選樓刊本影印。

送趙介山文楷殿撰李墨莊鼎元舍人

使冊封琉球

同是中朝第一流雲螺彩蟒拂麟洲狀元風度今

莊叔才子神仙舊鄭侯四月西湖留駐節萬人南

海看登舟翰林盛事知多少如此乘風乃壯遊

題孫淵如觀察萬卷歸裝圖

魯民爭道送歸程萬卷圖書短櫂輕使君去後一

颿遠惟有微山湖水清右丞渭城一曲取調最高遂爲之裂北宋猶有能唱之者東坡濟南春好雪初晴一首用之此絕亦用其調未知合否

綠葉

（清）胡敬等《送趙殿撰（文楷）李舍人（鼎元）冊封琉球詩（並序）》、《送趙殿撰（文楷）李舍人（鼎元）冊封琉球詩》（阮元輯《詁經精舍文集》卷十三）

阮元生平簡況見上。

《詁經精舍文集》十四卷，初編由阮元手訂，後由羅文俊、俞樾編訂。行世有清嘉慶六年（1801）初刻本、清嘉慶至道光年間儀征阮氏《文選樓叢書》本、清同治十二年（1874）重刊本等。其卷十三收錄了：胡敬《送趙殿撰（文楷）李舍人（鼎元）冊封琉球詩（並序）》以及錢福林、陳嵩慶、顧廷綸、陳鴻壽、陳文述、蔣炯、李方湛、徐熊飛《送趙殿撰（文楷）李舍人（鼎元）冊封琉球詩》、汪家禧《送趙殿撰（文楷）李舍人（鼎元）冊封琉球詩（並序）》等詩文，均為送趙文楷、李鼎元使琉球而作。

按：清嘉慶五年（1800）四月，阮元召集諸同僚士大夫于其琅嬛仙館餞別趙文楷、李鼎元使琉球，胡敬、錢福林、陳嵩慶、顧廷綸、陳鴻壽、陳文述、蔣炯、李方湛、徐熊飛、汪家禧皆與焉，賦詩賀贈，故有其送行之諸詩。胡敬《送趙殿撰（文楷）李舍人（鼎元）冊封琉球詩並序》，已見上收入胡敬所著《崇雅堂詩鈔》卷二。

胡敬生平簡況見上。

錢福林（1762—1828），字東生，號金粟。浙江仁和人。清嘉慶五年（1800），阮元督學浙江時所編的《定香亭筆談》，由錢福林輯錄第三卷。另著有《詁經精舍崇祀許鄭兩先師記》等。

陳嵩慶，生卒年不詳，字復庵，號荔峰，浙江錢塘人。清嘉慶六年（1801）進士，入翰林侍學士，官吏部侍郎。後任廣東提學，為《欽定全唐文》總閱官之一。工書法，尤工小行書。

顧廷綸（1767—1834），初名鳳書，字鄭鄉。浙江會稽人。清嘉慶三年（1798）優貢，任天臺訓導，改武康訓導。先後在阮元、鐵保幕中，亦在俞樾門下苦讀。著有《玉笥山房要集》、《北征日記》、《天臺日記》等，編辑《少陵詩抄》。

陳鴻壽（1768—1822），字子恭，號曼生、曼龔、曼公、恭壽、翼盦、胥溪漁隱、種榆仙吏、種榆仙客、夾穀亭長、老曼等。浙江錢塘（今杭州）人。嘉慶六年（1801）拔貢，歷官溧陽知縣等。十一年（1805），投兩江總督鐵保府中籌辨海防，任江南海防同知等職。工書畫篆刻，造詣極高，是清代藝壇一代大師，為著名的『西泠八家』之一。著有《種榆仙館摹印》、《種榆仙館印譜》、《種榆仙館詩集》、《桑連理館集》。曾參阮元主編的《定香亭筆談》、《兩浙鹽法志》、《兩浙輶軒錄》、《小滄浪亭筆談》等書的刊行。《定香亭筆談》的首卷，即由陳鴻壽輯錄。

陳文述生平簡況見上。

蔣炯（生卒年不詳），字葆存，號蔣村。浙江仁和（今杭州）人。廩貢。初官慈溪訓導，歷保縣令，分楚北，任廣濟，卓著政聲。詩學中晚唐，文學三蘇，長於議論，浙東西名士多聞名而訪之。聚書萬餘卷，藏書樓名曰『蔣村草堂』。藏書印有『蔣村珍藏』、『錢唐蔣炯葆存氏印記』等。著有《蔣村草堂稿》等。

李方湛（生卒年不詳），字光甫，號白樓。浙江仁和（今杭州）人。清乾隆五十七年（1792），與何元錫、奚岡、吳文溥、高樹程、余鍔、湯禮祥、陳豫鐘、陳鴻壽、郭麐、查揆、沈益、梁蕉屏等人在杭州西湖葛林園中，結成『得樹軒吟社』。著有《紅杏詞》二卷，參與纂修《上虞縣誌》等。

徐熊飛（1762—1835），字子宣，一字渭揚，號雪廬。浙江武康人。清嘉慶九年（1804）舉人。嘗客平湖，貧無以自存，阮元聘為詁經精舍講席。後與楊芳燦、王豫、石鈞、吳楚等流連詩酒，名盛一時。晚養屙家居，以著述自娛，特賞翰林院典籍銜。著有《白鵠山房詩初集》、《白鵠山房詩選》、《掛笙吟》、《風鷗集》、《前溪風土詞》、《六花詞》、《駢體文鈔》、《前溪碑碣》、《武康伽藍記》、《上柏志》等。

汪家禧（1775—1816），字漢郊，自號東裏生。浙江仁和（今杭州）人。曾就學于阮元的詁經精舍，後廷為講席。博覽群書，尤長七略之學。治學務求暢通大義，正人心，經世致用。強調漢儒經學以適用為貴，應存其宗旨。唐宋名儒，各有精微，當一一參稽。著有《東裏生燼餘集》、《易消息解》、《崇祀三祠志》等。

茲據清嘉慶至道光年間儀征阮氏《文選樓叢書》本影印。

送趙殿撰文楷李舍人鼎元册封琉球詩并序

胡敬

謹按琉球國自歡斯啟宇，在南朝煩海帥之師，至察度輸忱，遂東土效波臣之職。今上馭極之五載，世子某恪循往例，脩表請封。上乃簡厥廷僚，寵之章服。時則翰林脩撰官某、內閣中書官某同膺是選，承命而行，甚盛典也。虎符龍節，雙乘貫月之槎；海若天吳，共衛銜書之使。劃銀潢而徑渡，望斗占程；奉玉册以遄征，分更記里。青山一髮，微茫認那霸之村；黃帕千官，導引作兜儺之語。香爇迎恩亭畔，霞蔚雲蒸；詔宣廣福門中，嵩呼嶽抃。龍泉瀉地，濃添化雨之波；鐵樹撐霄，高挹卿雲之露。雍雍乎恩澤沛，典禮昭，國體用彰，皇華無忝，可預為使臣頌焉。若乃禮成餘暇，俗省遐方，採馬耕女市之殊風，輶軒錄輯；紀待月迎潮之逸事，囑唄歌新。蕉扇擎來，蠻女乞清平之句；苔箋捧出，夷官誇松雪之書。從此月橋風闌，都供吟料；紅魚烏鳳，盡入行裝。于以浮誇訂陳謝之譌，沿革補徐汪之缺，抑亦大雅之所素裕也。方今皇威遠播，文教覃敷，宮栽棘以為垣，已非曩昔；廡儲經而壓架，漸啟文明。太乙然藜，侍子貢四門之學；上丁釋菜，素王尊萬世之師。蕞爾彈丸，喁然向化。將使臣之所以歌頌功德、奉宣教條，被以華風，革其餘習者，其在斯行乎。茲當雲路辭燕，星軺蒞浙。明湖餞別，大開賞夏之筵；吉甫贈行，願效清風之頌。一篇序綴，五字詩成。

柔遠敷皇澤．非賢任莫當．無慙四方使．特簡二臣良．捧詔辭金闕．浮槎達海疆．噓春同辨嶽．挹露灑扶桑．
鸞掖馳名舊．雞林流譽長．蓬萊風引便．天際望歸航．

送趙殿撰文楷李舍人鼎元冊封琉球詩　錢福林

皇帝膺大寶．五載正月春．和風扇青陽．嘒嘒六字醇．南極緬甸司．交趾路無垠．循東至朝鮮．乃在大海濱．
西逮巴克達．北竟踰索倫．列布稱外藩．力屈實心馴．是時典禮舉．柴犢嚴升禋．五岳兼四瀆．望祭諏吉辰．
粵惟中山王．先世早服賓．航海特遣使．使來皆紫巾．上表千餘言．悃忱得自申．曰臣尚穆裔．拜手稽首陳．
諸侯得更代．自古皆相因．茲値攝位期．未敢遽即眞．願得天子命．以緝其庶民．伏侯降指揮．封冊命王人．
皇帝省章奏．曰宜嗣藩位．亦用監成憲．策命專遣吏．皇帝洪德施．育物無弗遂．上下四表外．度內爲處置．
況彼屬甸男．如身分指臂．安忍隔膜視．不以封爵賜．丞相下尚書．御史亦博議．選舉務得人．以副懷遠意．
修撰登玉堂．校理實職之．對策擢第一．專對豈不宜．中書直鳳池．綸綍亦所司．傳命萬里外．如在白玉墀．
況乃承明廬．珥筆曾追隨．便可充此使．使出愼莫遲．二臣謹奉命．侃侃復諾諾．拜手辭闕庭．奉職共且恪．
輿服旣整頓．經營及囊橐．六卿諸大夫．祖道臨城郭．何用爲賜予．內府出金錢．青絲繫赤仄．百萬如雲煙．
何用爲被服．麒麟織璀璨．春風卷卿雲．初日晃繡段．何用爲符信．龍節五尺長．垂纓一寸寸．色與金頡頏．
綠罽作帷蓋．四角銀爲裝．馬頭絡青絲．走步自成行．從人四五十．各有金采章．旌旗及羽衞．鬱鬱增輝光．

二月發都城。三月經齊魯。四月入吳越。清風少炎暑。自此度閩嶠。有門名五虎。向東生雲濤。是爲大瀛浦。
樓船何高高。榔木爲桅柱。上作開楧形。其旁繫雞羽。一篷數十丈。力勝千鈞弩。用力使翕張。百人恐難舉。
天青風自起。船尾鳴金鼓。兵衛靜不譁。鳥去忘處所。海道不計步。量測以更名。按時驗滴漏。沙落聲丁丁。
一更六十里。兩更百二程。計程有三千。凡得五十更。海道不辨向。羅經以針指。亞班手持鏡。桅頂側目視。
針鋒何所在。寅卯兼辰巳。一針向稍偏。去而千萬里。海神曰天妃。誠至神必應。有時化小鳥。亦復爲蜻蛉。
人言遇颶日。風雨天晦冥。往往遠近際。一點神燈青。海中有巨魚。鱗金眼則赤。乘潮任遊戲。天漢去咫尺。
大洋無所見。一山亘空碧。只謂見全身。不知微露脊。珊瑚多鬚梗。初作滰乳白。鐵網試相取。見風吐丹液。
木難與瑟瑟。太古孕精魄。百寶諸珍奇。收羅賤如石。珠宮隱贔屭。黑霧吐蜥蜴。鼉遊陽冰開。鰲起坤軸坼。
跋浪大鯨尾。排雲大鵬翮。使星一臨之。波憯平如席。萬神盡呵護。百怪乃辟易。固知瑞應昭。匪僅忠信積。
五日釣魚臺。三日平佳瀴。黃尾與赤尾。島嶼相連環。既入那霸港。同望姑米山。欲問路所經。靄靄煙樹間。
船戶笑拍手。下碇莫轉柁。鬱鬱復葱葱。此是屋其惹。築臺以礪石。嵯岈巨如舸。其內卽王城。形勢此一鎖。
王城多居民。地實名首里。所治府十四。最近爲首米。三十有六姓。秀者稱長史。通議耳目官。自按司以下。
凡有百許員。爵秩皆金紫。今日天使臨。各各大懽喜。或竚海隄望。不得御鞍馬。前導王世子。再拜迎道左。
天使遂卽館。安置諸從者。米薪及芻禾。細至諸葅鮓。無不悉共備。勿敢少解惰。筮日吉禮行。纔乃宣詔旨。

惟爾抒悃忱．皇帝用嘉爾．命爾有此位．善自乂疆理．世子九跪拜．永永懋福祉．其日天宇清．炎氣猶滿堂．

桄榔椰子樹．濃蔭夾道旁．縹碧馥甘蕉．丹華灼榑桑．鐵樹數十株．各有十丈長．紅酒釀稻成．千日士中藏．

銀盃泛月霸．螺勺傾雲漿．如梭馬乂魚．瑩理勝截肪．蔗冰劃爲片．相映白如霜．毒蛇乾作腊．皮甲黑且僵．

四尺頗不足．二尺三尺強．刻扇團蕉形．研紙淸繭光．種種皆自異．羅列薦芬芳．張華博物書．紀載安得詳．

側聞琉球先．爰有天孫氏．赤足降大荒．桑弧御蓬矢．萬七千餘年．不知其統紀．譜系云如何．當詢左右史．

又聞琉球國．其地始有三．中山據其中．兵甲猛如虎．互相爲犄角．山北與山南．何時并爲一．沿革宜討探．

更聞琉球俗．行酒以俎豆．頗得三代意．輯睦無詐詬．其初文字寡．音讀以口授．漸知爲鉤挑．虛造成結搆．

協音及反切．懵懵忘其陋．大哉聖人世．中外咸在宥．命擇其生徒．入學稱俊秀．文治之所至．光天無不覆．

古來馭遠人．每以武備修．讋服卽攜貳．此義非懷柔．何況阻風濤．海外之九州．琉球所自始．人莫知其由．

忝惟大業中．簡牒書流求．曰王姓歡斯．名爲渴剌兜．所居小王村．鳥了稱豪酋．東當建安郡．一水可通舟．

始命羽騎尉．入海窮討搜．僅掠一人還．地險不得留．繼遣虎賁郎．精甲乘順流．一人籠鼉嶼．白刃起相讎．

徒然獻俘馘．安得馴荒陬．李唐趙宋世．險遠非所籌．元一招撫之．師老功難收．蕩蕩鴻熙代．四海自順則．

露頂與肘行．稽首莫不服．日所出入處．蒙奇盡兜勒．琛賮思委輸．聲教求拂拭．重譯一來至．皆付典屬國．

琉球如坵坳．冠帶願受職．豈伊願受職．皇帝是矜式．皇帝實至孝．和氣充四極．皇帝實至仁．恩愛及兆億．

皇帝實至儉。塵念耕與織。皇帝實至寬。刑罰心用惻。詰戎又神武。將帥常厲飭。徼域或藏姦。治之以餘力。
務令我小民。無疆受厥福。安居樂曼壽。磑磑復卽卽。庶類觀咸若。人情慶允殖。琉球固內臣。地遠聽或逖。
此行代王言。一一宜申析。非曰揚國威。要在宣上德。冬節北風起。晝鷁歸有期。應成採風錄。兼有紀行詩。
末學見未周。寫本願觀之。一千七百言。先用獻此辭。

送趙殿撰 文楷 李舍人 鼎元 册封琉球詩　　陳嵩慶

名藩航海舊朝宗。軒瑞球陽九譯重。萬里蛟宮迎寶册。三霄龍節降泥封。波恬怒颶皆從律。兵洗炎州久靖烽。丹詔十行神敬護。雲帆高挂濟從容。

中朝清貫簡綸扉。內殿傳宣到紫微。臚句名高蓉鏡第。珮環聲向鳳池歸。郵亭早識雙星使。仙骨新披一品衣。自有羽儀騰藻采。日邊遙見矞雲飛。

重洋孤嶼渡梅花。風颩靈旗繞莫鴉。拱北星臨牛野步。指南鍼定漏盤沙。洪潮八月掀雷鼓。神火三更走電車。一道牙檣銀漢迥。眞同博望泛仙槎。

高駕長虹下碧螭。紫巾黃帕列楓墀。金縢舊册山河券。玉檢新綸典誥詞。荒服重瞻顏咫尺。島民爭拜漢威儀。口宣天語馮夷靜。如日方中露再滋。

玉座巍峩上錦茵。黃麻還向閟宮開。梁陰天子馳綸錫。符璽王臣歸賵來。鐵樹千年擎烈蓋。雲璈萬疊音山壘。東溟世祚精靈合。聖孝重光遍九垓。

嵩呼鯷戶擁氈帷。問俗輶軒甘雨隨。沙市人歸那霸港。竹書聲譯祚都夷。三山樓閣虛無地。百戲魚龍曼衍時。待補懷方域外志。民謠亦入至尊披。

白傅才華重海濱。廣寒宮闕聽韶鈞。九天翰墨蜚聲早。五色文章照眼新。繭紙爭求擘窠字。竹枝傳唱趁墟人。壓裝詩擬珠千斛。如水清心勵外臣。

曈曨初日耀扶桑。載命行人鉅典光。客路二千餘記里。瀛壖三十六環疆。萬方玉帛來中土。四聖圖書鎮大荒。職貢巳賓隨使節。周廷王會軼虞唐。

送趙殿撰 文楷 李舍人 鼎元 册封琉球詩　顧廷綸

杳汝金閶彥。封藩滄海春。天心懷遠服。星使重詞臣。世土球陽闢。臨軒巽命申。歡斯三萬里。無忝大行人。

偉望推莊叔。清風繼太原。高文新典册。屬國舊屏藩。禮樂千秋擅。冠裳一品尊。明駝榮入選。天語九重溫。

蒼茫天萬里。形勢宛流虬。重譯通魚馬。分星共女牛。山明潭際月。風靜海中樓。隱隱梅花嶼。煙雲近十洲。

鵬翼駕連艫。樓船十丈高。日光聯海舶。雲氣護征旄。鐵力關樞健。金繩鎖紐牢。虎門風色順。安穩靖洪濤。

到此疑無地。梅洋路幾千。羅鍼風際定。沙漏月中圓。萬鳥回翔集。雙魚導引便。浮槎眞犯斗。譯語信張騫。

天際王城見。盤師下碇皆。舟停那霸港。人上馬伊街。鳳詔雙星奉。蜺旌一字排。迎恩亭畔水。浩蕩自天涯。

纔壽先開讌。停雲氣象和。花濃新紫帕。春盎小紅螺。聖德符軒后。臣心鑒尉佗。願將千日醴。持介太平歌。
七姓牌金貴。唐營教令嚴。士風餘菽帛。海市問魚鹽。蜑女蕉爲布。蠻童紙勝縑。輶軒勤採錄。聲教佇東漸。
虎崒龍岡峙。村墟近萬家。綠垂書帶草。紅湛佛桑花。拜月三宵靜。占風五兩斜。島夷三十六。國語譯姑麻。
西北錯金甲。東南望錦帆。紅雲扶玉節。丹鳳啓珠函。心跡冰壺似。聲華鏡海咸。天顏應有喜。歸第換朝衫。

陳鴻壽

送趙殿撰 文楷 李舍人 鼎元 册封琉球詩

誰從海國諳歡斯。詔命徠臣羽節馳。綸綍九天崇典禮。衣冠一品肅威儀。小坡風範神仙似。少室聲名島嶼知。四十年來重遣使。天恩中外總無私。
巨艦連雲鹿耳排。百靈效順掃煙霾。浮槎犯斗終疑誕。破浪乘風大可懷。金玉城開天有迹。卯辰鍼定地無涯。不教驚起蛟龍蟄。彩筆親題鳳字牌。
星野分躔屬女牛。蜿蜒形勢儼流虬。應潮乍聽天雞唱。薄曉還鞭石鉅游。沙漏滴殘空外月。烏風吹見海中樓。祇憑臺閣爲霖手。遍灑春膏到十洲。
卅六峯雄廿八王。揚帆東指近扶桑。鶴頭馬齒迎仙仗。虎崒龍岡拱玉章。宣詔臺高雲結篆。却金亭古墨流香。遙知率土歸誠處。不隔重溟萬里長。
呼吸通天說尾閭。八埏周覽意何如。花濃葉壁飛紅雁。月冷泉崎走綠魚。競渡詩翻新樂府。停雲客愛舊樓居。荒唐徐福難徵信。莫問嬴秦未火書。

一代仙才重列卿。使星如月照東瀛。乞書直下牌金拜。擁篲爭看集女迎。五姓語能通漢譯。七司官自掌唐榮。藩臣敬侍簪花宴。階下三呼萬歲聲。

輶軒錄自採風饒。筆壓天吳氣敢驕。花裏樓臺秋拜月。枕邊風雨夜聞潮。星碁屈曲栽烏竹。日扇玲瓏寫鳳蕉。最是輕裝塵不染。鮫人底事獻冰綃。

笠舞花飛餞別筵。洋程從此履平平。測將綫影從西指。採得螺紋定右旋。金鶴兩行隨納費。青蜓萬里護歸船。此行自比遊仙樂。題徧中華以外天。

送趙殿撰文楷李舍人鼎元冊封琉球詩　陳文述

中山奕葉戴神州。永祚瀛壖聖澤優。屬國咸欽大皇帝。世臣原是小諸侯。法司奉表來姑米。太史占星識女牛。鳳詔遙隨龍節達。萬年雨露沐懷柔。

鑪香滿袖出楓宸。卿月光涵大海春。聖代封藩仍舊典。天朝綏遠命儒臣。九霄翰墨翔鸞鳳。一品衣裳煥蟒麟。共識使星東指處。瀛波如鏡不揚塵。

漏滴玻璃靜有聲。重溟浩蕩一帆輕。梅洋東望三千里。葉壁西迴四十更。丙午錄參來往路。乙辛鍼辨夏冬程。湄祠新勅崇封號。定有雙魚拜浪迎。

山連南北路千盤。萬歲聲中七姓歡。吟味敬書唐歲月。筑登爭識漢衣冠。綠珠團扇扶仙仗。紫帕金簪肅從官。莊叔文章鄰侯度。儘教窮海慰瞻觀。

駝印高懸受詔時。望塵羅拜舞毬獅。已看漢節輝三省。更有唐榮掌七司。福祿木森天使館。胭脂花發女君祠。憑將畫日雙彤管。題徧扶桑十萬枝。

隱隱長虹臥海涯。東藩形勢劃鹽沙。天橫寶島兼平島。地繞垣花更謝花。容槳曉啼華嶼月。梯姑宵放米村霞。不煩重譯相通款。中外於今久一家。

球陽風景問如何。護壽千番寫尚多。拜月香銷秋有影。占風帆小海無波。蕉園雪霽眠鳥鳳。櫻島潮生上綠螺。三使輶軒遺轍在。竹枝重譜太平歌。

樓倚停雲覽八埏。禮成七宴早言旋。中朝恩大同滄海。天使心淸比瑞泉。金壓歸裝羞陸賈。槎浮秋漢笑張騫。柔祇效順雲帆穩。會牽陪臣到日邊。

送趙殿撰文楷李舍人鼎元冊封琉球詩　　蔣　炯

皇帝御極之五載。島夷蠻長皆來王。琉球僻處海東漈。天孫開國何渺茫。自從洪武降勅諭。始秉正朔趨冠裳。山南山北俄併一。兵甲銷熄蕃耕桑。我朝定鼎首入貢。厥金三品兼球琅。皇綸溫厚厤四錫。雅才奉使推徐葆光汪楫。吾皇懷遠存大體。旅獒越雉爭梯航。海隅蕞爾世忠順。請修舊典頒王章。皇帝曰咨余冊

爾。世守迺士毋怠荒。曰女詞臣典制誥。史才雅擅邦之良。女昔射策名第一。女以文教敷殊方。曰女舍人
西川彥。承明簪筆勤趨蹌。女其持節副正使。孚乃忠信經重洋。二臣拜手稽首言。臣對休命誠恐惶。丹詔
墨勅初捧出。道旁觀者生輝光。銀爪朱旗長丈二。麒麟繡服圍中央。鳴笳吹角下閩越。驛亭雨過榕陰涼，
鳥船十道列兵衞。團花甲護金禰襠。轉沙驗更鍼指路。大魚排仗前騰驤。從此三日泊那霸。虹梁遠駕停
高檣。臣民跪迎競搓手。身餘螺貝垂明璫。蠙珠懸項花繡臂。海風吹服紅蕉香。嗣王受封俯殿左。金纓皮
弁盤龍裝。氍毹藉地錦覆屋。天樂三奏音鏗鏘。須臾禮畢頌聲作。七宴酒泛琉璃觴。紅綾裹襪結束整。鑾
童十歲能登場。宮中瑞泉日供客。碧筒絳帕來雲房。厤來相踵盛如此。此去應更增輝煌。昔隋氏勤遠
略。樓船橫海貲軍糧。豈知負固仍未服。空收布甲充庫藏。瀛壖向化在威德。中華寧恃金革強。皇朝大惠
溥無外。尤賴使者頻宣揚。況聞彼土風氣古。每逢封冊年豐穰。以馬耕田代牛力。黃雀撲簌飛倉箱。種薯
作蘖米嚼酒。家家服疇歌樂康。祝我聖德長無疆。嗚呼祝我聖德長無疆。歸輯國志陳明堂。

送迎殿撰文楷李舍人鼎元冊封琉球詩

李方湛

金函玉冊下楓宸。聖主臨軒禮命申。海外藩封典屬國。日邊槎泛大行人。天垂落漈看南斗。地併中山拱
北辰。揚扢我皇柔遠意。直教中外一家春。
第一人披一品衣。珊瑚仙骨重金闈。使能絕域符廷議。歌勞遄征餞帝畿。十道鳥船橫海過。雙懸虹旆挾

雲飛。佛桑花發朱輪到。絕似瀛洲對紫薇。

蘭交開府浙西東。祖道胥江賦別工。啼鴂滿山春樹綠。明霞收雨海波紅。離情渺渺通吳會。鄉夢迢迢憶蜀中。祭龍嵋洲驪傳去。潮聲到耳學呼嵩。

梅花洋水接東溟。天入扶桑一髮青。蛟蜃感恩趨絳節。梯航遣侍集彤庭。潮雞報曉知同朔。鼉鼓傳更亦効靈。占象也應誇列服。四朝五見使臣星。

珠盤玉敦仰光儀。瀛海風清羽扇麾。酒熟密林開七宴。月明久米閱三時。裝無陸賈昭廉讓。清比胡威答聖慈。歸國定翻新樂府。白狼槃木遜歌辭。

送趙殿撰文楷李舍人鼎元册封琉球詩　　徐熊飛

鳳池才子共揚舲。手奉宸章溯杳冥。島月晴飛經海白。浦雲春暖壓篷青。天家恩信通荒服。使者威儀應列星。不負聖皇柔遠意。煙波回首夢朝廷。

龍節飄飖錫命初。樓船簫鼓動清虛。中山貢賦歸王會。南海風雲護簡書。島帥爭迎時雨後。鷁帆飛渡夕陽餘。詞臣特選傳天語。諫院鑾坡總不如。

滄波千里接蠻煙。到及炎風五月天。山氣成雲魚負郭。榕陰過雨馬耕田。迎賓遞進黃封酒。犒饗頻頒御府錢。畫像題名留故事。高宗皇帝太平年。

歸舟不載異方珍。春去秋來物候新。已見天朝崇典禮。直令海徼識君親。采風徧訪三山事。報國寧辭萬
里身。將相同科眞不媿。他年青史紀名臣。

汪家禧

送趙殿撰文楷 李舍人鼎元 册封琉球詩并序

我國家承天駿命。奄有區宇。湛恩深仁。洋溢方內。而薄海以外。奉正朔效職貢者。亦含和漱淳罔有闕遺。
今上御極之五年。琉球世子以嗣位請。上特簡廷臣命奉册使就位。于時翰林院修撰某、內閣中書某承
命以行。其行也。朝之士大夫咸榮之。謂琉球負海立國。西望閩界。至者必經滄水過黑水。濤瀾壯闊。盪胷
決眥。極宇宙之奇觀。且聞其俗渾噩。席地危坐。盤盂俎豆。猶存古風。攬聞見紀土俗。惟使臣是望。浙士
謹獻言曰。人亦知國家柔遠之意有加無已哉。琉球僻在海東。去中土不可以道里計。歲時賚予。既恩意
稠疊。而于彼國君新立。又必命文臣往安定其疆宇。鎮撫其民人。琉球世膺天眷。宜何如黽勉冀報稱于
萬一哉。宜聖意俾遠人知感。在使臣敬承其事。予經浙序以送之。且綴以詩。其詩曰。
帝奠九壤。無間內外。彼南溟國。職貢來會。嗣君展功。踰疆請封。帝咨羣臣。才疇可庸。鶴立鸞停。拜命楓宸。
揚旌浮江。唱騶達閩。遙遙中山。孤懸海間。島嶼詭異。如虬形環。龍節至矣。夷人萃矣。奔走恐後。罔敢貳矣。
帝恩同天。無黨無偏。中山雖遙。賜以安全。綏之立之。又輔翼之。懷之柔之。實庇庥之。夷人稽首。祝帝萬壽。
永溥洪恩。安我僻陋。維帝明聖。超虞軼唐。敬瞻使臣。亦萬夫之望。擬吉甫頌。愧非清風。翹首歸航。扶桑之

東。

周五戈歌　陶定山

武之文以止戈爲。假武亦以戈自隨。考工記補周官禮。胡三援四垂其規。五霸七雄十二國。摩刃厲鈍如兒嬉。咸陽鋒鐻銷不盡。錞于獵碣同留貽。積古齋中積者五。摩挲拂拭生光儀。傳之子孫世寶守。珍重何啻鐘鼎彝。其一告戈字同艁。衞公孫呂爲銘之。彌牟免徐竝公族。呂獨未著春秋時。史之闕文簡佚脫。得此可裨三傳遺。一曰子永所作用。姓氏剝蝕無從知。又一銘勒高陽左。款在內面殊可疑。高陽爲古諸侯國。其云左者別有辭。吾聞君前執戈二。所以設服稱衞離。內面乃是戈體背。右則刻背左面宜。其餘二戈無文字。緶理鈎屈紛華滋。硼若新發芒不頓。形製三代非今茲。此戈可藏不可試。神物應見知有期。威弧蕭斧助震疊。師武臣力桓熊羆。投壺雅歌鎮幕府。海上談笑驅蛟螭。撥鬉灌熸掃欃彗。破缺倒載包虎皮。醉磨盾鼻草露布。戈乎戈乎願得横汝躍馬賡周詩。

詠周五戈　朱爲弼

傳記授師子。書言兌之戈。金四錫居一。考工逃非譌。雞鳴與擁頸。名異陳縷觀。周衰競轉戰。落日翔鶤鵬。由于背能受。闔廬指或劚。肱斷肩亦解。利兵敢誰何。入土暈殷血。碧蔓牽青莎。土花紅鮇韝。寸金堅不磨。昔有李伯時。得戈頻摩挲。曰王用父作。厥銘識蚪蚪。又有長平鐵。老物嗟銅駝。遂令誠意伯。愴懷牧與頗。

（清）舒位《李墨莊兵曹招飲寓邸出示使琉球記讀之遲日奉題將以録別》（《瓶水齋詩集》卷十四）

舒位（1765—1816），字立人，一字犀禪，號鐵雲。直隸大興（今北京）人，清乾隆五十三年（1788）舉人，後屢試不第，貧困潦倒，游食四方，以館幕為生。博學多才，善書畫，工詩文。著有《瓶水齋詩集》、《瓶水齋詩別集》、《瓶水齋詩話》、《乾嘉詩壇點將錄》等。

《瓶水齋詩集》十七卷，清光緒十二年（1886）刻本。其卷十四有《李墨莊兵曹招飲寓邸出示使琉球記讀之遲日奉題將以録別》詩一首，為李鼎元《使琉球記》而題。

茲據清光緒十二年（1886）刻本影印。

改曰生則知名爲君所命舍此二者例可通顧名思義將毋同東方虬對西門豹苟鳴鶴見陸士龍丁度以姓別盛度蔡雍以名付顧雍程立加日上闞澤在月中前爲狐篤後馬忠誰歟驚坐陳孟公願如王鎮惡小兒聞之皆膽落莫若王安石與人爭墩不終日君不見斛律敦以金作屋封侯門何爲春城寒食東風峭別有韓翃知制誥

李墨莊兵曹招飲寓邸出示使琉球記讀之遲日奉題將以錄別

龍節曾經萬里回螺舟奇夢浪花堆雲養淡螺深乃先生十七年前夢中所得句也至是奉使有純廟時欽頒右旋定風白螺隨封舟往兩丸日月天邊見一品文章海外來館閣自通仙籍近樓船早爲本兵開先生時以翰林改官中書充冊封副使歸艎至溫州北杞山擊退賊艇鯊賊二十餘人當事者抑未聞也卻因餘事能傳信已是

輶軒絕代才又著球雅二卷
低回天際舊龍門重許相逢酒一樽仕宦不妨居戶限江湖
難記刻舟痕著書歲月窮愁好修禊賞花感慨存一曲山香
砑光帽別離如此易銷魂

河東都轉劉崧嵐先生嘗與先君子同官粵西比來京
師辱見訪問記謁別桂林荏苒卅載乃呈兩篇

三十流年一鏡磨南天北地別離多乍逢下第歸裝急忽唱
高軒樂府過舊事從頭紛易感新詩入手健能歌東山絲竹
西山笏忍爲蒼生惜鬢皤

宦情吟興兩無妨卻把并州作故鄉時從河東罷官眷屬尚留有并門十詠近詩
抗疏功名殊不薄著書歲月況逾長懷鉛敢與文章事撰杖
曾居弟子行難得相逢皆逆旅春風滿店柳花香

（清）汪學金《送李墨莊舍人奉使中山即和紀恩韻二首》（《靜厓詩稿》續稿卷一）

汪學金（1748—1804），字敬箴，號杏江，晚號靜厓。江蘇鎮洋（今太倉）人。清乾隆四十六年（1781）進士，授翰林院編修。五十一年（1786），充江西鄉試副考官，尋以艱歸。嘉慶四年（1799），召修《純廟實錄》，擢中允。五年（1800），升侍讀，充文淵閣校理、日講起居注官。官至詹事府左春坊左庶子，以病乞歸。著有《井福堂文稿》、《靜厓詩稿》，又輯《婁東詩派》等。

《靜厓詩稿》三十卷，包括初稿十二卷、後稿十二卷、續稿六卷，清乾隆嘉慶年間鎮洋汪氏井福堂刻本。其續稿卷一有詩《送李墨莊舍人奉使中山即和紀恩韻二首》，為送李鼎元使琉球而作。

茲據清乾隆嘉慶間鎮洋汪氏井福堂刻本影印。

龍飛龍首捧龍章坐擁龍驤萬里航星斗遥臨天北極

蓬瀛宛在水中央受封國主迎芝盖告祭川靈格寶香

特命致祭天后之神還闕早承宣室對從知 威德播遐荒

送李墨莊舍人奉使中山即和紀 恩韻二首

槎客乗風汗漫遊飄然何異狎沙鷗息鵬六月心嘲鷃

乳虎三朝氣食牛生時有夢虎之異島嶼縈洄臨絶域乾坤軒

豁入虛舟看君火色鳶肩貴五十功名似馬周

綸閣文章白舍人手持龍節問波臣詩成海市奇無敵

筆灑天吳捷有神歸槖千金嗤使職 賜衣一品記仙

因南溟咫尺通霄漢引領占星指北辰

晚晴見新月戲簡雅堂

楊柳梢頭卷碧雲幽窗無語對爐熏知君今夜還家夢
恰看揚州月二分

青蛾白髮暗相驚豈有枯禪滅更生四十年前初月賦
料應不滅舊風情雅堂有初月賦傳誦江左其少作也

新晴即事

屋角新晴雀舌譁陌頭已閙冶游車及春烟景思酬句
垂老風情待看花作客又逢寒食近懷人頻送夕陽賒

（清）汪志伊《送李墨莊舍人奉使冊封琉球國王兼簡正使趙介山修撰》（《稼門集》詩鈔卷六）

汪志伊（1743—1818），字稼門。安徽桐城人。清乾隆三十六年（1771）舉人，充四庫館校對，授山西靈石知縣。後調榆次，遷霍州直隸州知州。五十八年（1793），遷甘肅布政使，調浙江。嘉慶二年（1797），任福建布政使。六年（1801），病辭。八年（1803），起署副都御史、刑部侍郎，授江蘇巡撫。十一年（1806），擢工部尚書。未幾，授湖廣總督。十六年（1811），擢閩浙總督。二十二年（1817），因誤判廉吏李賡芸，致庚芸自縊死，被彈劾而革職。著有《稼門集》《地學簡明》等。

《稼門集》十七卷，清嘉慶二十年（1815）刻本。其詩鈔卷六有《送李墨莊舍人奉使冊封琉球國王兼簡正使趙介山修撰》詩一首，為送李鼎元使琉球而作。

按：李鼎元的《師竹齋集》卷十二中有《和汪稼門中丞志伊見贈二首》，即為汪志伊見贈二人之和詩。李鼎元和詩有二首，其第一首用韻與汪志伊題贈詩一致。由此推知，汪志伊題贈李鼎元之詩文也應有二首，在其詩文集中僅收錄其中一首。

茲據清嘉慶二十年（1815）刻本影印。

送李墨莊舍人奉　使冊封琉球國王兼簡正使趙介山
修撰

中山貽請
冊封賢早有飛章達
御前嘉慶四年二月琉球國王世孫尚溫遣陪臣齎表請　封到閩志伊於三月十二日具題錫節敬持拋
白紵再遊介山修撰冕華能賦得壽蓮新知沙線三千里舊夢雲螺十
七年乾隆甲辰歲公曾奏遊蒲得雲養濤螺深之句丁未歲福公兩渡臺征剿林爽文奉　頒班師所進右旋白螺吹則
風帆順利因奉　命齎閩今奏安使者以賚靈護蟒蛸珊瑚草一品球人應訝是天仙
庚申十月初九日入

（清）吴鼒《嘉慶四年琉球國嗣子請封明年李墨莊中翰副趙介山殿撰奉使其地鼒為文張之中翰歸報以琉球紙二種瓦杯一具翼日以杯飲之且侑以詩》、《送費西墉同年奉使册封琉球序》（《吴學士詩文集》詩集卷二、卷三）

吴鼒（1755—1821），字及之，一字山尊，號抑庵，又號南禺山樵，晚號達園。安徽全椒（今滁縣）人。清嘉慶四年（1799）進士，選為庶起士。二十一年（1686），出任廣西鄉試主考，受到嘉慶帝的器重，委派他編修《八旗詩》，纂修《高宗實錄》等。官至侍講學士。著有《夕葵書屋集》、《吴學士詩文集》、《清畫家詩史》、《墨林今話》、《畊硯田齋筆記》等。

《吴學士詩文集》九卷，包括文集四卷、詩集五卷，清光緒八年（1882）江寧藩署刻本。其詩集卷二有《嘉慶四年琉球國嗣子請封明年李墨莊中翰副趙介山殿撰奉使其地鼒為文張之中翰歸報以琉球紙二種瓦杯一具翼日以杯飲之且侑以詩》詩一首，卷三有《送費西墉同年奉使册封琉球疏》一首，分別為趙文楷、李鼎元使琉球，清嘉慶十三年（1808）册封琉球副使費錫章（字焕槎、西庸）使琉球而作。

兹據清光緒八年（1882）江寧藩署刻本影印。

曬但見泥中來日日日日再食與民同衣垢履穿指揮疾一朝
知是宰官身萬口靑天萬聲佛大吏入告天恩隆散財給粟民
氣豐使君手延數萬喙奪諸蛟龍之口爲安鴻我睹此圖心爲
酸作詩請告防河官疏溢決壅法不講狂瀾驟至何能闌又告
親民吏毋以殘喘恃恩意古賢救荒尚便宜民命難延官易棄
君不見此圖之幅才五尺中有四五萬人啣恩泣
嘉慶四年琉球國嗣子請封明年李墨莊中翰副趙介山
殿撰奉使其地齎爲文張之中翰歸報以琉球紙二種
瓦杯一具翼日以杯飲之且侑以詩
天書東下封琉球詞臣暫作滄溟遊蓬萊山下昔停泊虛無金
闕重軒眸扶桑浴影報晴霽霧然大霧迷水鄅海神狡獪試詩

膽天吴打鼓馮夷謳日高霧淨見羣蟻小憝聚哨排戈矛先生
忠信一夷險波濤盜賊誰能仇去來迅速古未有歸裝如葉隨
雲浮紀遊奇句已萬紙抄書爲我銀箋留黃詧一具繪金碧珍
物愧爲蕪詞酬八街潦減天方秋水潆嬌艷疏篁修欹脚筵設
巨杯出酒邊龍氣仍蟠蟉古窯汝定吾自有此器曾鄭東瀛流
賦海之手吸江口可使酒甕閒床頭鼕鼕曙鼓鳴城樓我歌未
已君肯休想君釃酒重洋舟横覗八表如一漚習坎不窨賀此
甌君能再浮三白不

與劒潭同事闈中限於例不得見月下露坐對牆外諸山

樂聲方作用坡翁倦試官詩韻寄懷坡詩中有劒潭字

郎以戲之

送費西墉同年奉使册封琉球序

古今之學有數端曰性命之學曰經濟之學曰經學曰詞學最下爲科舉之學爲年廿二以嚴命求友於四方多識異人通彥爲此數端而卓然有所成就者各有其人其談性命而淪於老佛治經而局於章句者著書雖多無取焉若夫通古今成敗之由悉生民利病之實必先明於性命之源不決防不膠柱原本經義以匡俗濟物爲已任則此數端理無歧出亦立乎其大者而已吾友西墉給諫用獻賦起家早能爲揚馬之文韓杜之詩而恥以詞人名常謂儒生以致用爲實學病顧圖人天下利病全書徵引博而未覩其備抄撮詳而未據其要乃復取十四經本文與二十三家史郡縣志暨漢以後一家之言詳考博證擇

其格物精論事確者編錄成書又審古今之異宜中邊之異俗
緩急之異勢參錯權衡證以跋涉所歷見聞所周務求不漏不
竄以利實用蓋立體大而用心苦矣
天子夙知其才適嘉慶丁卯琉球國嗣子請封大臣各舉所知
以備使臣之選都察院官列銜例在後奏上時君名居十一
上特簡用朝野咸服
聖人知人往者楚蜀小憝未靖君出參戎幕軍書旁午決勝奇
中幕府將請於朝以君補四川道員君力辭蓋君汲汲於澤物
而不亟於求進是眞能立乎其大而不蔽於曲學者矣方今皇
風無外重洋賓服非如漢唐使臣出疆必示威重厲氣節而後
能達命以君殫心時務所過齊魯吳楚閩越登其山川知其利

弊河海之要領可以燭照數計明年歸必有嘉謨之獻以慰
天子求莫之虛衷又不徒筆之於書而已此所可爲君慶兼爲
蒼生慶者也戊辰二月朏爲與同歲生祖帳張宣武門外酒行
樂止爲斯文以謚其行

（清）楊芳燦《李墨莊使琉球記序》（《芙蓉山館全集》文鈔卷三）

楊芳燦（1753—1815），字才叔，號蓉裳。江蘇常州人。清乾隆四十二年（1777），由拔貢應廷試，得補甘肅伏羌縣知縣，以功擢知靈州。後入貲為戶部員外郎，與修《會典》。旋丁母憂以歸。嘗主講衢杭、關中、錦江三書院，又入蜀修《四川通志》。著有《芙蓉山館全集》、《翼宷齋稿》、《芙蓉山館自訂年譜》、《桐華吟館詩稿六卷詞稿二卷》等。

《芙蓉山館全集》二十卷，清光緒十七年（1891）刊本。其文鈔卷三有《李墨莊使琉球記序》一篇，為李鼎元《使琉球記》而作。

茲據清光緒十七年（1891）刊本影印。

爲異物惠施既逝莊周歎其質亡輔嗣云逝士衡難於索解今昔之感祭欲奚極道人殫精皺表密契元攡天人啟碁情理兼遺黄芽白雪之妙劑璧檢金繩之寶書坎離何以其濟姤復何以相遭二五妙凝陰陽協變知必有以異夫人之爲之者善易者何必不言易也讀竟爲書數語於簡端道人見之亦知余有慨乎其言哉

李墨莊使琉球記序

使琉球記者　賜一品服中書舍人副使李墨莊先生所輯也洪維
聖神御寓遐邇來王熙皡之化既成醕醲之德斯布嬰環瀛琫

執壤奠者四方鯤鱷彗濤慶晏靜者八極標若華於東道置戴
勝於西門委炎火於南垂棲燭陰於北陸提封無外振古未聞
琉球者雖常之附枝麟洲之小水歲貢方物世為藩臣嘉慶四
年歲在己未國王尚穆世孫尚溫表請襲封
聖主懷柔遠藩　錫以恩命　臨軒召對特簡儒臣於是趙介
山先生充正使先生副焉　賜麟蟒服奉　典冊以行禮也先
生學該衆流識洞九變乘風破浪遂其壯懷浮槎貫月符其吉
夢茲迺握英簜之節被織成之衣鷁首乘雲蜺旌耀日精誠自
矢甯同虛誓欲祈忠信可憑何慮持衰不謹　天威所被靈貺
聿昭祥飆送颿神魚扶舳魦濘鯑渚濤瀾鏡澄伏鱗昇紛采色

錦絢無蛟鼉之患颶颶之災凡六晝夜經達所居前驅負弩夾道焚香國王稱妮以迎陪臣黎收而拜先生迺宣揚　恩意祗厲清操俾海邦懷德知中國之有　聖人荒服覲型識大朝之多君子銜　命而出成禮而還往來利涉重險如夷前此所未有也爰自始事及遵歸途循天曲日術之法比年經月緯之例凡所目擊咸登掌錄每當星館宵靜風簾晝清黄車使者博採方聞組帶儒生能獻舊典詢軼事於晁監寫遺經於奝然偶搜奧義如獲珠船廣集散材待搆雲屋遂迺表士女之風節載官司之典章志山水之麗崎記物產之瓌怪油素四尺鉛槧千言文不矜奇事皆紀實昔蠶叢鑿空未聞論撰之工酈桑著錄徒

囿方隅之見若夫出宙合之外覽瀴溟之勝以今方古殆過之矣是記也王會有篇職貢有志彰　國家之盛美歸義有表樂德有歌嘉遠人之賓服輶軒有采皇華有述勤使臣之職業三善咸備九能共推公之藝林永以傳信不揣檮昧敬爲序引自知淺見甘貽測海之嗤徒盤徧詞終媿懸河之目

午風堂叢談序

午風堂叢談者今農部侍郎鄒曉屏先生之所輯也先生行爲士則學本儒宗著述思專風雲才大早預石渠之選徧覽延閣之藏吉茂力學恥一物之不知董遇耽書得三餘而自足既而翺翔九列揖讓三雍癖嗜緗緹不殊獎素休沐而未嘗釋卷退

（清）伊秉綬《李墨莊舍人出示冊使琉球歸槎圖卷率題其後》（《留春草堂詩鈔》卷四）

伊秉綬（1754—1815），字組似，一作祖似，號墨卿，晚號默庵。福建汀州（今長汀）人。清乾隆五十四年（1789）進士，授刑部額外主事，補浙江司員外郎。五十七年（1792），晉升為刑部主事。嘉慶三年（1798），升刑部員外郎，奉命出任湖南鄉試副主考官。四年（1799），升任刑部郎中。未幾，又出任廣東惠州知府。十二年（1807），調任河庫道，又調兩淮鹽運史。後丁憂多年。二十年（1815）夏，經友人一再敦促，才離開了寧化，啟程入京，途經揚州，一病不起。

伊秉綬以廉吏善政著稱。擅詩文，喜治印，工書畫，精篆隸。書法作品，強勁飄逸，超絕古格，另闢蹊徑，獨步一時，氣勢酣恣，放光異彩。著有《南窗叢記》、《賜研齋集》、《留春草堂詩抄》等。《留春草堂詩抄》七卷，清嘉慶十九年（1814）刻本。其卷四有《李墨莊舍人出示冊使琉球歸槎圖卷率題其後》一文，為李鼎元使琉球事而作。

茲據清嘉慶十九年（1814）刻本影印。

留春草堂詩鈔卷四

寧化　伊秉綬　組似

大興相國師澄懷園直廬有灰色鶴自至馴若素養

紀詩二首

鶴壽不知紀翩飛到上林鏡中閒照影天外遠流音何處
無奇樹於茲託異岑色灰塵詎染最愜老人心

道妙少人會秋空若見招暫來陪杖履終待控雲霄異服
浴黔半仙胎神理超此閒鄰上界延頸聽咸韶

李墨莊舍人出示册使琉球歸槎圖卷卒題其後

聖皇嗣服覃化醲深仁漸被東海東休論荷蘭嘆咭唎扶

餘日本兼朱蒙維東南洋中山國琉球大小歌駿龐我昔
鼓山眺絶島黑子兩點浮青銅海濤翻天天風急欲踏銀
漢凌秋空周禮崇祀保小寡吏報鰜至輸誠忠其王卽世
世子夭世孫籲請
天朝封
大皇帝杏禮臣奏愼簡使者憑
天東李侯星精峩眉秀誦詩三百千夫雄鳳皇初鳴阿閣
曙麒麟服出
乾清宮龍旂虎節頒册命元纁秬鬯珪璋琮司空飭工駕
樓櫓司馬檄衛煩軍戎澹螺養水暮天碧老蛟驅浪晨霞

紅兔朝牌掛百靈助十六年夢奇遭逢（墨莊昔夢浮海巨舫金牌大書兔朝二字今果驗）使者從天降那霸（琉球地名）天橋綵壓城頭虹藩王負弩俯道左舉國角稽蠻樂從禮成辭饗却投贈宣示德意三呼嵩漢家羈縻今洽髓御書再建樓穹窿表文金葉詩楮葉欲諏譯館詩文同槎回梅花洋水靜一一指點來時蹤北堂喜進陸賈酒西域嗤紀張騫功歡斯氏裔最恭順定鼎初元來旅賓汪（楫）林（麟焻）徐（葆光）周（煌）遞奉使坊傳守禮胥華風君偕充國（謂正使趙介山修撰）更利涉紀載國俗傳無窮

盛朝柔遠遠人至交趾又遣陪臣通

題查小山鷙鷙吟社卷後

七年再到長安道惟有荷花顔不老元都觀裏花亦開看花歧路空徘徊故人館我綳雲館憐我風濤來偃蹇剪紙爲招杜老魂撫琴重聽廣陵散亦知微物皇天慈高堂垂白心南馳此身不化爲猿鶴鷓行容綴猶然疑故人心似雨餘月沁人肌骨鑒毛髮却憶曼卿蜀道難石琢堂明誠金石隨狂瀾趙味辛覆舟於淮祭酒酒户非昔寬吳穀人丈歆我邗上春將殘今人題詩後人看以今視昔已改觀喜君瀟灑顔渥丹賢豪聚處亦已艱不經憂患寧知歡竟須苦留張檢討

（清）曾燠《李墨莊舍人使琉球歸見惠倭刀用少陵趙公大食刀歌韻賦謝》（《賞雨茅屋詩集》卷四）

曾燠（1759—1831），字庶蕃，一字賓穀，晚號西溪漁隱。江西南城人。清乾隆四十六年（1781）進士，改庶起士。四十九年（1784），任戶部主事。五十三年（1788），補湖廣司，入值軍機處，升貴州司員外郎，都察院副都御史。五十七年（1792），命為欽差大臣，出使江南一帶。後升兩淮鹽運使。嘉慶十二年（1807），升湖南按察使。十三年（1808），調湖北。十五年（1810），遷升廣東布政使。二十年（1815），再升貴州巡撫。道光二年（1822），以巡撫銜巡視兩淮鹽政。六年（1826），召回北京，以五品京堂候補。著有《賞雨茅屋詩集》、《駢體文》、《義學軒》、《西溪漁隱》等。

《賞雨茅屋詩集》二十二卷，行世有清嘉慶二十四年（1819）刻增修本、清道光三年（1823）刻本。其卷四有《李墨莊舍人使琉球歸見惠倭刀用少陵趙公大食刀歌韻賦謝》一篇，為李鼎元使琉球事而作。

茲據清嘉慶二十四（1819）刻重編本影印。

黛螺輕點玉肌明倚來修竹寒無那寫入新波澹不成
愁絕看花東閣客青青兩鬢已霜盈

李墨莊舍人使琉球歸見惠倭刀用少陵趙公大
食刀歌韵賦謝

三十六姓語啁嘈敬爲
天使陳籥牢五晝夜達滄溟艘
天威震曡蛟蜃逃佩物取稱麒麟袍敢獻下國之寶刀
試以口吹斷豪毛舍人云國王燕饗凡七次燕必獻刀一柄又舍人由廈門達其都祇五日半國人無不驚異迴船中流孤島高忽聞三老相驚號狐貍嘯
聚兼鼯猱挺身不畏斧鉞驚舍人揮刀風湧濤紛紛颳

領顛陂濠舍人歸途遇海盜數十艘揚兵圖劫乃率徒從擊收之歸來語予爲解縧知予有志斬巨鼇拔鞘寒光驚盜勢御慚腕弱非英豪我聞海中羣盜起安南背恩爲禍始頻年奪貨傷客子中山事大頗知理況又匣中有秋水鷹鸇逐雀烏容已儻泛樓船整戎紀憑藉聲靈易易耳防海諸軍頻送喜招賊投誠便相恃鉛刀之割安可倚舍人何日執鞭弭橫海伏波當竊比霜鋒取人萬人裏爲我太空決氛滓

和蓮裳春雪

扇暍恐傷冷食飢恐傷哽孱軀得痼疾投藥豈宜猛厷

（清）張問陶《送李墨莊（鼎元）前輩出使琉球》、《題李墨莊前輩歸槎圖》（《船山詩草》卷十五、卷十六）

張問陶（1764—1814），字仲治，一字柳門，號船山、蜀山老猿，亦稱『老船』。辭官後，又自稱『藥庵退守』。四川遂寧人。清乾隆五十五年（1790）進士，改翰林院庶起士。五十八年（1793），授翰林院檢討。嘉慶五年（1800），充順天鄉試同考官。十年（1805），任江南道監察禦史。十四年（1809），改吏部郎中、問陶充會試同考官。十五年（1810），出為山東萊州府知府。十七年（1812），以病辭官，寓居虎丘。

張問陶詩才橫溢，與袁枚、趙翼合稱清代『性靈派三大家』，被譽為清代蜀中詩人之冠。所著《船山詩草》二十四卷，行世有清嘉慶乙亥年（1815）刊本、同治十三年（1874）味經堂刻本。其卷十五有《送李墨莊（鼎元）前輩出使琉球》一詩首，卷十六有《題李墨莊前輩歸槎圖》詩一首，為送李鼎元使琉球而作。

茲據清嘉慶乙亥年（1815）刊本影印。

送李墨莊鼎元前輩出使琉球

使節中山遠威儀海外看星光開浩渺風力助平安波靜揚帆易天空下筆難衙將君命重莫作壯游觀

仙境三山雨恩榮一品衣尋常輕地險咫尺奉天威紫鳳迎舟拜黃雲擁詔飛歸來話滄海把酒更依依

小林屋圖爲韓丈旭亭題名是升

家乘丹青補披圖感廢興煙雲今古變堂構子孫能詩境山孤立書香屋幾層莫須悲舊劫雛鳳又飛騰

禘看到流亡我　未貧頑鈍自甘成木石悲涼何苦說
根塵全家冷落　還鄉夢同是刀兵刼外身
小雨微清昨夜　壓眼前幕樹秀于人孤行倘有閒中
界萬事難修局外身社燕飛鳴原是客唐花開謝不
關春新詩容易酬佳日點筆何愁一字貧

題李墨莊前輩歸槎圖

東海回槎氣象殊三山揮手隔虛無未能爲將能爲
使也是人間好丈夫
碧浪紅雲幾萬重奇詩他日問蛟龍一泓海水杯中
瀉我亦能消芥蒂胸

（清）趙希璜《送李墨莊（鼎元）中翰充副使册封琉球用周海珊尚書紀恩原韻四首》（《四百三十二峰草堂詩鈔》卷二十一）

趙希璜（1746—1806），字子璞，一字渭川。長寧（今廣東新豐）人。清乾隆四十四年（1779）舉人，任延川知縣，後調河南濟源，開遷安陽知縣。為官期間，治政勸農，清正廉潔。好交海内名士，工詩文，好金石，善山水，被稱為嶺南四大才子之一。著有《安陽縣誌》、《四百三十二峰草堂詩鈔》、《研筏齊文集》、《五經文字通正》、《安陽縣金石錄》、《淇泉摹古錄》等。

《四百三十二峰草堂詩抄》二十六卷，清乾隆五十八年（1793）安陽縣署刻增修本。其卷二十一有《送李墨莊（鼎元）中翰充副使册封琉球用周海珊尚書紀恩原韻四首》詩一首，為送李鼎元使琉球而作。

茲據清乾隆五十八年（1793）安陽縣署刻增修本影印。

佩印綬贈烏恨昔多臧否或行或藏區用舍陳蕃郭泰交
終始遂使公卿擁篲迎更相標榜從風靡大耆意卒耗廷
光千六百年儀慎水祟祠報賽仰碩人積議何曾譏處士

送李墨莊鼎元中翰充副使冊封琉球用周海珊向耆紀恩原韻四首

大鵬左翼蔽東荒倏疾爭馳日月光山海經東荒之中有山名日壑明俊疾日月所出石室投壺招玉女神異經東荒山中有大石室東海王公居之恒與玉女共投壺珊持節煥金章海珊向耆於乾隆丙子充副使冊封琉球雙龜名山隔斷花瓶嶼
三島氤氳龍腦香遥盼蜀人前後至葵心西向
聖恩長
瓦龍比飾共雕題視祝叢祠鎖碧團琉球五嶽蓋是國人摹中華而倣名之祝

祝天孫氏女帥嶽神也 洋船快收姑米港天孫笑執曆權圭占星早

辨浮槎客投㧊真同拂須鷀以木㧊從船頭投海中人疾趨至梢人㧊同至謂之合更人先㧊爲不及更人後㧊爲過更四十四年能守禮坊名常與萬松齊守禮

坊距歡會門約半里昔世子例迎詔勅於此萬松開亦地名

品服先陞上相纓勳名看樹太常旌身從

北闕衙

新命氣始東方好右行霸業尚遺豐見址豐見城爲山南王故址詩

人驚識錦官城鯨鯢來導波濤靜兩兩風風篷落鷁

歡會門開震兌宮中山王宮西向欣瞻行合輿趨同赤鱓屢致坡

仙詠黃帽猶傳海國風海寶節事詩海船合同黃帽往來仙元共赤鷁鳥注云接封大夫皆

黃帽又注云過釣魚臺有大黨魚隨舟衹

命世隆荒服外如潮
恩湛日華東四家勳舊應如故毛馬梁班接向翁毛馬向翁爲琉球四大族

附原韻

帝德如天破八荒東瀛重譯奉　恩光九金禹鼎圖
方物五玉周班載國章石室舊緘黃紙貴露華新浥
紫泥香恰逢禮樂陳　王會海表河源地共長
詔選儒臣入　府題恩華先已耀金閶撫聚何分堪
持節在聖猶兢是執圭豈有文章同炳虎須知咮翼
不濡鵜一朝冠服分槐省稽古榮叨五等齊
底事　清時問請纓遠將　鳳簡颺龍雄四方自足

明初志萬里真堪屬此行到日聚觀香案吏趨程飛渡化人城平生風浪輕三峽況際餘艘久不驚

海外孤城島上宮 皇威遐暢百靈同鼇頭遺護三千水鵬背招生九萬風望 闕每依天極北乘槎果到地維東遙知此日成都市定有星占賣卜翁

和董進庭大令亘探春圖原韻

香雪九千仞瑤珮天風近下界春從上界生山容佳處煙嵐隱一笑誰嫣然大珠小珠錯落相聯翩銀海迷離三島媚玉峯高聳十分妍一枝巢鶴子縞素衣裳明似水瘦寒宮闕果何如姑射神仙今在此子鶴妻梅更有人畫圖惝恍老閒身幽情何遜揚州興詩意林逋湖上春窗枝早北

枝好鳥語新日出杲粉臉勻鋪蛾眉濃掃那知陽城下蔡
傾人姿揭來荊榛枳棘浮雲披晨晨星幾點散落落岑崟萬
首攢巖巖有情莫被無情惱此心爽曠同莊老合使清奇
結淨緑頓教冰雪盈襟抱挂月羅浮夢境看詩成不許付
騷壇松風亭下遷流客早寄瓊瑶銜彩鸞

（清）張雲璈《送王見大（文誥）人趙介山（文楷）修撰幕册封琉球》（《簡松草堂詩集》卷十六）

張雲璈（1747—1829），字仲雅。浙江錢塘（今杭州）人。清乾隆三十五年（1770年）舉人。嘉慶十二年（1807），選湖南安福知縣，後調湘潭，居官多惠政。博學雄才，尤工於詩。致仕後，以著述自娛。著有《簡松草堂詩集》、《簡松草堂文集》、《蠟味小稿》、《歸艎草》、《知還草》、《複丁老人草》、《金牛湖漁唱》、《三影閣箏語》、《選學膠言》、《選藻》、《四寸學》、《垂綏錄》等。

《簡松堂詩集》二十卷，清道光年間刻《三影閣叢書》本。其卷十六有《送王見大（文誥）人趙介山（文楷）修撰幕册封琉球》一篇，為隨趙文楷、李鼎元使琉球的從客王文誥而作。

按：李鼎元《使琉球記》卷一載：『二十九日，介山從客三人王君文誥、秦君元鈞、繆君頌，餘從客一人王君華才，俱於昨夜至』。

茲據清道光年間刻《三影閣叢書》本影印。

煙篆縈珠檻蛛繩罥畫屏烏飛風外乙香散雨中

丁鄉遠書無準愁多酒易醒閒門稀剝啄春草過

階青

送王見大文誥入趙介山文楷修撰慕

冊封琉球

六合欲賦非盡愚八極不遊毋乃拘王君鵬翩淩

天衢豈屑籠鳥觸四隅京華一別半載餘歸來爽

氣生君鬚韡刀帕首纓曼胡雉冠的皪銜明珠詡

我將詣中山居此去竟作萬里踰中山國在閩東

區昨乞朝命封厥儲我

皇臨軒特勑除天水修　撰衆所譽茲選誰復能先
諸隴西爲副李右史鼎元墨莊　綸綍俱巴蜀不數漢相
如南越何有陸大夫麒麟　賜服恩禮殊揚旌唱
驂儀衛都豈僅張擅給所符君爲温石幕府趨陋
彼綠水紅芙蕖江淮閩粵經長途梅花重洋開舳
艫子午之鍼一綫纜玻璃之漏聲在壺跳丸日月
常浸濡百靈祕怪相持扶役使穹龜與長魚饞蛟
颶母驅爲奴輕帆如駛過彭湖君於其間歌嗚嗚
長篇傑句共唱喁駭伏罔象逃天吳海童淵客爭
貢諛中山大長日睢盱對此驚拜兩手膜君才自

可過嚴徐贊襄大典識匪迂能使荒服誠心輸彼
國始通在隋初三山分合攷核疏當時使者各著
書君試爲按實與虛補其不及删其蕪行程所過
雖須臾山川風物羅清矑自當一一重爲臚看君
意氣旁人無安肯局促爲人徒終年西遊早棄繻
郭丹出關乘高車君將自爲何有乎此行先試艮
不誣我見目睫誠小儒羨君壯遊擬執殳他日過
歸過我廬紅螺酌酒宗佳酥琉球魚名乞君橫掃鯨波
圖

桃花菴

（清）李富孫《送趙殿撰（文楷）李舍人（鼎元）冊封琉球國王詩百韵》（《校經廎文稿》卷二）

李富孫（1764—1843），字既汸，一字薌沚。浙江嘉興人。清嘉慶六年（1801）拔貢生。從盧文弨、錢大昕、王昶、孫星衍等遊。阮元撫浙，肄業詁經精舍，遂湛深經術。著有《校經廎文稿》、《梅裏志》、《曝書亭詞注》、《鶴征錄》、《李氏易解剩義》、《七經異文釋》、《說文辨字正俗》等。《校經廎文稿》十八卷，清道光年間嘉興李代刊本。其卷二有《送趙殿撰（文楷）李舍人（鼎元）冊封琉球國王詩百韵》詩一首，為送趙文楷、李鼎元使琉球而作。

茲據清道光年間嘉興李代刊本影印。

岱雲擕滿蕒春晚喜言歸時看從山左歸出郭沿莎徑穿林問竹扉

郵前流水遠谿畔落花稀不見艸堂叟悵然對夕暉

郡伯伊公招與修郡志呈同局諸君

語鄉舊事問誰諳許得編摩共討探三月煙花春欲盡半窗

風雨夢初酣遠徵文獻憑銀管重補圖經剔白蟫更喜苔岑

聯勝侶百年掌故續閒談

送趙殿選文楷李舍人鼎元　冊封琉球國王詩百韻

盛治恢無外車書達八埏

虞廷方受籙

軒后正乘乾舞羽

皇威遠敷文

帝德宣神靈揚日域詟教訖瀛壖烏弋咸修貢雕題諠慕譯
外藩扶老稚荒服靜戈鋋遐邇輸誠久梯航向化堅來賓猶
恐後重譯共爭先屬國傾心附球陽效順虔稟正原世世通
道總年年月候三山近風占萬里便獻琛伻沓至納贄舶遥
遄古未歸圖籍今纔廣幅員波羅封乍襲姑米勢甯孱進表
求
　恩逮陳情冀祚綿俞哉重降
敕咨爾尚需賢選以儒臣貴榮因　冊命懸千官皆肅穆四
署更駢躚策使行齊例　臨軒意自拳
累朝鉅典在一品寵儀專充國矜華冑鴻才沐　化甄緜雙

推著作第一削神仙綵筆超　彤陛鳴珂上木天位原稱內
相象已協星躔綺宴叅隔帖雲均日視甎黃麻文蔚若蒼璧
佩鏗然　禁近論思切　華清侍從聯退朝　須綵錦歸院
徹金蓮綿竹家聲遠詞宗供奉妍香名夙早飲　綸誥職無
慭分艸千言提合葩五字傳掖垣悉出納瑣闈任迴旋令望
瞻清要澄懷契妙詮紫薇翻繡幄紅藥映鸞牋每預中樞事
常賡曲讌篇湧泉成欬唾薪樣洗朱鉛兩美看攜手崇班快
比肩儀蒙　鑾仗半函奉錦題全慊慨借縈轡飛揚並著鞭
旌旄飄颯纚車轂走喧闐金勒光何耀麟袍色愈鮮猩猩披
織罽燦爛跨花韉便絕江淮道從踰嶺嶠巔挂驅閩與越鼓

舵福還泉洄涌波溺黑噴騰勢轉顛梅花紛賈舶彭島接樓
船瓊蚌沙吹皺驪龍夜吐涎望洋驚舉洩落涤䗁回漩忽見
江妃笑虛疑海若眠鯨鬐飛疊浪魚目睒重淵風定星長朗
潮平月正圓天神終擁護槎使獨洄沿七日程堪計中山指
叓遥士民欣欲覩君長喜相褰率部偕迎矣承筐共勞焉道
旁旂茷茷郊外鼓鼘鼘笛笠縱偏細蕉衫舞自翩飲惟同突
厥俗本異先零岸夾叢筠直藤枯鬬鏤纏佛桑穠爛漫果藥
鬱葱芊亦有禾麻黍尢饒梓栝梗櫚亘環以水畝少闢爲田
嶺表風差似荆南氣不偏盈虧知節序榮落識璣璿俊彥新
歌誦黌宫習管絃衣冠都整麗文物也便娟宣

諭賞庭際陳書立殿前錦囊輝縹碧
寶翰閃金鈿　醲澤流鼉嶼深仁洽毳氈懷方膏倍渥感義
涕翩漣小大俱歡躍臣工各勉旃須功難縷述告廟試磨鎸
端燮賓廷靜剛逢上客延秔香羅雪椀蟻綠泛珠筵瑤柱洵
稱美佳酥肯棄捐藷薯添土物豆實進肴籩繼覺遐陬異甯
爲別慮牽謳謠良可采景色劇堪憐高館時多暇炎天暑欲
蠲聯吟依蠟板得句壓金荃酬唱消長晝雄談悟夙緣氣原
吞八九簡已劖三千飾佩刀逾炯探幽屐屢穿諏諮諳禮俗
沿革紀山川褒秀觀如掌桑欽筆似椽參稽披舊志著錄續
新編蓂莢頻凋葉蟾蜍幾易弦星軺重少駐鷁節恰言還偃

佸同移楫逢壺復扣舷定鉞仍穩渡健席莫憂煎胸有𦘦唐
策庚無陸賈錢心方匽
北闕服又應三𨽻報績
天顏喜𪊧膚異歎駢圖成看𣪚浪名合上淩煙柱石翔鸞鳳
巖廊重琡瑄佇瞻勳懋著預愆秩超遷台曙連辰極卿雲捧
日邊皇華爭掩映那不羨張騫

校經廎文稾卷第二

（清）端木國瑚《送齊北瀛太史奉冊封琉球》（阮元輯《兩浙輶軒續録》卷三十四）

端木國瑚（1773—1837），字子彝、鶴田、井伯，晚號太鶴山人。浙江青田人。清嘉慶三年（1798）舉人，後兩試不第。任歸安教諭十五年。以通堪輿之術，道光中被召卜壽殿，特授内閣中書。道光十三年（1833）進士，仍以知縣任用。再呈請註銷，改任内閣中書。晚居於浙江里安。著有《太鶴山人集》、《周易指》等。清人阮元輯《兩浙輶軒續録》五十四卷補遺六卷，清光緒十七年（1891）浙江書局刻本。其卷三十四收録端木國瑚《送齊北瀛太史奉冊封琉球》詩一首，為送齊鯤使琉球而作。

茲據清光緒十七年（1891）浙江書局重刊本影印。

帝重蒼生問臣輕黃石書何時塞
明詔歸守卞山廬

歸安學舍作

官閣焚香過十年烏皮尙戀舊靑氊日長散帙無公事睡起
匡牀有俸錢百代看成燈下燼一鄉逃入酒中天玉河東畔
蓮莊北聽唱漁歌月又圓

送齊北瀛太史奉冊封琉球

玉璽金符剖大荒星臣銜
詔漢明光刀迎鬼子紅毛國節擁神魚黑水洋衣上
御香飄翠羽日中王字照丹桑八年重拜三山使碧眼倭奴
豔欲狂
丹鳥紅蕉拂旆斜珊瑚百尺挂銀槎臣心澄似天邊鏡詩句

擕爲海上霞雲護玉皇香案吏春開王母絳桃花歸省大母八十壽

十洲歸獻淸平頌五色宮袍爛紫蛇

蘭谿夜泊

朱樓白塔照蘭汀繞郭香帆日窈冥三月烟花三月市半江

燈火半江星船娘擫笛爭淒切估客攤錢雜醉醒不信行人

春睡穩竹雞啼覺曉山青

憶青田山作

江湖搖落憶吾廬客舍秋風逼歲除鐙下常多新雁語牀頭

漸少故人書龐公尚可尋偕隱詹尹何從問卜居谿谷日深

歸路晚恐無相識舊樵漁

朝鮮金秋史侍郎正喜託朝使致聯語通問作此答之

鴨綠春風江水香

（清）秦瀛《送費西墉冊封琉球序》（《小峴山人詩文集》卷一）

秦瀛（1743—1821），字淩滄，一字小峴，號遂庵。江蘇無錫人。清乾隆四十一年（1776），以舉人召試山東行在，授內閣中書，充軍機章京，《一統志》纂修。五十八年（1793），出為浙江溫處道。嘉慶五年（1800），擢按察使。十年（1805），遷浙江布政使，入覲乞內用，授光祿寺卿，轉太常寺卿。十二年（1807），擢刑部侍郎。十五年（1810），以目疾歸籍。著有《小峴山人詩文集》、《已未詞科錄》、《遂庵日知錄》、《重訂淮海公年譜》、《政餘偶存》等。

《小峴山人詩文集》三十七卷，行世有清嘉慶間刻增修本、清道光年間無錫秦氏城西草堂刻本。其卷一有《送費西墉冊封琉球序》一文，為送費錫章使琉球而作。

茲據清道光年間無錫秦氏城西草堂刻本影印。

、送費西墉冊封琉球序

嘉慶十有二年秋琉球國王表請封爵

特命編修齊君鯤爲正使而以給事中費君副之舊例

副使多簡用內閣禮部諸臣今特簡君蓋重其選也逾

年春二月君

陛辭將戒行矣先期來過余余不可無一言以贈琉球

在福建泉州東海島中明洪武中其國分爲三皆遣使

朝貢永樂中尙巴志合爲一入我

本朝歲修職貢稱恭順康熙中汪舟次檢討林石來舍

人同奉使冊封國王漁洋先生以詩贈行時鄭逆未靖

先生詩所謂見說彭湖嶼、元戎苧捷勲者也、余惟歌行
邁紀風土皆史官之事君由臺垣出使儀觀壯偉音吐
洪暢其平日尢能通知古今熟悉天下事故曩直機廷
屢隨廷臣有事各直省
天子早知君其同列多陟顯仕而君猶爲五品官意
朝廷嚮用君方自茲始而君之足爲
朝廷用亦於是行卜之方今天下中外一家區宇敉寧、
而海滋獷猂之俗。偶有未馴。姦民因得孽芽其閒。君所
至遇地方大吏、出其所見、當爲一一諗之并入以告於
我

后也余於齊君之行旣彷漁洋體賦五言詩以贈而君
於余尤雅故用贈以文蓋不獨璽書章服騶從之盛不
足爲君榮而惟是宣布德意歌行邁紀風土如舟次諸
公菽林侈爲美談尙未足以盡君也是爲序

（清）陳壽祺《送齊編修使琉球序》、《送費西墉給事副使琉球（錫章）》（《左海文集》卷六、《絳跗草堂詩集》卷三）

陳壽祺（1771—1834）字恭甫、介祥、葦仁，號左海、梅修，晚號隱屏山人，福建侯官（今福州）人。清嘉慶四年（1799年）進士，散館授編修。八年（1803），任廣東鄉試副考官。十二年（1807），調河南鄉試副考官。十四年（1809），擢會試同考官。後歷任文淵閣校理，國史館總纂，教習庶起士等職。十五年（1810），丁父憂回裏。後到泉州主講清泉書院。道光二年（1822）丁母憂，再次回侯官故里，從此不復出。後受聘福州鼇峰書院主講席十年，造就人才甚衆。

陳壽祺對經學研究很深，關心纂修地方誌，能文工詩，旁徵博引，博採衆長。著有《五經異義疏證》、《尚書大傳》、《左海經辯》、《左海文集》等二十餘種，纂修《（道光）福建通志》。

《左海文集十卷乙編二卷絳跗草堂詩集六卷》，行世有清刻本、清嘉慶道光年間三山陳氏家刻《左海全集》本、清道光五年（1826）福州刊本等。《左海文集》卷六有《送齊編修使琉球序》文一篇，《絳跗草堂詩集》卷三有《送費西墉給事副使琉球（錫章）》詩一首，為送齊鯤、費錫章使琉球而作。

兹據清刻本影印。

送齊編修使琉球序

琉球作藩東海百有餘祀世世惇誠被我黼繡

今上四年與勾驪農耐先後欵關乞賜印綬尋遣酋豪子弟入學十二年西寍野番底定南掌獻馴象楚中苗生請立鄉試解額西南夷國朧麻里之屬求納皮馬內附於是琉球世孫請封之使再至

詔擇茂材可使外國者以編修候官齊君往給事中歸安費君貳之典禮懋洽遐邇朋悅故事使者秋銜命明年春乃發京師往返踰歲候風以二至涉萬里出入鯨鼇之穴其艱勤什伯於他域齊君家都會與譯館

隣出郭門不百里則登五虎門颿大海波濤之險視
猶衽席侏儒之俗習為桑梓符節所寄有由然也盖
聞長老言琉球國小而貧無珠犀翠羽琅玕之瑋寶
每易世請號其始必科斂屬島豫積數歲之儲偫乃
能備壤奠以充庭實今八稔之閒兩納方贄履危歷
難竭國以奉又當敬事天使廩食廝卒蘗饗贈犒供
帳送迎困不胜餙其力易絀而忠不衰故　國家所
以鎮撫之者亦踰於諸蕃也曏者疆吏具使舟檣於
興造或募商舶誘以便利柁師榜人競籠百貨乘埶
文市責償倍蓰為夷民病君固素知之嘗思所以嬀

其失而恐不可得意氣悃悃形於顔色其志識若是
既至其國則必能上以體懷柔中以示恭讓下以訓
廉約然後夷歌慕義海若輸靈波羅之主黿鼉之嶼
飧恩信而被豐登歸報
天子以宏功德古之所謂膺使其在斯乎若乃呈表
恠麗搜張珍瑰訪兩面之客排長臂之衣説條支之
產記毗騫之齒此象胥之舊章不足為使者多也君
有祖母年已耄耋二親康強過里得獻壽為樂此亦
四牡之雅義非以為使者私也余是以略之而獨明
外蕃之情述使者之所欲於鄉而以答於　朝者區區

自附於贈言之誼焉

淳俗安同井仙才簡放衙向来經國事未肯付詩家
先生自言近
不暇作詩
衛輝驛館聽王儕嶠前輩夜話奉簡短句
忼慨論時事安知氷炭非鳳雞羞共篘蕭機忌充幃
骨冷功名薄官貧道義肥職閒初服在先檢老萊衣
羅蓮舫巡道教射圖正擬　丁卯
躍馬雄心在良弓付子孫衣冠希矍相郇兒憶劉昆
報國勲名遠傳家禮樂尊知君求義的文武屬高門
送費西墉給事副使琉球錫章
丹詔通窮髮黃門奉　賜衣聲明踰日本鎮撫帶霜

威不識波濤險何論雨雪霏灰遲風自信鍼定渡如
飛海若朝星使　天書護水斐鑾宮拜圭璧番舶御
珠璣故事汪舟次周海山繼家山吳越歸君看簡矢外橋
柱有光輝
奉和翁覃溪學士蒙　賜三品銜重預鹿鳴宴紀
恩述懷之作二首
垂白逢貽典賓筵預禮賢文星持世古卿月被　恩
偏物望承明上詩心正始前憑誰編小錄重報大羅
天
僂指登科記功名幾輩完　朝廷重耆宿文獻見朞

（清）杜堮《送齊北瀛太史奉使琉球便道歸省四首》（《遂初草廬詩集》卷二）

杜堮（1764—1859），字次厓，號石樵。山東濱州人。清嘉慶六年（1801年）進士，授翰林院編修。二十年（1815），任順天學政。二十四年（1819）調内閣學士兼禮部侍郎。道光元年（1821），擢兵部右侍郎，隨任浙江學政。十五年（1835），由兵部調禮部，任左侍郎。十六年（1836），以病辭休，致力著述。二十九年（1849），重赴鹿鳴宴，加太子太保銜。卒贈大學士，謚文端。

所著《遂初草廬詩集》十卷，清同治九年（1870）琅槐杜氏刻本。卷二有詩《送齊北瀛太史奉使琉球便道歸省四首》，為送齊鯤使琉球而作。

兹據清同治九年（1870）琅槐杜氏刻本影印。

聖主憂日下銜杯譚往事欲循錦帶看吳鈎
聲名一日動長安乍脫兜鍪現宰官眉宇秋添秦嶽爽觥籌夜
盡李膺歡投壺尚說軍中樂折戟今從隴上看此後太平徵茂
異也知王貢慶彈冠

送齊北瀛太史奉使琉球便道歸省四首

金蓮燭影下銅樓
詔冊藩王外九州
帝澤久漸天左界使星先出海西頭我將破浪驅蛟蜃君果乘
槎問女牛琉球分野與閩同正是春明好圖畫送行車馬遍瀛洲

溟海波恬浴曉暾錦衣初共綵衣温中天綸綍宣鼇禁舊里雲

霞對虎門封舟皆自虎門放洋三日家園春色在四方弧矢壯懷存樓船

東下長風便許國原酬兩大恩

騶官虎士簇雲旗五嶽齊呼萬歲時琉球有五嶽使者口傳天雨露

遠人心折漢威儀乘軒太史風觀野擁節諸侯守在夷好勵丹

忱同戴斗明年珍重祝鴻釐

一闋鈞天動玉堂皇華銜命紫泥香蓬壺最憶魚龍夜瑣闥重

追鵷鷺行海外詩名聞折柳日邊仙侶話扶桑版輿兩奉升平

第

聖主恩如渤澥長

古意

青青河畔柳離離城下草借問路旁人莫向榆關道

所見

落日帶橫郭急流奔下灘道旁牧羊子閑憶古長安

聞雁

明月臨高館新秋聞雁來關山何太早霜雪鎮相催作客窮偏

遠長鳴獨易哀初心空自警爲爾久徘徊

秋晚懷故園兄弟

（清）龔豐穀《送齊北瀛太史奉使冊封琉球四首》（《聽雨山房詩存》卷上）

龔豐穀（生卒年不詳），字小峰，閩縣（今福州）人。清嘉慶十三年（1808）舉人，官湖北天門知縣。為官勤於撫字，楚民呼為龔渤海。

所著《聽雨山房詩存》二卷，清道光二十年（1840）刊本。其卷上有《送齊北瀛太史奉使冊封琉球四首》，為送齊鯤使琉球而作。

茲據清清道光二十年（1840）刊本影印。

途長不惡他時歸去話林泉與君定踐買山約

送齊北瀛太史奉　使册封琉球四首

鳳詔下丹霄行行建節旄

聖恩優屬國人望協詞曹幕府張牙纛

宮門賜錦袍羨君此投筆萬里著勲勞

綿邈球陽路奇觀海外游島明迎日出浪遠拍天浮

人是來壺嶠查同泛斗牛

綸音宣𡊨處戚戴遍荒陬

炎徼瞻南邁行程却是歸蜺旌來故國鶴髮慶重闈

珂里開新第瓊筵拂綵衣應知

天眷渥許令暫停驂奉旨使旋之日准其便道省親

報

國原初志斯行實壯哉當年題柱客此日勒銘才功

已垂南紀名應列上臺風塵憐故我歧路獨徘徊

牆下竹就枯槁詩以慰之

天地本無私萬物欣有托吾觀階下草賦質微而弱

（清）孫爾准《送齊北瀛編脩冊封琉球便道歸省》（《泰雲堂集》詩集卷五）

孫爾准（1770—1832），字叔平、萊甫，號戒庵。江蘇無錫人。清嘉慶十年（1805）進士，選庶起士，授編修。十九年（1814），出為福建汀州知府。二十四（1819）年，任江西按察使。同年，調福建布政使。道光元年（1821），再調廣東布政使，並升任安徽巡撫。三年（1823），升任福建巡撫，並巡撫臺灣。五年（1825），再擢閩浙總督，平定彰化之亂，並致力於臺灣各地邊防。後加太子少保。九年（1829），因失察家僕收受賄賂，降級留任。十一年（1831），因病辭職。卒贈太子太師，謚文靖。著有《奉天錄》、《泰雲堂集》，輯有《明詩鈔》，主持《（道光）福建通志》的編纂。

《泰雲堂集》二十五卷，清道光年間刻本。其詩集卷五有《送齊北瀛編脩冊封琉球便道歸省》詩一首，為送齊鯤使琉球而作。

茲據清道光年間刻本影印。

紫宸清旗黼香霧金鑪篆鞭戛春雷玉陛聲拜舞但瞻
天咫尺不知身傍九霄行
送齊北瀛編脩册封琉球便道歸省
詞臣銜
命出螭頭八極凌雲信壯遊鼓楫不驚蛟蜃窟
册書遥貢鳳麟洲垂螺綴羽紛前導撒殿清臚共仰流海外波
臣爭受吏區區嚴助下東甌
寵錫斑麐一品衣中山城畔
詔親齎爭看擁節迎天使眞見宣風格島夷青吕千時巖潦淨
黄封拆處海雲低要知柔遠無窮意番舶新聞賜褒𧶛
國朝前事記汪徐夜柔陳風一卷書挂月貫星通碧漢鯀飛鯨
跋壯黄輿試從寮庋輸怳後爲訪歡斯譜系初不把歸裝矜陸

買只攜吟卷壓轄車
折得樺桑作杖材歸航帆轉引蓬萊到家彩鷁乘潮捷供母紅
魚入饌來冠冕一鍼通北極歌詩千首讚南陔王風此日眞無
外巳識源從教孝開

綠牡丹和英樹琴座主韻

纈眼輕痕暈碧紗誰將葱翠織明霞一枝獨對如凝黛千葉相
扶不辨花蝴蝶名高武清第屛風譜漏相公家莫寒倚竹看逾
好康樂吟成記永嘉
翡翠窗櫺眷舊紗研池照影欲流霞豔分宮錦淸平調香染銖
衣剪綵華仙髻積雲留舞態法螺吹雨悟禪家不須更護靑羅
幕微霭輕陰氣候嘉
七寶闌深映舊紗綈囊裁詔字蟠霞色分天水無雙品香染宮

（清）梁同書《戊辰夏送齊北瀛太史出使琉球》（《頻羅庵詩集》卷三）

梁同書（1723—1815），字元穎，號山舟，晚號不翁、石翁，九十以後號新吾長翁。浙江錢塘（今杭州）人。清乾隆十二年（1747）舉人。十七年（1752），特賜進士，改翰林院庶起士，散館授編修。後丁憂歸里。嘉慶十二年（1807），復出為官，賜翰林院侍講學士。赴任後不久，又以足疾告歸。工詩文，尤精書法。後人將其所著彙刻為《頻羅庵遺集》。

《頻羅庵詩集》三卷，清嘉慶二十二年（1817）仁和陸貞一刻《頻羅庵遺集》本。其卷三《戊辰夏送齊北瀛太史出使琉球》一篇，為送齊鯤使琉球而作。

茲據清嘉慶二十二年（1817）仁和陸貞一刻《頻羅庵遺集》本影印。

詔許歸來五十年此生早荷　主恩偏不圖舊籍蓬萊
上又領新班閬苑先天上謫仙宮錦貴山中宰相白衣
傳臣今耄矣難言報一炷心香祝　聖虔
前賢十度賦嘉賓薦承式附癸已恩科錢家壂丁酉康熙丁卯周天相丙子吳大煒甲午
趙世玉雍正癸卯陳克鎬己酉吳嗣富乾隆
乙卯附丙辰　恩科馮浩戊午顧光范崇榮我占人間
分外榮老婦喜叨加命服衰翁且博上銘旌比還九轉
纔初轉若話三生又一生養就百年無用物要將歌嘯
答升平
戊辰夏送齊北瀛太史出使琉球
獸錦宮袍寶帶鞓詞臣銜　命出東瀛弓刀列隊鯨鯢

靜英鴹前頭蝌象迎萬里宜風眞浩蕩重幃稱慶有光榮君堂上具慶祖母八十四歲明年期過西陵驛傾耳高談海外程

挽何春渚

枯樹灣頭舊隱淪忽傳微疾竟還眞壁間有句辭修夜地下何人釀老春白首不貽林澗媿青山介與鶴梅鄰乞花牋在題猶濕從此花時愴故人昨冬先生以詩來乞宜男花種擕盎走訪尚相晤無恙也

苦熱十六韻次莊達甫宇逵

驕陽四十日大地盡焚如人在洪鑪過吾思壑谷居江湖情已邈雲霓盼徒虛懶久常忘帶狂來欲裂裾難逢

（清）潘奕雋《題費西墉給諫奉使冊封琉球圖冊》（《三松堂集》卷三）

潘奕雋（1740—1830），字守愚，號榕皋，又號水雲漫士、三松居士，晚號三松老人，室名三松堂、探梅閣、水雲閣、歸帆閣。江蘇吴縣（今蘇州）人。清乾隆三十四年（1769）進士，授内閣中書，官至戸部主事，充方略館總校官、四庫全書館分校官、文淵閣檢討。五十一年（1786），任貴州鄉試副主考，旋即歸田。道光二年（1822），赴鹿鳴宴，九年（1829），重與瓊林。著有《三松堂集》《説文蠡箋》、《水雲詩》等。

《三松堂集》二十四卷，清嘉慶年間刻本。其卷三有《題費西墉給諫奉使冊封琉球圖冊》一篇，為費錫章使琉球而題。

茲據清嘉慶年間刻本影印。

題費西墉給諫奉使冊封琉球圖冊

乾隆四十九年歲次甲辰

高宗純皇帝巡幸江浙於時費京兆西墉以諸生應
召試賜舉人授內閣中書歷官至順天府府尹嘉慶十
三年琉球國世子嗣位請封于　天朝禮部請堪膺是
選者
天子臨軒策遣先生奉命澁行禮成而返繪圖賦詩在
廷諸臣復相與作歌詩以贊美傳之海內士林艷稱之
昔余在薇省與西墉爲同寮奉使過吳訪余三松堂今
先生歸道山已數年先生弟石屏出圖索題余以爲皇

華四牡世人以爲榮而古人以爲未易副靡盬之思靡及之懷所爲深也先生遭際昇平躋三事擅九能揚仁風於海外垂令聞于無窮洵不朽之盛業而余所心欽者尤在卻金釋四二事夫卻金義也釋四仁也仁則懷之義則畏之合於九經之義於以對揚

天子綏輯四方之休命無愧焉然則是圖之作非一身之榮乃邦國之光也若夫行邁之光華駪征之勞勤與夫彼土山川之形勝吾兩人前後離合之蹤今昔存沒之感不復具論云

（清）石韞玉《齊北瀛編修惠琉球竹筆楊補帆為我作翠微圖詩以謝之》（《獨學廬詩文集》三稿詩卷二）

石韞玉（1756—1837），字執如，號琢堂，又號花韻庵主人，亦稱獨學老人。江蘇吳縣（今蘇州）人。清乾隆五十五年（1790）進士，授翰林院修撰。五十七年（1792），任福建鄉試正考官。旋轉湖南學政。歷官四川重慶府知府、山東按察使。因事被劾，降為翰林院編修，在國史館行走，以足疾辭歸，主講蘇州紫陽書院二十餘年，並主持纂修《蘇州府志》。著有《獨學廬詩文集》、《晚香樓集》、《花韻庵詩餘》、《花間九奏樂府》、《竹堂類稿》、《多識錄》、《讀論質疑》、《袁文箋正》、《微波詞》等。

《獨學廬詩文集》四十八卷，包括初稿詩八卷文三卷、二稿詩三卷文四卷、三稿詩六卷文五卷、四稿詩四卷文五卷、五稿詩五卷文四卷、外集一卷。清乾隆六十年至嘉慶十年（1795—1805）遞刻本。其三稿詩卷二有《齊北瀛編修惠琉球竹筆，楊補帆為我作翠微圖，詩以謝之》詩一首，為送齊鯤使琉球而作。

茲據乾隆六十年至嘉慶十年（1795—1805）遞刻本影印。

齊北瀛編修惠琉球竹箑楊補帆為我作

翠微圖詩以謝之

卜宅吳山第一峯小樓深隱翠微中邦人喚我

西湖長不讓苕溪桑苧翁

當代丹青楊補之此心解與白雲期二豪盤礴

高樓上正是山中話雨時

客自琉球國裏回寄將小扇當瓊瑰清涼絕勝

龍皮扇如挾風濤海上来

蔣生炯約遊大滌洞天余不果赴其歸也

言石壁題名有宋人與余同姓名者因

（清）童槐《齊北瀛編修（鯤）費西墉給諫（錫章）奉使琉球詩以送別》二首（《今白華堂詩集》卷六、補卷五）

童槐（1773—1857），譜名傳林，字晉山、樹眉，號萼君、晚雲居士。浙江鄞縣人。清嘉慶十年（1805）進士。二十四年（1819），任山東按察司、江西按察司，後改通政司副使。著有《今白華堂詩集》、《補雅》、《過庭筆記》等。

《今白華堂詩集》十八卷，包括詩集八卷、首二卷、補八卷，清同治八年（1869）刻本。其卷六、補卷五分別收錄同題《齊北瀛編修（鯤）費西墉給諫（錫章）奉使琉球詩以送別》詩二首，為送齊鯤、費錫章使琉球而作。

茲據清同治八年（1869）刻本影印。

入宴蒩龜何不事羹梟

齊北瀛編修鯤　費西墉給諫錫章　奉使琉球詩以送

別

許停龍節拜重闈照海青春晝錦輝一品朝衫千日酒

恩榮殊勝採花歸

平苗一劍陣雲收更泛仙槎上斗牛文武威風三萬里函

關西峙海東流西墉曾參陝西戎幕

氣吞滄海量涵春龍虎魁儀被蟒麟定使島夷驚下拜

天朝人物是天人邵雙橋副憲以君儀觀甚偉足懾外夷故特薦之

為文秋潭學士題寒林覓句圖

旗繫夢思君由湖南岳常澧道再遷至江西藩司帝眷新承三接遲家聲

舊荷　四朝知樞垣後進枌榆少祗愧蕭條攬鬢絲

暑直蒙　恩頒賜西瓜朱李盛以冰盤恭紀

遶嫌風節臣　衷勵祛熱冰盤

帝澤深敢引南皮作佳話當時名士但浮沈

齊北瀛編修鯤費西墉給諫錫章奉使琉球詩以送

別

綏藩自古仗儒臣特選金閨第一人手捧太平

天子詔梅花洋外去頒春

榕陰如水漾樓臺帆近三山畫幰開恍憶瀛洲春草路神

仙何處不蓬萊

樞省黃門盼使君麟衫歸映　玉墀雲去來祗仗風三日

唾手皇華第一勳

立秋日七峯別墅作

簾幙垂燈小院幽一蟬吟罷一螢流炎官回首無多日逆

旅關心是早秋片葉西風天下樹幾家涼月水邊樓牽牛

花信今番到卻爲蓮花起暮愁

懷張子白鎮番

書生大抵有情多似爾情深喚奈何倚竹自憐空谷影繞

梁誰聽獨絃歌神仙才豔三生誤花水緣輕一夢過數載

（清）吳嵩梁《送齊北瀛編修冊封琉球（戊辰）》（《香蘇山館詩鈔》卷六）

吳嵩梁（1766—1834），字子山，號蘭雪，晚號澈翁，別號蓮花博士、石溪老漁。江西東鄉人。清嘉慶五年（1800）舉人，授國子監博士，旋改內閣中書。道光十年（1830），擢貴州黔西知州。後因事得罪上司，轉為長寨廳同知，曾兩任鄉試同考官。其才華橫溢，與乾嘉年間詩人黃景仁齊名，並稱為『一時之二傑』。琉球陪臣子弟在清國子監讀書時，曾受過吳嵩梁的教誨，回去後將其詩廣為傳誦，而後琉球來者均以得到他的詩為榮。著有《香蘇山館詩鈔》《新田十憶圖詠》、《石溪舫詩話》、《聽香館叢錄》、《鵝湖書田志》等。

《香蘇山館詩鈔》三十六卷，行世有清道光六年（1826）刻本、清嘉慶二十三年（1818）刊本。其卷六有《送齊北瀛編修冊封琉球（戊辰）》詩一首，為送齊鯤使琉球而作。

茲據清道光六年（1826）刻本影印。

送齊北瀛編修冊封琉球 戊辰

詔遣中山使仙才出禁垣乘槎指南斗賜印服東藩虹來雙龍
節潮聲五虎門臣家臨海國寸草亦承
恩
海邊花萬樹酌酒獻重闈親見封舟發真逾晝錦歸怪風收水
母靈火拜天妃預報平安信鄉巢白鳥飛君以便道歸省
天際扶桑路遙山翠一簪梅花渡洋濶姑米入雲深沙雨玻璃
漏帆風乙卯針似開鯨背上跂腳正高吟
七宴停雲館羣仙侍綵毫泉崎臨夜迥城嶽與秋高妙舞翻花
索嚴裝贈衮刀孝經藏本在持以靖風濤國初使臣徐葆光書
異域同文久輪琛此獨誠神魚知擁櫂貢馬早歸耕司典吾何
補陪臣學未成望君宣

聖澤歌舞徧唐營 陪臣梁文賀楊德昌毛那俊向那正以入監肄業出余門下

寒燈

卅載寒燈共性情故園搖夢不分明壁間曾許分鄰火牆角何堪乘短檠五夜低徊花自語一簾點滴雪無聲玉堂紅燭儂非分輸與風流宋子京

黃穀原畫册爲子野鶴部題

衆綠交春晚江南舊隱居數峯雲入畫一夜雨成渠高樹花開後新篁粉退初閉門容飲水只愛讀仙書

老樹陰堂翠不分蕭蕭新葉弄斜曛一淅園地空亭坐濕水聲寒瀉白雲

數峯渾厚一峯尖山翠濛濛樹影兼記得香蘇秋雨夜東雲溢黏上虛檐

（清）許兆椿《遙送費西墉給諫奉使冊使琉球》（《秋水閣詩集》卷七）

許兆椿（1749—1814），字茂堂，號秋岩。湖北雲夢人。清乾隆三十七年（1772）進士，授翰林院編修。後改福建道監察御史，又調任松江府知府、江寧府知府等職。嘉慶十四年（1809），升廣西巡撫，再調漕運總督。十五年（1810），任工部侍郎，轉職吏部。十八年（1813），任貴州巡撫，次年（1814），調刑部侍郎。復授浙江巡撫，以病懇辭。

所著《秋水閣集詩》八卷，清道光二十五年（1845）刻本。其卷七有《遙送費西墉給諫奉使冊使琉球》詩一首，為送費錫章使琉球而作。

茲據清康熙間雨青草堂刻本影印。

青藝蘭蘭芽紫靈根心所培甘露天自釀吾生拙無濟
六十再來此去歲聞哀鴻澤國盡轉徙今年苦憂旱瓶
罄惟醫恥環顧江淮民衣食將何恃我術媿求生君功
能起死爲民乞還丹或免呼庚癸君應听然笑不能宜
自止曷弗蘭竹叢避賢彈絲綺

遙送費西壖給諫奉　使冊封琉球

袞衣玉節拜明光遠冊中山異姓王　恩重五朝隆帶
礪波恬萬里下梅洋魚龍靜護星槎穩日月平臨水伯
藏記取　清時增勝事天風三日過扶桑（康熙朝江舟次出使揚）

帆三日而至

中國當陽有

聖人螺舟蜒蜿總來賓朝推威望霜臺柏天與風光驛

路春風兩合離蹤已遠前與君共使事已閱十四年矣雲龍上下意長

親祝君那壩迴帆日老筆重書晝錦新君星軺必經浙中

題戚蘭莊寫生册子

小桃灼灼闘霞開新柳依依濯露纔語我呢喃雙燕子

十分春巳入村來

竹長龍孫雀引雛天然生意入新圖春風養就淩雲節

（清）葉紹本《送費給諫（錫章）冊使琉球》（《白鶴山房詩鈔》卷六）

葉紹本（？—1841），字立人，一字仁甫，號筠潭。浙江歸安（今湖州）人。清嘉慶六年（1801）進士，改庶起士，授編修。十一年（1806），出督福建學政。十九年（1814），升廣西布政使。二十二年（1817），再升任廣西巡撫。二十三年（1818），解任。道光四年（1824），復由江蘇按察使調任廣西按察使。道光七年（1827），升任山西布政使。著有《白鶴山房詩鈔》、《白鶴山房詞鈔》等。

《白鶴山房詩鈔》二十六卷，行世有清道光七年（1827）桂林使廨刻增修本、清道光二十一年（1841）刻本。其卷六有《送費給諫（錫章）冊使琉球》詩一首，為送費錫章使琉球而作。

茲據清道光七年（1827）桂林使廨刻增修本影印。

出處萬緯羅心胸湛然朗珠炬金芽養靈泉玉髓飲懸圃坎家離爲室角根妙羅縷以玆寄澹懷信足擔圭組煌煌三秀華美瑞應亘輔公也掇其英元液自納吐壽國兼壽民功施流萬古請頌紫芝篇仙雲蔭庭戸

龍巖道中

巖巒迴合倏無路絕頂振衣時一登蒼茫雲氣逼飛鳥窈窕松枝纏瘦藤曲澗吼泉五月雪陰崖踏石千年冰軺車行處儘快意何用五嶽窺崚嶒

送費給諫 錫章

冊使琉球

懷柔盛典遍遐方

丹詔新承到夕郎萬里波濤通玉節

九重雨露護金章春深
温語辭
螭陛日暖輕帆泛鷁航指㸃星槎東去路朝暾明處是榑桑
歆斯遺跡古風存那壩江清對海門鯷壑風高浮島嶼鵬霄天
豁壯乾坤圭符世世藩封恪琛賮年年典則惇好語
聖朝綏遠意左臨蟠木右崑崙

贈徐秋潭總戎二首

七貂勲閥豔金張早扈甘泉豹尾行坐嘯嵐光生畫戟清吟海
日上雕梁止戈舊拔犀船幟移帳新添虎劍芒保障瀛壖功不
細韋丹家世自嚴疆
綠榕煙裊款征騑裘帶心期望不違千頃春波懷叔度一簾風
月憶元暉勲臣合付黃金飾名士眞宜白羽揮儴指彤旌朗

（清）劉逢禄《贈賁西墉給事使琉球》（《劉禮部集》卷十一）

劉逢禄（1776—1829），字申受，號申甫，又號思誤居士。江蘇武進人。清嘉慶十九年（1814）進士，改翰林院庶起士。二十二年（1817），散館授禮部主事。道光四年（1824），補儀制司主事兼辦祠祭司事，升授禮部郎中。六年（1826），以禮部郎中充會試同考官。

劉逢禄以經述名世，著述甚富。主要有《尚書今古文集解》、《書序述聞》、《左氏春秋考證》、《公羊春秋何氏解詁箋》、《春秋公羊經何氏釋例》、《谷梁廢疾申何》、《春秋賞罰格》、《論語述何》、《四書是訓》、《箴膏肓評》、《發墨守評》、《詩聲衍》、《夏時經傳箋》、《中庸崇禮論》、《漢紀述例》、《緯略》、《易虞氏變動表》、《六爻發揮旁通表》、《卦象陰陽大義》、《虞氏易言補》、《書序述聞》、《劉禮部集》等。

《劉禮部集》十二卷，清道光十年（1830）思誤齋刻本。其卷十一有《贈賁西墉給事使琉球》一篇，為送費錫章使琉球而作。

茲據清道光十年（1830）思誤齋刻本影印。

經篋貽子更貽孫手澤猶新感墨痕　賜硯昔因懷
舊德析圭從此沭　皇恩紬書叔重探精奥學易慈
明細討論載誦清芬傳弟子世家江左重吾門
贈費西墉給事使琉球
玉璽龍符剖大荒星臣柔遠下明光中山花島逼王會
南極風雲護拜章海外雄文龍變化日邊　丹詔鳳
翺翔定知葆節遥臨處島嶠晴飛白簡霜
贈富海颿員外備兵汀漳
鄭公世德炳詞臺三十登壇衆所推此地夙稱工戰鬬
蠻荒宜與凛風裁　帝教禮樂銷兵氣　天遣
東南識異才火烈箴言須記取和平雅量久趍陪

（清）吴榮光《費西墉給諫（錫章）使琉球詩三首》、《喜琉球冊使至二首（林修撰鴻年高編修人鑑）》（《石雲山人詩集》卷六、卷二十）

吴榮光（1773—1843），原名燎光，字殿垣、伯榮，號荷屋、可庵，别署拜經老人、白雲山人。廣東南海人。清嘉慶四年（1799）進士，選庶起士，散館授編修。道光年間升至湖廣巡撫兼湖廣總督，遷監察御史。後以事革職，降福建布政使。道光二十年（1840），以原品致仕返粤。工書畫，精金石，對碑帖考鑒，造詣尤深。著有《石雲山人詩集》、《白雲山人文稿》、《辛醜銷夏記》、《吾學錄初編》、《綠伽楠館詩稿》等。

《石雲山人詩集》三十四卷，清道光二十一年（1841）南海吴氏筠清館刻本。其卷六有詩《費西墉給諫（錫章）使琉球詩三首》，卷二十有詩《喜琉球冊使至二首（林修撰鴻年高編修人鑑）》，分别為送費錫章使琉球，清道光十八年（1838）冊封琉球正使林鴻年（字勿村）、副使高人鑑（字螺舟、一作螺洲）往封琉球而作。

兹據清道光二十一年（1841）南海吴氏筠清館刻本影印。

鷹歸家日山濤薦士心稚章舉優行冰銜
恩榜近重祝夜堂深
問訊西湖月清光遍幾家秋心留一水客夢落雙槎他
日青樽酒相望白露葭一官仍索米爲話舊皇華
費西墉給諫錫章使琉球詩三首
綏遠邦之典
皇仁東海揚外藩奉冠帶使者簡賢良豸服辭三省
鸞書捧十行歡斯卅六姓
寶册慶豐穰

如鏡波恬晏羅鍼指卯辰蛟龍馴溟涬島嶼走嶙峋萬
里天涯路重洋海外臣國門開廣福稽首拜征塵
虎萃龍崗地蒼然儼卧虬三山據形勢入載重懷柔綏
節威儀肅瓊筵禮數稠郄金亭畔水清澈待歸舟

入直

肅肅周廬晝晷移紫泥香處一簾垂傳宣每見中官下
密勿惟應上相知總爲
九重求治切休言百爾退公遲故山南望波恬晏早晚
邊書慰

糾節行八風禮樂備精華四塞天地剖何期諸石儀鳳

皇尙入吉金篆蝌蚪干羽功成太平相惟其似之是以

有逕于

天子紹鼓鐘銘言敢取爲公壽

喜琉球冊使至二首 林修撰鴻年 高編修人鑑

最重

君恩最壯遊萬靈往返護行舟

天臨鞏島蛟鯨靖人指重溟日月浮

聖德綏徠嚴糾察奉有詔諭稽查 臣心清白尙吝諏中山使

事曾三見嘉慶五年十三年及今而三僅見乘風六日郵放洋往返各六日

雙鵠星飛直北來八騶雲擁遍南垓浙閩山水行縢熟

文武威儀晝錦同兩使者皆路經珂里一品集中眞巨手百花頭

上信高才

臨軒正念皇華切好博

天顔一笑開

秋感

匆匆過眼儘繁華讓我巡簷一笑加春色已闌任反舌

秋聲初厲起銜牙豈無警露乘軒鶴亦有憐風赴壑蛇

（清）方浚頤《題琴士師泛海圖》（《二知軒詩鈔》卷二）

方浚頤（1815—1899），又名浚益，字子箴，號夢園，別號忍齋。安徽定遠人。清道光二十四年（1844）進士，授翰林院編修。後任兩廣鹽運使兼署廣東布政使。同治八年（1869），調兩淮鹽運使時，創辦淮南書局，招集學士，校刊經籍，後又增設梅花、安定兩書院。光緒二年（1876），任四川按察使。晚年居揚州，主講安定書院。著有《二知軒詩抄》、《二知軒詩續抄》、《二知軒文存》、《古香凹詩餘》、《夢園叢説》、《待月簃奕存》、《轉徙餘生記》等，編有《嶺南唱和集》、《題襟館唱和詩》、《兩淮鹽法志》。

《二知軒詩抄》十四卷，清同治五年（1866）廣州刻本。其卷二有《題琴士師泛海圖》一篇，為隨清道光十八年（1838）冊封琉球正使林鴻年往封琉球的從客琴師而作。

茲據同治五年（1866）廣州刻本影印。

名慙化鯉心迹愧閒鷗登岸茫無路萍蹤悔浪遊

題琴士師泛海圖

先生古叔度汪汪千頃波清心鑒於水十載遊淮渦書聲洽琴韻酒膽驅詩魔有時發長嘯拔劍斫地歌別來倏四秋塵海同消磨先生賦招隱八公山之阿賤子入京洛歲逢豕渡河兩遇引回風依然春夢婆蓬瀛遠莫到蠖屈嗟坎軻滔滔日以逝瞥眼流光過歸家展尺素筆墨難縷覼此圖契我心浩然起長哦憶昨儀道院星使門可羅寓都中圖通觀與林殿撰鴻年比鄰殿撰曾出使琉球中懸海外書濡染成擘窠有長風萬里扁額中山王所書爲言禮教邦效順擬趙佗風

濤不知險靈佑紀白螺詎意島間夷蠢動如么麽我
皇奮智勇決策誅嫆嬰星狼避弧矢壯矣元老番濁涙
息鯨鯢滄溟收蛟鼉膺功在指顧奏凱鏘鳴珂海天自
清宴胡爲依澗薖丈夫願投筆落落心無他一息逾萬
里勇往休蹉跎望洋而卻步跼蹐終如何翹首瀛海東
神仙安樂窩移情伴成連絃誦揚天和醉傾瓊島漿赤
松顏爲酡直隨釣鰲客臨流披烟蓑笑彼塵中人紛紛
笏與韡

感興十八首用張船山先生寶雞題壁韻

書空咄咄恨難平憂患無人審重輕國有漏卮容外寇

（清）何紹基《冊封琉球賦（以道光丁酉修貢請封為韻並敘）》（《東洲草堂文鈔》卷十九）

何紹基（1799—1873），字子貞，號東洲，別號東洲居士，晚號蝯叟。湖南道州（今道縣）人。清道光十六年（1836）進士，授翰林院編修。歷任文淵閣校理、國史館提調等職，曾充福建、貴州、廣東鄉試正考官。咸豐二年（1852），任四川學政。三年（1853），因條陳時務得罪權貴，降官調職，遂辭歸。曾主講于山東濼源書院、長沙城南書院。晚年主持蘇州、揚州書局。

何紹基博學多才，精通經史，亦工詩文，擅長小學金石碑版。書法初學顏真卿，又融漢魏而自成一家，晚年草書，醇厚有味，爐火純青。著有《說文段注駁正》、《惜道味齋經說》、《東洲草堂詩集》、《東洲草堂文鈔》等。

《東洲草堂文鈔》二十卷，行世有清同治六年（1867）長沙無園刊本、清光緒年間刻本。其卷十九有《冊封琉球賦（以道光丁酉修貢請封為韻並敘）》一篇，為林鴻年、高人鑒使琉球而作。

茲據清同治六年（1867）長沙無園刊本影印。

出風塵爰
臨紫閣更試琱弓厲人臣而有鵠待名將以非熊玉仗秋清佳
氣近九霄之上星堋曉麗奇材超萬騎之中槧儒生之篋佩憶
壯志於桑蓬方將
駕扈蒼龍頌華林之汗赭爲羨冠飄翠羽拜
朵殿以雲紅

冊封琉球賦 以道光丁酉修貢請封爲韻 并敘 大課四名

皇帝御極之有七年琉球國世子臣尚育以序當嗣立遣陪臣
耳目官向大烋正議大夫孫光裕賫表奉貢籲請於
朝
上命翰林院修撰林鴻年爲正使翰林院編修高人鑑爲副使
奉冊往封將以明歲春啟行所以建邦懷遠甚盛典也臣按琉

球之文始見明史元史作瑠求隋書作流求爾雅釋言曰流求

也毛詩故訓傳以爲左右流之之義然則隋書所謂東望依希

有烟霧氣不知其幾千里因使入海訪求異俗者非於雅訓有

合歟大業中遣使慰諭繼以用兵未能歸順逮元至元元貞兩

朝皆招討兼施訖不用命明初敦諭朝貢始臻賜幣冊封使舟

頻發琉球本三國分王尙巴志始以中山并兼山南山北時宣

德三四年也我

世祖撫壹寰區率先表貢

詔書金印使未獲行至康熙元年並奉

新頒敕書前往嗣後二十一年五十七年乾隆二十一年嘉慶

四年十三年疊奉

綸言俾承先烈我

皇上臨御以來修文德揚武功威惠所流罔有不届中山朝貢恭順有加焉遴才玉署敬播
龍章嘉與維藩明示無外信
聖德之廣被亦詞曹之極榮已臣趨陪藝館與聞
盛美謹撰賦曰
緊靈鼇之委輸控中區以環抱納羣流而不波知
聖人之有道於是鳥俗麟洲虬鄉鼊島凡沈玉之所未極簡書之所不造莫不萬里蛾伏重譯梟藻覘析木於天津效奇琛於地媪況乎蔚爲大邦世守符寶向化者已二百年於茲將撫此三千里而長保流求古國尚氏新王溯舟師於隋代徒委甲於重洋元兵再至文德弗彰明初馳諭朝貢相望因覊縻以效順匪淪浹而不忘聞

世祖之膺籙馳下吏而靡遑
允爾嗣服
丹詔煌煌
聖祖繼之敕使並將
高宗
仁宗休命屢揚涵海養春奕葉彌光固宜其屬當纘序而震動
竦息以待命於我
皇乃遐陪隸嚴使令涉汗漫越零丁遵斥堠詣
闕廷燦銅鞍與漆甲儷金鶴於銀屏有貢在篚有表在亭心明
明其若月字一一而涵星
天子曰韙哉是其克秉藩服恭奉國經宜申錫以帶礪俾永鎮
於滄溟

臨軒遣使

聖訓聰聽其肅將余一人之命而遄造乎首里之庭玉節駢須

醲恩渥受麟補蟒衣珠冠紫綬驟我馬兮皇華別宮闕兮翠柳

飛杳雨兮江南指梅花兮浦口虎門汎舟雞岫叩首沙漏數更

神螺旋右測鍼位於辛辰訂譎線於卯酉舟中載

冊如嶽與斗氣慴川祇靈護天后紅蜻紫蜨於是乎翔扶奇鱷

怪螭於是乎潛走望姑米兮壤接入那霸兮颿收堂開露灑橋

亘虹周

諭祭之苾芬既薦

冊封之儀矩爰修

龍亭日麗玉案香浮藩臣稽首太史揚休

皇帝有詔爵龔箕裘苴茅罔替茀祿斯遒

皇帝有敕賜賚豐優王妃並錫錦綺疊稠拜
龍光兮奐爛爤鯷國兮遐幽願永禩兮服伏戴
恩波兮泳游慶庭闕之禮成陛
書樓而梯控峙
列聖之雲章懸千尋之寶棟仰
宸訓之峨峨增 臣 心之洞洞爰禮上賓集僚衆酌蜜林之芳醅
賡太平之雅弄累七宴兮冬臨待一帆兮風送馬齒猶青鯢淵
不凍氣迴望兮疑虬使遄歸兮翽鳳蓋銜
命者甫返於周行而表謝者又踰乎常貢已爾乃諏其秩官攷
其疆境自雄長於中山兼南北爲三省王城在中百職是整國
相執其鈞法司佐其柄三十有五之閒切泣以按司三百八十
之邨縣粲乎里井有島卅六監撫兮領至繼緒以有邦肅騰章

而上請惟極必歸於厥中斯政乃一於所秉所以風敎鬱興兵戎息警長依雲日之光多自鬐魚龍而氣靜也若其山川之磅礴物產之豐茸鶴頭鳳峷鉢嶺金峯瑞泉縵湖砂川赤淙弁岦崎以蹇嵯亦澔瀚而沖溶吉茄天芋石芝海松藪鶩化鹿鰕巨猶龍久米知花之域薩摩野古之衢雖珍物所競湊咸歲事所不供惟
聖天子卻遐方之奇異
示明德之儉慕所由
絲綸敷播瀛碑景從信恢恢乎包天樞而括地軸豈僅僅乎邁禹甸而媲堯封也哉

經筵賦 以仲春之月典重經筵爲韻

皇帝御極之十有七載瑞普蘿圖

（清）林壽圖《家勿邨修撰（鴻年）偕高螺洲編修奉使琉球將抵福州過柔遠驛觀夷官習禮賦四十韻》（《黃鵠山人詩初鈔》卷一）

林壽圖（1809—1885），初名英奇，字穎叔，又字恭三，號歐齋，別署黃鵠山人。福建閩縣（今福州）人。清道光二十五年（1845）進士，任工部員外郎。咸豐二年（1852），考取軍機章京。九年（1859），任山東道監察御史。十一年（1861），升任禮部給事中，兼署兵部給事中，浙江道監察御史。同治元年（1862），改任順天府尹。二年（1863）遷為陝西布政使。四年（1865），兼司軍營轉運，督辦慶陽糧台，後兼督辦全甘路糧台。光緒二年（1876），丁母憂服闋，補山西布政使。三年（1877），為左宗棠所劾革職。後應兩江總督沈葆楨之聘，主講鐘山書院。七年（1881），歸里福州主講鼇峰、致用書院。十年（1884），任團練大臣，賞給四品頂戴。著有《榕蔭談屑》、《啟東錄》、《黃鵠山人文集》、《華山遊草》、《黃鵠山人詩鈔》等。

《黃鵠山人詩鈔》十八卷，行世有同治十一年（1873）閩縣林氏刻本、光緒壬午年（1882）閩縣林民刊本。《黃鵠山人詩鈔》初鈔卷一有《家勿邨修撰（鴻年）偕高螺洲編修奉使琉球將抵福州過柔遠驛觀夷官習禮賦四十韻》一篇，為送林鴻年、高人鑒使琉球而作。

茲據清同治十一年（1873）閩縣林氏刻本影印。

臺前乘醉興大書巖石似顚張

陽岐江

海門遠送早潮青載酒橫江惜獨醒三十六峯正風雪披簑誰與臥滄溟

贈沈桐士 紹九

沈郎家計四立壁兀擁圖書傲不貧醉眼垂靑竹林友緇衣染素洛陽塵誰能倒海撈明月惟合渡江采白蘋我故蓬蒿甘沒首問君何事笑相親

家勿郁修撰 鴻年 偕高螺洲編修奉使琉球將抵福州過柔遠驛觀夷官習禮賦四十韻

十八年六月　龍飛紀道光四森成帶礪一介達梯航
告計邦惟舊　褒封慶未央詞垣三殿選驛堠百蠻鄉
雨露霑　新寵雲霞照大荒北來經析木東攬極扶桑
蕩潏　仁風遠崢嶸正朔長占星到牛女建國溯人皇
怪誕存君祝傳聞略宋唐輸誠洪永代鎮撫按司畺
章廟榮冠帶球陽篤保障周廷通象譯漢詔播炎方至
德無矜伐嚴威自肅將五朝今繼　聖七葉更遐昌
國自尙質受封於今七年矣　賤子家閩嶠來賓覩越裳鮫綃時有贈鯷
戶事能詳羣盜連滄澥邊藩昔陸梁波臣脩職貢
天語錫輝煌七事吾宗擅康熙二十二年林舍人麟焻奉使上七事疏　三山世

鑑揚我　皇紹　休烈侍從盡才艮受籙膺神器
朝宗列島王八城開馬市五嶺度龍驤早偵兵皆偃猶思
澤普洋　璽書勞賻唁旌節慰存亡品秩加華服官儀
具太常軺車推二妙蓬頂領羣芳焜耀相如里經營陸賈
裝幢幡甘蔗影帟幕荔支香詭麗歸墟處瑰奇巨壑藏雞
籠望空闊馬齒接微茫閱歲臺江渡乘風海舶颺軥輈雜
鳥語玳瑁半倭粧馴擾諳情性雍容習典章𤪌瑜排綵仗
款聆儀戎行想像輶軒降親臨黼黻旁敦忠端治本延
賞協嘉祥鋮路麟洲轉更程鰈水量海道六十里爲一更百靈丹
簡護五兩錦颿張北極瞻樞斗南瀛貢篚筐大清千萬禩

與爾固金湯

分詠得三高祠 己亥

弓鳥留箴種大夫上將軍已變陶朱五湖買得扁舟後越
國江山不屬吳

霜清故國冷漁磯菰菜鱸魚正美肥較勝華亭思鶴唳布
帆無恙獨東歸

鋤田飼鴨養天機春水環生甫里祠憶自風流傾郡守八
閒傳徧木蘭詩

同蕙卿聽秋史彈琴

天風蕭寥開軒楹一輪明月孤桐橫蟲鳥盡瘖木葉脫大

（清）董文煥《送趙又銘（新）贊善前輩于申卿（光甲）舍人同年冊封琉球》（《峴嶕山房詩集》初編卷七）

董文煥（1833—1877），初名文渙，榜名文煥，字堯章，號研樵、峴樵，室名『不薄今人愛古人之室』。山西洪洞人。清咸豐六年（1856）進士，改庶起士。散館授翰林院檢討，充武英殿、國史館協修等。同治四年（1865），補甘肅甘涼兵備道。十一年（1872），調甘肅鞏秦階道。著有《峴樵山房詩集》、《峴樵山房文集》、《藐姑射山房詩集》、《聲調四譜圖說》等。

《峴樵山房詩集》十三卷，清同治七年（1868）刻本。初編卷七有《送趙又銘（新）贊善前輩于申卿（光甲）舍人同年冊封琉球》詩一首，為送清同治五年（1866）冊封琉球正使趙新（字又銘）、副使於光甲（字申卿）往封琉球而作。

茲據清同治七年（1868）刻本影印。

送趙又銘新貢書前輩于申卿光甲舍人同年册封琉球

海國賚藩翰　中朝重俊髦　帝心柔遠服星使接仙曹綸綍雙旌奉威儀一品高　殊恩通絕域鑑景出神皐日彩黃金册天香紫錦袍寵行擬鼂監講德比王褒沙漏更程驗樓船結搆牢閩濤回巨艦蠻雨濕征旄葉壁空懸翠梅洋綠動篙驂胥垂大翼飛隼駕靈鰲神鬼從呵護魚龍定遯逃晨炊淩渺渺夜猶記滔滔指景千年樹排雲萬壘璈由來杖忠信不止利波濤地勢彭湖接山形首米遺鼻問新土宇天際古城壕士女爭除道君臣待獻醪蛟宮迎寶籙鳳詔灑春膏喜睹圭封盛歡聞譯語嘈如瞻顏咫尺

尺其荷　聖甄陶象寄書同逢未離韻自操裴應空舊苡
宴更啟蒲桃禮樂夷風變聲名賈客豪輶軒勤錄採萬里
豈徒勞

城南即目遇雨小憩龍樹寺

尺五城南路尋花憶舊遊煙郊仍淑氣芳草自平疇柳色
半藏寺春陰多在樓停鞭方惜別風雨爲淹留

次韻答玉森

白日長多事輕雲只是陰簾隨時晥晚且與衆浮沈飛絮
撩愁鬢繁花逆客心春明詩社散無夢盍朋簪

愚園觴月圖爲頌臣京兆題

（清）孫衣言《琉球入學見聞録序》、《琉球詩録序》、《琉球詩課序》、《學生作琉球食戲述》、《琉球貢使向紹元都通事梁必達來見賦此為贈》、《琉球門人阮宣詔東國興以土物見寄而不得其書即簡二首並問鄭生學楷（癸丑）》、《琉球門人阮宣詔以充入貢副使至都並得東生國興消息賦贈二首並寄東生》（《遜學齋全集》《文鈔》卷八，《詩鈔》卷二、卷九、卷十）

孫衣言（1814—1894），字紹聞，號琴西，晚號遁拔，齋名遜學。浙江里安人。清道光三十年（1850）進士，授編修。咸豐八年（1858），任上書房師傅。同治四年（1865），丁憂歸里，任杭州紫陽書院山長。十一年（1872），調安徽按察使。光緒元年（1875），升任湖北布政使。三年（1877），再調江寧布政使，整飭鹽務、厘捐，明斷疑獄，治有政聲。五年（1879），內召為太僕寺卿，稱病乞歸。六年（1880），講學於里安詒善祠塾，造就人才甚眾。曾為琉球官生向克秀、阮宣詔、鄭學楷、東國興教習。為官端雅，好學博聞，喜談經濟，著述甚勤。著有《甌海軼聞》、《遜學齋全集》等。

《遜學齋全集》三十二卷，分為《文鈔》、《詩鈔》、《文續鈔》、《詩續鈔》等四個部分。清同治十二年（1873）里安孫氏刊本。其《文鈔》卷八有文《琉球入學見聞録序》、《琉球詩録序》、《琉球詩課序》三篇，《詩鈔》卷二有詩《學生作琉球食戲述》、《琉球貢使向紹元都通事梁必達來見賦此為贈》二篇，卷九有詩《琉球門人阮宣詔東國興以土物見寄而不得其書即簡二首並問鄭生學楷（癸丑）》，卷十有詩《琉球門人阮宣詔以充入貢副使至都並得東生國興消息賦贈二首並寄東生》，均為教習琉球來華官生而作。

茲據清同治十二年（1873）里安孫氏刊本影印。

琉球入學見聞錄序

琉球自　國初以來子弟入監讀書者七乾隆間教習臣潘相始爲入學見聞錄一書所載　朝廷恩數及其國世系風土人物文字言之綦詳嘉慶間教習臣黃景福復爲見聞辨異一卷攷訂訛誤皆足與徐葆光周煌諸志互爲質証道光二十一年琉球弟子向克秀阮宣詔鄭學楷東國興四人入監臣以副貢生充教習時與諸弟子詢考謠俗大約無異前錄而其在學所爲詩文別爲錄刻故不復箸論今年二月臣以提刑淮南北奉　命入覲適琉球弟子林世功學成將歸來謁於客邸世功在其國時嘗從宣詔國興學故脩再傳弟子之禮隨教習臣徐幹來見而幹復以所輯見聞補錄屬爲

之序猗與盛哉我　國家聲教覃無遠弗格而海外藩邦
能以禮義文學接於上國其子弟又能循習儒雅知　中國
所謂師弟子之禮皆爲可紀昔子思之書推言聖人教化之
盛至於舟車所至人力所通日月所照霜露所墜凡有血氣
者莫不尊親蓋其盛德沾被非疆域所能限隔而四荒絕域
言語之不通文字之不同乃有事祆神逞怪誕以自絕於聖
人者夫聖人之教所弗及則亦非帝王之權所能治矣然臣
竊見載籍以來如漢之冒頓晉之劉石唐之吐蕃回鶻皆能
騁其凶鷙爲禍中國而其棄禮蔑義自相傾奪以取滅亡大
率遠者百年近者數十載輒種類絕滅歸於烏有殆與草木
禽獸無擇而琉球獨以海外小邦被服冠帶誦法詩書爲中

國儒者所紀比於春秋鄒魯豈獨天子文治之美亦其
涵濡聖教者深也是固宜保守藩服遠有歷年者矣故臣於
幹之所編樂爲之言而獨惜夫言語之不通文字之不同者
未能使之與讀是書也

琉球詩錄序

中山人士往往能爲詩然多爲五七言律絶以資酬答而已鮮有爲古詩者予爲教習時頗令弟子輩汎覽漢魏唐人以來諸家作者間語以古人作詩格法蹊逕皆洒然有得其所爲詩亦往往可觀予嘗擇其雅者錄而刻之謂之琉球詩錄今年春琉球學生林世功在監期滿其師教習徐君幹亦有詩錄之刻取而閱之則皆馴雅可誦而林生又來乞余遜學齋詩謂將歸詒國人徐君又言琉球人極重予前錄幾於家有其書其好文而勤學皆可尚也　聖天子在上方以文章禮樂陶冶天下俾各安其性命之正而荒洲窮島狉榛蒙昧之民猶有奮其角牙含沙噓毒自外王化者而琉球禮義

相承三四百載士之北學中國者獨能以揚扢風雅自託於中朝俊秀之倫殆所謂蓬萊方丈秦皇漢武之所望而不見者歟於戲盛矣

琉球詩課序

教習徐君既選琉球弟子之詩以爲詩錄，又取所作帖體詩別爲一編而刻之，太抵仿予前刻意也。予謂試律之作始於唐人，至今日而　朝廷儒臣碩望，下至山陬海隅鄉曲之士，無不揣摩聲病，妃紅儷白，以求合於應試之體。而海外文物之邦如琉球者，初未嘗有場屋取士之法，乃亦效而爲之，信乎風尚之所趨，有莫知其所以然者矣。予嘗聞中山人士雖尚試律，然其國人所爲大率四韻而已。阮宣詔等入監讀書，始有八韻之作，而徐君此錄所載林生詩尤爲妥帖詳雅，有
中朝館閣氣象，則其文教之開而日新，尤可喜也。昔宋人言詞科之儆，一時競爲儷偶，至有以一聯之佳終身富貴者

今　殿廷考試皆用八韻而館閣之士畢精壹志以求工於聲韻對偶其弊殆亦類此獨琉球幸而無之則其所謂試律或猶近於古詩之流也歟徐君其必有以取之矣

二老林下蹤多在西湖上當時盛文章隔江屹相望風雲念已疎煙水清可傍靈光百年來正始惜淪喪梧門士林舊遺景希宗匠筆妙出山入高懷兩清曠哲人逝已遐東流日奔宕詩龕亦飄零游跡剏可訪多君善收羅殘縑識所仰余生之素修因茲起遐尙

松下幽人圖

黑雲壓天圜鶴巢老龍拔海翹尾梢炎官行空避高蓋蜺羽得志鳴蕭蕭非莊非惠彼誰子左肩赤袒趺團茅俗人何顏來促覩長眉蒼古心寂寥

學生作琉球食戲述

鯨魚羊豕腴肉剁瓊玉膚此物穴八溟勃維與鮫鱷徒不能鉤

餌致乃爲黃金層（琉球生云捕鯨魚必以黃金刺之乃死）海鰻止是蛇強名當
稍殊猶形改鬱屈怒目猶睢盱自非有奇疾聚毒安敢姑海
馬稍恨腥馬首身是魚家蔬（魚名亦曰佳蘇）最易得紫黑楷柮枯削
末投沸水脆美回昭蘇其餘微瑣碎大略如越吳調和酸鹹
雜美醬豆麥俱佐之美姬酒嚼米由彼姝不知施耶嫫取醉
咳唾餘（美姬酒云由女子嚼米爲之）我生本南食下咽氣自如持用饗北
客掩鼻走絕祛彼此更誇詫未可相賢愚粵人羹蝦蟇抱筋
如瓊琚北人食乳酪乃不知蒓鱸食焉安所甘居焉安所娛
述此聊爲笑匪用誇庖廚

答乙垣（癸卯）

冷官使酒怒其曹矮屋打頭議論高長安貴人日相索乃棲

仁者儻有意豈得久在風霜中

琉球貢使向紹元都通事梁必達來見賦此爲贈

伏犀入髮高頬權美鬚如戟目炯然黃冠突兀錦花帶深衣匹帛行圈豚中山使者顏色好入門磬折形恭虔搓手作禮致其敬其心孔殷未能言唐聲通官精爽緊代陳款曲詞便便攘袂出手手指天　皇帝聖德臨無偏次言先生教誨厚諸生小子坯爲甄寡君諸卿諸大夫傳語致謝感在肝我言此乃我職然百不盡一心煩煎惟有　帝德不可似博如天覆深九淵仁風四噓草木苗天光下照日月懸大夫行矣忠其君農力鋤犁士誦絃上無僭替民無怨永爲鄒魯傳萬年此所以報報以義不在覲恭仍獻珍我覘使者首愈俛

下手至膝坐弗安自循其帶持示我我知爾意無待論門外僕僮靜兀兀黑帕六角衣斕斑嗢咿耳語類有會鞠躬偵伺頭如黿作詩與爾述我語歸示其人傳兒孫

招王少鶴

綠槐萍合城南隅王郎不見今何如平生作詩頗愛我苦謂膚痂如鰒魚我今有作畏示人恐犯世議生齟齬近者病暑新出城日日子由同聽雨屏首無事如能來更折池荷薦清醑

偶至安定門外見道旁耕者感賦四首 甲辰

郊原春正好芳甸含晴暄農居三四家小小自成村是時新雨足耒鋤各在門犛牟方被壟瓜豆亦上藩力耕求飽食不

遜學齋詩鈔卷第九

瑞安孫衣言琴西

今體詩六十三首

琉球門人阮宣詔東國興以土物見寄而不得其書卽

簡二首并問鄭生學楷 癸丑

昔枉中山信相思滄海東早知遙道意猶與別時同細葛輕

含雪香紈緩趁風卽今嘉惠及愁望益怱怱

阮子猶閩嶠東生在舊閩竭來千里使偏惜一行書從宦情

難展論文意未疎南風相問訊鄭谷興何如

二月八日 駕幸太學 臣以翰林官獲與聽講

恭紀四首

人家湖上數鐙紅鐙影湖光搖颺中卻憶扁舟投夜泊小村臨水綠楊風

蛙鳴

偶聞閣閣兩三聲柳葉花枝並戶明夢覺不知清禁近綠秧刺水正春耕

琉球門人阮宣詔以充入貢副使至都並得東生國興消息賦贈二首并寄東生

十年回憶授經時萬里重逢亦自疑鬢髮相看俱老大文章今見有光儀來經滄海波如席春到皇州柳已絲卻爲懷人成感愴當筵無意覆深卮向生克秀鄭生學楷皆已亡矣

門下東生最妙年當時文筆亦飄然新聞酒醴王門內時對

圖書玉殿前魯國申公猶邸舍洲中晁監幾詩篇卻期燕雁
能相代來慰離情到日邊東生聞在王宮授王世子經

送阮行人別

相向柳條新金尊四坐春十年思遠別萬里又歸人驛路看
芳草江波動白蘋重逢知未卜何惜一沾巾

答彭相國見詒詩稿

一編珠玉粲當前物望於今亦許燕上相鈞陳依日月詞人
華屋接神仙吟呻長慶秦中曲慘澹春陵賊退篇三輔有蝗
南國歲須公用意向前賢

爲恭邸題畫萱花

金琯璚簫事事宜閒愁何處更纏之畫工下筆爲萱草知有

（清）徐繼畬《覆英夷搬出神光寺並琉球使臣遞文疏》（《松龕全集》奏疏卷下）

徐繼畬（1795—1873），字松龕，又字健男，別號牧田、松龕，書齋名退密齋。山西代州人。清道光六年（1826）進士，選為庶起士。十年（1830），任翰林院編修，又充陝西道監察御史。十六年（1836），調廣西潯州府知府。不久，又改福建延建邵道，署理汀漳龍道。二十二年（1842），任兩廣鹽運使，隨即又升廣東按察使。二十三年（1843），遷福建布政使。二十六年（1846），再升廣西巡撫，然而還未上任，就被改授福建巡撫。當時正值閩浙總督劉韻珂因病乞假，徐繼畬便代理閩浙總督，和外國人交往加密，瞭解到很多國外的各種情報，為此後編著《瀛寰志略》打下基礎。三十年（1850），因為在福州發生的神光寺事件中處理方法與當時在福州養病的林則徐以及其他一些官僚的意見不合，多次被言官彈劾。咸豐元年（1851），被革職並召回北京，終降職為太僕寺少卿。二年（1852），吏部追查徐繼畬在巡撫任內逮捕罪犯延遲一事，再次被罷歸里。同治四年（1865），重新起任總理各國事務衙門行走並管理同文館。五年（1866），任太僕寺卿，授二品頂戴。六年（1867）改任總管同文館事務大臣。八年（1869），以老病告歸。著有《瀛環志略》、《古詩源評注》、《退密齋時文》，《退密齋時文補編》等。

《松龕全集》十一卷，包括奏疏二卷、文集四卷、詩集三卷、兩漢幽並涼洲今地考略一卷、漢志沿邊十郡考略一卷。民國年間山西省文獻委員會編輯的《山右叢書初編》本。其奏疏卷下收錄了《覆英夷搬出神光寺並琉球使臣遞文疏》一文，敘及清道光三十年（1850），處理英人伯德令和妻子非法居留琉球國數年一案的經過，對研究當時中、英與琉球國之間的關係，有一定的參考價值。

茲據民國年間山西省文獻委員會編輯的《山右叢書初編》本影印。

操持急切致起釁端所以七八年來尚稱安帖若竟毫無主見任令夷人滋擾地方非特辜負深恩且閩省民情強悍亦斷不能相安無事以至今日惟是華夷雜處枝節叢生事之關係重大者無不隨時具奏若夫口角鬥毆謠言誹語時時有之臣與督臣止可隨時處斷使民夷兩得相安實未便以瑣屑細故頻瀆天聽並非有所迴護故爲隱瞞所有奉旨查詢各情節臣謹逐一據實覆奏不敢有一字含混致蹈欺罔之罪至神光寺夷人正擬搬去臣已另片陳明再此件係臣親自起稿令親信在密室繕寫並無一字漏洩合並陳明伏乞聖鑒訓示謹奏道光三十年十一月二十二日奏咸豐元年正月二十七日奉硃批另有旨欽此又准軍機處夾單內稱貴署督具奏前事一件本日已奉有諭旨另行查辦爲此知會

覆英夷搬出神光寺並琉球使臣遞文疏

再神光寺夷人搬移一事因該夷目星察里欲日後在道山觀建蓋樓房經臣

飭駁不准倘未定局前已附片奏明在案細訪其故該夷目之欲建樓房係爲繙譯官日後携眷居住之用經臣飭駁亦遂止息臣仍責成已革侯官縣知縣興廉催促兩夷人搬移茲於十一月二十九十二月二十等日兩夷人先後搬至該夷目租賃年久之道山觀居住將神光寺房屋交還誤用印之租約亦繳還塗銷臣隨飭該縣將神光寺僧人傳案出具切結以後永遠不准將房屋租與夷人居住以免口舌所有神光寺夷人業經搬去緣由謹附片密陳伏乞聖鑒謹奏再據藩司慶端詳稱道光三十年十月十五日據琉球國使臣夏超羣等稟繳該國中山王世子尚泰咨文一件內開竊查英夷伯德令一案經蒙轉詳具奏一面移咨欽差大臣飭令英酋迅將伯德令並妻子一律撤回此誠皇恩浩蕩咸激無涯但今未見該國撥船撤回又道光二十九年十一月初八日有夷船一隻到來隨著訪問來歷據兵頭來雲口稱奉英國總辦外務事宜宰相巴矞文一封而來應具文回復等語隨即飭官接矞披閱內云英國秉政各

大臣所欲彼此兩國不禁通商永久友睦倘琉球果有此意則本國商民數名即往琉球地方寄居貿易俾賓主利益多增至伯德令係屬英國子民向在泰西國習練醫道後過琉球其心志既係救患濟人能使琉球民庶精力壯盛仍屬琉球見諒如前再得妥保該令平安可也等因令應好生照看毋得怠慢倘有侮辱之事日後不免兵火該官婉詞回話並具文懇請接回伯德令并妻子旋據啓覆所留伯德令乃吾國所珍重如琉球官民巧用壓欺強出境址吾國所不怡決不能依順所請等由於九月初六日長行回國切查伯德令居球以來每逢便船勸其回國不肯聽從今逢英國船隻到來即飭懇請撤回乃該兵頭如前所言說出危懼之詞並無接回之語未知其心懷如何憂慮益切寢食不安伏乞轉詳妥爲查辦迅將伯德令并妻子一律撤回使敝國得以安謐茲值進貢之便理合咨覆查照等因由司具詳前來臣等查此案先於上年九月二十三日據琉球國接貢使臣面繳該國王世子咨文一件以英夷所留之伯

球遠在海外迴非內地五港可比等語顯係意存推諉臣等查在前定各國通商
回去而前次咬嚙照覆兩廣督臣徐廣縉之文又稱通商五口伊尚可呼應琉
國反出恐嚇之言是其意在遁可以概見上年伯德令既稱非奉官諭不便
琉球國已閱數年其心叵測現有英夷國船後到球該國懇請撤回仍未附載回
行司移知該國王世子知照在案茲據藩請查英夷伯德令並各屬人等居住
茲於本年二月二十四日奉到御批依議妥辦欽此咨閩轉咨知照等因均經
撤回一案經本大臣於道光二十九年十二月十八日將查辦緣由恭摺覆奏
月二十日准欽差大臣兩廣總督臣徐廣縉咨覆英夷伯德令在琉球國尚未
奏有寄信諭旨交欽差大臣兩廣總督徐廣縉辦理等因又於道光三十年三
十八日奉到硃批另有旨欽此同日奉到十一月十一日軍機大臣片稱本日
大臣兩廣總督臣徐廣縉設法諭催撤回一面附摺具奏道光二十九年十二月
德令計今四年之久未知何日回去移咨藩司據情轉詳當經臣等會咨欽差

條約中國所屬藩封原未議及該酋吱𠸄既設詞推諉卽使兩廣督臣徐廣縉再行照會亦難保其必肯撤回惟琉球以海島微國世效共球久託天朝之覆翼今因英夷留醫士在彼日切憂危頻來呼籲既未便置之不議更未便將英酋推諉之詞使之聞之益增危懼自當仍由臣等咨會兩廣督臣徐廣縉再向英酋吱𠸄相機開導將伯德令等及早撤回以卹藩封而免驚擾除照錄琉球國王世子來文密咨欽差大臣兩廣督臣徐廣縉查照辦理外所有臣等咨請催撤緣由謹合詞附片密陳伏乞聖鑒謹奏奉硃批另有旨欽此

再覆英夷搬出神光寺疏

再咸豐元年正月初二日承准軍機大臣字寄道光三十年十二月十一日奉上諭前因閩省有人奏英夷強租閩省神光寺居住民夷不安各摺當降旨交劉韻珂徐繼畬查奏旋據劉韻珂等奏稱該夷寂處蕭寺斷難久延復降旨查詢何時該夷力可搬去何以前此任其闌入令劉韻珂等據實直陳現在劉韻珂

（清）陳元輔《枕山樓詩集》一卷

陳元輔（生卒年不詳），字昌其。福建閩侯（今福州）人。林潭《枕山樓詩集·序》謂：昌其『遇與心違，懷才莫展。』王化純《枕山樓文集·序》亦曰：『昌其也，才才大，而與地相違，與時相左。則不因世之用與不用為欣戚。第本其磊落卓犖之志，而發揮于詩文。一皆春容嫻雅，而不見其有憤盈之氣，非其才有以運之者哉。』看來是因為一直懷才不遇，故終生未仕。清康熙二十二年（1683），琉球國留學生程順則（字寵文）來華後，在福州拜從于陳元輔門下，潛心儒學。

所著《枕山樓詩集》一卷，清康熙三十年（1691）序刊本。該詩集首有鄭宗圭作於康熙三十年（1691）的《序》和林潭《序》各一篇。卷端署：『閩中陳元輔昌其著』。共收錄詩作一百二十一題，其中很大一部分是與琉球國來華學者程順則、梁得濟、梁得聲、梁本寧、鄭克敘、蔡聲亭、蔡文敏等人的交遊贈答之作，對研究中琉歷史文化交流極具史料價值。另外林潭《序》曰：『此寵文所以捐貲授梓，欲為其師傳不朽也。』據此得知，該詩集是由琉球留學生程順則捐貲刊刻印行的。

茲據清康熙三十年（1691）序刊本影印。

序

詩之爲道或懽愉贊嘉或憤恨感嘆要

皆本於性情發乎中懷之不容已固有

者必求似古人而爲古人之所不能外

不必務勝今人而爲今人之所難遂至

今之言詩者動稱李杜而亦知李杜之

詩所由能共傳至今者乎李白憤宦寺
恣横特以浩氣摧折其人於殿廷之上
杜甫感古今得失特以史筆抑揚其事
於賦咏之中是其所處心積慮已足乘
遠昭垂於宇宙間矣倘徒欲匹休李杜
之詩而不思匹其所由能有是詩者猶

欲北途而南其轍也。余里中畢拱辰子
以所著詩見示。且屬以序。余一再展讀。
喜其抒寫所懷。非有矯強雕飾其間。因
憶其所學所爲。必有不愧古人者。況後
授徒郊外。遨遊四方。縱探名山勝地。則
所以開豁其襟。壯厲其氣者。更何如也。

雖陳子之所恃以成名不但以詩然當
世有採風之使則是詩非其先獻者耶
康熙辛未仲春同里八十五叟鄭宗圭
拜識

序

程子麗叟從余友，最其游。相得甚驩。一

日補最其詩，問序於余。曰：此師半生心

血也。玆欲壽之梨棗，先生固知師之深

者。願乞一言弁其首。余愧不知詩，然知

最其獨深，又何可以無言。蓋最其詩也。

三變矣。自余庚戌。得交鼂其。時方束髮。
愼交遊。愛奪笑。嘯讀一室。風雨寒暑弗
輟。余間披其帷。相與較論售世事業。覘
其胸中眼中。若在峨嵋天半矣。而月夕
花辰。時借吟詠。寄興清新。雋永。恍如月
立空山。水流殘夜。無一點塵埃氣。此畢

其少年時詩也然而非其好也後南
轅北轍不相服者甲寅乙卯之學第一
山下與畢其居益近交益密故攻苦磨礪
益乃彼此應求益可相出語從此日之
畢其大非昔日之畢其會矣有時見其機
琴抱史坐梧桐樹下矣有時見其觸猶

興儔。翰墨淋漓滿人間矣。有時見其渉
江陟嶺。作平原十日歡矣。有時見其焚
書碎硯。慟哭青山矣。有時見其痛飲讀
楚辭。不則按劍詠盧昭隣悲道窮詞。江
淹恨賦。或徐文長疲驢破帽詩矣。孤懷
幽緒不一。悉於詩而發之。故畢其癸丑

痕賦從戎。或匹馬孤角。遲鈴知己。關塞

牛迄今十有餘載。而四曲甚或麼眉草檄。

旅食五山。予才多病。與鹽車又成風馬

遣懷。才莫展耳。丙辰深秋。余應南闈。

羲府諸作。一字一淚者。無非以遇與心

以後詩多感愴。年饑猶之少陵在蜀江

久而識膽深。識膽深而性情摯。向之怫悒無聊。忽啼忽笑者。今皆韜鋒斂穎。坐春風中。讀其近作。顒顒噩噩。鬱而善愁。婉而多風。吾不意㝵其寸管片腸變至此也。世有如此之詩。藏之名山。以待傳人可也。即懸之國門。與衆共讀。亦無不

可也此龐文所以捐貲授梓欲爲其師
傳不朽也夫午亭家同學弟林濬拜題於
昉門之石樓

枕山樓詩集

閬中陳元輔昌其著

寶劍行

亭亭三尺古太阿豐城有氣衝天河揮空時作蛟龍吼四壁蕭蕭風雨多十載琴書頻潦倒一囊携上長安道玉門萬里覔封侯壯心莫爲風塵老塵中有客試龍泉閃閃寒光拂碧烟丈夫但願遇知己只此相酬非偶然世路崎嶇多荊棘馬蹶裘敝空鬱抑可知

床頭金不黃偏是腰間有顏色年年匣裹老龍紋多少英雄仗此君往往來來天涯路陸離光怪披青雲氣氤氳結爲鐵抱得不平腸正熱悲歌能令易水寒淒涼不泣杜鵑血君不見囊中頭酒下咽英風千載猶凜冽

登鼓山芳崱峰

登山須登山之巔竹杖層層路欲仙浪拍千江雲接水雨餘三月草連天不見草間麋鹿走只有殘碑勒

蝌蚪風鳴石鼓日填塤撐天一柱扶星斗岩頭望日
幾重重上有壁海上烟消起卧龍依聯桑麻低萬丈
高凌霄漢長諸峰諸峰俛首皆北面大地江村鎖一
片連年烽火警鯨鯢城裏何人飛聖箭

釣龍臺懷古

峰高旗鼓舊雄藩龍去臺空釣井昏草長殿宮麋鹿
晚荒明道廟杜鵑魂銅駝荊棘銷兵氣王版河山帶
淚痕猶憶當年賢節度重關無鎖獨開門

九日登凌霄臺

一片荒臺倚夕陽殘雲衰柳色高涼我友勸酒酣鷓鴣誰後吹簫憶鳳凰九日烟光全在菊三秋楓葉正宜霜登臨回首當年事海濶天空總斷腸

病馬 此馬生來即是異種

猶憶當年龍作胎曾於河上負圖來可憐草澤悲鳴後誰念沙場征戰回雪擁難從秦嶺過月明長伴楚歌哀中原尚用馳驅力愁聽城頭畫角催 楚霸王歌曰時不利兮騅不逝

氏馬走如
杏花香
凡歸去馬
伏波將
老援
以示可

忍將衰淚說淒涼，泣血凝成十月霜，蹀躞幾時旋故里，翩翩何日整新粧，春郊草碧悲埋骨，秋徑風高欲斷腸，憶昔如飛歸去後，至今猶帶杏花香

郊原從狩騁東西，憔悴風塵憶鼓鼙，塞外慨嘆深夜月，陌頭空踏落花泥，半生恩重披銀鎧，百戰功成困鐵蹄，最是不堪回首望，蕭蕭木葉夕陽低

曾經顧盼伏波前，落魄何堪老驥眠，獨立晚霜嘶偃蹇，長眠芳草想聯翩，愁中空憶黃金絡，夢裏猶驚白

全書此
公落也
王孩下歌
今奈若
即尖美

聖鞭記得追風過漢北戰功蚤已勒燕然
天使催兵詔到頻何期逐隊困征塵風流零落思公
子歌舞銷沉怨美人當日四郊曾奏凱同時八駿尚
稱神遞庭未得烽烟息還欲滹沱一問津（光武兵至呼沱河王霸[illegible]冰堅可渡）
揚鞭無力出天衢報主雄心徹夜呼踏雪已同梅影
瘦嘶風獨對月明孤花看紫陌遲遊子劍佩長途瘁
僕夫兒說錢塘風景好何時飲水到西湖
請纓無路憶終軍出塞笳聲不忍聞伏櫪未忘千里

志驕人尚有五花紋汗流玉勒皆成血氣上金鞍半
是雲從此騰驤應有待莫言冀北已空羣
燕昭臺畔客銷魂誰念千金骨尚存潦倒關河悲驛
使蕭條琴劍老王孫滿鞍猶帶風霜氣百戰空留矢
石痕邊地狖聲連夜發敢言堪出玉關門
埋首鹽車力已憊傷心夜夜異銷烽纔經橋上題司
馬忽夢爐中訪卧龍猶汗空江從血流輕蹄半嶺任
雲封春來未識桃花色擬踏燕山第一峰

曙色初分白帝城。愁聽兩岸不勝情。江陵千里輕舟

猿

啼過離怨落花

江左春深日未斜。風流王謝已無家。殘燕十回飛入

燕

後啼過揚州廿四橋

百囀新聲破寂寥。於枝上學吹簫。[illegible]

鶯

迴頭是孤臣痛哭處

寄潘暉明

折柳亭前感歲華何堪烽火更離家情深相和御潭水氣靜疑君是菊花草澤木雞棲冷暑漸天野馬[illegible]平沙山川不管人憔悴古樹依然噪暮鴉

遊白雲寺

共攀石壁上天梯野寺烟深步欲迷當徑白雲爭出沒臨流青嶂鎖東西半庭鹿臥階前草二月花飛雨

[illegible][illegible]扶杖入山家，[illegible]遠空林唯見鷓鴣啼。

無題

路與仙源隔幾重，簫吹鳳曲聽何從。綠沉湘管三千字，紅鎖梨花十二峰。欄外東風憐燕子，江南秋水妒芙蓉。異時枕物來遊處，腸斷秦樓四壁蛩。

晚粧樓上紫烟深，綺閣重重閉欄陰。花片挂絲香不斷，竹簫入枕夢難禁。簾垂紅雨胭脂濕，淚落青樽琥珀沉。當日才華誰咏雪，豈堪寒夜獨聽琴。

斜倚闌干折柳腰。含情欲訴可憐宵。初紅荳蔻香猶淺，半紫薔薇色正饑。燕子樓頭空見月，莫愁湖上不生潮。彩虹何日凌空駕，飛度楊州廿四橋。

南昌寄家書

尺緘遥寄到吾廬，一路風霜不敢書。但使高堂春睡穩，前途且釣九江魚。

豫章送顏儀懷之陳總戎署中

五陵衣馬出清源，顏儀懷溫陵人。最喜同舟話故園。石峽風

擢鄉錦纜旗亭詩唱舊玉孫西吳北楚分岐路暮雨朝雲入夢魂驚武由來知相甫好攜尺劍壯轅門

懷張士升

草堂憶汝日相過誰料秋深唱渡河折柳亭前離別後思鄉榻上夢魂多菊開客路花無色淚落湘潭水不波雁信杳然頻悵望曲江風度近如何

懷林子秀

十月霜飛捲馬蹄誰憐驛路獨棲棲衣冠到處如鄉

共雲水頻年寄杖藜陶峴出遊思載酒羲山留恨賦
無題從今憶汝吞聲淚盡付空林杜宇啼

題王氏草堂

喜見王家有草堂北牕一枕傲羲皇園開山徑新盤
谷架插牙籤舊石倉古巷門深人跡少茅簷風暖燕
泥香輞川亭上無長物琴劍蕭蕭挂夕陽

過芝山别徑訪慧源上人

相過古寺熱傍邊幔滿新詩百尺欄十載故人塵

賤此中猶記義熙年

曉雨渡新道

空江孤掉雨中開曙色微茫共溯洄一望前村丹荔下有人沽酒過橋來

尋梅塢故址

十里城南路羅浮舊日村尚留高士跡空憶美人魂雪滿無花徑園空有月痕寒香來此地惆悵更何言

竹醉日同元聲叔訪林二耻於晚香園

天馬峰前處士居短笄不到十年餘辟人門巷尚栽
桃餉客田園盡種蔬兩峽橫江金鎖水孤山讀史鐵
函書相過對酒風清夜竹醉鹵窗月上初

楓葉

冷落吳江片片霞詩名蚤已重崔家紅顏不為經秋
減錯認東園二月花

病宿義溪

南來匹馬繫霜林六六灣頭水正深風雨不憚[illegible]

病溪山未改故園心半月行李空彈鋏百感文章懶
賦琴極目九官華表外（義溪陳氏九官臺憲）高臺何處郭黃金

軍中雜詩

新築邊庭大將臺牙旗高捲海天開管絃十部歌聲
滿鷹犬千村校獵回驛路羽書馳白晝壁門金彈落
青梅蛟宮咫尺防飛渡誰報前軍畫角催
初展戎韜困未紓袖中誰進監門圖營栽楊柳三春
戍野哭狐狸萬井枯父老殫心供正賦司農無計濟

軍需東南民力，今朝盡奏凱何時到上都。

有感

海濱堅壘駐雄師，百萬貔貅賴主持。專閫經年誇妙算，鐃歌何日譜新詞。材官絡繹徵輸輓，裨將逍遥聽指麾。見說昆明曾習戰，但聞沿岸角聲吹。

鯨鯢遁影水晶宫，制勝還須借魏公。帳下持籌衣薛洗，馬頭仗劒倚崆峒。舊栽桃李猶經雨，新製帆檣欲乘風。幕府佩刀誰可贈，遭逢原不在軍功。

細柳營中問野王柯亭一曲聽凄凉黍禾滿路藏狐
鼠荆棘當庭宿虎狼函谷草深秦吏隱汨羅風動楚
天荒不知何處關山月夜夜偏多照戰場

莫春李乾生招飲越日乾生有建州之行

愛爾能開徑尋詩遠到門殘春花砌雨芳草馬蹄魂
今日呼廬地明朝折柳村一杯離別酒鶯語易黄昏

送金西玉參軍浙江

書生何必不從戎近日東南有戰功出郭牙旗垂柳

露過橋鐵騎逐江風。四圍山色看依舊。一曲驪歌唱未終。須記勞勞亭上語。漫將文字說英雄。

送高子厚明府移居桂湖

曾種潘花樹樹紅。挂冠歸隱豈途窮。欲仙鷄犬烟霞裏。避俗琴樽薜荔中。南畝有時談野老。北窗無恙卧松風。從茲結得湖干屋。城市山林自不同。

丹陽曉行

滿天星斗映溪光。行李蕭蕭獨去忙。劍氣欲寒江上

月馬歸猶帶草邊霜微茫山色當前路聯絡鷄聲出
短墻客聚新詩誰書壁旗亭空對野花黃

寧陽署中感事

冷署題詩感慨多風塵豈復有常何漁陽日暮愁騶
武栗里春深憶薜蘿帳下青驄新劍戟嶺頭白鶴舊
關河海濱從古魚鹽地夜月今無鼓棹歌

安仁溪曉發

咫尺囦關路微茫一棹過日開帆影曙風急水聲多

宿鳥飛青嶂寒烟散碧波輕舟隨漲去江上問常何

烏石清泉亭

十里河陽一草亭（亭在德安縣離城十里）春深柳色隔溪晴行

人莫歛紅塵馬駐此清泉待濯纓

郢中寄懷林二耻

兩峽奇峰今尚存天涯時想種梅村秋江鱸鱠思歸

翁野艇風濤弔屈原回首故山雲滿目旅人凉夜

銷魂知君放鶴西湖上何日携琴過峭門

仙棗亭觀呂祖畫像

仙棗亭中舊醉仙清風半枕不知年請看一帶紅塵

道月店霜橋那得眠

滴露菴訪西堂大師

吾師踪跡寄烟霞說法諸天盡落花蘆葉杖頭懸草

履野湖船上泛袈裟寺臨河水朝承露鼎煮山泉夜

試茶携手虎溪方日暮浪遊如我愧陶家

贈泗水別駕陸士儁

使君雅度靜如梅疑帶驚聲郁浪來士增人佩錢盤上仙
桃㕛倩葉時分汛仙桃鍠座中竹葉孔融杯官清祇有風登
神訟散唯餘月上臺極目湖千波浪險如今全賴濟
川才
陸士佩署中觀劇
污水新開解語花馬頭憔悴抱琵琶青衫空有江州
淚恨不前身是押衙
題酒家姬扇頭并引

客楚夜沽見一姬當壚有卓氏風心艷之偶
一夕醉過其門乞茶解渴姬笑曰茶固有之
聞郎君善於詩可無一言相贈因出袖中扇
索題予思半載浪遊風塵寡合姬獨能青眼
亦空谷足音也昔王摩詰出公主之門宋之
問入昭容之選古來才士往往向脂粉中吐
氣姬果能知予可不憾矣
洋梁深處泛仙槎不覺尋香到酒家夜月壚邊開豈

蕘春風湖上妬桃花新題紈扇疑紅葉舊製松蘿試
綠茅最恨藏鶯無好柳畫船空欲載琵琶

景陵謁鍾伯敬譚友夏兩先生祠

江漢空餘翰墨香荒祠瞻拜覺蒼涼才華伯仲堪千
古祀典春秋共一堂天爲文章留俎豆地連南北重
冠裳何曾化鶴歸華表惟見山高與水長

玉山明府劉弘景先生招飲怡閣

先生怡閣古栽桑五柳青青覆短墻曲徑留人花下

畫闌臨湖一月天○一樽春暖醉輕烟○遶簾花氣宜今

勸酒南薰招飲

百里種花肥○暑今怡聞東風好○遠見青齊彩鶴飛○

見○會陸修郁安誌王樹春晴看舞○北楚三槐承露早○西是天

一望湖天柳四圍○開畫錦紛清曠○乎籤日暖思修

壽郁弘畢先生

石會○醉後開尊彈一曲琴聲依舊似河陽○

酒畫○橋路貝草邊飛○蟬泥飛燕巢金盆窗○醫頭角書

三

日留客滿聲似去年粟里有詩歌白苧長安無路賣

青錢酒闌夜臥床頭月猶夢相逢是謫仙

御對臣招飲

西京彩筆試方歸時應試安陵歸載酒邀予過竹扉蔣逕開

樽當月上習池留客看花飛香風滿座琴三弄春色

忝天柳四園到此唯君兄弟好草堂日日賦緇衣

雪夜讀杜詩

客路何殊蜀道難孤燈斷簡帶愁看一庭柳絮沾書

四郊新漲綠塍低，荒草平原鳥亂啼，祇欲桑麻成樂
後，溪漫盡消寶由舳艫。
生涯大半寄深淵，滿地江湖散暮烟，一棹斜陽收網
鼓，鸜鵒洲前哭正平。
黄鶴樓高雲氣清，江聲空遶漢陽城，古今不少三楚

楚中即事

聲寒，可憐天寶當年恨，滿紙淋漓淚未乾。
寒，百尺冰壺映畫欄，驚府城邊雲氣白，滿花遷上木

十家家春酒築沙堤
昨夜東風過石橋湖邊楊柳綠蕭蕭輕柔忍使離人
折留待春深鬭舞腰、
春雲落水滿湖香十二巫山枉斷腸神女不憐孤客
夢荒祠空弔楚襄王
楚江春思
草堂疊靜掩柴扉煮鶴焚琴事事非莫向楚江老風
雪故園松菊待人歸

杜宇聲中不忍聞胭脂新築落花墳墳前繫馬垂紅淚一片殘山捲暮雲

月落烏啼雪滿江隣翁抱甕過西窓履聲漸近梅花塢青草池邊吠小龎

未老王孫紫陌西平原芳草緑萋萋新聲唯有流鶯好又爲傷春不忍啼

第一山樓百尺高年年湖海老青袍此身不及春巢燕猶得東君愛羽毛

乾灘留別璽直上人還閩

南來畫舫泊湖干。登岸尋僧解鶡冠。半偈去年談古寺。一帆今日掛乾灘。漁郎返棹桃花謝。燕子開簾月影寒。縱是上方無別淚。何堪相憶路漫漫。

送林子秀之建州

北堂別後客方新。一棹飄然過劍津。故國琴樽今夜月。明年花柳隔江春。霜深建水憐遊子。詩入旗亭唱美人。三十六峰猶咫尺。好尋玉女問前身。

安兵部得男索詩

翩翩裘馬出天都，建節羅城產鳳雛。曉日庭前看玉樹，秋風帳裏捧仙珠。氣鍾江左生諸謝，秀發眉山得大蘇。千里名駒馳騁遠，從今好繪種槐圖。

送魏牧公入貢

簡書初捧謁天衢，喜有冰心映玉壺。夜月機絲遙織如，春風仙酒醉麻姑。中山有麻姑山。京華國子新燃火，時送官生入成均。滄海勞臣舊虎符。此去金臺瞻日近，燕山原是

帝王都

送曾虞臣入貢

曾聞三十六灣前（中山屬島三十有六）一葉仙槎泛海天帳裏

授經傳禹貢漢邊奉使繼張騫金爐袖惹螭頭火錦

纜風搖雉尾船寄語橋門新子弟（時送官生入成均）逢人好

說大夫賢

贈梁得濟

負笈乘槎過海門五年聲氣在中原雲山夜繞三秋

沈山樓詩集

上巳今溪來本平壺得聲得濟陳曾水今浩然遊思

溪新賦杜陵詩，由來萍水相逢好，且盡燈前酒一卮。

嘯獨吟三年讀楚詞。三得韡韡未留歸閣草閣人驂徐穠擲花。

回道瓊河訪所知，江天明月照峨嵋，故人千里歸閫。

聲夜語余齋真新詩讀之

會子洛歸自長溪須三下回道瓊河古驛訪衆得

窺園興時若上平，漁雅好以文章報國恩。

要詞聽香鈴六代魂，愛客陳華當下欄，讀書幸不

石山觀朱夫子石室清隱石刻

吾道如今喜在南，橫經子弟說新安。勝遊囊滿蘭亭草，清隱風高石室寒。苜蓿千秋香海國，杏花三月落山壇。最憐有宋多遺客，墨蹟猶留石上看。

題鄭克叙小影

海邦曾道使君賢，風雅人誇是謫仙。落筆懶題鸚鵡賦，開函應續鶺鴒篇。千秋嘯傲長松下，三徑行吟蔓草邊。尺幅圖成秋未老，東籬猶帶菊花烟。

賢勞舊識濟時才。錦纜牙檣泛海來。仗節中原孤劍在。擁書南面百城開。芒鞋月印松花徑。羌灶烟清竹葉杯。覽勝他年過冀北。相逢好共話燕臺。

秋夜望中樓懷梁本寧

寂寂江樓獨閉門。驚心荒草暗銷魂。浮雲隔水秋聞雁。殘月空山夜聽猿。作賦有誰悲宋玉。相思何忍負王孫。今宵莫漫愁岐路。不盡離情寄酒樽。

秋夜望中樓懷梁得濟

古驛蕭條四壁空。傷心渭北與江東。一天霜月懷人夜。半榻秋山落葉風。鴻雁不來消息遠。蒹葭中斷夢魂通。故園歸去如相憶。回首琴臺曲未終。

送蔡聲亭入貢

曾聞黃絹舊中郎。此日分符入 帝鄉。航海帆飛仙客棹。登朝袖惹御爐香。公餘常誦詩三百。望重偏宜使四方。握手未幾愁判袂。一樽梅雨斷人腸。

十二夜蔡文敏竹樓坐月遲乜鏡鍔不至

疑是王家舊竹樓。樓前風湧大江秋。蘆花曲港藏漁火。楊柳空村繫釣舟。明月不隨流水去。浮雲盡向海門收。清光此夜人何處。寂寂南州一榻留。

冬夜同王孔錫王邦蕃集梁得聲山樓夜話分得溪字

草閣霜深夜愁聞。旅雁啼潮來孤㟁。急烟鎖萬山低平。野蕭蕭竹寒。蘆曲曲溪談。心知舌短。不覺月沉西古。驛疎林曉霜深。烏倦。啼南天連野濶。北斗落城低

樓下三人榻潮平半夜溪聲清鐘何處寺疑在白雲西

雨夜留宿蔡禎菴山樓同竺鏡筠詩話·

頻年彈鋏負生平。檻下江樓百感并。四壁嵐光沉劍氣。一溪漁火濕潮聲。鐘催宿鳥深林夢。草帶王孫舊日情。中夜與君談往事。蕭蕭風雨暗孤檠。

送林介人之景陵署中省親

片帆遥挂荻蘆洲。裘馬翩翩賦壯遊。竹榻魂銷南浦月。西風木落洞庭秋。但携古驛黄花酒。莫為天涯白鬢髮。此去景陵詩派在。歸來兩袖好全收。

懷曾子洛叅軍長溪

葛洪山下古長溪。中有叅軍是阮稽。草檄名傳黃絹裹。倚樓人隔白雲西。沙汀雁去餘荒渚。詩草春深感舊題。近日潛園君憶否。池邊楊柳綠平堤。

題畫

江村四五月。茆屋兩三家。樹密藏朝旭。山多散晚霞。靡蕪溪上路。桃葉渡頭花。無事談禾黍。閒烹雨後茶。

喜叔志三入泮

家世從前半廟廊。今朝重見紫微香。先大夫雙山公曾官楚潘

青緗有種傳花箋。白玉無瑕貯錦囊。蜚聲名誇泮

璧。聖朝勛業重膠庠。好看天際秋風起。五色雲中吐

鳳凰。

秋夜望中樓懷梁得濟

重過山樓半榻懸。誰知秋思落江邊。蒹葭舊是懷人

草。楊柳誰能繫客船。異地雖同天際月。愁心空遠海

門處。無情最是衡陽雁。不見音書又一年。

春日留蔡用禮宜山樓

山樓結構絕塵埃。春到簷前長綠苔。行藥推門緣客掃。桃花滿樹待人開。潮平遠浦漁郎渡。簾捲東風燕子來。不識滿懷攜手後。可能容我再歸來。

春杪璟川阻雨因過蔡聲亭山樓夜話

芳草萋萋古驛門。連朝風雨客銷魂。一江烟遠遲歸棹。萬樹雲深失遠村。最喜孤窓逢陸羽。敢言十日在

平原高吟不爲蕭條改好以新詩細共論

望中樓餞春

虚度浮生感慨多春光其奈欲歸何芳園花落餘金谷畫閣香銷謝綺羅有恨乾坤藏蠹亂難留歲月菁驪歌江南依舊繁華好爲語明年及早過

綠樹丹山色色非江樓携酒送春歸王孫老去傷芳草杜宇啼殘怨落暉九十部光花已謝三千世界暮多違重來消息知何日好看雕梁燕再飛

家逸甫移居城東

吾兄結屋谷池邊移到城東又一年賣卜君平誰近市買山支遁愧無錢王侯臺榭多零落兵燹妻孥數播遷我自無家三徙後至今踪跡尚茫然

題畫

山外溪如帶烟深古渡頭半帆鷗逐浪一水客乘舟雲樹青峰暮江樓綠野秋桑麻鷄犬近茅屋接平疇極目山樓外微茫一水遥扁舟人下瀨遠浦鷺聞潮

楊柳依江岸。蘼蕪鎖石橋。村前村後路。夕照送漁樵。

送林介人重遊竟陵

松花滿路落繽紛。載酒離亭遠送君。臨別一鞭山色繞。相思兩地月明分。古碑好續新黃絹。行李重裝舊白雲。唯有雁聲聽不得。秋深啼過屈原墳。

十六夜南樓醉月

古驛依然昨夜秋。如今復爲月登樓。高天霧落前灘冷。虛檻烟開曲徑幽。窗外螢燈光薙葉。渡頭雁字草蘆洲。曉沽村店留朋話。十丈花箋記勝遊。

秋日郊行

閒行鷺渚獨悠悠。風動蒹葭似報秋。雲暗海天溪渡虎。池通仙坂岸飛鷗。金鞭引騎嘶荒草。石壁看詩弔古丘。觸目西郊桐苑暮。鄉思好上追夢魂收。

秋夜尋僧不遇

爲愛談經地。來敲老衲門。白雲封竹徑。黃葉落祇園。草卧堦前鹿。藤懸壁上猿。但尋碑碣在。讀罷更何言。

秋江雨泛同雪堂諸子

布帆遥挂荻蘆洲，草瘦桐孤嘆倦遊。山霧四圍橫小島，溪雲千丈鎖輕舟。烟深石燕隨潮轉，風急江豚趁水流。惆悵五湖尋范蠡，不堪雨裏更逢秋。

烏石山尋蟠桃塢石刻

臺隣霄漢一峰高，攀磴捫藤不憚勞。幾處古碑埋亂草，何年仙塢記蟠桃。盤旋蚪斗懸孤嶂，屈曲龍蛇走怒濤。咫尺西池容載酒，頻來此地讀離騷。

吾兄詩酒繼陶君爲中山程龐文賦

情如潭水氣如雲。栗里編年更有君。常借漢書供下酒。多因秦火細論文。一樽留客逢秋早。五斗勞人說

夜分。他日武陵溪上過。好看桃葉落繽紛

江樓雨夜集飲越日蔡文敏歸中山

江樓惜別雨蕭蕭。明日歸帆趁早潮。滿載琴書旋故國。尚留魂夢寄中朝。離亭楊柳愁攀折。古驛芙蓉嘆

寂寥。祇恐鷄鳴天欲曙。高燒銀燭話通宵。

夏杪同諸子雪堂夜飲得秋字

客裏忘爲客。啣杯共倡酬。鐘聲潮落夜。天氣晚來秋。香水歸蓮渚。閒雲上石樓。祇愁更漏促。秉燭好同遊。

喜同王孔錫盧若采夜集程寵文雪堂話月分得七陽

愛客樓前江水凉。相逢不厭話清狂。風聲入夜松疑雨。天氣將秋月似霜。好友向來推二仲。新詩今復見三唐。主人能繼河南後。琴史蕭蕭酒滿觴。

秋日驛樓寄懷成均諸子

橋門草色上琴臺。蔾火年年照鳳開。讌仙郎羨[illegible]
陽臺女。天和自儀和驛亭。秋風哀怨管聲[illegible][illegible]
彩鳳來衡極陽南君真地。一天明月共徘徊。

懷盧若采

使人一見便添懷。百尺冰壺照水清。擅亭燈孤聯[illegible]
樓倚樓月上擁書城。閒村近市多行客。驛路終朝有
鳥聲。却怪雲停仙子棹。擬携詩草問盧生。

送僧重登方丈

虎溪十載鎖寒梅，今爲山僧杖錫開。法雨長飛留偈塔，天花重散講經臺。空階草滿眠馴鹿，殘碣雲深長古苔。從此晨鐘初歇後，爐烟還擁御香來。

過仙塔

王業銷沉鐵券寒，青蕪夜夜長闌干。空傳戎馬移[illegible]祚，不見威儀列漢官。舞閣烟深紅袖冷，妝樓月[illegible]眉殘。唯餘石獸門前在，留與年年過客看。

驛樓題壁

今年雲樹昔年樓四望蒼蒼感舊遊虛檻有詩題古壁空江無雁過滄洲此身未遂歸山計到處皆爲觴目愁惆悵吹簫人不見蒹葭楊柳一簾秋

過花封舊宅

草堂東面接花封百尺樓高枕兩峰洗竹昔開名士徑樓鴉今上別人松每過故里空遺老但見新藤出短墉爲有舊題詩句在沉吟古壁步從容

和程寵文壺川尋牛田休隱居韻

欲隱壺川便乞休。相親喜有水中鷗。門開古洞桃花在。客到孤山鶴徑幽。綠野堂前樓鳳竹。青蓑江上釣魚舟。挂冠當日歸來後。萬壑松聲一夜秋。

誰能馬上告歸休。羨爾忘機狎野鷗。兩鬢曾因王事白。數家俱傍丈人幽。門前初種陶潛柳。溪口時撐范蠡舟。結屋深林無曆日。閒看花草記春秋。

寄懷戴晃卿參軍臺灣

五侯歌舞不知秋。沉醉西風獨上樓。一葉梧桐增下

立秋

憶君。袂府即今夕處士。坊題新表繼作文。

月依。不須憐風山西。控聲入夜偏憐我。綱色闌空獨

紫蟒風度舊鄰庫。尺劍從從海外分。投扦長酬鹿耳

止人。今日不須重譯使。知君此後寄書多。

極中。原宛擁在諸羅。又命綱見說能移俗。安道何難教

新開郡縣隔天河。非雅乘風次第過。遙海星辰歸北

背閣臨江向北開南天雨露隔塵埃風高秋漢明
斗鶴剪松花落草萊野水潮清帆影曙踈林楓冷
聲哀年年帳上紅如故惆悵嚴光老釣臺

鳳坂訪高以嘉不遇

秋深仙坂鳳高寒祇見山山繞紫烟斷隴馬嘶楓葉
路踪雖風帶菊花天松門長鎖閉雲裏竹徑空關落
照邊此日清溪人跡少輕鷗幾點掠平田

道山録孫子長先生讀書處

落數聲砧杵月中愁新鴻未度丹楓道微露先沾白鷺洲祇有感時悲宋玉驛亭荒草尚淹留

瓊川南樓夜坐有懷林二耻歸隱峽江曾子洛參軍長溪

出處當年話小亭飄零今日散如星長溪劍爲參軍白兩峽江因隱士青詞賦草堂曾刻燭樓臺瓊水憶談經夜深一曲相思調彈與松梢野鶴聽

題瓊川南樓

青蕪綠柳晚峰晴。一路斜陽一笛聲。愁見牙籤沉瓦礫。空留石刻在江城。鄉關寂寞山川改。亭樹荒涼燕雀驚。過眼滄桑誰不朽。欲將此意問先生。

南樓晚眺

愁寄鼇峰九曲邊。市塵十丈日漫天。自移桃葦秋陰裏。始識江村暮景妍。漣漪樓臺環接水。傍山城郭繞含烟。老農驅犢歌新隴。似唱人間好是眠。

秋日同竺鏡筠郊行自新橋至鳳坂留飲高嶺

純山堂

相隨黄葉出河橋。信步江邊共聽潮。儵坂秋深飛[illegible]鳳。石門楓冷話清宵。一樽留客山堂靜。孤嶂含雲野寺遥。醉後不辭歸路晚。斜陽蹤隴草蕭蕭。

瓊川九日

瓊川樓閣四門開。此日誰登戲馬臺。萬壑松筠秋色老。百年天地雁聲哀。可憐鳳嶺憂時客。空有龍山作賦才。短髮果然羞落帽。不如且醉菊花杯。

夜宴程氏雪堂

旅邸如年靜秋風一雪堂星河高碧瑣楊柳帶煙[illegible]

座上氷壺深城頭玉漏長葡萄香未散深喜飲酉凉[illegible]

晚秋

兩岸蒹葭一草堂江村夜夜有微霜三秋瀟灑[illegible]

浦九月烟深薜荔墻溪帶沉雲䰟木黑龍經[illegible]雨[illegible]

花黄塞鴻似不憐人悵啼過山窓時有[illegible]

蕭條楊柳館池塘檢點殘編對[illegible]

後東籬無恙菊開初偶思花釣携香餌隨意登[illegible]
筍輿天地秋深遊興倦開門祇自愛吾廬

登釣龍臺觀陸帥守全閩第一江山石刻 同[illegible]

將軍一片石今日落秋風釣井深苔紫天壇返照紅
江山平野外殿閣古碑中龍去臺猶在寒烟滿故宮
萬家烟火裏秋氣獨清虛帥府荒碑古王臺落日餘
青衫看有淚白髮老無諸不盡登臨意空中咄咄書

過鳳坂留飲高以嘉山齋

名士詩皆漢魏風。尋幽曾過魏襄中。蕭條陳鄴堂[illegible]

惟宗遊鶴巢作次韵却寄

過高以純山齋得讀葉際恭重九後一日同[illegible]

日日飲君酒。別時不能咽。停杯欲有言。盡變離人血

留別潛園主人

今傍白蘋洲。此間猶下當時榻。滿眼秋風上石欄。

徙。一帶江村住得幽。舊宅曾陪黃菊酒。（時同舍）虛堂

路繞平岡看未休。行來喜爲故人留。十年城市君能

下。澹蕩寒蘆隔水東。野寺逢秋啣岫紫。清江落葉帶
霜紅。節過重九還登眺。滿眼長天一暮鴻。

鼇峰雜感

鼇峰竹屋隔崆峒。咫尺仙洲逈不通。草色有情當徑
綠。桃花無路出溪紅。積書常恨埋秦火。作賦何曾買
漢宮。猶憶藕門長嘯後。夜深明月倚樓空。
美人西去見何從。憔悴空山築短墉。簾捲小窗聽杜
宇。寒開孤劍泣芙蓉。武陵花謝三春雨。巫峽猿啼半

夜鐘。莫道風流零落盡，亂山無力起奇峰。

來往紅塵白眼雙，祇吟楓落冷吳江。千秋疑案懸[illegible]

輶。十載愁城借酒降，辟地風清跡釣徑。開門雲[illegible]

山窓。夢中正覓天台路，忽聽空廊吠小厖。

山川滿目使人悲，獨坐江頭唱竹枝。百里城池[illegible]

後。十年詞賦負清時，荒園未種忘憂草。古驛空[illegible]

淚碑。昔日交遊何處問，此心惟有杜鵑知。

城郭霜深冷鐵衣，夕陽無事擁柴扉。潮平[illegible]

擁暮到空山筍蕨肥。出港漁郎何處渡，尋巢燕子

人飛。生逢漢武文章重，自覺樓遲與願違。

零落牙籤冷蠹魚，蕭蕭門巷故人疏。慚無香稻供

稅。喜有虛堂借客居。栗里烟雲扶五柳，楚江波浪擁

三閭。當年曾獻籌邊策，何用長安再上書。

落日亭前一逕孤，愁看細柳與新蒲。洲沉殘月

越烟。鎖荒臺泣鷓鴣。溪水空流桃葉渡，山雲猶護

川圖。足音久不來深谷，頻聽沙禽喚野夫。

深隱門前一帶溪。感今懷古草萋萋。夢中詩賦逆元
白。醉裏乾坤寄阮嵇。衹見人烟寒遠岫。誰憐[illegible][illegible]老
長堤。自來不作封侯想。常卧山窗懶聽鷄。
嶺雲溪雨滿高齋。惆悵中原劍氣埋。篋裏古詩存漫
[illegible]江頭新柳夢秦淮。園留竹色青開徑。春帶苔痕[illegible]
上階。何事杏花香未散。看人騎馬過天街。
今古蒼茫一釣臺。百年懷抱向誰開。峰[illegible]絕頂崎[illegible]
路門。門空庭寂寞。共天地秋深。寒草木[illegible][illegible][illegible][illegible]

風雷相逢便問臨邛客。幾見當時作賦才。

秋懷

此生何處是相知。來往荒郊友鹿麋。殘菊晚霜籬下酒。斷橋孤雁道中詩。花溪有淚談天寶。東里終身憶義熙。世路悠悠皆是水。登臨愁讀峴山碑。

一轉偶自隔江還。俯仰驚心忽改顏。日暮風雷呼戰鬼。秋深猿鶴哭荒山。中原見說方前席。孤客何堪更出關。試問近來屠狗市。有誰蹤跡寄人間。

香深古篆坐氤氳。不盡秋聲徹夜闌。第鳥宿人會伴
賦。芳薪於世纔難焚。地雖不撓廻瀾水。天或能開蔽
日雲。何以封侯遺射虎。至今留恨李將軍。
風過園林葉有聲。何堪孤月對愁嗚。江頭歸雁寄書
信。天外寒砧起遠情。紫岫殘烟高閣迥。黃花古寺晚
鐘嗚。故人若肯頻携酒。時向西窓剪燭傾。
何事登樓感慨深。山川未改昔年心。葉飄曲徑橫
老。霜滿前村橘柚沉。碧樹[illegible][illegible]漁[illegible][illegible]沙落

開簾寒盧江上西風起古寺秋高懸暮砧

萬壑松聲夜夜號中原劍氣起秋濤魚龍寂寞渥秋

海池館蕭條感鄉愁邊地風霜華髮侵嚴城鼓角秋

樓高鶯心詞賦空悲壯載酒東園讀楚騷

幽居最愛傍滄浪風擁江聲入野堂一色秋光天

水半林花氣月兼霜床頭夜靜琴先卧簾裏人簪華

自香近日放懷詩酒外石門無事擁斜陽

竹欄蕭蕭落葉中倦携半枕夢梧桐霜江雁影摘林

荒草徑蛩聲咽晚風。猶有一樽傾北海。空留片石舞
南宮。此生幾點憂時淚。移向荒山弔鬼雄。·
弔古千杯尚未乾。正當北斗下欄杆。西風帳冷牙旗
動。夜月霜深玉樹寒。若使溪山逢謝朓。盡將鷄犬付
劉安。不堪豪氣逢秋減。江上烟波一釣竿。
有恨乾坤帶野烟。祇餘一筆草張顛。鑄肝到處盤蛇
鐵。煉石向人敢補天。燕市風高聞擊筑。吳江潮滿斷
投鞭。淒涼回首鄉關路。猶有琴臺亦變遷。

林二聑避亂入城過梳山樓話舊

峽門戎馬滯行舟爱客樓中久未遊兩地風霜經五易羊籬花雨夢三秋驚心荒草將安往隨意深山可暫留握手與君頻悵望江天蒲目一沙鷗

孤客荒村盡黍禾近携一展肯相過訪予何以年來少爱爾偏於別後多文酒亂山頻坎坷館池衰柳易蹉跎干戈滿地烟波穩江上還須覓志和

李乾生過訪

生計年年總不如。是誰攜屐到山居。松風入徑閒調鶴。江月當空靜課魚。門掩柳陰花落後。樓懸竹榻客來初。與君共讀宛陵句。敢說塵中無異書。

訂九日同林二趾登石鼓不果

簾幙風高雁影迴。絳囊香氣襲青苔。臨岐未攝登山屐。對景空懷作賦才。曲徑寒砧催葉落。深秋黃菊[illegible]猶開。如何載酒芭蕉下。不見伊人戴笠來。

峽江夜泊

峽門横海浪奔馳此地曾屯十萬師風挾潮聲驕鐵騎月移帆影捲牙旗半明漁火鐘殘後兩岸松濤夜靜時空有一樽江上酒不堪憑弔古荒祠南岸有世傑祠

冬杪讌集程寵文雪堂喜同方德祖鳳泰良蔡紹齋夜話

年年下榻古瓊河此夜相逢喜更多肝膽故人重握手風流新貴共高歌紹齋奉使至閩予初謀面草堂猶帶河南雪狂士空馀下邳波豈有雄談驚四座感君青眄愧如

何。

元夕宴集程寬文立雪堂分得歡字

火樹因人暖，春星帶雪寒。霞杯傾琥珀，氷簟[illegible]

賓主東南美，江天上下看。良宵頻度曲，何處不[illegible]

秋日江樓遠眺

平原一望海天晚，亂葉隨風處處斜。古戍黃花添[illegible]

巒，大江白日走龍蛇。鐵函書卷埋荒草，金殿[illegible]

落霞。漢室曾經前席問，後人何用賦長沙。

元夕同程寵文盧若采留飲蔡紹齋江樓

春寒入夜擁重裘野外霜威折酒籌一帶江村連遠

岫萬家燈火映層樓閑箋如對中郎續倚檻疑登鶴

飜飛安得檢前紅雪在玉簫金管按梁州

題程寵文立雪堂

海東道統接南來羨爾家聲雪裏開泰郎有人拔[illegible]

至深深三尺擁江隈

瓊川樓閣月如霜疑是河南舊講堂一片青氈君故

物。梅花猶傍雪門香。

春夜留飲溫森山江樓看月

萬里空天月似秋。喜逢春夜醉南樓。簾前一帶清[illegible]

水。疑是氷心徹九州。

金錦江席上喜談杜詩

天寳當年國事悲。淒涼盡寄少陵詩。感君知我同[illegible]

武。盛世相逢異亂離。

秋夜杭山樓懷林二[illegible]

樓外禾高秋氣肅，寒砧斷續作秋聲。江連蓼葉[illegible][illegible][illegible]鷺宿蘆花貼水飛。野寺隔溪鐘遠近，嵐烟欲雨[illegible]陰晴。三秋不到儀人雁，九月誰尋喚友驚。燕市有琴何日破，江州多淚幾時傾。志和垂釣孤舟穩，安石登山兩屐輕。帶霧峰前知豹隱，抱珠潭下聽龍鳴。君如不負滄浪約，好趁清流共濯纓。

湧泉寺曉望

四望微茫何處分，看山無異讀奇文。風聲出寺[illegible][illegible]

雨水氣連天竟還野服日一亭初穐些些花萬點自

續紛今朝試放凌空眼所見方知異所聞。

家逸女移居芝山

惟餘藥物與書囊移到芝仙舊草堂地迫祇園清蓄

蚤屋連石井古泉香欲仙鷄犬劉安宅蕭徑蓬蒿仲

蔚庄高隱最宜幽僻處深深門巷白雲鄉

丏山花 有引

余下榻程子雲堂其著頭從右轉回折山花

插膽瓶作清供余見其艷麗奪目嫣然可愛奈
賦一捻紅惜當年不生於沉香亭畔百寶闌中
以致名未登花譜徒與腐草零落於荒烟野露
間與僕輩窮愁潦倒無異客窓對此不覺相覷
而泣矣因澆幾點墨汁呼花神而弔之
數枝高插膽瓶看。彷彿西京舊牡丹。上苑幾時花落
後。斜陽無主鳥啣殘。班妃紈扇秋風老。蘇小香車夜
月寒。薄命紅顏同蔓草。誰憐空谷有芳蘭。

送程[illegible]文歸中朝

迢迢驛路草含烟，一曲驪歌唱可憐。行役[illegible]
東使星高出斗牛，遼門開五虎，如飛撫劍化雙龍[illegible]
上天。執手豈同兒女別，莫言無淚落君前。

江樓夜夜共論文，何以逢君又別君。海外路[illegible]
閩中派劍老龍，叙彝倫情[illegible]花光華白[illegible]
[illegible]雲從此陽關三唱後，天涯[illegible]無[illegible]

去年一榻下江城，此日[illegible]送[illegible]古[illegible]

别西南風好浪無聲海邦歸去飽看山水尋由來奇
計程所信君恩與臣節能令萬里片帆輕
脊涉滄溟一望賒東歸全仗指南車樽前雜盡兩人
話天上虛浮五月槎澤國榴開紅似錦海門浪靜白
如沙當年風送滕王閣咫尺知君已到家
無數南船下急灘好乘淺漲出閩安飛帆斜捲千層
浪微雨陰添五月寒島嶼蒼茫天際落魚龍出沒水雲
中看我曾持節過滄海始識乾坤有大觀

十載風霜獨爾知。河梁分手使人悲。鄉關寂寞多魂夢。天地淒涼有別離。樓上月明談劍夜。海東日出到家時。隴頭驛使如相問。好折梅花寄一枝。

奉使曾推洛下豪。兩年相對讀離騷。情如潭水深千尺。髮散江關感二毛。絕島烟消星漢近。好風帆挂海天高。他時憶汝違床話。爲檢箱中舊綈袍。程子於予有解衣之雅

牙籤猶挿講堂東。剪燭談經夜未終。吾道尚留三尺雪。仙舟旋挂一帆風。漢邊萬里歸張翰。帳裏頻年侃

[illegible]日暖好看春[illegible]樓[illegible]長虹[illegible]

桃山詩草委沙泥獨檢焚餘幾褰裂 程子捐貲為余刻詩

蛩吟傳異日愁將鬢唱補新聽王通事業存房杜

室風流寄阮嵇歸去東濱詞賦重雪堂今好繼濂

泉流歸海望無邊送爾登舟意惘然驛淡一時

雨光芒萬丈水中天樓船金鼓臨風振雲漢旌旗

日懸獻雉簡書頻

人覲重來知是舊張騫 文[illegible]

（清）陳元輔《枕山樓文集》一卷

陳元輔生平簡況見上。

所著《枕山樓文集》一卷，清康熙三十年（1691）序刊本。該文集首有楊昌任和王化純作於清康熙三十一年（1692）的《枕山樓集序》各一篇，卷端題：『閩中陳元輔昌其著』。共收錄文章十六篇，其中《閩遊草序》、《蔡述亭傳》、《蔡聲亭詩序》、《中山自了傳》、《梁本寧詩序》、《雪堂韻林雜組詩序》等文，敘及與琉球來華學者程順則、梁得濟、梁得聲、梁本寧、鄭克敘、蔡聲亭、蔡文敏等人的交誼。附錄林潭《枕山樓詩序》曰：『送別詩十首，已登前刻，膾炙詞壇。今取其寄懷五章，詩之抑何，其字字皆從肺腑中流出。陳言務去，獨展新裁，覺懷人之什，又另開生面矣。不揣謬為評點。』所謂『五章』，即卷末附錄的《江樓秋日懷中山程寵文》詩五首。而點評文字則為林譚所撰。

茲據清康熙三十年（1691）序刊本影印。

枕山樓集序

大丈夫幼學壯行固當三不朽於世繼

聖上言一行一舉一動必當爲天下法

後世繩而後可曩者唐武后見駱賓王

一檄迺嘆曰此等人使之淪落不偶此

宰相之過也故識時務者爲俊傑惟

養怡修必有刮目知之者我
姻臺其翁隱遁於世弊求闡達哉有[illegible]
而言言如金石精時而筆筆似龍蛇其
胸蘊西庫之藏寫經史轉進取遺[illegible]
未際扇落樸儉哉年曲川濱[illegible][illegible]遺
竹林下與二三中山佳友[illegible][illegible]觴咏交詢

詠與相酬倡者真吾未千所謂擁奚衍
而兼梓譜意也斯集也不過寓其
物一斑毛豈能窺其全體耶故特為
大用於世吾其拭目俟之矣
康熙壬申孟夏姻弟穆四任顯書
題

琬山樓集序

夫詩以言志也，形之山川，感於歲序，其爲文也屢變而不可勝窮。風人魚鳥，騷人香卉，非魚鳥香卉也。紫禁日月，蜀江山水，非日月山水也。屈杜其人，風騷其志，遷其趣而能爲良久於日月而[illegible]

者余友畢其昆、余蓋謂畢其也[illegible][illegible]
大而與地相違、與時相左、則不因世[illegible]
用不用爲欣戚、第本其磊落卓犖之[illegible]
而發揮於詩文、一皆春容嫺雅而不見
其有憤盈之氣、非其才有以運之者哉
玆以枕山樓集徵余序、往往見有高人

體格故其因情抒藻觸緒甚邇而寄思甚遥也是之謂韞石而輝藏淵而媚而求珠一主者之所必資則其為用也亦大矣以視前癸甲二三集才又一變則兹集之不足以盡昌其猶癸甲二三集之不足盡昌其也易曰藏器於身待時而動

其勉乎哉

康熙壬申孟夏望日年會家眷弟王作

純譔

枕山樓文集

閩中陳元輔昌其著

閩遊草序

蓋聞江雲渭樹雖興遊子之悲而月店霜橋堪入騷人之譜杜工部潦倒曲江夔府故其詩皆壯觀太史公周覽名山大川其爲文有奇氣滕王閣作序王子安獨擅一時黃鶴樓題詩崔司勳遂絕千古遊[illegible]而讀東坡兩賦歸彭澤而傳靖節一辭遊必藉

彰文尤以遊而著圖韓偓處海陽實爲粵南[illegible]
貢揚州之域天文牛女之纏自無諸啓宇以來[illegible]
未通祇解火耕水耨暨觀察興學以後文風丕振何
殊霞蔚雲蒸詞賦得楚騷之遺詩歌羨晉安之美有
宋渡江理學接踵朱夫子書院僅存南國殘碑李丞
相墓門猶長北邙荒草夾漈堂上鄭樵著書之區立
雪門前游酢訪道之所他如鄭俠繪流民之圖蔡襄
駕橋梁之石許將首選讀未見之書陳襄經筵薦社

稷之佐政事經濟代不乏人節義文章指難勝屈王
於左旗右鼓壯哉海國金湯分鎖合沙允矣閩疆鎖
鑰三山鼎峙城中之雞犬無驚五虎遥臨海外之風
濤不作履白鹿而訪仙蹤登金雞而識王氣釣龍臺
下依然十萬人家射鱔潭中誰念千秋霸業白鶴嶺
山光凝紫烏龍江水色空青亭號狀元翰墨之香未
散江名螺女胭脂之色猶鮮其山水有足稱按輿圖
而可溯若夫建州之武夷南劍之九峰臨汀[illegible]

樵川之雲蓋峯中之盤谷龍湖桐城之紫帽滄[illegible]麻之支提霍童東江之丹山碧水全閩之勝雖[illegible]書八郡之雄宛然在目至如瓊漿玉液十八娘之[illegible]味猶存鐵幹冰肌三千本之芬芳不謝荔奴噴入[illegible]之香佛手擎千年之手大梨字雪色勝哀家異果名青香奪荷令錦阡繡陌共誇中國繁華紫燕黃鸝不減江南春色以故牙檣錦纜携琴共泛水中天箬笠筍輿載酒同登峯頂月四方商賈舟楫乘風千里公

卿輪蹄逐電半肩行李天涯書劍蕭蕭一介奚囊弆
水衣裳楚楚或探奇而戾止殘照滿鞍或訪友而來
臨空江片棹游客盡詞壇之彥華筵列海錯之珍此
誠太史所必陳而高賢所欲至者也梁千得濟自中
山來抱其手姿考其世系翩翩公子落落奇人氣韻
如蘭饒有半水雲霞之槩人淡若菊曾無五陵裘馬
之風爰浮日月之槎觀光上國遂開圖書之府税駕
壇河不窺董子之園獨懸徐孺之榻盈床玉軸[illegible]

東魯之書挿架牙籤半是西京之賦剡藤湘管不
名士風流茗椀爐香如見大家雅度乃於讀書之暇
忽興吟咏之思擴展扣舷時時闇韻登山臨水處處
留題溯自入閩以迄返國得詩若干首顏曰遊閩草
慨自三百篇之後風雅之道寖衰何幸十九首之遺
靜穆之風不遠篇篇古朴不爲花鳥空談字字清新
堪作雲山實錄白雲滿目思親萬里悵征人綠醆盈
樽對酒半窓懷故國登樓長嘯襟懷霽月光風拂塵

淸談性情氷雪襟懷撫酒盃而狂叫血染花箋開劍
匣而揮空氣于銀漢所謂嗒然怒罵皆成文章而群
怨興觀群怨由天性者矣夫汨羅既而晝贍直爲經天寶
賦際詩留此地則今日風雨路上難于攬勝之章仙
將叅拌從中好檢編年之什余謂放而得于無涯臣
咏之思君遊閩而有詩似得江山之助概非皇甫敢
序三都祇爲長卿卿附一筆云

上覺內閣啓

恭惟閤下筆掃千軍才全一石淸時佐命閭中推經濟歐韓叠歲登朝都下仰文章董賈未瞻手采祇以紛纓世族得荷楩楠杞梓之知旣沐恩波始識衡泌寒門尤膺牝牡驪黃之遇雖拔茅有慶久膺制府之風雲而附驥無由孰樹公門之桃李其字不堪煮燾猶未衰仰雲路如登天空勞三更燈火幸龍門可躋浪願効一日馳驅前此擊楫江干旣已攄誠上獻

玆投呈翰苑曾經發策下詢固知去取必待玉尺之鑑倘賜階前盈尺之地得
量寧有短長能外氷壺之鑑倘賜階前盈尺之地得
奏胸中一線之長則褒語更勝袞綬之榮即貶詞不
避斧鉞之譏不然幕府既無可投之刺侯門寧有公
曳之裾伏祈丙照無任寅虔

與周太學書

僕聞之女之自媒行之醜也況讀書懷古之人何敢枉道于時以希苟合乎哉故毛遂自薦于平原君子耻之曼倩自鬻于漢廷賢者羞稱而要非所論于今也自取士限于額售者無幾而不售者比比雖經濟如歐韓文章如班馬舍制科而外亦惟有憔悴風塵老死岩穴已耳嗟夫博學宏詞之聘曠典難逢鄉舉里選之條古風已邈士之挾奇才鬱鬱弗得志者非

瘞硯焚書則碎琴斷簡間有好文者明知其才之蹇用又自恃勢位之尊而不肯下交而士也又自愛其學術而不肯詭隨于竇此公門桃李之風所以往往而絶也夫士生今日既已外科目而别無功名之路也如彼又隔于貴賤之分而不獲上下相親也又如此縱懐材負異卓卓人寰者其才智亦無所用況不才如僕又何敢仰首伸肴曳裾于公侯之門以貽有識者之譏哉而僕之所以爲此者亦以所遇甚奇其

畏其苦有非老年臺無可告語者故敢剖腹心惟老
年耄憐其志而俯賜加察焉僕垂髫能文頗為同儕
所稱許然風簷七藝竟落孫山聞者惜之彼時少年
眼中未免元龍湖海荆山再剖未嘗以一刖自廢也
不意狼烟四起海國滄桑書案半積飛塵琴臺鞠為
茂草白駒過隙遂有今日噫嘻貧賤邑耳復逢兵燹
所謂冬暖而兒號寒年豐而妻啼饑者若為僕今日
言之始悔從前眼太大志太驕而株守制義俟事

從此一身輕似葉。南山北[illegible]任行藏。天實爲之。矣[illegible]
何言前聞。寧海元戎拔[illegible]多人。閣下恩臺求賢若渴。
所以擊楫渡江。拜于馬首。旋奉有一長者。即行錄用。
倘有兼才。更當破格之論。歡喜欲狂。但領題最晚。倉
皇潦草。未盡所長。不意謬膺閣下之知。及老年臺併
軍前諸君子鑒賞。憐而愛之。有逾骨肉。嗣是老年臺
束裝歸里。又晚林鶴九將僕平日所作詩歌古文詞
彙釘成集。啓呈閣下。隨蒙憲員行查。曾否考授僞職

取具結狀以爲後日拔擢之地格外垂青有加無已
僕非土木能忘感激哉乃召見之餘旣無升斗之賜
以隆授粲又無著作之命以展微長覺所謂錄用者
似已錄用而所謂破格考覈不知當如何破格也嗟
夫感恩則有知己則未古人原易感恩而難知己也
今無知己與候爲不知己者之所用俱勿論而旣已
稱知己矣又隔于形迹避之又久使知己不獲收用
士之名而士也竟不得爲知己之所用相須殷而[illegible]

遇疎此眞可爲痛哭流涕者也雖然旣已爲鳥何天不可以高飛若仍爲魚何地不可以深潛不用則亦已耳而惟是閤下知我之恩與老年臺及諸君子惓惓憐才之意有流連不忍舍者諒老年臺主賓相得九鼎一言何難於花前月下飲酒賦詩之際極道僕之顚末使不至久淹門墻風雨相半則玉成之德與異生我之恩不然者僕之踪跡已如斷梗浮萍從此南轅北轍皆未可知恐事已過機已失則子虛烏有

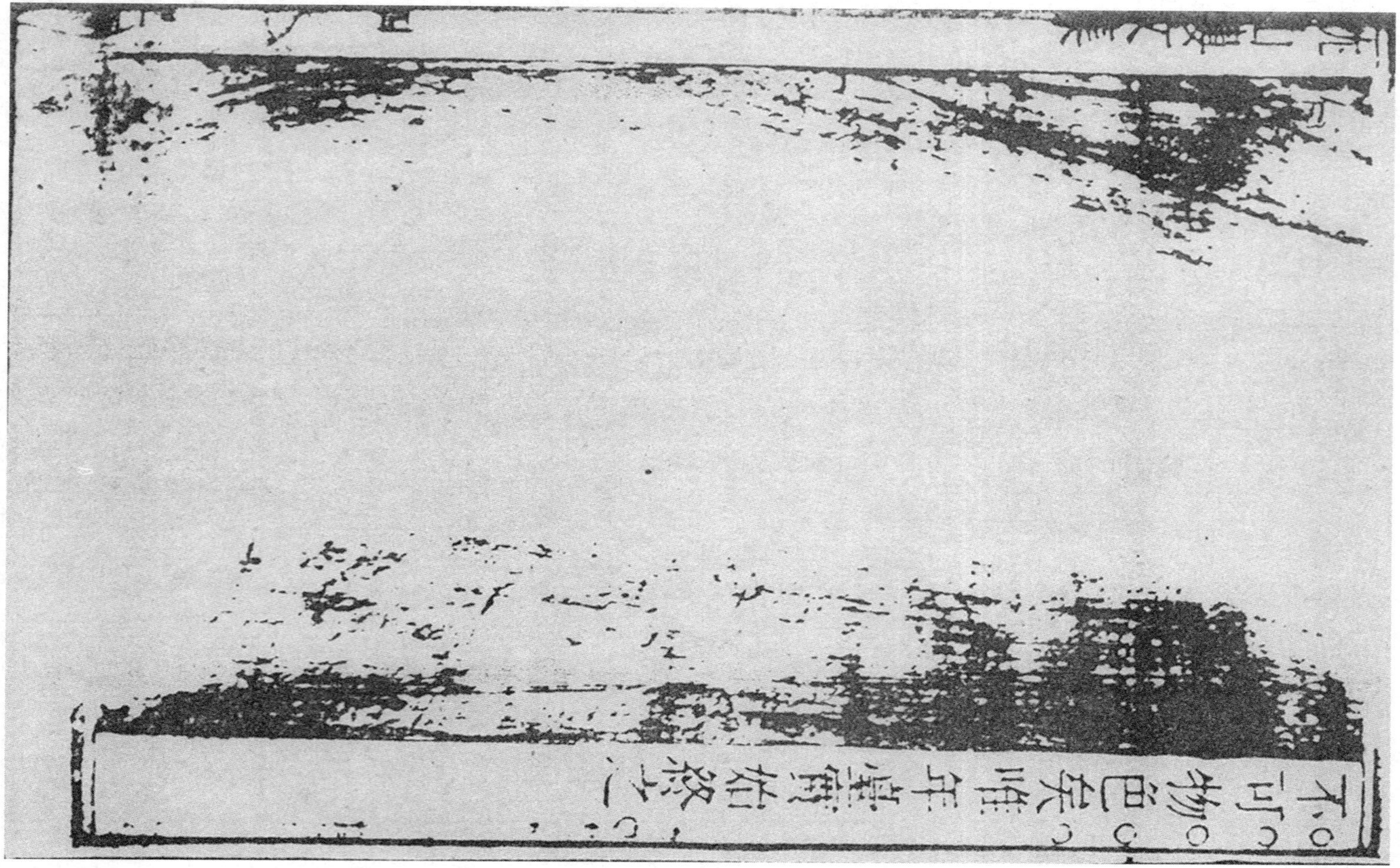
不可物色矣雖年庚指殺之

蔡述亭傳

述亭蔡公中山人其國呼中土爲唐蓋自洪武初遣閩人往鑄其子弟中山王敬其人乃宅土以居之故號其地爲唐榮言以榮夫唐之人也自是凡有能華語及法度禮教可備出使之選者悉家於是否則不得入其里制綦隆矣公少時恨生於海外見聞孤陋慨然有觀光上國之志一日從紫金大夫蔡公堅奉閩受業於師揣摩刻苦手不釋卷復結交當[illegible]

士以資其國華不數年遍經傳雅練達時務蔡公擧

奇其人薦於王王寵遇之寵以爵賜第於唐榮居焉

蔡氏之入唐榮自公始平居讀夫子臣事君以忠及

卜子能致其身之語未嘗不改容歎曰凡人委贄爲

臣此身已屬之君君討及生死患難非忠也以故屢

奉使出海上皆不憚勞瘁夫大海之中四望茫然極

目無際其相去不知幾千萬里幸而風汛便利勢若

天馬行空則瞬息風帆此心猶可不爲之動萬一逆

風暴發則驚濤怒浪澎湃如山霧濃烟東西莫辨
舟過處惟聞崩岸裂石聲倏忽桅折柁摧鮮有不心
膽俱碎者聞公過洋時旋遭暴風浪高出危檣幾爲
壓覆一船皆倉皇失措面如土色公獨危坐舟中神
色不變徐謂衆曰有君命在毋恐旣而風果定船亦
無虞由此觀之公之操守有素亦大槩可見矣又聞
公嘗海氛猖獗時鯨鯢出没無常水程梗塞獨能督
扁舟不畏賊鋒潛伏而過之竟達中國俾貢與不[illegible]

欲期余思邀[illegible]陂[illegible]坦夷人之情也公獨非人情[illegible]敷哉而乃為此者豈由其心知有郎臣不知有[illegible][illegible]生死也謂非通經術拒務致身以畫照者而能若是年至於晦大事皮大露不動聲色指圖家於贈石之安若尤遇人遊京燕公歿之葬亦可謂之知人也後因進貢京旅食道路頤甃之苦以疾卒於幽埜上渡山王畫意之流溯畫人咸欽敬泣下康熙二十九年公之曾孫縉薦以貢期傳至幽從父遊因惟公之

德久而不彰也請余記其事余嘉紹齋有水源木本
之思爰爲之立傳
桃山曰士君子釋褐從王當思此身爲君之身故能
涉險阻處患難百折而不回不然非得失之患重則
身家之計生吾未見其克有濟也公以外臣梯航萬
里奉貢中朝遇逆風而不驚冒鋒鏑而不避豈碌碌
而沒無特守者之所能爲耶今則世居唐榮子孫
繩不替訓非行已端方而天錫之福者歟噫公亦人

○跋

○[illegible]

○歷

乾灘草堂記

乾灘古竟陵地距縣六十里舊設巡員佐治邦政年來滄桑告變衙署荒蕪迄今廢厇頹垣鞠為茂草已非復曩日規模矣癸亥秋汝器林公司巡茲土下車於大佛閣中因思古人暫居必種竹一宿必掃地還公之房豈可長作臨民之所迺捐俸卜築命匠氏約之掾之茅之綯之子時將由楚入都便道往過見此方之民負草者擔泥者蟄趨恐後噫斯民也其[illegible]

三代之遺風也歟閱三月而工竣前砌墻一帶儀門一座兩邊廂房各二間中三間爲堂後三間爲宅舍右邊行廚一所悉以竹爲柱以草代瓦凡蘆竹草篾木磚灰漆共費若干百姓助工在外落成日公命予記其事且以不堪經久爲憂予曰非也傳不云乎富潤屋蓋言貧則屋不得潤矣今公兩袖淸風惟飲灘頭一杯水與其畫棟雕梁刻剝民財毋寧茅舍竹籬尚有山林雞犬之風可以官爲隱也竹樓記云未知

明年又在何處公宦情素淡里中田園堪栽松菊行將效陶靖節之賦歸來回首乾灤草堂直爾亭傳舍耳獨怪余浪跡天涯往往見有司之署非輦馬盛門則冠帶塞戶獨此之人落落寡合公庭之上宛如寒谷予客處其中唯見鴉聲遶樹日影窺窗四壁蕭然絕無人跡於此見公之高風清節為不可及弁以煩此邦之賢士大夫非公事未嘗至於公之室也渔足樂已

蔡聲亭詩序

十五國風而楚不列豈以地處荆蠻猶阻聲教歟然維楚有材當時如左史倚相諸人以詞令稱未可謂楚之無人也厥後靈均作騷尤得三百篇之遺宋玉學于原者也而善賦鍾景陵明進士也而工詩與譚南鄉耶連鑣一時風氣漸開人文輩出余嘗泛洞庭遨遊漢沔間讀九歌之章悲秋之賦拜伯敬先生祠慨然想見其為人為徘徊久之而不忍去今中山蔡

在海外與熊繹啓疆無異抑亦觀風者所不棄歟但
小心恭順淳厚古朴國使者來貢類多賢而不辱君
命似未可以地限也憶昔中山粲子得游從余遊讌
每嘖嘖稱其婦翁蔡聲亭宏才偉抱博學多識余心
竊嚮往之戊辰冬聲亭奉貢來閩與余一見如舊相
識自是每過從輒款留不倦談詩闡韻之餘因得悉
其早歲登仕籍理煩治劇櫛風沐雨有勳勞於國厥
人敬憚之蓋聲亭之操心嚴而處事決且虛心接物

下土禮賢其天性然也今春自都門旋出遊草示余
余思長吉之心肝時時欲嘔文山之正氣字字皆聲
今讀聲亭詩纏綿愷惻一往情深經營慘澹出以風
雅殆兼之矣方今聲教誕敷無遠不屆中山陪臣子
弟悉令入成均而聲亭復以錦繡文章揚扢盛治行
將挂帆返國倡程朱之學於海邦闡李杜之詩於島
嶼與時輶軒所過曰中山有風焉其有楚騷之遺意
也跋予望之

汪照隣畫冊序

余生不偶舉目烽烟時聞鼙鼓蒲頭塵土日築愁城安得携中山酒甕邀陶處士阮步兵石學士董於荻花楓葉中一醉千日哉不則泛浣花之溪入青蓮之里日從工部謫仙遊疲驢破帽往來旗亭上聽雙鬟發聲歌黄河遠上篇亦人生一快盖酒客豪而能達詩人怨而不怒具此心眼可以俯視一世矣獨恨綺語艷思情緣未斷不能祝髮空山作西來弟子爲[illegible]

鶴笑而林先生數髯者出所藏畫冊開序于余余詩
酒人也安知所謂畫賤鄙畫矣何不畫北海賓朋盈
橋風雪而破山斜日荒樹孤舟不無島瘦郊寒之病
雖然以此用懸于新豐市上落紙樓前不無芳草王
孫之感以之贈先生吾知其必有合焉昔有圖西廂
于四壁而勸破情禪者先生以五陵豪舉爲燕趙吴
越之游寳馬花袍酒旗歌扇其少年興致固已遠矣
謂宜長揚獻賦待詔金馬門即不然亦當建牙吹角

肘懸如斗之金何以晚年學道趺坐蒲團繡佛堂前
時聞清磬則此十四幅中郎繪蒲東蕭寺隔墻花影
有待月迎風之人在焉亦且視爲子虛烏有況層巒
叠嶂曲逕疎林有水流石出鳥啼花落之致其所以
助先生參學之功又當何如耶作是圖者爲汪子照
隣吳人也泛太湖而烟波萬里登蘇臺而花柳三春
半壁江南時供嘯傲毋怪其放朱景位酒酣潑墨耳
戴文進筆擅一時獨宣宗不喜其畫寥落失所太宰

王抑菴求一幅屏幛至十年不可得照隣以五日一山十日一水不以贈權上貴人而獨爲萍水交遊作送行物文進而外其在摩詰南宮間乎爰丐余友林二趾幅幅留題余尤喜照隣之畫畫中有詩二趾之詩詩中有畫也顧余方日漉淵明之巾借文通之筆遨遊詩城酒肆間倘異日風雨在天江湖滿地酒闌詩謝游倦歸來則山房野寺夜半清鐘余將終老焉斯時也先生爲祇園居士余作世外頭陀回想竹葉

榑梅花賦尤爲多事矣

中山自了傳

自了者中山人也始生口啞父母以爲癡人不敎以讀書八歳時以手指天日向其父欲有問狀父以爲啞子故態不之答乃登海山絶頂觀日所自出慶晨往暮歸如是者月餘忽鼓掌太笑似有得夫天地旋轉日月升沈之理而快意焉自是遇一事見一物必窮晝夜思索務得其故而後已類如此其兄學鎗棒法自了從傍竊觀盡得其妙後兄於庭中試其技自了

兄之冷然而笑兄怒曰汝以我有破綻處或者汝能縱之乎申丁持棒下庭盤旋飛舞勢如矯夭游龍操縱靡不如法其兄始愧服不敢言一日同里中兒登山見一羊從高巖墜下不死申丁凝眸而思默想所以不死之故者良久忽大悟遂飛身下峒衆大驚以爲必死下山視之無恙也其弟借鄰人書置案頭申丁瀏閲畢弟持去申丁索筆疾書始末無一字錯落喜臨池學帖筆如龍蛇得王右軍遺意善鐫圖章刻畫

古朴有秦漢風尤工丹青凡古人墨跡摹倣逼眞雜
之古畫中無有能辨之者後乃以善畫得名中山王
鬪之召入內廷命畫凡山水花竹翎毛筆筆入神王
愛之常侍左右賜號曰伯丁崇禎年間冊封行人杜
王策至中山王出伯丁畫索贊題杜公大加稱賞比
之顧虎頭王摩詰以爲近代無有也迄今字畫流傳
國中人得之如獲重寶年十八無疾而逝塟三日發
塚開尸脫唯餘空棺衣履異香繚繞不散余獨[illegible]

丁無文章傳世耳使其父教以讀書則古文詞詩歌
必能追踪往哲不則天或假之以年閲歷久而聰明
生未必無詞藻可觀也康熙戊辰春予下榻瑣河古
驛國使者梁本寧與其小阮得濟秀才爲予言余奇
其人異其事爲之立傳

樵山曰五官之於人缺一不可而卑丁獨以口啞致
神悟何哉蓋耳目口鼻惟口之爲害最大卑丁豈以
不得之於口者而得之於心耶不然何世之利口者

多而會心者少也

謝莆陽太守惠荔枝小啓

鯉湖春滿常開江漢之襟厲字日來久乏瓊琚之報臨風正懷仙吏開函如對故人佳品纍纍絳縷纍將白玉香風拂拂丹砂遠出黃堂貯數顆于金盤素女峰頭氷正列交一團于玉齒仙人掌上露猶寒不獨使妃子顏開頓能令相如渴解樽前昏送六月之朱夏無威蕨頻畔涼生百里之清波不替對伻申謝耑啓言情小力僕僕花封厚愛頻頻涯及弁此鳴謝無任

神依。

癖躭集序

嘗讀老杜性癖躭佳句詩因廢卷長嘆也以子美之才使當太宗貞觀時與房杜韋比肩事主出其所學作爲雅歌以頌有唐之功德豈不偉哉又何至闔[illegible]羈旅遠依鄭公挈妻子而東西走雖所爲詩不無[illegible]人之思其用意亦已苦矣大抵文人才士筆奪山川之秀詞吐花柳之妍如班馬歐蘇韓柳黄太史迨今須豆文壇百世不祧者上也次之亦當[illegible]

詔金馬門作天子詞翰名臣若不得奇書落魄[illegible]
懷孤憤徒發洩于風雲月露蟲魚物類之微譏者未
嘗不嘆其才而悲其遇之不偶也余友竺子鏡筠爲
廣陵巨姓隨父宦閩中閩家焉夫維揚古佳麗地昔
人謂天下三分明月二分獨照揚州至有人生只合
揚州死之句今鏡筠博古通今壓仙鬼才而上之似
得江山之助焉耳余髫年與之交見其幽潛靜穆如
蘭生空谷淋傲跡離爲之心折時余方攻舉子業杜

門謝客與鏡銘見甚歡丙辰烽火燭天羽書旁午余
因鍛羽藝林慨然棄繻生定遠侯之爲人遂投筆
仗劍浪賦從戎底定之後論功酬爵同時諸君子悉
膺民社而予祇賦詩送人作郡也以此與鏡銘不相
見者數年癸亥冬余復束裝遊楚之友人官舍與鏡
道入都或者文章聲氣其在朝廷輦轂之下乎存故
人冷署莫壯行色資斧缺乏爰謀歸計以此與鏡銘
不相見者又數年今者遊倦言旋特訪其寓鏡銘

因出癖䖏集詩藁示予曰子知我者也幸爲我序之
夫鏡湖之爲人固不待詩而顯即其所爲詩亦不待
序而傳然不敢辭者亦以予與鏡湖交二十年就立
十年中彼此之離合人事之消長天道之往復以至
郷原禾黍世路滄桑靡不閱歷殆盡而鏡湖方青禮
一席教授生徒以嘻笑怒罵作長歌短章理亂不聞
抱才深隱抑何達也以視予之頻年鞍馬沐雨櫛風
到處舟車跋山涉水其苦樂相去又當何如耶茲癖

掛名其文字中使知我兩人行踪不同而遭逢之蹇
若出一轍詩不以序傳序且因詩著也寧非予之所
厚幸哉獨惜鏡鋙以有用之才不獲展胸中奇以竟
先人未了之業徒枕經藉書寄食於江湖寂寞之鄉
顚連坎壈與少陵等人祇知其詩之工而不知其窮
之久而將老也然則兢詩非癖亦其不得已而爲之

雪堂韻林雜組詩序

詩牌不知何昉也而平仄錯落紅黑雜陳携二三知己於山窓水驛客邸仙舟中大展錦氍高燒銀燭列琥珀杯傾桑落酒然後各分一盤觸景命題拈字覓句能使意與題合句隨字得可不謂韻事歟之雙陸骨牌馬弔諸技相去何如也吾門程子寵文雅有吟咏癖謂書之暇手製詩牌一副時余叨下榻與老友竺鏡筠往往拈此作消遣物程子欲將所拈詩彙

彙集成帙余以信手鋪叙宜置之不議不論勿妄災筆墨也程子曰非也文人偶爾推獻無非心血安忍棄之况手談之理可編爲譜投壺之義亦著於經豈詩牌所拈之詩獨不可雜組而爲佳集也哉乃請余參訂而錄之併爲之序云

題姚道衍傳後

公和尚耶公非和尚也公非和尚耶公始終所爲無非和尚也公與和尚哉蓋和尚以空爲教絶人逊世漠然不以君臣爲念下此名爲和尚實爲釋氏之罪人者更不可勝數公深明内典克繼宗風是一好和尚也善推算知興亡觀金壇有路鐵甕無潮之句又不待新蒲細柳野老吞聲而後知建文帝之不終也是一奇和尚也于燕邸識太平天子爰起靖難之圖

是又一敢作敢爲和尚也古今來豪傑不得志或逃
于禪或隱于市或埋名于屠狗間名湮没不彰者指
不勝屈公輔成祖削平禍亂如伊尹之相湯如子房
之興漢卓卓表功業于一時以視絶人逃世漠然不
以君臣爲念者相去遠矣厥後賜官人不近鼻流舍
利又以和尚終如公者始可謂之和尚也彼王彬世
俗之言姊亦婦人之見烏足以語此予獨怪明祖能
興皇覺建文薙髮出亡而道衍公以名世偉人又不

之處善丹青者能于絶代麗人身上苦心摹寫傳真
體神情躍躍紙上則花鳥等物自無不迎刃而解
筆入神者矣乎因之有感焉卓文君曠世姿容長卿
以琴聲挑之爰成佳偶但蕭條四壁市肆當壚貧士
倡隨未免有寒酸風味殊為扼腕若夫金屋藏嬌妍
床臥艷歌舞其妖嬌風月其韻致錦繡其風揚花鳥
其嫵媚琴瑟其性情筆墨其靜雅逍遙十洲三島恍
如神仙中人者其在長門永巷歟古稱風流天子自

吳王夫差外隋則有煬帝唐則有玄宗陳則有後主
舍此吾見亦罕矣乃姑蘇爲沼馬嵬成灰胭脂之井
水無香二十四橋之簫聲不作未旋踵而鳥啼花謝
雨散雲收回首繁華如同宵夢論者則又未嘗不以
艷冶實亡人國余深爲諸美人抱不白之冤蓋佳麗
如山水花鳥也米南宮以石爲丈林和靖以梅爲妻
以鶴爲子何嘗不心乎愛之而過則輒忘所以[illegible]
遺訓迄今膾炙人口若沈溺于此毋論色可爲[illegible]

[illegible]
清如鶴衛懿公好之亦致敗亡使明王哲后鶏鳴[illegible]
起問夜何其雖有西子貴妃其人日侍後宮不[illegible]
佳山川名花鳥悅人心目已耳其又何至禾黍興[illegible]
銅駝感泣哉展斯圖而讀之其亦可以欣然慕羨[illegible]
失矣夫

林子秀詩序

憶十年前過子弟摩其西峰草堂彈琴賦詩觴以杯
酒而子秀未嘗不與聃里中少年裘馬翩翩未免五
陵豪舉獨子秀垂髫風雅名眼雙青不愧江東獨秀
爰爲之心折自是余與摩其數往來而與子秀情[illegible]
益篤曲盡朋友兄弟之樂已非一朝矣無何摩其[illegible]
不得伸寄身幕府憂思鬱結竟不永年於是子秀[illegible]
招魂而子哀同氣素車白馬慟哭青山回首西[illegible]

見烏啼月落斷簡殘書已耳不意山城烽火海[illegible]
桑陣獨棠棣之碑瞬息鬼錄而且金蘭之譜咫尺天
涯子秀方踵仲氏百里之遊而予則酒闌花落春[illegible]
趕太子謹謝客而已丙辰以後子秀既已倦遊復閭
旋里閈中北堂萱草南浦蒹葭觸跡故園時相握手
因得讀其近作字裏閒歌行間見舞不減張緒當年
所謂詩如其人于斯益信然子秀以元龍湖海之身
棄淵明松菊之徑雖錦繡文章瑱瑱楮上而憔悴風

塵亦無復曩時顏色矣嗟夫吾閩自干戈兵燹之後
無數舊遊風流頓盡而余與子秀復得聚首于桑梓
之邦詩歌贈答亦有足樂者況子秀彬彬如戟猶儼[illegible]
不衰子秀年甫壯出其所學以待遭逢其事業又[illegible]
可量哉昌黎云見汝如見吾元賓今見子秀亦猶[illegible]
見吾肇其也中散琴亡廣陵絕響今序子秀詩[illegible]
琅肇其詩而篇次之

哭志三叔文

嗚呼吾家何不幸而死吾叔也肇祖少師公經天緯地勳業爛然至今不死也嗣而躋廟堂領城社名登簡府者遠不具論即近而雙山季山公兩擢魏科同膺顯宦卓卓表功烈於一時亦至今不死也然皆遭時遇主得吐胸中奇故雖死猶不死也而吾叔果何以死哉且叔固有不可死者長吉之心肝時時欲嘔文山之正氣字字皆騷以詩文論叔可不死也[illegible]也

焚香蘇州之流風未遠妻梅子鶴孤山之餘韻猶存
以風致論叔可不死也正平之鼓三撾元龍之樓百
尺以氣節論叔可不死也況解紛排難無異仲連一言
諾千金寧愧季布是叔之高風峻品猶軒軒眉宇間
叔可不死也乃以不可死者而竟死吾叔則天也然
有謂吾叔以酒傷生者殊不知古今來胸前壘塊借
酒澆之者何限蓋高陽者流日游甦生家大開隻眼
吞吐山川前無古人後無來者倘吾子之所謂狂者

非耶故窮則一簞之食可飽一瓢之水可茹達則六尺之孤可托百里之命可寄者大祗皆醉鄉人也如謂酒能傷生則竹林諸公早巳人人夭折耳又何至吾叔而始以酒亡身哉又有謂吾叔採芹未幾遽爾奔算使得上江都天人之策獻長沙治安之書則闕中當破壁而飛也余以爲不然大丈夫許多功業豈大名節原不以科名重也不然者唐以詩取士而李杜不由制科乃子美青蓮至今猶嘖嘖人口則[illegible]

哉吾所以爲叔恨者以叔負才既奇秉性尤異則儕
不爲睢陽齒爲常山舌爲侍中血爲首陽餓死之夫
爲馬革裹尸之塋乃僵偃蹇床簀以死是則可哀也
已至於何人恤寡孰肯憐孤此兒女之見也茂陵渴
死遺藁奚傳汨羅沉冤離騷安寄此腐儒之見也或
主芙蓉之城或應玉樓之賦此亦不可知之事也然
則余一副熱腸寧於此斷一雙眼淚寧於此下也哉
叔去矣如兒先大夫在天之靈必有爲叔抱痛者叔

其應之曰吾家遭逢不偶徒落落於山巔水淵間者尚有人也同聲一哭不亦可乎茲者金井落梧秋風初起靈如不昧其鑒吾言而來浮此大白嗚呼哀哉

序

外史程子龍文自中山來師事余友昌其盡得其所
學雖吾黨之豪俊未能或先之方今
聖人御宇重譯向風程子之得聞斯道也謂非沐浴於
文教者深歟客夏返棹中山昌其賦詩以送之既又
有詩以懷之余與昌其交幾三十年素知其不輕以
所贍許人今且杜門謝客矣而獨於程子爲惓惓者
吾知文章意氣萬里寸心有未易爲不知者道[illegible]

删詩十首已登前刻膾炙詞壇今取其寄懷五章讀之抑何其字字皆從肺腑中流出陳言務去獨展新裁覺懷人之什又另闢生面矣不揣謬爲評點於以見目其之知已在聲氣之外而因歎世之忽近而慕遠遺目而信耳者其視程子又何如也壬申花朝同學弟林潭二耻拜題於晚香園

枕山樓詩集

閩中陳元輔昌其著

江樓秋日懷中山程寵文

一自仙槎泛月回，青山聊復計重來。朝天有路終浮海，看菊何人共舉杯。水驛樓高雲氣散，西風潮落雁聲哀。舊年此地逢重九，猶憶同君上釣臺。[illegible]

一二言仙槎去後，滄海茫茫，望既無從，思撫從[illegible]。於是無可奈何，唯有計其萬一重來，可慰[illegible]

顧然離合有數蹤跡靡常重來之計亦其想實之
切所迫而作是想也玩聊復二字不勝悽惋三承
二言今日車書一統萬國來同外臣奉貢非才莫
使賢如君輩必膺是選拭目重來四承一言但貴
花盛開秋光如錦載酒東籬仙槎杳然誰復與我
共賞者乎一句是望其來一句是惜其去方寸轆
轤誠有不能爲情者正其深於情也五雲氣散言
人去遠六爲聲哀言書不來七言此地即樓高潮

落之地也八言去年九日爾我登臨何等高興今
則釣臺猶在仙槎已回未免悠悠我思玩猶憶二
字真有使人不堪回首者矣此句雖云結五六實
挽合起句也細讀自見　浮海而日朝天有時亦
見○河○清○海○宴○舟○楫○無○虞○意○立言有體
萊○顏○最○畏○動○離○憂○不○覺○懷○人○復○感○秋○蛺○蝶○莫○爭○花○下○
菼○英○蔡○偏○向○水○邊○愁○詩○題○絕○島○深○松○寺○酒○上○平○湖○[illegible]
冊○舟○知爾故園行樂處中原曾否憶同遊

衰顔即漁父篇所謂顔色憔悴形容枯槁者大抵皆不得志之人也不得志之人既有懷莫展空抱經綸到不如放開心胷一絲不挂若彼世上離離合合一段悲歎情景則索一刀斫斷絶此葛藤永無煩惱倩如此句則諸色皆空都無繫念吾不知下七句詩更從何處落筆乃輕輕以不覺二字接去若有不知其然而然者信乎非斯人不足以動我之思也此即枯木再萌死灰復燃之說興或者

曰是爲馮婦也然獨不云情之所鍾正在我輩乎

三莫尋蝭蔓即畏動離憂四偏向花愁即懷人感

秋五六即七之行樂處也絕島之中有寺寺之中

有松而千株萬株深深可愛乃有其人題詩其中

平湖之上有舟舟之上有雨而千絲萬絲細細可

玩乃有其人載酒其上曲曲折折描寫如畫以盡

行樂樂莫大焉然人各有情我既思君君獨不思

我故八曰曾否憶同遊亦恐其如我之畏動離憂

漠然置我於度外也、此挽起句一筆使人不覺、
不緣別後起傷悲、古道寥寥動我思、湖海一帆終日
掛、風霜雙鬢幾人知、帶烟黃菊猶含蘂、承露青松自
長枝、却怪尋秋騎馬客、衡門未見問棲遲、
此詩只古道寥寥動我思一句、是懷人眞正面、君
感之深、思之切、而復憤之甚也、其餘皆是側面、不
過根此此句、生枝生葉、若不解此意、一味草草讀過、
則去題遠矣、一二一言茫茫宇宙、從古及今、別離之

苦何人不知我斷不以不相聚首不得同行為悲
所可悲者眼見悠悠斯世知己寥寥而獨有人於
我敦古道篤愛敬我能不思之乎三承一言湖海
之上一片風帆日往日來汎汎不絕可見別離亦
是常事不足深悲四承二言但我風霜學苦鬢髮
如蓬日月逝矣歲不我與知此心者更有何人故
用五六急急轉下言藕猶含莖以喻守之定言松
自長枝以喻養之厚嗚呼世有如此之人自當物

色及之乃衡門棲遲竟無有過而問之者屢[illegible][illegible]
此馬上之客何哉唯其無有過而問之益見古道
寥寥而予懷之耿耿原不獨爲離愁起見也
山壇隱隱杏花香閣宇偏能過艸堂紅映帳中霞景
影白添門外雪生光臨行書卷還相贈回首江樓更
斷腸記得依依分手後至今明月照河梁
此詩前四句言從遊時敬禮有加後四句言拜別
時眷戀莫舍

一杏壇二字折開成句使人不覺中隱隱二字有
不慕浮名不求聞達意二言唯有此君偏能於[illegible]
隱聞香之際問字過我也三四用絳帳立雪事錯
落點綴化俗爲雅尤見剪裁之妙總言其降[illegible]
道不愧古人是即發明隱隱聞香過我問字意[illegible]
臨行相質見其心之[illegible]大回首斷腸見其[illegible]之[illegible]
凡人皆知晰疑問難若會皇就道鮮不[illegible]
繾綣綢繆若急遽登舟何暇反顧今看此[illegible]

於人所忽處有如此用心用情此即七之所謂儀
依者也覺從前設絳之禮立雪之誠皆本中心自
然而然非實實聞香過我而能若是乎玩臨行圖
首四字使人嗚咽而今已矣雪門未改絳帳猶存
然而山墳一片地無有聞香過我者徒留三秋月
色光照河梁撫景懷人能不悲哉能不悲哉
兩地星霜一曲琴相携對酒獨何心共看天漢秋雲
淡曾見壁歌夜月沉岍蓽蕭蕭飛白鷺江楓漠漠起

寒砧自從立雪堂前別不敢開門直到今

世豈有相携對酒不如兩地星霜者乎然我細細

讀之始知此一二之奇思妙想眞爲千古開闢文

字何言之人之相知貴相知心若果具有一[illegible]

死患難無不與共之槩即海枯石爛而此心終不

磨滅何況區區山川間隔即能使彼兩人於寸[illegible]

恍不相契合乎苟其不然則眼前膠漆心裏秦[illegible]

雖終日牽衣未免覿面千里噫與君相見但[illegible]

古人已先我而言矣一曲琴言其開謝也此三字寄
用得深獨何心刺其肺肝也此三字問得妻三承
一言昔人懷友往往登樓遠望今幸際此秋高天
漢無雲正堪極目爾我既同此心則彼此自同此
眼共看兩字爲之吽絕四承二言相攜對酒者吾
見其夜夜笙歌矣五六言今何時乎岈葦蕭蕭而
白鷺飛江楓漠漠而寒砧起秋將暮矣七八結有
言我自雪堂送別後眼見對酒笙歌者不少也即

從彼畸杜門謝客而至於今矣試一問其杜門之後又作何事曰有琴在焉唯有坐弹一曲以思我知音也云爾

文化甲子